KB069512

3판

# 사회복지실천기술론

## 사례와 함께하는 사회복지실천기술 연습

The Social Work Practice Intervention Skills:
Workbook with Cases (3rd ed.)

학지사

# 3판 머리말

2019년 2판에 이어 4년 만에 3판을 출간하게 되었다. 2022년 사회복지교과목 지침이 개발됨에 따라 이에 기초하여 3판을 준비하게 되었다. 2022년 사회복지교과목 지침서에서는 사회복지실천기술론의 교과 목표를 다음과 같이 정의하고 있다.

- 사회복지실천론에서의 자기인식 및 현장에 대한 이해를 바탕으로 개인, 집단, 가족을 대상으로 한 사회복지실천의 사정-면접 및 개입-종결에 필요한 구체적인 기술을 익힌다.
- 사회복지실천 현장에서 요구하는 실천기술을 다양한 클라이언트의 욕구 충족과 문제 해결에 적용할 수 있는 실천 모델의 주요 과정과 기법을 적용하고 활용할 수 있다.
- 사회복지실천의 사정 및 개입 기법에 대한 역량 강화를 통해 클라이언트의 변화에 초점을 두도록 한다.
- 현장에서 많이 활용되고 최신의 흐름을 반영하는 다양한 모델의 주요 기법을 익힌다. 어려운 클라이언트, 다양한 유형의 가족 등과 일하기 등 실천론에서 다루기에 한계가 있는 대상과 일하는 주요 기법을 익힌다.
- 집단 대상 실천기술을 강화하여 실천 현장에서 요구하는 집단 프로그램 운영 능력을 향상한다.

지침서의 교과 목표에서 보듯이 사회복지실천기술론 교육은 사회복지교육의 핵심 교과목으로, 사회복지 서비스가 필요한 개인, 집단, 가족과 협력적인 관계 속에서 다양한 사회적 자원을 연계하고 통합하여 문제 해결을 지원하는 직접적인 실천기술을 습득하는 데 목적이 있다. 이를 위해서는 실천기술의 기반이 되는 실천지식, 실천에 따르는 윤리적 이슈를 다루어 사회복지 전문 가치와 지식에 기초하여 실천할 수 있는 실천적 역량을 배양해야 한다. 사회복지 고유의 지식과 가치를 기반으로 실천할 때 인간과 사회에 대한 균형 잡힌 관점을 가지고 과학성과 예술성, 즉 실천이성과 감수성을 겸비한 클라이언트 중심의 실천이 가능하기 때문이다.

제1부 일반주의 사회복지실천기술의 전문적 기반은 2판의 내용과 동일하다. 제2부 사회복지실천 모델에서는 2판의 내용에서 문제해결 모델만을 제외하였다. 문제해결 모델은 사회복지의 기본적 실천 방법에 녹아 있기 때문에 별도의 모델로 다루지 않는 경향이 있어 제외하였다. 제3부부터는 2판과 마찬가지로 대상별 실천기술을 다루었다. 제3부 개인 사회복지실천에서는 다양하고 복합적인 요구를 가진 클라이언트와의 실천기술에 대해 현실을 반영하고 내용을 심화하였다. 또한 코로나19 기간에 현장에서 비대면 디지털 실천기술의 요구가 증가하고 포스트 코로나 시대에서도 다양한 비대면 실천이 이루어지는 것을 반영하여 디지털 실천기술을 추가하였다. 제4부 집단 사회복지실천은 기존의 내용과 큰 변화는 없다. 집단사회복지 실천 모델과 유형, 집단의 발달 단계에 따른 개입 기술, 집단개입 기술, 단계마다 활용할 수 있는 프로그램과 집단 운영 방법 등을 자세히 다루어, 집단 전체를 기획하고 운영하는 집단 대상의 고유한 실천기술을 익히는 데 초점을 두었다. 제5부 가족 사회복지실천에서는 가족에 대한 이해와 가족체계의 특성을 이해하고 가족 전체의 변화를 가져올 수 있도록 가족 이론과 가족 실천 모델을 익히고 적용하는 데 초점을 두었다. 3판에서는 가족의 정의에 대한 새로운 담론을 소개하며 빠르게 변화하는 가족에 대한 이해를 높이고자 했다.

실천 현장이 아닌 강의실에서 교재를 중심으로 실천기술을 학습해야 하는 현실을 고려할 때, 강의실 안에서 실천 학습을 효과적으로 할 수 있도록 사례와 토의, 연습을 통한 적용 능력을 향상시킬 수 있는 교안이 필요하다. 이를 위해 이 책에서는 사회복지사의 기본적인 실천기술로 상담 역량을 강화할 수 있는 다양한 상담 기법과 클라이언트와 실천 현장에서 일어나는 윤리적 문제에 대처하는 기술을 학습할 수 있도록 하였다. 또한 실천 단위별로 개인, 가족, 집단을 대상으로 임상적인 직접 실천 기법을 익힐 수 있도록 실천 모델과 개입 기법을 사례와 함께 제시하였다. 이 책을 효과적으로 활용하기 위해서는 이론 수업과 실기 수업을 병행하되, 책에서 제시된 기법과 사례를 동료와 함께 적용하면서 체험적인 학습을 할 수 있도록 운영하면 좋을 것이다.

이처럼 실천 기법의 실제를 중심으로 상황 중심의 문제 해결 방식을 학습할 수 있도록 고안하여 기술하였으나, 강의 자료로 활용하면서 보완할 부분이 많을 것이다. 학습자, 교육자, 실천가 모두에게 실천적인 도움을 줄 수 있는 자료가 되길 소망하며, 독자들의 보완 의견이 있다면 언제든지 알려 주시길 바란다.

기꺼이 출판을 맡아 주신 학지사의 김진환 사장님, 세심한 편집에 힘써 주신 유은정 선생님께 진심으로 감사드린다.

2024년
저자 김정진

# 1판 머리말

사회복지실천기술론은 사회복지교육의 핵심 교과목으로 사회복지사의 실무를 위해 개인, 집단, 가족, 지역사회를 단위로 하는 실천기술과 이것의 토대가 되는 실천지식 그리고 이를 실천하기 위한 윤리적 이슈를 다루어 과학성과 예술성을 갖춘 사회복지사를 배양하는 데 목적이 있다. 이러한 교육 목적을 기반으로 사회복지실천기술론에서는 다음과 같은 학습을 하게 된다.

첫째, 사회복지실천의 전문성과 전문적 기반을 이해하기 위하여 다양한 사회복지실천 현장과 사회복지사의 고유하고 전문적인 역할에 대해서 학습한다.

둘째, 다양한 문제와 욕구를 가진 사회복지의 개입 대상을 이해하고 문제 해결을 전문적으로 돕기 위해 필수적으로 알아야 할 주요 사회복지실천 모델과 개입 기술을 학습한다.

셋째, 클라이언트가 가지고 있는 문제와 욕구에 따라 보다 효과적으로 해결할 수 있도록 하기 위해 개입해야 할 대상의 단위가 개인을 넘어서서 집단, 가족, 지역사회가 될 수 있으며, 이들 단위를 대상으로 개입하는 데 필요한 전문적인 지식과 기술을 학습한다.

넷째, 사회복지실천기술의 향상과 효과성을 검증하는 데 필수적인 기록과 평가의 방법에 대해서 학습한다.

이와 같은 학습 목적을 성취하기 위하여 실천 기법을 익힐 수 있는 문제 해결 지향적인 실천 중심적 교재의 개발이 필요하다. 실천 현장이 아닌 강의실에서 교재를 중심으로 실천기술을 학습해야 하는 현실을 고려할 때, 강의실 안에서 실천 학습을 효과적으로 할 수 있는 액션 중심의 교육 자료가 필요하기 때문이다.

이에 우선 한국사회복지대학교육협의회의 필수 교과 지침을 토대로 내용을 구성하였다. 세부적으로 사회복지사의 기본적인 실천기술로 상담 역량을 강화할 수 있는 다양한 상담 기법과 클라이언트와 실천하면서 일어나는 윤리적 문제에 대처하는 기술을 학습할 수 있도록 하였다. 실천단위별로 개인, 가족, 집단을 대상으로 임상적인 직접 실천 기법을 익힐 수 있도록 실천 모델과 개입 기법을 사례와 함께 제시하였다. 또한 거시적인 실천기술로 지역사회의 문제와 욕구를 파악하고 이에 개입하는 실천 기법을 제시하였다. 실천개입의 과정 및 결과를 효과적으로 기록하고 활용하며, 평가를 통하여 근거 중심의 실천과 현장으로부터의 지식을 체계화할 수 있도록 하기 위하여 사회복지실천의 기록과 종결 및 평가 기법을 제시하였다.

이 교재를 효과적으로 활용하기 위해서는 이론 수업과 실기 수업을 병행하되, 교재에서 제시하고 있는 기법과 사례들을 동료들이 함께 적용하면서 체험적인 학습을 할 수 있도록 운영하는 것이 좋을 것이라 사료된다.

이처럼 실천 기법의 실제를 중심으로 상황 중심의 문제 해결 방식으로 학습할 수 있도록 고안하여 기술하였으나, 강의 자료로 활용하면서 보완할 부분이 많을 것으로 우려된다. 학습자, 교육자, 실천가 모두에게 실천적 도움을 줄 수 있는 자료로 발전하기 위해서는 이 책 사용자들의 의견 청취가 무엇보다 소중하다. 책을 활용하면서 생기는 의문에 대하여 언제든지 고견을 주시기를 부탁드린다.

기꺼이 출판을 맡아 주신 학지사의 김진환 사장님, 원고를 기다려 주시고 독려해 주신 정승철 이사님, 세심한 편집에 힘써 주신 이하나 선생님께 진심으로 감사드린다.

2014년
저자 김정진

9

차례

제1부
## 일반주의 사회복지실천기술의 전문적 기반

## 제2부
# 사회복지실천 모델

제3부
**개인 사회복지실천**

제4부
집단 사회복지실천

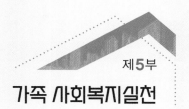

제5부
## 가족 사회복지실천

# 일반주의 사회복지실천기술의
# 전문적 기반

제1부

The Social Work Practice Intervention Skills: Workbook with Cases

사회복지는 모든 인류가 추구하는 삶의 궁극적 목적을 나타내는 이념이면서 동시에 이를 실현하고자 하는 사회적 제도이다. 사회복지의 목적과 이념을 달성하기 위해서는 사회 제도나 정책 혹은 사회복지에 대한 인식의 확대만으로는 불가능하며, 사회복지를 실현할 수 있는 체계적이고 구체적인 기술이나 전문적인 실천 활동이 요구된다. 사회복지실천은 인간과 사회환경에 대한 과학적 지식과 기술을 토대로 인간의 문제와 욕구를 해결할 수 있는 서비스나 프로그램을 계획하고 개발하며 이를 실행하는 전문적인 실천 활동으로서 계획된 변화(planned change)를 유도하는 전문적 활동이다.

사회복지의 전문적 활동은 다른 휴먼서비스 전문직과 비교해 무덤에서 요람까지 다양한 발달 주기와 다양한 삶의 문제를 가진, 다양한 부류의 클라이언트를 만나면서 이루어진다. 더구나 1990년대 이후 전 지구적인 세계화의 흐름 속에서 재외 동포 및 북한 이탈 주민, 외국인 등의 다양한 경로를 통한 국내 유입이 증가하여 다문화 배경의 클라이언트와 관련 현장도 증가하였다.

이에 사회복지사는 다양한 현장에서 다양한 삶의 문제와 복합적인 욕구를 가진 클라이언트를 효과적으로 돕기 위해 일반주의(generalist) 실천을 한다. 일반주의 실천은 다양한 현장에서 만나는 클라이언트와 클라이언트를 둘러싼 사회적 상황과 구조의 맥락, 클라이언트를 돕기 위한 다양한 자원에 대한 지식과 돕는 과정에서의 전문적 태도와 가치, 그리고 직접적으로 돕는 방법과 기술을 겸비한 사회복지사의 전문역량을 요구한다. 제1부에서는 일반주의 사회복지실천을 위한 사회복지실천기술의 기반이 되는 사회복지 실천 지식의 적용과 전문적 가치기반 실천기술을 중심으로 개괄적으로 다루었다.

# 제1장

# 지식기반 사회복지실천기술

전문적 활동의 실천기술은 구체적인 실천 방법의 훈련을 통해 습득될 수 있으며, 사회복지실천이 이루어지는 맥락과 과정, 대상과 체계에 대한 이해 속에서 구체화할 수 있다. 이 장에서는 다양한 실천 현장에서 사회복지실천 지식을 어떻게 적용하고 습득하며 성찰적인 실천을 통해 클라이언트와 함께 전문적 역할을 수행할 것인지에 초점을 두었다.

## 1. 일반주의 사회복지실천

사회복지실천은 흔히 '사회복지 방법' 혹은 '사회복지 방법론'을 의미하며, 사회복지실천의 대상을 중심으로 볼 때 직접적 실천 방법의 기술론과 간접적 실천 방법의 정책론으로 크게 구분할 수 있다. 기술론에는 개별사회사업, 집단사회사업, 지역사회조직 등이, 정책론에는 사회복지정책, 사회복지행정, 사회복지조사 등이 포함된다. 이처럼 포괄적인 사회복지실천은 기존의 사회사업실천에 사회복지정책과 사회복지행정을 포함한 사회복지사의 활동을 의미한다(최옥채, 1999: 14). 종합해 보면, 사회복지실천에는 크게 기술적 접근 방법과 정책적 접근 방법이 있고, 두 접근 방법을 통합한 통합적 방법론이 사회복지실천이라고 정의할 수 있다. 그러므로 사회복지 전문직은 개별, 가족이나 집단 대상의 임상적 서비스와 지역사회조직, 행정, 조사 및 정책 활동을 포함한 간접적 서비스를 통해 개인, 가족, 집단, 지역사회의 문제를 해결하도록 돕는 통합적 혹은 일반주의 실천 전문직으로 정의될 수 있다. 이처럼 포괄적인 실천역량을 요구받는 사회복지사의 전문성은 여러 상황에 부닥친 다양한 클라이언트에 대한 복합적 지원 기술을 요구받는 일반주의 실천(generalist practice)에 있다고 하겠다.

일반주의 사회복지실천은 생태 체계적 관점을 기반으로 정책과 임상의 이원론적 사회복지 접근 방법의 통합을 지향하며, 다른 전문직과 차별화되는 정체성이다. 미국의 전문사회사업 기술론도 인간 행동 이해의 기반이 되었던 인간의 정신 내적 기능에 초점을 둔 정신분석 이론을 넘어서서 인간의 행동을 억압하고 제약하는 사회적 조건에 개입하여 사회정의를 향상하면서 개인의 사회적 기능을 향상하는 이중적 혹은 통합적 방법을 강조하고 있다(Clark, 2009). 이는 자본주의와 자유민주주의를 기반으로 인간의 존엄성과 자율성의 가치 그리고 분배 과정의 불평등 문제를 인정한 사회적 정의와 사회적 연대의 가치를 중시하며, 인간 행동의 이해로서 개체와 환경 양면을 동시에 강조하는 가치와 지식의 통합을 반영하고 있다.

이에 따라 사회복지의 실천 방법도 사회복지 대상자를 소비자의 관점에서 이해하고, 이들의 복합적 문제와 욕구에 대응할 수 있는 실용주의적 사상을 기반으로 전통

**표 1-1** 기술적 개입과 정책적 개입의 비교

| 구분 | 기술적(미시적) 개입 | 정책적(거시적) 개입 |
|---|---|---|
| 클라이언트 | 개인, 가족, 소집단 | 이웃, 근린, 공식적 조직, 지역사회, 전체 사회 |
| 목표 | 사회기능의 향상: 개인, 가족, 소집단 | 조직, 지역사회, 전체 사회의 변화 |
| 기초지식 | 개인 변화 이론: 발달심리학, 인간발달 이론, 사회심리학, 가족 이론, 소집단 이론 | 대규모 체계 변화 이론: 사회학, 경제학, 정치학, 산업관계학 |
| 개입 기법 | 직접적인 상담, 가족 개입, 소집단 개입, 위기 개입, 개별 사례 옹호 | 지역사회조직, 사회행동, 로비 활동, 정책 분석, 정책 어젠다, 이슈파이팅 집단 옹호 |

적인 개별사회사업, 집단사회사업, 가족사회사업 등 임상적이고 미시적인 사회복지 실천의 주요 전문 기술뿐 아니라 지역사회조직, 사회복지정책, 사회복지행정, 조사방법론 등 정책적이고 거시적인 방법론을 통합하는 체계로 확립되고 있다. 이것은 사회복지 대상자가 경험하는 빈곤과 실업, 교육, 주거 등 삶의 문제, 정서적 혹은 정신적 장애와 신체적 건강 및 장애의 문제, 가족과 지역사회에서의 갈등과 폭력의 문제 등이 개인과 환경의 상호작용적 맥락에서 순환적으로 발생하는 복합적인 문제라는 문제 인식의 전환에 기초하고 있다. 그러므로 사회복지실천은 미시적인 기술적 개입뿐 아니라 거시적인 정책적 개입의 상호보완적 관계 속에서 통합적으로 이루어져야 한다.

## 2. 사회복지실천 지식과 실천기술

　사회복지실천은 그 대상이 다양하고, 정책과 제도 안에서의 전달체계와 지침에 의한 규범적 욕구에 대응하는 사회복지 서비스 전달이 주로 이루어지는 현장의 특성으로 이론에 근거한 실천보다는 주로 경험에 근거한 실천이 이루어진다는 반성적 비판도 있다. 물론 현장에서의 경험을 통한 지혜, 즉 현장 지혜(practice wisdom)도 중요한 기능을 할 수 있지만, 일반화하기 어려운 문제가 있다. 현장 지혜를 지식으로 전환할 수 있도록 기존의 관점과 이론적 지식을 바탕으로 비판적 · 성찰적 태도로 임하는 좋은 실천이 요구되는 이유이다. 영국사회복지교육협의회(Central Council for Education and Training in Social Work: CCETSW)에서는 사회복지사는 기계적인 기술인이 아닌 전문인이므로 성찰적인 실천역량이 요구된다고 하였다. 사회복지사와 클라이언트의 관계와 서비스 과정에 대한 반성적 성찰 훈련을 하여야 이론을 현장에 적용하는 능력, 적절한 개입 기술을 활용하는 능력이 강화되고, 현장 지혜를 신지식으로 발전시킬 수 있기 때문이다.

　그러므로 이론적 토대 없이 사회복지실천을 한다는 것은 좌표 없이 항해하는 것과 같다. 또한 이론을 근거로 한 실천훈련과 경험을 가지게 되면 이론을 기초로 한 실천이 매우 유용하다는 인식이 강화될 것이다. 예를 들어, 가정폭력 문제로 가족을 떠나 보호시설에서 지내야 하는 아동이 스트레스 증상으로 불안과 과다한 행동 및 공격성을 보이는 경우, Bowlby의 애착 이론과 분리 반응에 대한 이해한 사회복지사라면, 아동, 아동 보호를 맡게 된 보육교사, 부모에게 적절한 안내와 지원 방향을 수립할 것이다. 아는 것이 힘이라는 격언이 있듯이 지식은 다른 사람을 잘 도울 힘과 영향력이 된다. 현재의 문제가 방치되면 어떻게 발전될지 예측할 수 있고, 어떤 방향으로 지원하는 것이 효과적일 것인지 판단하게 하는 근거가 되며, 이를 기반으로 클라이언트와 신뢰 관계 형성을 잘 할 수 있다.

사회복지 서비스 욕구를 가진 사람들을 대상으로 문제 해결 및 처리 능력 향상, 자원과 기회를 제공하는 체계와의 연결, 서비스 체계의 효과적이며 인도적인 운영 증진, 사회복지정책의 개발과 개선에의 공헌 등을 위해서 개입하는 사회복지실천은 전문직으로서 고유한 지식체계, 가치체계, 그리고 실천기술의 세 가지를 결합하여 사회복지 문제를 구체적으로 해결하기 위한 전문적 행동이라고 정의할 수 있다. 이 세 가지 중에서 사회복지실천기술의 기반이 되는 지식체계의 중요성은 아무리 강조해도 지나치지 않는다.

지식체계는 사회복지가 다른 학문 및 전문직과 구별되는 고유한 관점을 제공한다. 다양한 분야의 내용으로 구성된 실천 지식은 실천에 영향을 주는 구체성의 정도에 따라 패러다임, 관점, 이론, 모델 등의 형태로 구분된다. 기능적으로 분류된 이들 지식은 세계관이나 사회 문제에 대한 인식의 틀을 구성하는 것으로부터 구체적인 실천기술의 선택에 이르기까지 각기 다른 수준에서 실천에 영향을 미친다(홍선미, 2004).

패러다임(paradigm)은 개념적 틀로서 세계관을 지배하고 현실에 대한 인식의 방향을 결정하는 데 영향을 미친다. 인간과 환경 사이의 이중적 관점을 반영하는 생태적 패러다임은 사회복지실천의 대표적인 패러다임이다.

관점(perspective)은 패러다임의 하위수준인 개념적 틀(conceptual framework)로서 관심 영역과 가치, 대상들을 규정하는 사고체계이다. 사회복지실천의 관점은 다양한 이데올로기적 스펙트럼을 반영하면서 보수주의적 관점에서 급진적 관점까지 다양하며, 인간과 환경에 대한 동시적 관심 속에서 어떠한 이론도 통합적으로 수용할 수 있는 생태체계 관점과 강점 관점이 주를 이루고 있다.

이론(theory)은 특정 현상을 설명하기 위한 가설이나 개념, 의미의 집합체로서 관점의 추상성을 한 단계 구체화한 특성이 있다. 이론은 가치나 의미, 사고 등을 보다 객관적으로 규명하고 이를 일반화시키는 과정을 거치기 때문에 관점의 내용을 조직화하고 경험적으로 검증하는 작업을 요구받는다. 사회과학적 지식을 기초로 파생된 사회복지실천 학문은 사회복지실천 현장에 직접적으로 활용할 수 있는 사회과학(social science) 및 행동과학(behavioral science) 이론들을 절충적으로 활용하여 조합 또는 변형한 것이 많다. 정신역동 이론, 인지행동 이론, 인본주의 이론과 같은 기초 심리 이론들에서부터 클라이언트의 문제에 대한 인식과 사회문제에 대한 다른 시각과 분석을 제공하는 임파워먼트 이론, 사회갈등 이론, 사회교환 이론, 담론 이론(discourse theory) 등 다수의 사회 이론을 받아들이고 있다.

모델(model)은 구성된 이론을 근거로 실제 실천 상황에서 사회복지사에게 구체적인 실천 방법을 제시하여 문제와 상황을 분석하고 개입 방법을 계획하며 실천과정을 진행하는데 직접적으로 필요한 기술적 적용 방법을 제시한다. 사회복지실천에서 활용되는 대표적인 모델은 사회과학과 행동과학 이론을 배경으로 기술적 과정을 도출한 심리·사회적 모델, 문제 해결 모델, 과업중심 모델, 생태 체계 관점 및 체계 이론에 기초한 생활 모델, 강점 관점에 기초한 권한 부여 모델과 해결중심 모델, 위험사회로 진입하면서 증가하는 재난과 위기 대응에 초점을 둔 위기 개입 모델 등이 있다. 최근에는 후기구조주의의 영향을 받은 이야기 치료 모델과 변화가 어려운 클라이언트를 위한 동기 강화 모델 등이 새롭게 주목받고 있다.

한편, 실천 현장에서 널리 활용되는 지식으로서 실천 지혜(practice wisdom) 또는 암묵적 지식(tacit knowledge)이 있는데, 이는 의식적으로 표현되거나 구체화할 수 없는 지식으로서 개인의 포괄적 가치 체계와 개인적 경험으로부터 도출된다. 실천을 통한 앎(knowing in action), 즉 경험적으로 얻어지는 지식인 암묵적 지식은 사회복지사의 직관에 기초한 비공식적 지식이라고 할 수 있지만, 현장에서의 영향력은 지대하다. 그러므로 실천에서의 성공적인 원리를 추출하고 구조화하고, 정보를 조직하며 해석하는 실천 지혜를 개념화하는 실천연구는 매우 중요하다. 클라이언트뿐 아니라 기관과 실무를 위한 제도적 환경까지 포함하는 실천의 맥락을 이해하고 사회복지실천의 중심적 가치와 함께 통합된 개념틀 속에서 고려하는 지식의 개발이 필요하기 때문이다. 즉, 실무와 관련된 지식은 일반적인 사회과학보다 직접적인 기관의 실천맥락(context)에서 비롯되며, 실무자가 처해 있는 또는 특정 문제가 언급되는 기관의 상황을 포함한다. 이처럼 사회적 맥락 속에서 구성된 실천 지식은 사회복지사의 행동에 영향을 미치고 실천적인 영향력을 증가시키는 순환적 과정 속에서 사회복지실천

이론으로 재구성된다(홍선미, 2004). 그러기에 다양한 인간의 삶의 문제를 다루고 다양한 의미와 가치에 연관된 가치 중심적 실천을 해야 하는 사회복지사에게는 성찰적 실천 혹은 반영적 실천(reflective practice)이 필수적이다. 개인이 갖는 의미체계에 초점을 두고 클라이언트의 사고과정과 세상을 인식하는 방식, 독자적인 삶의 구성 능력에 초점을 두고 자신의 삶을 변화시킬 수 있는 잠재력을 키우며 거시적인 사회 구조 안에서 개인의 문제를 인식하도록 돕는 성찰적 실천은 권위와 사회적 관계로 구조화된 실천 현장에서 소진되고 무력화된 사회복지사에게 적극적인 실천 능력을 길러 주는 지적 동기가 될 것이다(홍선미, 2004: 205).

성찰적 실천은 사회복지사에게 긍정적인 사건이나 상황보다는 문제 상황과 마주할 때 시작되는 경향이 있지만, 일반적으로 문제 상황을 해결하기 위해 의사결정을 하고 이를 수행하는 실천과정에서는 숙고가 요구된다. 이 과정에서 사회복지사는 자신이 수행하는 실천과정에 대해 잘된 점과 부정적인 결과들을 평가하고, 도출된 결과에 대해 분석하는 성찰을 하게 된다. 이때 사회복지사는 특히 평가과정에서 자신이 시도한 것을 기술하며, 성공적으로 나타난 것에 주목하고, 성공에 이바지한 부분을 분석하는 것이 필요하다. 즉, 실천 경험을 통해 새롭게 배운 것을 포함하여 기술하는데, 문제 상황을 해결하기 위해 시도한 것과 관련된 의사결정의 근거를 표현하고, 자신의 행동에서 드러난 결과와 어떤 대안들이 가능했는가를 기술하고, 향후 유사한 상황에서는 어떻게 할 것인가를 기술하는 일련의 성찰 과정이 요구된다(최옥채, 유영준, 용호중, 2014).

Gibbs는 이러한 성찰적 실천과정을 연속적으로 이어지는 '순환 고리'의 6단계로 제시하였다([그림 1-1] 참조). 먼저 문제 상황이나 사회복지사가 경험한 하나의 사건에 주목하여 그 사건을 기술하고, 이 사건과 함께 실천가가 느낀 감정들의 묶음을 표현하도록 요청한다. 이렇게 실천가들의 느낌을 중시한 것은 인식 주체의 객관적 상황에 관한 기술을 강조하기보다는 인간의 감정이 표현됨으로써 인식 주체가 문제 해결 과정에 직접적으로 관여하기 시작하였다고 보기 때문이다. 특히 문제 상황에 부딪힌 실천가는 이 단계에서 자신의 감정이 부정적인 것으로 표현되기 쉬우며, 일종의 불쾌감이나 당혹감, 좌절감 등을 경험하는 경우가 많다. Gibbs는 성찰적 실천과정은 이와 같은 연속적 과정을 통해 앞으로 이와 유사한 상황이 벌어질 때 어떻게 할 것인가를 기술함으로써 정리하도록 한다. 성찰적 실천을 하기 위해서는 성찰적 사고를 촉진하

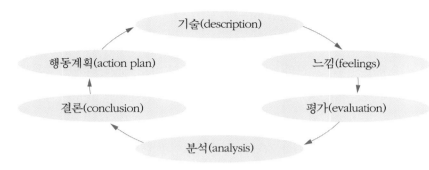

[그림 1-1] 반성적 실천과정(Gibbs's reflective cycle)

출처: 최옥채, 유영준, 용호중(2014: 232).

고, 이를 함양하기 위한 전략으로 성찰일지 활용이 도움이 된다(〈부록 1〉 참조). 구성
주의 학습 환경의 부각과 학습자 중심의 교육과정이 적극적으로 도입되면서 성찰일
지의 교육적 활용 방안에 관한 관심이 높아졌다. 성찰일지는 작성자들이 스스로 무
엇을 배웠고 어떤 과정으로 학습이 이루어졌는지를 기록하기 때문에 성찰일지를 작
성하는 것은 자신의 사고 과정을 의식화시키고, 문제 해결 과정, 자기주도 학습 수행
능력을 스스로 평가 및 분석을 할 수 있게 한다(최옥채 외, 2014 재인용).

## 3. 사회복지실천기술의 전문적 기반

사회복지실천의 전문적 기반은 사회복지사와 클라이언트 사이의 전문적 관계에
있다. 전문적 관계란 사회복지사가 도움을 요청한 특정 개인의 환경, 행동에 초점을
두며, 제한된 시간과 범위 내에서 전문적 지식과 기술을 활용하여 사회복지의 기본
적 가치를 실현하는 방향으로 클라이언트를 돕는 전문적 목적을 달성하기 위한 관
계이다. 즉, 전문적 관계는 사회복지사와 클라이언트가 상호합의한 의식적인 목적
(conscious purposiveness)을 성취하고자 하며, 그 목적은 사회복지실천의 전반적인 목
적과 가치체계 속에 들어 있다는 점이 일반적인 인간관계와는 다르다. 관계를 통해
서 클라이언트는 변화하고 성장하며 발전하고, 더 나아가 클라이언트 자신이 처한 고
통이나 문제를 극복하는 힘을 얻게 되기 때문이다. 이에 사회복지사와 클라이언트의
관계는 사회복지실천의 효과를 좌우하는 중요한 의미를 갖기 때문에 어떤 개념보다

자주 언급된다.

이처럼 관계를 기반으로 한 전문적 실천이기에 사회복지실천은 흔히 예술과 과학이 통합된 응용실천이라고 한다. 이는 클라이언트와 상호작용하려면 가슴과 머리를 모두 활용하여 기본적으로는 인본주의적 예술적 능력을 갖추고 고유한 학문적 기초지식을 기반으로 다양한 기법을 활용한다는 의미이다. 그러므로 사회복지실천은 실천적 판단의 근거가 되는 지식을 기반으로 객관적이고 타당성 있게 개입하는 과학성과 클라이언트에 관한 관심과 전문직에 대한 헌신으로 클라이언트와 신뢰 관계를 형성하고 클라이언트에 대한 신뢰, 희망에 차고 창의적인 변화 노력과 어떠한 제약도 이겨 내려는 열정을 가지고 임하는 사회복지사 개인이 만들어 낼 수 있는 예술성 모두를 요구한다. 과학성에만 의존하는 실천은 기계적인 실천이 될 수 있고, 예술성에만 의존하는 실천은 비효과적인 실천이 되기 쉽다. 따라서 사회복지사에게는 과학성과 예술성의 상호보완적이고 통합적인 실천역량이 요구된다. 양 기반의 실천 특성과 내용은 다음과 같다(서울대학교 사회복지실천연구회 역, 2005).

- **과학적 기반**
  - 사회적 조건과 문제에 대한 지식
  - 사회정책과 프로그램에 관한 지식
  - 사회현상에 관한 지식
  - 사회복지 전문직에 관한 지식
  - 사회복지실천 지식

- **예술적 기반**

사람을 대상으로 실천하는 사회복지 영역에서 사회복지사가 능숙한 수행을 하기 위해서는 학습만으로는 배울 수 없는 직관적인 능력을 발휘해야 하는 특수한 기술이 필요할 때가 많다. 즉, 다양한 상황에서 고유한 삶의 문제를 가지고 있는 클라이언트와 함께 일하려면 클라이언트의 상황 및 개별성에 따라 개별화하고, 사회복지사의 전문적 경험뿐 아니라 개인적 경험을 활용하여 직관적이고 창의적이며 융통성 있는 접근을 하게 되는 것을 의미한다. 이는 사회복지실천이 사무 영역이 아닌 인간 중심 실천이기 때문에 더욱 중요하며, 과학적 지식에만 의존한 기계적인 수행으로 흐르는 것을 막아 주는 기능을 한다. 그러므로 과학적 실천을 보완하는 예술적 실천의 융합이 요구된다. 사회복지사의 예술적 실천을 풍부하게 해 줄 수 있는 예술성의 요소들은 다음과 같으며(서울대학교 사회복지실천연구회 역, 2005), 사회복지사는 이러한 덕목을 갖추기 위해 성찰적 자기인식을 기초로 부단한 자기계발을 해야 할 것이다.

- 동정과 용기: 다른 사람과 함께 괴로워하며 그들의 고통에 하나가 되거나 몰입하려는 의지와 용기로서 일상적으로 발생하는 인간의 고통과 혼란, 인간의 부정적이고 파괴적인 행동에 대해서도 직면할 수 있는 것을 의미한다. 즉, 질병, 장애, 방임, 폭력, 이상행동, 빈곤 등 다양한 유형으로 고통받는 사람들과 공감하고 건설적으로 반응할 수 있음을 의미한다.
- 전문적 관계 형성 및 유지: 개방적이며 솔직한 방식의 관계, 적절한 인간관계 형성, 고통을 나눔, 감정이입, 온화함, 진실성을 기반으로 한 의미 있고 생산적인 관계를 수립하는 능력을 의미한다.
- 희망과 에너지: 희망은 클라이언트의 긍정적 변화에 대한 기대로 희망스러운 기대, 변화의 능력, 에너지를 유발한다. 희망스러운 기대는 인간의 선한 의지, 긍정적인 방식으로 변화하는 능력, 공동선을 추구하면서 협동하는 의지에 대한 신념과 믿음이다. 에너지는 실수나 잘못으로부터 회복하고 일이 진행되도록 하며 결과를 만들어 내는 능력을 말한다. 클라이언트가 변화에 대한 희망을 품을 수 있어야 변화를 위한 실행을 할 수 있으며, 희망의 원천이 클라이언트가 가지고 있는 긍정의 힘이지만, 사회복지사의 희망스러운 기대가 이를 촉진할 수 있고, 사회복지의 에너지 기운이 클라이언트에게 전달되어 협력적 노력을 하게 할 수 있다.
- 가치관: 사회복지 전문가로서 전문적 가치의 내면화를 통해 클라이언트의 기본적 권리에 대한 존중, 사회적 책임, 자율성에 대한 존중과 자기결정에 대해 지지를 의미한다.
- 감정이입적인 의사소통: 클라이언트의 내적 감정에 접근하여 클라이언트의 경험에 맞는 언어로 소통할 수 있는 능력이다.
- 창조성: 클라이언트와 함께 다양한 정보의 통합과 대안 선택 지원을 통하여 클라이언트에 맞게 기존의 틀 이상의 서비스 방안을 창안하여 문제 해결을 충분히 지원할 수 있는 능력이다. 이는 클라이언트에 대한 진정한 관심으로 활성화될 수

있다.

- −진실성: 자연스럽고 개방적이며 솔직한 방식으로 자신을 공유하여 클라이언트와 신뢰 관계를 형성할 수 있다.
- −판단: 클라이언트의 상황에 대한 사정, 대안 제시, 계획 수립 등의 과정에 필요한 전문가적인 판단을 말한다.
- −전문가 스타일: 스타일은 클라이언트와 관계를 맺는 방법이나 옷 입는 스타일, 개성, 창의성, 지혜, 특정 이슈에 대한 태도 등으로 표현되는데, 전문가 스타일은 상황이나 클라이언트, 기관 등에 적절해야 한다.

이처럼 사회복지실천기술의 전문적 기반은 클라이언트와 전문적 관계를 형성하고, 클라이언트와 함께 의도한 최선의 결과를 위해 협력하는 것에 있다. 하지만 이 전문적 관계에는 클라이언트와의 관계만 있는 것은 아니다. 클라이언트의 복잡한 욕구를 충족하고 문제를 해결하기 위해 관련 자원체계(공공기관, 민간기관, 후원자, 자원봉사자, 클라이언트의 이웃, 지역주민, 종교기관 등)와도 협력적인 관계를 형성하여 효과적으로 소통하고 중재하며 조직화하는 관계역량이 요구된다.

## 4. 사회복지사의 핵심 실천역량과 실천기술

서울 사회복지사협회는 "사회복지사는 「사회복지사업법」 제11조에 의거 사회복지에 관한 전문 지식과 기술을 가진 자(사회복지사 자격)로서, 전문성을 바탕으로 사회복지가 있어야 하는 사람에 대하여 인간의 존엄성과 인간다운 생활을 할 권리를 보장하고 사회복지의 전문성을 높이며, 사회복지사업의 공정・투명・적정을 도모하고, 지역사회복지의 체계를 구축, 사회복지 서비스의 질을 높여 사회복지의 증진에 이바지하는(「사회복지사업법 시행령」 제1조) 전문가를 말한다."라고 정의하고 있다(https://sasw.or.kr/zbxe/sasw).

사회복지사에게 요구되는 사회복지실천기술은 개인 대상 실천, 집단이나 가족 대상 실천, 지역사회 대상 실천을 위한 전문적 원조 기술을 의미한다. 사회복지실천의 전문적 기반에서 살펴보았듯이 사회복지실천은 과학성과 예술성을 요구한다. 이는 이론에 근거한 접근과 측정 가능한 객관화와 같은 과학성도 중요하지만, 사람과 사람이 만나 실천하는 개별화된 고유한 실천으로서의 예술성도 중요하다는 것이다(김정진, 임은희, 권진숙, 2007). 이러한 예술성은 고도의 기술만 가지고는 완성될 수 없다. 이는 인간의 존엄성과 고유성에 대한 사회복지의 기본 가치와 믿음을 실현하려는 사회복지사의 의지와 희망에 기초한 열정과 헌신, 진정성을 가진 기술의 접목이 이루어질 때 완성되는 것이다. 그러므로 사회복지실천에서 기술은 지식, 가치관, 행동의 결정체이며, 특수한 상황과 문제에 적절한 기법이나 방법을 선택적으로 적용할 수 있는 사회복지사의 역량으로부터 나온다.

미국 사회복지교육협의회(CSWE)에서는 사회복지사의 핵심적 실천역량을 다음과 같이 아홉 가지로 제시하였다.

－전문적 사회복지사답게 행동한다.
　클라이언트의 서비스 접근성을 위해서 옹호하고, 지속적인 전문성 향상을 위해 성찰적·자기교정적 실천을 하며, 전문가로서의 경계와 역할을 지킨다. 지속적인 경력 계발 학습을 하며, 수퍼비전과 자문을 활용한다.

－전문적 실천 지침에 의한 윤리적 실천을 한다.
　전문적 가치 실천을 위하여 자신의 개인적 가치를 관리하고, 사회복지사 윤리강령을 준수한다. 윤리적 갈등으로 모호하고 힘들다면 자문하며 원칙에 기반한 결정을 위해 윤리적 해결 방식을 적용한다. 한편, 2022년 교육 정책 및 인증 표준에는 사회복지사는 디지털 기술을 활용할 때 윤리적으로 활용하는 기술을 이해해야 한다는 지침이 추가되었다. 이는 4차 산업혁명 시대의 핵심 기술인 가상현실을 기반으로 타인과 소통할 수 있는 가상현실(Virtual Reality: VR) 기술을 활용한 사회복지실천과 교육이 코로나19 이후 확대되면서 추가되었다.

－전문적 판단으로 소통하고 정보를 제공하기 위해 비판적인 사고를 한다.
　증거기반 지식과 실천 지혜를 포함하여 다수의 지식체계를 통합하고 활용한다. 사정, 예방, 개입, 평가 등을 위한 실천 모델들을 분석하고, 개인, 가족, 집단, 조직, 지역사회, 동료와 협력할 때 구두 또는 기록을 활용하여 효과적으로 소통한다.

-실천에 있어 다양성과 차이를 인정하고 적용한다.

문화구조와 가치가 억압, 배제, 소외로 고통받는 사람이 있는가 하면 특권과 권한을 누리는 사람도 있음을 인지한다. 다양한 집단과 일하면서 개인적 편견과 가치가 영향을 줄 수 있음을 의식하고, 삶의 경험을 구성하는 데 차이의 중요성을 기반으로 소통하며, 다른 문화를 배우는 자세로 임한다.

-인권과 사회경제적 정의를 향상한다.

억압과 차별의 기전과 형태를 알고, 인권과 경제 사회적 정의를 위해 옹호하며, 이들을 향상하기 위한 실천을 한다.

-증거기반 실천과 실천기반 연구를 수행한다.

실천에 있어 과학적인 질문과 적용 방향을 찾으려 관련 연구자료들을 탐색하고 근거 중심의 실천을 한다.

-사회경제적 복지 향상을 위한 실천과 효과적인 사회복지 서비스를 전달하는 실천을 한다.

사회복지 향상을 위해 분석하고, 옹호하며, 효과적인 정책 행동을 위해 클라이언트 및 동료들과 협력한다.

-실천이 이루어지는 맥락(context)에 반응한다.

적절한 서비스 제공을 위해 사회적 추세 및 과학과 기술의 발전, 지역 및 주민의 변화를 지속해서 발견하고, 사회 서비스 질의 향상을 위해 실천과 전달체계의 적정한 변화를 이끄는 지도력을 발휘한다.

-개인, 가족, 집단, 조직, 지역사회를 대상으로 관여, 사정, 개입, 평가를 실천한다.

| 관여 | 사정 | 개입 | 평가 |
|---|---|---|---|
| 개인, 가족, 집단, 조직, 지역사회를 대상으로 효과적으로 실천할 수 있도록 준비하고, 대인적 실천기술과 감정이입을 활용하며, 기대하는 성취를 위하여 상호 동의한 작업에 초점을 두고 실천 | 클라이언트의 정보를 수집, 조직, 해석하며, 클라이언트의 강점과 한계를 사정하고, 상호 동의한 개입 목적과 목표를 수립하며, 적절한 개입 전략을 선택 | 목표 성취를 위해 솔선하고, 클라이언트의 능력 향상을 위해 예방과 개입을 적용하며, 클라이언트를 위해 협상하고 중재하며, 옹호하며, 전환과 종결을 촉진 | 비판적으로 분석하고 점검하며 개입을 평가 |

종합하면 미국 사회복지교육협의회가 요구하는 사회복지실천 핵심역량은 클라이언트의 문제에 대한 상황적 이해, 억압적 구조와 차별의 문제 및 사회경제적 부정의, 문화적 차이에 대한 비판적 이해와 지식에 근거한 성찰적 실천과 윤리적 실천역량으로 요약할 수 있다. 이러한 핵심역량은 미국 사회복지사협회 교육위원회(NASWE, 2001)가 말한 두 가지 핵심 실천기술의 기초가 된다. 그 두 가지는 상황 속의 인간 개념을 기반으로 개인과 상황에 관한 이해를 발전시키는 데 필요한 지식을 확인하고, 개입계획을 세우고, 평가를 수행하는 데 사용되는 인지적 기술과 개인, 집단, 가족, 조직, 지역사회와 일할 때 이들에 대한 이해를 돕고, 의사소통하며, 공동계획의 수립 및 행동계획 수행에 사용되는 상호작용 기술, 즉 관계 기술이다. 한편, 미국 사회복지사협회(NASW, 1981)는 사회복지실천을 위한 필수 실천기술을 다음과 같이 제시하였다.

- 전문적 목적과 이해를 기초로 타인의 말을 경청하는 기술
- 사정이나 보고서를 준비하기 위해 관련 정보를 찾아 의미 있게 통합, 적용하는 능력과 기술
- 클라이언트와 원조 관계를 형성하고 사회복지사 자신을 도구로 활용하는 기술
- 언어적 비언어적 행동을 관찰하고 해석하며 관련 이론이나 진단 방법을 활용하는 기술
- 클라이언트의 민감한 정서적 문제를 위협적이지 않게 지지하는 방식으로 접근하는 기술
- 종결 여부를 결정하고 실행하는 기술
- 조사연구의 결과나 전문적 자료를 해석하는 기술
- 갈등 관계에 놓인 양측을 중재하고 협상하는 기술
- 후원자, 시민, 입법자에게 사회적 욕구를 해석하고 전달하는 기술
- 집단활동에 참여하고 집단을 이끄는 지도력 기술

1980년 초에 제시된 이 기술들은 임상적이고 직접적인 실천기술에 초점을 두고 개인의 변화에 초점이 있는 기술이었다. 앞서 살펴본 2000년대 제시된 핵심역량이나 핵심 실천기술은 사회 구조와 사회정의 관점에서 사회 구조와 맥락, 다양성에 대한 이해 속에서 클라이언트가 경험하는 차별 및 부정의 문제에 대한 성찰적 접근과 윤리

적 실천기술, 다양한 수준의 관계기술을 강조하는 방향으로 확장한 것을 보여 준다.

한편, 한국의 실천 현장에서 활용되는 실천기술에 관한 연구(엄명용, 2005)에서는 많이 활용되는 실천기술 40여 가지를 도출하고 이를 현장 사회복지사 360명에게 질문하여 활용 순위를 제시하였다. 엄명용(2005)은 실천대상별로 구조화하여 실천기술군을 묶고, 해당하는 핵심 실천기술을 분류하여 구분한 표를 〈표 1-2〉와 같이 제시하였다. 실천기술축은 개인(21.15%)・집단(19.18%)・가족(15.72%)・지역사회(15.55%) 개입 기술, 자원봉사 관리 기술(10.03%), 프로그램 개발 및 평가 기술(9.97%), 조직 관리 기술(8.41%) 순으로 업무 비중이 구분되었다. 실천 단위별 영역을

**표 1-2** 한국의 사회복지실천 현장에서 많이 활용되는 실천기술

| 실천기술축 | 실천기술군 | 핵심 실천기술 지표 |
|---|---|---|
| 개인 대상<br>개입 기술 | 사정 기술 | 1. 클라이언트의 문제를 다양한 각도에서 바라보는 기술<br>2. 클라이언트의 상황 파악을 위한 사회지지망 확인 기술<br>3. 클라이언트의 표현된 욕구를 정확히 파악하는 기술 |
| | 감정 개입 기술 | 4. 클라이언트가 감정을 자유롭게 표현하도록 분위기를 조성하는 기술<br>5. 클라이언트의 문제를 잘 듣는 기술(적극적 경청) |
| | 의사소통 기술 | 6. 클라이언트의 용어로 클라이언트가 한 말을 다시 표현하는 기술<br>7. 클라이언트가 한 말을 요약하는 기술<br>8. 사회복지사와 클라이언트 간의 의사소통의 정확성 상호확인을 위한 질문 기술 |
| | 개입 주도 기술 | 9. 클라이언트의 공격적 행동에 대한 대처 기술<br>10. 클라이언트의 요구를 거절하는 기술<br>11. 클라이언트를 설득하는 기술 |
| 집단 대상<br>개입 기술 | 집단 유대감<br>형성 촉진 기술 | 12. 집단 구성원 참여 격려 기술<br>13. 집단 내 신뢰 분위기 조성 기술<br>14. 구성원에게 향연적이고 실행가능한 개인적 목표를 설정할 수 있도록 도와주는 기술 |
| | 집단 관리 기술 | 15. 구성된 집단을 종결까지 유지시키는 기술<br>16. 세션 종결 시 그 세션의 내용들을 요약정리하는 기술 |
| | 집단 역할 결정<br>기술 | 17. 집단 구성원에게 각각의 역할에 맞는 적절한 권한을 부여하는 기술 |

| 가족 대상 개입 기술 | 가족 사정 및 자원연결 기술 | 18. 가족과의 초기면접에서 가족 성원 각자가 서로 다르게 인식하고 있는 다양한 문제를 파악하기 위한 질문 기술<br>19. 가족관계를 파악하기 위해 가족의 상호작용 패턴을 확인하는 기술 |
|---|---|---|
| | 도구 활용 기술 | 20. 클라이언트의 상황 파악을 위한 가계도 작성 기술 |
| 지역사회 조직 기술 | 지역사회 자원 섭외, 관리 기술 | 21. 지역사회 자원 섭외 기술<br>22. 지역사회 자원 관리 기술 |
| | 사례 관리 기술 | 23. 개별 클라이언트의 복합적인 문제를 세분화된 서비스에 연결해 주는 기술<br>24. 사례 발굴 및 확보 기술 |
| 자원봉사 관리 기술 | 관계 유지 기술 | 25. 자원봉사자와의 신뢰 구축을 위한 공감 및 수용 등의 의사소통 기술 |
| | 자원봉사자 이해 기술 | 26. 자원봉사자와 클라이언트와의 갈등 해결 기술 |
| | 자원봉사자 교육 기술 | 27. 자원봉사자 교육 시 과업 수행 방법 시범 기술 |
| | 자원봉사자 배치 기술 | 28. 자원봉사자의 능력, 처치, 의도 등을 파악하여 적절한 곳에 배치하는 기술 |
| 프로그램 개발 및 평가 기술 | 프로포절 작성 기술 | 29. 프로포절 작성을 위해 참신한 아이디어를 발굴하는 기술<br>30. 프로포절 작성을 위한 예산 편성 기술<br>31. 프로포절 작성 시 글을 잘 구성하는 기술 |
| | 프로그램 성과 평가 기술 | 32. 수집된 자료들을 평가의 목적에 맞추어서 적절하게 분석하는 기술<br>33. 평가를 위해 기존의 표준화된 도구 사용 기술<br>34. 평가를 위해 필요한 자료들을 수집하는 기술 |
| | 프로그램 구성 기술 | 35. 프로그램 실시에 필요한 인적·물적·사회적 자원 등을 검토하는 기술 |
| | 프로그램 홍보 기술 | 36. 다양한 방법으로 프로그램에 관한 정보를 보급하는 기술 |

| 조직 관리 기술 | 인적자원 관리 기술 | 37. 직원 간의 의사소통 네트워크를 개발하는 기술<br>38. 조직 내 동료와의 관계 형성 및 유지 기술<br>39. 클라이언트의 문제로 소진 상태에 있는 직원들에게 지지를 제공하는 기술 |
| | 실습생 관리 기술 | 40. 실습생 배치 기술 |
| | 예산 관리 기술 | 41. 예산 편성 기술 |
| | 문서 관리 기술 | 42. 공문서 작성 기술 |

출처: 엄명용(2005).

실천기술군으로 세분화하여 1위부터 20위까지 활용 순위를 조사되었다. 핵심 실천기술은 경청 기술, 공문서 작성 기술, 예결산 보고서 작성 기술, 클라이언트와 친해지는 기술, 기록 기술, 감정 표현 촉진 기술, 클라이언트 생활력 조사 기술, 자원봉사자 수요처 배치 기술, 관찰 기술, 직원 간 의사소통 기술, 자원봉사자 역할 부여 기술, 클라이언트 수용 기술, 클라이언트의 문제 파악 기술, 자기결정권 존중 기술, 자원 연결 기술, 집단 신뢰 분위기 조성 기술, 집단 성원의 참여 촉진 기술, 복합적인 문제의 우선순위 결정 기술, 자원봉사자의 능력 및 의도 등에 따른 배치 기술, 집단 성원에 대한 공감 기술 등의 순으로 응답하였다고 한다. 이를 보면 사회복지 현장에서 요구되는 주요 실천기술은 직접 실천기술로서 개별 및 소집단을 대상으로 한 클라이언트와의 관계 형성, 사정과 개입 기술이 다양하여 요구되며, 간접 실천기술로서 행정 업무 및 기록 기술이 많이 요구되고 있음을 알 수 있다.

한편, 클라이언트의 크기와 특성에 따라 실천 수준이 다르고, 이에 따라 요구되는 실천기술도 차이가 있는데, 이를 요약하면 〈표 1-3〉과 같다.

표 1-3　클라이언트의 크기와 특성에 따른 개입 수준

| 미시적 수준 | 중범위 수준 | 거시적 수준 |
|---|---|---|
| 개인, 가족, 소집단과 같은 작은 단위를 대상으로 한 직접적인 개입 기술 | 가족보다는 덜 밀접하나 클라이언트에게 직접적인 영향을 미치는 대인관계가 일어나는 조직(클라이언트가 속한 동료, 학교, 직장 등)이나 서비스를 제공하는 사회복지기관, 기타 인간 서비스 조직을 대상으로 개입하는 기술 | 서비스의 직접 전달은 아니지만 사회 계획과 지역사회 조직 및 옹호와 같은 활동을 통하여 사회복지 환경을 개선함으로써 간접적으로 클라이언트에게 도움을 제공하는 기술 |
| Micro(미시적) 기술<br>－대인관계 기술<br>－문제 해결 지향의 면접 기술<br>－집단역동성 활용 기술<br>－마이크로 수준의 관계 형성 기술<br>－의사소통 기술을 집단에 적용하는 기술 | Mezzo(중범위) 기술<br>－기관행정 기술<br>－자원연계 기술<br>－프로그램 개발 기술<br>－계획, 행정, 평가 | Macro(거시적) 기술<br>－주민조직 기술<br>－지역사회 지도자 및 정책 결정자에게 접근하는 기술<br>－자원동원 기술<br>－옹호 및 대변 기술<br>－행동주도 기술<br>－협상 기술<br>－지역사회 조직에 적용하는 기술 |

이처럼 개입 수준에 따라 요구되는 기술이 다른 것은 사회복지사에 대한 역할기대가 다르기 때문일 것이다. 이를 자세히 분류하면 〈표 1-4〉와 같다.

표 1-4　개입 수준별 사회복지사의 역할과 실천기술

| 개입 수준 | 역할 | 기술 |
|---|---|---|
| 미시적 수준 | 현장 활동가 | 지역사회로 나가서 욕구를 확인하고 서비스 의뢰를 수행하는 기술 |
| | 중개자 | 클라이언트를 적절한 서비스 체계와 자원에 연결하는 기술 |
| | 옹호자 | 특정 클라이언트가 서비스 수혜를 받지 못할 때 클라이언트를 위해 서비스를 확보하고 확대할 수 있도록 원조하는 기술 |
| | 평가자 | 욕구와 자원의 평가, 욕구충족을 위한 대안 창출, 대안을 결정하는 기술 |
| | 교사 | 정보와 기술을 가르치는 기술 |
| | 상담자 | 클라이언트의 사회적 기능 수행 능력을 향상하도록 돕는 기술 |

| 미시적 수준 | 사례 관리자 | 클라이언트를 적절한 서비스에 연계하고, 연계 과정에서 클라이언트를 옹호하며, 연계된 서비스를 클라이언트가 활용하도록 개인과 가족에게 지속적으로 조정하면서 지원하는 기술 |
|---|---|---|
| | 보호 제공자 | 자신의 문제를 해결할 수 없거나 욕구충족을 할 수 없는 사람에게 지지 서비스를 제공하는 기술 |
| 중범위 수준 | 정보 관리자 | 정책 결정에 필요한 정보를 수집하고 분석하는 기술 |
| | 행정가 | 서비스 프로그램을 계획하고 수행하는 데 필요한 행동을 실행하는 기술 |
| | 업무량 관리자 | 클라이언트에게 가장 효율적으로 서비스를 제공하고 고용된 조직의 책임을 다하기 위해 업무량을 관리하는 기술 |
| | 직원 개발자 | 훈련, 수퍼비전, 인사관리를 통해서 기관 직원의 전문적 개발을 촉진하는 기술 |
| 거시적 수준 | 지역사회 계획가 | 지역사회에 필요한 서비스를 계획하고 다른 전문가들과 협력하여 효과적으로 서비스를 제공하는 기반을 구축하는 기술 |
| | 자원동원가 | 새로운 서비스 개발을 돕는 기술 |
| | 사회변화 대행자 | 지역사회 프로그램과 삶의 질을 향상시키는 영역을 확인하고 변화나 새로운 지원 획득을 옹호하며 이익집단을 동원하는 기술 |

한편, 사회복지사의 업무에 따라 요구되는 역할을 다음의 네 가지 범주로 나눌 수 있고, 그에 따른 역할도 다르게 요구된다.

### • 체계와 연결하는 역할
사회복지사는 사람들을 다른 자원과 연결하는 다음과 같은 역할을 수행하게 된다.

- 중개자: 클라이언트와 자원 연결
- 사례 관리자, 조정자: 클라이언트를 다른 체계에 의뢰할 때 클라이언트의 욕구사정, 서비스 전달 조정, 서비스 제공 보장
- 중재자: 클라이언트와 서비스 체계 사이에 일어날 수 있는 갈등 관리
- 옹호자: 클라이언트를 대신하여 자원과 서비스를 획득하는 활동

• **체계 유지 및 강화 역할**

서비스 전달의 효용성을 떨어뜨리는 기관의 구조, 정책, 기능적 관계를 평가하는 다음과 같은 역할을 수행하게 된다.

- 조직 분석가: 기관의 서비스 전달의 부정적 요인을 분석하고 대안을 제시
- 촉진자: 서비스 전달체계를 강화하는 방법을 계획하고 실행
- 팀 성원: 클라이언트와 함께 치료팀의 일원으로 기능
- 자문가: 클라이언트에 대해 전문가로서 기능함은 물론 또 다른 전문가나 수퍼바 이저의 조언을 요청하거나 제공

• **연구조사 활용 역할**

개입 방법을 선택하고 그에 대한 효과성을 평가하는 다음과 같은 역할을 수행하게 된다.

- 평가 가능한 개입 방법을 선택하여 그들의 개입 방법에 대한 효과성을 평가하고, 체계적으로 클라이언트의 변화를 모니터링하며, 과정을 연구ㆍ조사하여 전문적 개입 효과의 근거를 제시한다.

• **체계 개발 역할**

기관의 서비스를 확대 및 개선하기 위해 체계 발전에 관련된 역할을 담당하는 다음과 같은 역할을 수행하게 된다.

- 프로그램 개발자: 클라이언트의 욕구에 대한 서비스 개발
- 기획가: 지역사회 지도자와 함께 프로그램 기획의 역할
- 정책과 절차 개발자: 기관의 정책과 관련된 의사결정 과정에 참여
- 옹호자: 개인, 집단, 다른 사회복지사, 전문가 집단과 함께함으로써 필요한 자원 제공 및 사회정의 강화

Holden(2002)은 사회복지사 직무 효능감 척도를 개발하여 사회복지 교육의 성과

를 측정할 수 있도록 제안하였다. 통합적이고 일반주의적 실천을 하는 사회복지사에게 요구되는 실천기술이므로 사회복지 전공 학생들이 자신의 준비 정도로 평가하거나 학습의 목표 설정을 위해 자가 평정으로 활용할 수 있을 것으로 판단되어 제시한다. 각 항목을 '전혀 그렇지 않다 1, 그렇지 않다 2, 그런 편이다 3, 그렇다 4, 매우 그렇다 5'의 5점 척도로 점수를 부여하여 측정한다. 총점수가 높을수록 사회복지사 직무효능감이 높음을 의미한다.

표 1-5   사회복지 교육성과 척도(사회복지사 직무효능감 척도)

| 번호 | 내용 |
| --- | --- |
| 1 | 나는 클라이언트와 감정이입적이고, 비심판적이며, 세련된 관계 형성을 시작하고 유지할 수 있다. |
| 2 | 나는 생물심리학적 사정과 개입 계획을 발전시키기 위해 클라이언트에 관한 역사적 · 인지적 · 행동적 · 정서적 · 대인관계적 · 사회경제적 자료와 클라이언트에 영향을 미치는 다양한 요소에 관한 지식을 찾고 활용할 수 있다. |
| 3 | 나는 개입, 집단, 가족과 업무를 수행하는 과정에서 발달 이론, 행동과학 및 사회 이론을 적용할 수 있다. |
| 4 | 나는 특정 사례에 작용하는 사회적 힘과 내부갈등과의 관계의 논리를 이해할 수 있다. |
| 5 | 나는 개인 대상의 실천에 효과적으로 개입할 수 있다. |
| 6 | 나는 가족 대상의 실천에 효과적으로 개입할 수 있다. |
| 7 | 나는 집단 대상의 실천에 효과적으로 개입할 수 있다. |
| 8 | 나는 클라이언트를 위한 서비스(예: 공적부조, 주택, 의료)를 획득하기 위해 다양한 체계와 함께 일할 수 있다. |
| 9 | 나는 클라이언트에 대한 서비스들의 현실적인 문제를 찾아내고 다룸으로써 클라이언트를 위한 사회변화 대행자 및 옹호자로서의 사회복지사의 역할을 수행할 수 있다. |
| 10 | 나는 기관에 대한 책임과 클라이언트들에 관련된 책임을 수행함으로써 기관과 서비스 전달 체계 내의 성원으로서 효과적으로 기능을 수행할 수 있다. |
| 11 | 나는 나의 개인적 가치와 편견을 인식하고 이러한 개인적 가치와 편견이 실천에 주는 영향을 예방하고 해결함으로써 전문적 자아인식을 유지할 수 있다. |
| 12 | 나는 사회복지 전문가가 되기 위해 적절한 지도를 계속적으로 구하면서 나의 실천에 대해 비판적으로 평가할 수 있다. |
| 13 | 나는 사회복지실천 윤리와 가치에 따라서 실천할 수 있다. |
| 14 | 나는 중요한 사회복지법령을 분석할 수 있다. |

| 15 | 나는 취약한 클라이언트 집단에 미치는 주요 사회정책의 영향을 규명할 수 있다. |
|---|---|
| 16 | 나는 발표된 실증 연구 논문이나 보고서를 찾기 위해 도서관이나 온라인 정보를 사용할 수 있다. |
| 17 | 나는 학술적인 자료를 비판적으로 검토하고 이해할 수 있다. |
| 18 | 나는 적절한 연구 방법(예: 단일 사례 설계, 척도, 체크리스트 등의 간단한 측정 방법들)을 사용하여 나의 업무수행을 평가할 수 있다. |
| 19 | 나는 실천활동과 기관 상황에서 당면하게 되는 문제를 다루기 위해 연구 방법을 활용하는 데 참여할 수 있다. |
| 20 | 나는 클라이언트에게 스스로 스트레스를 해결하는 방법을 가르칠 수 있다. |
| 21 | 나는 클라이언트에게 특정한 문제가 재발하는 것을 예방하는 방법을 교육시킬 수 있다. |
| 22 | 나는 클라이언트가 문제를 일으키는 역기능적인 사고방식을 감소시킬 수 있도록 도와줄 수 있다. |
| 23 | 나는 클라이언트가 문제를 야기시키는 상황을 미리 예측할 수 있도록 도와줄 수 있다. |
| 24 | 나는 클라이언트에게 특정한 문제를 처리할 수 있는 구체적인 기술을 가르칠 수 있다. |
| 25 | 나는 클라이언트에게 자신의 행동의 결과들이 문제에 어떠한 영향을 미치는지 이해할 수 있도록 도와줄 수 있다. |
| 26 | 나는 클라이언트에게 다루기 어려운 감정을 관리하는 방법을 가르칠 수 있다. |
| 27 | 나는 클라이언트에게 자신의 생각과 감정을 좀 더 효과적으로 타인에게 표현하는 방법을 시범적으로 보여 줄 수 있다. |
| 28 | 나는 클라이언트가 그들의 새로운 문제 해결 기술을 치료적 상황이 아닌 외부의 상황에서도 실천할 수 있도록 도와줄 수 있다. |
| 29 | 나는 클라이언트에게 의사소통 기술을 가르칠 수 있다. |
| 30 | 나는 클라이언트에게 그들 자신의 문제 행동을 관리하는 방법을 가르칠 수 있다. |
| 31 | 나는 클라이언트에게 자신의 문제가 개선되는 상황에서 스스로 자신을 어떻게 격려하고 보상해야 하는지 가르칠 수 있다. |
| 32 | 나는 클라이언트에게 과제를 보다 효과적으로 달성하는 방법을 가르칠 수 있다. |
| 33 | 나는 클라이언트가 보다 효과적으로 의사결정을 하도록 지도할 수 있다. |
| 34 | 나는 클라이언트가 자신의 건전하지 않은 습관을 줄이는 기술을 가르칠 수 있다. |
| 35 | 나는 클라이언트에게 타인의 역기능적인 행동에 어떻게 제한을 설정할 수 있는지를 가르칠 수 있다. |
| 36 | 나는 클라이언트에게 제공될 물질적 자원의 기준 및 수준을 사정할 수 있다. |
| 37 | 나는 여러 다른 서비스 제공자에 의해 제공되는 서비스의 전달을 점검하고 감독할 수 있다. |
| 38 | 나는 타인을 위해 옹호활동을 할 수 있다. |

| 39 | 나는 클라이언트를 위해 다른 서비스에 의뢰할 수 있다. |
| 40 | 나는 클라이언트의 문제와 관련된 사회정책과 사회문제들을 분석할 수 있다. |
| 41 | 나는 클라이언트가 이용 가능한 다른 서비스들에 대한 정보를 제공할 수 있다. |
| 42 | 나는 클라이언트를 위한 서비스를 조정하기 위해 다른 기관들과 네트워킹할 수 있다. |
| 43 | 나는 클라이언트로 하여금 자신을 이해해 준다는 감정을 가질 수 있도록 돕기 위해 나의 생각과 감정을 반성적으로 고찰할 수 있다. |
| 44 | 나는 클라이언트가 나를 신뢰하도록 돕기 위한 감정이입 능력을 발휘할 수 있다. |
| 45 | 나는 클라이언트에게 정서적인 지지를 제공할 수 있다. |
| 46 | 나는 클라이언트가 나에게 마음을 열고 싶도록 도와줄 수 있다. |
| 47 | 나는 클라이언트가 자신의 모습 그대로 수용되고 있다고 느낄 정도의 전문적 개입 관계를 형성할 수 있다. |
| 48 | 나는 클라이언트들의 자기확신을 높여 주기 위해 클라이언트가 성공한 것들을 정확히 지적해 줄 수 있다. |
| 49 | 나는 구체적인 용어로 클라이언트의 문제를 정의할 수 있다. |
| 50 | 나는 개입의 목표를 클라이언트와 함께 설정할 수 있다. |
| 51 | 나는 구체적인 용어로 개입 목적을 규정할 수 있다. |
| 52 | 나는 클라이언트가 그들의 개입 효과를 스스로 평가하도록 요청할 수 있다. |

출처: 전선영(2004: 69-70).

워크숍: 토론

1. 5~7명 정도로 조를 구성하여 조원 간 워크숍을 하도록 하자. 학습 주제로는 '사회복지실천에서 지식은 왜 중요한가?'를 선정한다.

2. 지식의 단계로 패러다임, 관점, 이론, 모델, 현장 지혜를 말하고 있는데, 이들의 차이는 무엇인지 토의해 보자

3. 성찰적 실천이란 무엇이고 왜 중요한지 토의해 보자(〈부록 1〉의 성찰일지를 참고할 것).

4. 실천 지식, 실천가지, 실천기술의 관계와 차이를 토의해 보자.

5. 사회복지사 직무효능감 척도를 측정하여 보고, 학습 목표를 세워 보자.

제2장

# 가치기반 사회복지실천기술

사회복지사는 원조전문직(helping profession)이다. 사회 변화에 따라 사회복지사에게는 어떤 현장에서 어떤 문제와 욕구를 가진 클라이언트를 만나더라도 사회복지사라면 기본적으로 갖추어야 할 전문역량에 대한 사회적인 요구가 심화되었다. 이 장에서는 클라이언트를 돕는 과정에서 직접적인 영향을 미치는 사회복지사의 전문적 가치와 태도에 관한 윤리적 실천기술, 다문화 사회에 필요한 다문화 실천기술에 중점을 두었다.

## 1. 윤리적 실천기술

개인의 가치는 추상적인 원칙이 아니라 실제적인 수준에서 다른 사람과의 관계에 영향을 미친다. 즉, 개인의 문화적 경험과 배경은 의사결정에 영향을 미치게 되는데, 사회복지실천에서도 사회복지사가 가지고 있는 가치가 클라이언트를 돕는 과정에 의식적, 무의식적으로 윤리적 문제를 야기할 수 있다. 그러므로 사회복지실천 과정에서 사회복지사의 모든 의사결정은 윤리적 이슈를 동반할 수 있다. 사회복지실천에서는 이런 윤리적 이슈를 성찰하고 효과적으로 해결할 수 있는 윤리적 실천기술이 필

요하다. 사회정의에 기초한 클라이언트를 위한 최선의 실천을 하려면 사회복지사는
전문적 가치를 기반으로 실천하여야 한다. 이러한 전문적 가치를 구체적으로 실천하
도록 이끄는 구체적인 가이드라인이 윤리강령이다.

## 1) 가치와 윤리

윤리는 가치에서 나오기 때문에 가치와 조화를 이루어야 하며, 가치의 구체적 구현
을 위해 윤리적 행동을 요구한다. 가치와 윤리의 차이는 다음의 〈표 2-1〉과 같이 요
약할 수 있다.

〈표 2-1〉에서 비교한 바와 같이 가치는 좋고 바람직한 것에 대한 가정적 개념으로
개인의 생각 속에 존재하는, 개인의 결정과 행동에 영향을 주고 개인의 정체성을 이
루는 부분이라고 할 수 있다. 하지만 윤리는 도덕적·사회적으로 옳고 그름에 대한
규범적인 특성을 갖는다. 사회복지는 인간의 존엄성과 자율성의 가치를 핵심가치로
서 받아들이되, 이를 위해 사회의 책임성과 기회의 균등, 즉 사회정의를 기본 핵심가
치로 받아들이고 있다. 이러한 사회복지의 이념적 기초가 되는 기본 가치가 실현되
려면 실천가치가 명료화되고, 실천가치가 구체적 실천행동으로 드러나기 위해 윤리
적 지침이 필요하다. 이것이 사회복지사의 전문가 윤리라고 하겠다.

**표 2-1**  가치와 윤리의 비교

| 가치 | 윤리 |
| --- | --- |
| • 좋은 것, 바람직한 것에 대한 개인의 가정과 신념 <br> • 판단의 방향과 기준 | • 도덕적으로 옳고 그른 것, 맞는 것에 관한 규범 <br> • 사회적 태도나 행동의 원칙 및 결정의 지침 |

## 2) 전문가 윤리

Jane Adams는 이미 오래전에 전문가 윤리의 중요성을 역설하였지만, 사회과학 분
야에서 성과와 결과를 통계적으로 입증하는 과학적 방법론의 발달과 함께 성과를 중
시하는 사회복지실천이 주를 이루며 윤리적 실천과 성찰이 위축된 경향이 있었다.

그러나 생명윤리, 의과학, 정보통신 및 디지털 기술의 발달 등으로 최근 사회복지실천에서는 윤리적 이슈에 자주 당면하게 되면서 전문가 윤리가 교육과정에서 점차 중요해졌다.

더구나 사회적 변화의 영향으로 클라이언트의 인권에 관한 관심이 증가하면서 윤리적 실천의 중요성이 더욱 강화되고 있다. 사회복지전문가 윤리는 사회복지전문직이 지향하는 핵심가치와 직접적으로 연결되어 있다. 사회복지전문가 윤리가 지향하는 핵심 가치를 반영한 사회복지전문가 윤리는 다음의 세 가지 핵심 요소로 구성되어 있다(김기덕, 최소연, 권자영, 2018).

첫째, 개인에 대한 존중과 개인적 서비스 윤리(individualism and the ethic of personal service)이다. 이는 사회복지사의 궁극적인 지향과 사명이 클라이언트를 하나의 개별적인 인간으로서 존중하며 이들이 행복한 삶을 유지할 수 있도록 전문적인 서비스를 제공하는 것에 있다. 이때 클라이언트는 개인, 집단, 가족, 지역사회가 될 수 있다. 이러한 실천윤리에 기반이 되는 핵심가치는 자유와 자율이며, 개개인이 가지는 본래적 가치는 그 무엇보다 존중되어야 하고, 자신과 관련된 문제를 스스로 결정하고 판단할 수 있어야 함을 의미한다. 이러한 자유와 자율의 가치는 사회복지실천 원칙인 자기결정과 비밀보장, 사생활 존중, 고지에 입각한 동의, 정보보호의 원칙 등의 윤리적 원칙과 연결된다.

둘째, 전문가의 온정적 개입주의(paternalistic intervention)이다. 이는 어려움에 처한 사람을 돕는 것이 의무라는 일종의 도덕률에 기원이 있다. 이러한 선행의 의무가 전문적으로 체계화된 모습이 사회복지전문직이다. 미국사회복지사협회의 윤리강령에서 제시하는 첫 번째 핵심가치는 서비스이며, 이는 '사회복지사의 궁극적인 목표는 도움을 필요로 하는 사람들을 돕고, 사회적 문제들에 대응하는 것이다.'라는 윤리적 원칙으로 연결된다. 이러한 전문가의 온정주의가 근거로 하는 윤리적 규범은 사회복지사가 클라이언트 혹은 일반 시민에 비해 차별화된 전문적인 역량을 가진 것을 전제로 하며, 때로는 클라이언트가 거부하여도 서비스를 제공함으로써 장기적으로는 클라이언트의 자율성이 신장될 것이라는 전망에 대한 전문적 확신의 근거가 된다. 그러므로 우리나라 사회복지사 윤리강령에 '사회복지사는 최상의 서비스를 제공하기 위해 지식과 기술을 개발하는 데 최선을 다하며, 이를 활용하고 전파할 책임이 있다.'라고 분명히 하고 있다.

셋째, 공적 책임성의 윤리(the ethic of public responsibility)이다. 사회복지는 개인의 행복과 아울러 사회 전체의 복지에 대하여도 관심이 높다. 공적 책임성의 규범적 근거는 평등과 사회정의의 가치이다. 이는 사회복지사가 자신의 클라이언트의 행복을 추구하면서 동시에 제삼자와 전체 사회의 일반적인 복지를 향상하는 데 노력할 것을 요구받는 복합적 책임성을 가짐을 의미한다. 우리나라 사회복지사 윤리강령은 공적 책임성을 강조하며, 클라이언트, 동료, 기관뿐 아니라 지역사회 및 전체 사회와 관련된 사회복지사의 윤리기준을 명시하고 있다. 타 전문직에 비해 사회복지사에게 공적 책임이 강조되는 것은 사회복지가 기본적으로 공적 재원과 자원으로 서비스를 전달하며 개인과 사회문제 해결에 관여하는 전문직이기 때문일 것이다.

## 3) 전문가 가치와 윤리강령

전문가 가치는 어떠한 직업이 전문적으로 인정되는 과정에서 그 전문직의 독특한 실천 활동과 관련하여 요구되는 가치이며, 기본적으로 해당 전문직 활동의 평가와 책임소재의 근거가 된다. 사회복지실천의 고유한 윤리를 추구하는 작업은 전문직 단체의 확립이 다른 나라보다 일찍 행해졌던 미국에서 가장 먼저 이루어졌다. 미국은 사회복지사단체가 1921년에 설립되었고 1951년에 윤리강령을 발표하였다. 그 후 1955년에는 미국사회복지사협회(NASW)가 결성되고 사회복지사의 전문성과 함께 그 존재의의와 관련하여 윤리 문제가 논의되면서 1986년에 새로운 윤리강령을 발표하였다. 영국에서도 1975년에 영국사회복지사협회가 사회사업실천에서 이용자의 출신, 지위, 성별, 연령, 신념, 사회적 공헌도 여하를 막론하고 모든 인간의 가치와 존엄성을 강조하는 윤리강령을 공포한 바 있다.

우리나라에서는 1982년 처음 사회복지사 윤리강령을 제정한 이후 다섯 차례의 개정을 통하여 2023년 4월 11일에 5차 한국사회복지사의 윤리강령을 채택하였다(〈부록 2〉 참조). 윤리강령은 인본주의, 평등주의 사상에 기초하여 인간 존엄성과 사회정의라는 핵심 가치를 기반으로 하고 있다. 인간의 존엄성, 정의, 공평 등의 가치를 추구하면서, 균등하고 차별 없는 서비스를 받을 클라이언트의 권리를 존중하며 사회복지사 개인의 이익을 배제하고 전문적 지식과 기술 개발을 위해 계속해서 노력할 것과 팀워크, 전문인으로서의 책임성 등을 강조하고 있다(〈표 2-2〉 참조).

표 2-2  한국사회복지사협회 윤리강령의 핵심 가치와 윤리기준

| 핵심 가치 | 윤리기준 | 영역 | 내용 |
|---|---|---|---|
| 인간 존엄성/ 사회정의 | 기본 | 전문가 자세 | 인간 존엄성 존중 |
| | | | 사회정의 실현 |
| | | 전문성 개발 노력 | 직무능력 개발, 지식기반 실천 증진 |
| | | 전문가적 실천 | 품위와 자질 유지. 자기관리, 경제적 이득에 대한 실천 |
| | 클라이언트 | 권익옹호 | 클라이언트 이익 최우선, 권리 존중, 옹호 |
| | | 자기결정권 존중 | 자기결정권 존중, 자기결정이 어려운 클라이언트의 이익과 권리보장을 위한 적절한 조치 |
| | | 사생활 보호 및 비밀보장 | 사생활 존중, 비밀 유지, 자타 위험이 있는 경우 예외 가능 |
| | | 정보에 입각한 동의 | 알 권리 존중, 충분한 정보 제공과 서비스 동의 또는 철회, 거절할 권리에 대한 정보 제공 |
| | | 기록정보관리 | 실천기록의 중립성, 객관성, 기록 공개 요구에 대한 정보접근성 제공, 기록 공개에 대한 클라이언트의 동의 |
| | | 직업적 경계 유지 | 자신의 이익을 위해 클라이언트와의 관계 이용 불가, 업무 이외 정보통신 기술을 사용한 소통 불가, 금전거래나 성적 관계 등 불가, 동료 클라이언트 의뢰는 동의 전제, 정보처리 기술의 권리침해 위험 인식과 제한 |
| | | 서비스 종결 | 클라이언트 요구, 개인적 직업적 이유에 의한 전문적 관계 중단, 타 기관 의뢰, 클라이언트의 고의적 상습적 민원제기에 대해 기관 자문을 거쳐 거부권 행사 가능 |
| | 동료 | 동료 | 존중과 신뢰 기반 동료관계, 협력 |
| | | 슈퍼바이저 | 전문적 지도와 조언, 공정한 평가와 공유, 개인적 이익 추구나 지위 이용 불가 |
| | 기관 | 기관 | 기관의 사명, 비전 확인, 정책과 목표 달성 위해 노력, 기관의 활동에 적극 참여, 기관의 부당한 요구에 대한 대응 |

| 인간<br>존엄성/<br>사회정의 | 사회 | 사회 | -지역사회 이해, 지역사회기반 실천, 사회정의 실<br>현을 위한 정책 수립이나 법령 제·개정 지원,<br>옹호<br>-사회재난 등 국가적 위급상황에 문제해결 지원<br>-지역사회, 국가, 세계와 구성원 복지 증진 노력<br>-인간과 자연환경, 생태에 미치는 영향 고려 실천 |
|---|---|---|---|

## 4) 사회복지사의 윤리적 갈등

사회복지실천 현장에서는 한정된 자원 체계, 클라이언트 체계의 복잡성과 다중적 욕구의 상충, 결과의 모호성 등으로 사회복지사가 가치 갈등을 경험하는 경우가 종종 있다. 이때 사회복지사는 상황을 판단하고 개입 방향을 결정하기 위해 클라이언트 및 기관과 협의하는 과정에서 윤리적 실천에 대한 도전과 갈등을 경험하게 된다. 윤리적 갈등이란 사회복지사가 전문가로서 지켜야 하는 윤리적 의무나 실천 가치에 따라 실천하기 어려울 때 어떠한 실천 행동을 선택하는 것이 윤리적으로 올바른 것인지 판단하기 힘든 상태를 말한다. 사회복지사가 자주 만날 수 있는 윤리적 갈등을 세 가지 범주로 구분하면 다음과 같다.

| 직접적인 개입 활동과<br>관련된 갈등 | 사회복지 정책 및<br>프로그램 차원의 갈등 | 사회복지조직체 및 동료<br>사회복지사와 관련된 윤리적 갈등 |
|---|---|---|
| 개인, 가족, 집단을 대상으로 실천할 때 비밀보장, 자기결정권, 온정주의, 진실의 의무 등 가치 상호 간의 충돌로 어떤 가치를 우선가치로 하여야 할지 갈등 발생 | 간접적인 사회복지실천 영역으로 분배에 있어 우선순위 설정에 갈등 | 조직의 일원으로서 겪는 갈등으로 조직의 가치와 전문적 가치가 상충될 때 직원으로서 조직에의 헌신과 사회복지사로서 클라이언트에의 헌신 사이에 갈등 발생 |

## 5) 사회복지실천 과정과 윤리적 이슈

사회복지실천에서 윤리적 문제는 주로 현대 사회의 특징인 가치의 다양성과 모순성에서 기인한다. 윤리적 문제를 거론하면 할수록 사회복지실천의 윤리적 딜레마 혹은 윤리적 측면을 더 정확하게 인식할 수 있을 것이다. 과거에는 윤리적 이슈들이 단지 사회복지사와 클라이언트의 양자관계에서 비롯되거나 혹은 그 관계에 국한하는 것으로 생각하였다. 하지만 최근의 윤리적 관심은 사회복지사와 클라이언트의 양자관계를 기반으로 하지만 윤리적 실천을 강화하기도 약화하기도 할 수 있는 기관의 윤리적 경영문화의 중요성에도 주목한다.

또한 클라이언트의 인권을 옹호하는 사회복지사의 책임에 대한 사회적 요구가 증가하고 있어, 사회복지사와 사회복지기관의 높은 인권 감수성이 있어야 한다. 이에 사회복지실천 과정에서 클라이언트의 인권을 고려해야 하며, 클라이언트가 사회적으로 인권을 침해당하거나 억압받는 일이 없는지 민감하게 고려해야 할 책임이 강화되고 있다. 이러한 인권의 이슈는 문화적 차이에 의한 문제와도 연결된다. 즉, 다수와 소수 혹은 주류와 비주류의 권력과 문화 차이에 의한 차별과 억압의 인권 이슈와 직결된다. 예를 들어, 장애와 비장애, 내국인과 외국인, 성별, 교육, 나이, 직업, 소득 등의 차이이다. 이러한 차이에 대한 차별과 억압의 문제를 가진 다수의 클라이언트를 사회복지 현장에서 만나게 되므로 사회복지사는 실천 과정에서 인권 감수성과 문화적 감수성을 겸비한 윤리적 민감성을 요구받는다. 인권과 윤리는 동전의 양면과 같은 속성을 가지고 있어 인권의 이슈는 곧 윤리적 이슈와 직결된다.

### (1) 윤리적 문제

윤리적 문제들은 '주어진 상황에서 도덕적으로 마땅히 해야 할 옳은 일은 무엇인가?' '그 상황에서 사회복지사는 비윤리적 행동을 어떻게 피할 수 있는가?'와 같은 것이다. 한편, 윤리적 딜레마는 두 가지 이상의 상충하는 윤리적 갈림길에서 한 방향을 선택해야 할 때, 혹은 선택하고자 하는 각 대안이 한 사람 혹은 여러 사람에게 바람직하지 못한 결과를 초래하게 될 때 발생한다. 사회복지실천 과정에서 일반적으로 발생하는 상황, 대상, 가치 기준에 따른 윤리적 문제는 〈표 2-3〉과 같이 요약될 수 있다(서미경, 김영란, 박미은 역, 2000).

〈표 2-3〉에서 보는 바와 같이 다양한 대상자가 서로 다른 가정을 갖는 경우에 사회복지사들의 실천 과정마다 윤리적 결정에 대한 어려움이 발생하게 된다. 실제로 박미은, 서미경, 김영란(2001)이 사회복지기관에 종사하는 사회복지사 295명을 대상

표 2–3 사회복지실천상의 윤리적 문제

| 실천단계에서 발생하는 윤리적 문제 | A. 문제 정의<br>목표 설정<br>기관에 대한 우선순위<br>수단에 대한 결정<br>전략에 대한 결정<br>결과 평가 |
|---|---|
| 대상과 주체에 의해 제기되는 윤리적 문제 | B. 클라이언트<br>실천가<br>기관<br>지역사회<br>사회문화 |
| 관점과 가정의 차이에 의한 윤리적 문제 | C. 인간 본성<br>가치<br>문제의 가정<br>체계 간 차이 |

으로 윤리적 갈등 상황을 제시하고 어떻게 결정할지를 물은 결과 사회복지사의 인구사회학적 특성과 기관의 특성에 따라 대안 선택에 차이를 보였다. 성별, 나이, 학력에 따라 선택의 차이가 나타났으며, 윤리적 선택에 있어 자신의 가치에 영향을 가장 많이 받는 것으로 나타났다. 이는 윤리적 선택에 대한 교육적 자문이 필요하며, 기관 차원의 윤리적 실천에 관한 교육훈련과 수퍼비전, 윤리적 행동 지침 규정화 등 윤리적 경영이 필수적임을 보여 준다. 구체적인 윤리적 결정의 어려움은 다음의 예와 같을 수 있다.

  –아들은 나이 많은 아버지를 노인주거복지시설에 위탁하고자 하지만 아버지는 가족과 함께 집에서 살기를 원하는 경우
  –노인복지기관 거액 후원자가 경쟁이 치열한 인기 사회교육프로그램 수강의 우선 혜택을 요청하는 경우
  –지역 내 노숙자 문제 해결을 위한 주민회의 중 사회복지사는 노숙자를 위한 쉼터의 필요성을 역설하지만, 지역 지도자들은 쉼터보다는 지역주민을 위한 경찰 방

범 강화가 우선이라고 할 때

- 강점 관점의 시각을 갖도록 교육하는 기관에서 비자발적인 클라이언트에 대한 부정적 태도를 보이는 경우
- 한 중학생이 학교 사회복지사에게 찾아와 최근 학교폭력 사태의 가해자가 누구 인지 알려 줄 테니 비밀로 해 달라고 하는 경우
- 정신장애인과는 불안하여 이웃으로 지낼 수 없다고 이사를 강요하는 경우

### (2) 윤리적 딜레마

앞에서 본 바와 같은 다양한 윤리적 문제에 따른 윤리적 딜레마는 일반적으로 다음 의 두 가지 근원에서 발생한다고 할 수 있다(서미경 외 역, 2000).

### ① 상충하는 가치

실천가들이 두 가지 이상의 상충하는 가치문제를 만나는 딜레마이다. 예를 들면, 난민이나 빈곤 지역 아동을 보호하고 삶의 질을 개선하려면 자원개발이 필요하고 이 를 위해 아동의 상황을 구체적으로 알려서 많은 이의 공감과 후원, 봉사를 끌어낼 수 있다. 하지만 복지향상의 가치와 사생활 보호의 가치가 상충하여 윤리적 딜레마를 경험한다. 또한 예산 감소로 파생된 재정적 어려움은 '클라이언트를 위해 최선을 다 해야 하는 사회복지사의 원칙'과 상충할 수 있다. 실천가들은 이러한 상황에서 효율 성과 효과성의 가치 딜레마를 경험하게 된다.

### ② 상충하는 충성심

경쟁과 갈등상태에 있는 집단들이 서로 사회복지사의 충성(loyalties)심을 요구할 때 윤리적 딜레마가 발생한다. 예를 들면, 수퍼바이저는 클라이언트의 서비스 종결 을 권하지만, 사회복지사는 서비스 지원이 더 필요하다고 판단하는 경우나 클라이언 트와 가족의 서비스 요구에 대한 생각이 다를 때 같은 경우이다.

다음의 사례를 토대로 상충하는 가치와 상충하는 충성심으로 인한 윤리적 딜레마 를 구체적으로 분석해 보면 다음과 같다(서미경 외 역, 2000).

| 헌팅턴병*에 관한 딜레마 |
| --- |

몇 년 전에 결혼한 30대 J는 아기를 갖기를 원한다. 그녀는 사회복지사에게 자신에게 헌팅턴
병 가족력이 있다고 말하였다. 헌팅턴 무도병(Huntington's chorea)이라고도 알려진 헌팅턴병
(Huntington's disease)은 드물게 발병하는 우성 유전병이다. 어린 시절부터 노년 사이의 어느
때라도 발병할 수 있지만, 보통은 30~50세 사이에 발병한다. 헌팅턴병(HD)은 뇌세포의 죽음
을 초래하는 유전 질환이다. 그녀는 아직 진단을 위한 유전자 검사를 하지 않았다고 한다. 자신
의 가족력에 대해 남편에게 말하지 못했다고 한다. 두려운 마음에 피임했지만, 이제는 아이를
간절히 원하며 남편에게 알리지 않고 임신을 하고 싶다고 한다. 남편이나 가족은 모르게 해 달
라고 부탁하였다.

### ㅡ가치의 상충

이 사례는 클라이언트와 남편의 자기결정권과 삶의 질에 대한 가치의 상충이 내포
되어 있다. J가 남편에게 진실을 알리지 않고 임신을 한다면 유전 질환이 있는 채 아
이가 태어날 위험성이 있다. 또한 함께 아이를 갖는 것을 결정하는 데 필요한 정보에
대한 남편의 알권리를 박탈하게 된다. 이처럼 비밀보장에 대한 J의 부탁에는 상충하
는 가치의 문제가 내포되어 있다. 사회복지사는 우선 J가 유전자 검사를 받아 정확한
진단을 받아 보는 것을 권유할 수 있을 것이다. J가 진단에 대한 두려움을 가지고 있
는 것을 이해하고 충분히 지지해 주며, 유전자 검사를 받는 결정을 할 수 있도록 관련
정보를 제공하고 신뢰할 수 있는 전문 의사에게 의뢰해 줄 수 있을 것이다. 이처럼 가
치의 상충은 사회복지사들이 의식하든 의식하지 못하든 반드시 해결해야 하는 전문
가 윤리의 문제이다.

### ㅡ상충하는 충성심

사회복지사는 다른 사람보다는 클라이언트에게 우선순위를 두려 한다. 이는 사회
복지사가 비밀보장의 원칙을 지켜야 하는 것과 같은 것이다. 이 두 가지 원칙은 J가
'남편과 가족에게는 알리지 말라.'고 부탁한 것과 관련된다. 그러나 사회복지사는 남

---

* 헌팅턴병(Huntington's disease)이란 뇌의 신경세포가 퇴화되면서 발생하는 선천성 중추신경계 질병이다.
  헌팅턴이라고 불리는 단백질에 의해 돌연변이가 나타난 DNA 유전자 안에서 발병하는 우성 유전병이다. 무
  도증(경직되고 변덕스러우며 무의식적인 몸짓을 하게 됨), 정신증상(환각, 심각한 정서 변화), 치매가 주요
  증상이다.

편을 비롯한 다른 사람들에게도 책임이 있다. 이때 사회복지사는 누가 클라이언트인지에 대한, 즉 클라이언트의 다중성에 의한 갈등을 경험할 수 있다.

### (3) 다문화 이슈

사회복지의 철학적 기반 중 문화와 관련된 이데올로기로는 문화적 상대주의를 들 수 있다. 문화적 상대주의는 민족에 따라 또는 한 민족일지라도 시간과 공간에 따라 문화가 다르며, 이 상이한 문화를 비교할 때 어느 쪽이 더 좋은가 또는 바람직한가를 논할 수 있는 객관적이고 보편타당한 기준은 없다는 것이다(김상균, 오정수, 유채영, 2002). 이러한 견해는 구성주의의 입장과도 맥을 같이한다. 구성주의에서는 사람이 인식하거나 생각하는 것이 사회적·문화적·역사적 요소의 영향을 받는 것이므로 자신의 현실에 대한 구성과 동떨어져서는 현실을 알 수 없다고 본다. 이는 현실이 하나의 객관적인 사실로서 존재하며, 이에 대해 개인 차이는 없다고 주장하는 경험적 긍정론자들이나 객관주의자들과 대조되는 입장이다. 구성주의에서는 다수의 진실과 현실이 있다고 보기 때문에 각각의 현실은 그 현실을 보는 자에 따라 구성된다고 본다. 즉, 같은 사건에 대해서도 사람에 따라 각기 다른 의미를 부여하기 때문에 그에 따른 반응도 다를 수밖에 없다는 것이다. 따라서 구성주의에 입각한 사회복지사는 클라이언트의 관점을 형성한 그의 문화적 구성 틀을 있는 그대로 이해하고, 이를 그와 같은 문화를 공유하는 사람들과의 관계성 속에서 파악하고자 노력할 것이다(배태순, 최영민, 김영미 역, 2007: 318-319).

이러한 맥락에서 존재하는 개념이 '다(multi)문화'이다. 이는 여러 문화가 한 사회 속에 공존한다는 의미이다. 그러나 실제로는 이 문화들이 동등하게 존재하는 것이 아니기 때문에 세력에 따라서 주류 문화와 소수 문화가 생기게 된다. 그리고 주류 문화가 다른 문화를 흡수하기도 하고, 때로는 여러 문화 간에 상호작용이 결여된 채 서로 게토(ghetto)처럼 고립되어 존재할 수도 있다. 현재 우리 사회의 다문화 정책 역시 주류가 소수를 보듬어 안는 선상에 존재한다고 평가되고 있다(최명민, 이기영, 최현미, 김정진, 2010).

다문화 사회복지실천에서 가장 경계해야 할 것은 다수 문화에 속한 사회복지사가 우월적이고 통제적인 입장에서 소수 문화의 클라이언트에게 접근하는 것이라고 할 수 있다(Proctor & Davis, 1996: 99). 그렇다면 이와 같은 신념들이 사회복지사 윤리강령에 구체적으로 어떻게 나타나 있는지를 살펴볼 필요가 있다. 우선, 국제사회복지 사협회(IFSW)는 1994년에 협회의 윤리강령을 채택하면서 윤리원칙에 관한 국제 선 언을 하였는데, 그 첫째 목적이 '문화적·사회적 현장에 적용될 수 있는 사회복지실 천의 기본적 원칙을 제시하는 것'이었다. 그리고 그 원칙 6에서 "사회복지사는 도움 과 조언을 구하는 모든 사람에게 성별, 나이, 장애, 피부색, 사회 계층, 인종, 종교, 언 어, 정치적 신념, 성 취향과 관계없이 최선의 원조를 제공하여야 한다."라는 조항을 제시함으로써 어떤 차이로 인한 차별도 허용될 수 없음을 분명히 하고 있다. 또한 원 칙 1의 "모든 인간은 독특한 가치를 가지며, 이는 인간에 대한 윤리적 고려를 정당화 한다."라는 조항이나 원칙 7에서 "사회복지사는 UN 인권선언과 기타 국제헌장에서 표현된 개인과 집단의 기본적 인권을 존중한다."라는 조항도 직접 인종이나 문화적 차이를 언급하고 있지는 않지만 모든 인간의 개별성을 존중하고 인권에 따른 접근을 해야 할 의무를 강조하고 있다. 물론 그 외에도 개인의 자기실현 권리, 사회정의의 원 칙, 그리고 개인-사회 간 갈등 해결 등에 관한 조항 역시 다문화 사회복지실천 속에 서 고려해야 할 내용이다. 그러나 국제사회복지사협회의 윤리강령은 실제 각 국가의 윤리강령에 비해서 다소 기본적이고 포괄적이다.

사회복지사 윤리강령을 가장 먼저 채택하고 발전시켜 온 미국 사회복지사협회 (NAW)의 윤리강령에는 문화와 관련된 요소가 더 구체적으로 언급되어 있다. 우선 전 문가로서의 윤리적 책임 중 '차별'에 관한 조항에서 '사회복지사는 인종, 국적, 피부 색, 성별, 성 취향, 나이, 결혼 여부, 정치적 신념, 종교, 장애 등에 기초한 어떠한 차별 도 해서는 안 된다.'라는 것을 표명하고 있다. 또한 전문가로서의 사회복지사 역량과 관련하여 문화적 유능성과 사회적 다양성을 별도의 조항(standard 1.05)으로 두고 있 다. 다음은 이에 해당하는 조항들과 각 조항의 함의로 제시한 내용을 정리한 것이다 (최명민 외, 2010 재인용).

기준 1.05(a)  사회복지사는 인간 행동과 사회에서 문화와 그 기능을 이해해야 하며, 모든 문화에 존재하는 강점을 인식해야 한다.

이 조항은 문화와 인종은 삶의 문제에 대처하고 상호작용하는 과정에도 영향을 미치 지만, 전문적 도움을 구하는 방식과 사회복지 서비스를 계획하고 적용하는 과정에도 영향을 준다는 의식에서 비롯된 것이다. 따라서 사회복지사는 다양한 문화적 전통과 규범에 대한 친숙성을 높이고, 문화적 특수성을 고려하여 서비스를 제공해야 하며, 사회복지 서비스 전달체계나 프로그램이 문화적 민감성을 갖추고 있는지를 살펴야 한다. 특히 사회복지사는 각 문화적 집단의 긍정적이고 기능적인 대응 방식, 전통, 관습 등을 이해해야 하며, 이것이 주류 문화와 다르다고 해서 문제가 있는 것으로 판단하지 않도록 유의해야 한다는 것이다.

기준 1.05(b)  사회복지사는 클라이언트의 문화에 대한 지식 기반을 갖추어야 하고, 클라이언트의 문화에 민감하며, 다양한 사람 및 문화적 집단 간의 차이에 민감한 서비스가 제공되도록 역량을 발휘해야 한다.

이 조항은 사회복지사가 문화적 유능성을 갖추기 위해서는 문제 형성과 해결, 그리고 사정, 관계 형성, 개입, 결과 평가로 구성된 원조 과정의 중요한 요소로서 클라이언트의 문화를 배워야 한다는 것을 강조하고 있다. 그러나 아는 것에 그쳐서는 안 되며, 이러한 지식을 바탕으로 클라이언트의 문화와 다양한 사람 및 집단에 민감한 서비스를 제공하는 것으로 이어져야 한다는 것이다.

기준 1.05(c)  사회복지사는 사회적 다양성과 인종, 민족, 국적, 피부색, 성별, 성 취향, 나이, 결혼 상태, 정치적 신념, 종교 및 장애에 따른 차별의 속성에 대해 교육을 받아야 하며, 이에 대한 이해를 추구해야 한다.

이 조항은 사회복지 교육에서 문화적 다양성 및 이와 관련된 억압과 차별의 이슈를 중요하게 다루어야 함을 의미한다. 특히 사회복지사는 인종이나 피부색이 다른 사람들과 소수집단에 속한 사람들이 경험하는 불이익에 관심을 가져야 한다. 그러나 현실적으로 사회복지사가 이 조항에서 언급하는 방대한 요소에 대한 지식을 완벽히 갖추는 것은 불가능하다. 따라서 사회복지사는 정규 교육과정에서뿐만 아니라 전문가로서 활동하는 동안 그 중요성을 인식하고 여러 가지 방법(예를 들어, 수업, 실습, 직원 훈련, 학회, 워크숍, 자문, 수퍼비전 등)을 활용하여 이를 발전시키기 위해 노력해야 한다는 것이다.

이처럼 미국의 사회복지사 윤리강령에서는 문화에 대한 이해, 문화적 지식 기반, 그리고 사회적 다양성 및 비차별적 실천 지향을 언급하고 있다. 한국사회복지사협회(KASW)의 윤리강령(2023)에서는 기본적 윤리기준의 전문가로서 자세, 인간존엄성에서 "사회복지사는 클라이언트의 성, 나이, 정신·신체적 장애, 경제적 지위, 정치적 신념, 종교, 인종, 국적, 결혼 상태, 임신 또는 출산, 가족 형태 또는 가족 상황, 성적 지향, 성 정체성, 기타 개인적 선호, 특징, 조건, 지위 등을 이유로 차별하지 않는다." 라는 조항과 "사회복지사는 다양한 문화의 강점을 인식하고, 문화적 역량을 바탕으로 사회복지를 실천한다." "사회복지사는 문화적으로 민감한 실천을 제공하기 위하여 사회복지실천과정에서 자신의 개인적, 사회적, 문화적, 정치적, 종교적 가치, 신념과 편견이 클라이언트와 동료 사회복지사에게 미칠 수 있는 영향을 고려하여 자기인식을 증진하기 위해 힘쓴다."라고 명시하였다. 최근 5차 개정안에서는 문화적 역량과 다문화 실천의 민감성을 요구하고 있다. 하지만 다문화 지식과 교육 훈련, 비차별적 실천 지향과 지침에 대해 더 구체적인 윤리적 지침이 제시되어야 할 것이다.

## 6) 윤리적 실천기술

실천적 문제를 예방하는 방법은, 첫째, 사회복지실천 과정의 모든 결정에는 윤리적 측면이 있다는 것을 사회복지사들이 인식하는 것이다. 즉, 윤리적 민감성을 갖추어야 한다. 둘째, 사회복지사들이 윤리적 결정을 하기 위해서는 윤리적 측면을 정확히 이해하는 지식과 기술이 필요하다는 것이다.

"클라이언트는 누구인가? 클라이언트에 대한 나의 의무는 무엇인가? 클라이언트 이외의 다른 사람에 대한 의무는 무엇인가? 내 가족에 대해서는? 나의 기관에 대해서는? 나의 전문직에 대해서는? 또한 나 자신의 가치는 무엇인가? 개인의 가치와 전문직의 가치는 서로 모순되는가? 또한 사회적 가치와도 모순되는가? 이 같은 가치들이 일치하지 않을 때 어디에 윤리적 우선순위를 둘 것인가? 주어진 상황에 관련된 사람들에 대해 상충하는 의무를 느낄 때 이에 대응하는 윤리적 방법은 무엇인가? 담당하는 사례에서 어떤 윤리적 이슈들이 포함되고, 이러한 윤리적 문제를 해결하기 위해 어디에서 도움을 구하며, 사회복지사는 이 상황에 개입하기 위해 어떤 결정을 할 것인가?" 등과 같은 질문을 통해 사회복지실천 과정에 내포된 윤리적 이슈에 대한 민감성과 자기통찰력을 높여 가야 한다. 이처럼 사회복지사들은 매일 윤리적 선택을 해야 한다.

예를 들어, 어떤 클라이언트가 자살을 계획하고 있다고 사회복지사에게 말한다. 지난 9개월 동안 실직 상태에 있던 어떤 클라이언트는 고용지원을 통해 간절히 원하던 직장을 얻고 난 후 새 고용주에게 과거 범죄력을 알리지 말아 달라는 요청을 한다.

또 다른 클라이언트는 아들의 심장 수술 비용을 마련하기 위해 직장에서 공금을 횡령한 사실을 이야기한다. 어떤 젊은 남자는 자신의 약혼녀를 강간했다고 생각되는 직장 동료를 죽이겠다는 위협적인 말을 털어놓는다. 이러한 상황에서 사회복지사는 한 가지 이상의 윤리적 딜레마에 직면하게 된다. 왜냐하면 사회복지사는 여러 상충하는 의무를 갖기 때문이다. 클라이언트에 대한 사회복지사의 의무는 무엇인가? 클라이언트가 이미 수행했거나 혹은 앞으로 수행할 것으로 예상되는 일 때문에 상처받거나 혹은 이득을 얻는 사람들에 대한 사회복지사의 의무는 무엇인가? 사회에 대한 의무는 무엇인가? 또한 자신에 대한 의무는 무엇인가? 사회복지실천가들이 그들의 윤리적 행동을 바람직하게 이끌기 위해서는 윤리적 의사결정의 철학적이고 실천적인 요소를 이해하는 것이 필요하다.

윤리적 의사결정은 이미 정해진 규칙을 특정한 상황에 그대로 적용하는 것을 의미하지 않는다. 윤리란 주어진 상황, 결과 혹은 성취될 목적을 포괄적으로 고려하지 않은 채 언제 어느 곳에서도 적용 가능한 일련의 신성한 규칙 혹은 명령이 아니다. 만약 상황과 시간이 다르다면 사회복지사들은 그들이 직면한 윤리적 문제를 다르게 처리할 수도 있을 것이다. 일반적으로 사회복지사들은 한 가지 좋은 기회와 한 가지 나쁜 기회 중에서 단순히 어느 하나를 선택하는 그런 상황에서 일하지 않는다. 대신, 그들은 모두 긍정적이거나 혹은 모두 부정적인 특성을 갖는 선택의 기회에 직면한다. 그러한 상황에서 숙련된 사회복지사는 주어진 선택의 기회와 결과들을 자세히 검토한 후에 가장 윤리적이라고 간주하는 것을 선택한다. 그러나 어떤 선택의 기회가 '가장 윤리적인 것'인지는 과연 어떻게 알 수 있는가?

이에 바른 윤리적 결정을 위해서는 개인의 가치, 사회의 가치, 그리로 전문가의 가치를 모두 고려하여야 한다(김기덕, 최소현, 권자영, 2012; 서미경 외 역, 2000). 그러므로 윤리적 실천을 하려면 윤리적 의사결정 과정에서 관련 이슈를 지각하고 이를 실천 과정에서 고려할 수 있는 능력인 전문직의 윤리적 유능성이 요구되는데, 이는 윤리적 민감성(ethical sensitivity)을 기반으로 한다. 즉, 윤리적 민감성이 있어야 각 실천 사례에 내포된 가치 갈등이나 윤리적 쟁점을 발견하고 인식할 수 있으며, 이것이 윤리적 결정의 실마리가 되기 때문이다(최명민, 2005). 그러므로 윤리적 민감성 향상을 위한 교육 훈련은 윤리적 실천기술을 증진하는 구체적인 방법이 될 수 있다. 또한 윤리적 결정 과정의 쟁점들을 숙지하고 윤리적 의사결정 모델을 기반으로 실천하는 것이 윤리적 실천기술이라고 할 것이다.

### (1) 윤리적 결정과 윤리적 고려

윤리적 결정이란 인간의 존엄성과 사회정의라는 사회복지의 핵심 가치에 기반을 두고 클라이언트의 권익과 이익에 우선을 두어 옳은 결정을 하는 것이다. 다음과 같은 복잡한 요소들이 포함된 사회복지실천 과정에서는 충분한 윤리적인 고려에 기초한 윤리적 결정이 요구된다.

#### ① 클라이언트의 권리와 복지 보호

권리(rights)와 특권에 대한 정의는 시대마다 다르다. 한 시대에 옳은 것으로 간주하던 권리가 다른 시대에는 옳지 않은 것으로 규정될 수 있다. 이러한 변화로 인해 윤리적 문제가 발생할 수 있다. 예를 들면, 과거에 기자들이 뉴스를 취재하는 것은 어떠한 방해에도 불구하고 당연하다고 받아들였다. 그러나 오늘날 개인과 가족의 사생활 보호 권리에 관한 관심이 증가하면서 이제 기자들은 개인의 사생활 보호 권리를 침해하면서까지 뉴스를 취재할 수 없게 되었다. 기자들은 이제 대중의 알권리보다 사생활 보호, 즉 초상권이 더 중요해지면서 윤리적인 딜레마에 직면해 있다.

권리를 구성하는 것은 과연 무엇인가에 대한 개념 규정상의 변화는 사회복지사들에게 윤리적인 문제에 직면하게 한다. 입양과 관련하여 사회복지사들이 직면하는 윤리적 문제를 생각해 보자. 입양된 사람들에게 친부모에 대한 정보를 알려 주어야 한다는 권리는 이제 법적인 보호를 받게 되었다. 과거에는 입양한 양부모뿐 아니라 친부모도 입양에 대한 정보는 반드시 비밀유지가 되어야 한다고 생각하였다. 그러나 미국의 일부 주에서는 법적인 결정이나 법률의 제정을 통해서 입양된 사람의 알 권리를 지지해 주어 사회복지사는 입양된 사람들이 자신에 대한 정보를 알기 원할 때는 그 정보를 알려 주어야 한다. 그러나 입양에 대한 정보는 항상 비밀로 유지되어야 한다고 규정하고 있는 지역에서 친부모에 대한 정보를 요청받으면 사회복지사는 클라이언트의 알권리와 규정 준수 의무 사이에서 딜레마에 빠지게 될 것이다. 우리나라의 경우 2012년 「입양특례법」의 개정으로 입양숙려제와 입양 사전 가족관계 등록제가 도입되어 입양된 자녀가 성장한 후 원한다면 친부모의 정보를 알 수 있게 되었다. 하지만 입양을 보내려는 미혼모 대부분이 가족관계 등록에 부담을 느끼고 영아를 유기하는 사례가 늘고 있다. 하지만 가족관계 등록은 호적에 있으나 본인이 원하는 경우 기록을 삭제할 수 있다. 이에 대한 정보제공을 소홀히 하여 미혼모의 영아 유기가 늘어나는 것이라면 윤리적 문제로 볼 수 있다. 만약 기관의 방침으로 미혼모의 입양 선택을 위해 사회복지사가 적극적으로 정보를 주지 못하게 한다면 사회복지사는 기관과 클라이언트에 대한 충성 사이에서 윤리적 갈등을 경험하게 될 것이다.

### ② 사회적 관심의 보호

사회적 관심(society's interest)과 개인적 관심 사이에 균형을 유지한다는 것은 때로 매우 어려운 일이다. 몇 해 전 지역주민들이 안전을 이유로 정신장애인과 같은 아파트에 살 수 없다며 이사 나가기를 요구한 사건이 있었다. 주민들은 주거의 안전을, 정신장애인과 그의 가족은 주거의 자유를 가지고 대치하였다. 지역사회 정신보건 사회복지사에게 지역사회도, 정신장애인도 모두 클라이언트 체계이다. 정신장애인도 지역사회 주민으로 살아갈 권리가 있으며, 동시에 지역사회 주민도 안전감을 느끼며 살아갈 권리가 있다. 양자의 이해를 돕고, 양자가 만족하는 타협점을 찾기 위한 윤리적 성찰이 필요하다.

### ③ 최소 손실의 원칙

최소 손실의 원칙은 비록 클라이언트에게 손상이 발생한다고 해도 영구적인 손상이 가장 최소화되거나 발생한 손상이 가능한 한 빨리 회복되고, 잔존 기능을 유지할 그런 기회를 선택하도록 돕는 원칙이다. 그러므로 응급의 서비스 요구에 사회복지사가 우선하여 반응하는 것이 요구될 것이다.

### ④ 효율성과 효과성

효율성(efficiency)의 기준이란 정해진 목적을 달성하는 데 소요되는 예산, 직원의 개입 시간, 기관 및 지역의 자원과 같은 관련 비용을 말한다. 두 가지의 선택 기회 모두 같은 결과를 초래한다면 예산이 덜 들고 직원의 개입 시간이 적으며 시간 소모가 적은 것이 더 효율적이다. 반면, 효과성(effectiveness)의 기준이란 바람직한 결과의 성취 정도를 말한다. 「사회복지사업법」에 의해 3년마다 기관 평가를 받아야 하는데, 주로 양적 실적 위주의 평가가 중심이다. 이는 효율성을 가치에 비중을 두는 것이지만,

사회복지기관을 이용하는 클라이언트의 취약성으로 인해 연속적인 서비스가 필요한 경우가 대부분일 것이다. 이는 사회복지 개입으로 클라이언트의 삶의 질이 어떻게 달라지는지에 관한 효과성의 가치를 우선하게 된다. 이때 사회복지사는 클라이언트의 욕구에 우선할 것인가, 좋은 평가를 받기를 원하는 기관의 요구에 충성할 것인가를 두고 갈등을 경험하게 될 것이다.

### ⑤ 이중관계

사회복지사는 클라이언트와 전문적인 원조 관계를 유지해 나가면서 다양한 상황에 부딪히게 되고, 무엇이 옳은 행동인지 그른 행동인지 판단해야 할 윤리적 결정 상황에 직면하게 된다. 클라이언트와의 이중관계(dual relationship)란 치료적 관계 혹은 원조 관계와 동시에 나타날 수 있는 전문가와 클라이언트 사이의 대인관계이다(Valentish & Gripton, 1992: 155). 사회복지사가 자신의 성적·경제적·사회적 욕구를 충족시키기 위해 클라이언트와의 관계에서 서비스 제공자라는 전문가 역할 이외의 또 다른 역할에 관여하고 있는 상태이다(박미은 외, 2001).

특히 사회복지사와 클라이언트의 관계는 관계 형성의 특성에 따라 변화 결과가 달라질 수 있어서 개입 도구로 인식됐다. 즉, 사회복지실천에서 관계는 사회복지사와 클라이언트 간의 정서적 힘으로 작용하여 클라이언트의 성장과 발전, 자신의 문제를 극복하는 힘의 원천이 되기 때문이다(Compton & Galaway, 1979). 그러나 목적 지향적이고 시간 제한적인 전문적 관계의 개념을 벗어나 라포(rapport) 형성을 강조하는 상호 신뢰, 정직, 개방적 관계 개념으로 변화하면서 전에는 금기시되었던 클라이언트와의 사회적·경제적·성적 이중관계에 대한 새로운 기준이 필요하게 되었다. 전통적으로 인연과 정, 그리고 혈통을 중시하는 가족주의적 정서를 가지고 있는 한국의 경우, 이중관계에 대해 외국보다 허용적인 인식이 있는 것이 사실이며(김진숙, 장연진, 2012), 이에 따른 윤리적 이슈가 다분히 발생하게 될 것이다. 사무적이고 수단적인 상호작용보다는 친밀한 인간적인 상호작용을 선호하는 우리 사회는 모든 인간관계를 정의적(情誼的)으로 만들고자 하는 경향이 있어(김경동, 김여진, 2010), 클라이언트의 전문적 관계의 범위를 넘어서는 요구도 많을 것이고, 인정과 온정주의에 따라 전문적 관계가 영향을 받을 가능성이 클 것이다. 이중관계에는 사회복지사 자신의 욕구 충족을 위해서만이 아니라 호의를 베풀고, 작은 선물을 주고받고, 부가적인 시간을 부여하는 등 클라이언트의 욕구 충족을 위한 부분과 지역사회 이벤트, 지인을 서로 아는 것, 같은 단체의 회원, 친인척의 부탁 등의 상황이 존재할 수 있다. 또한 클라이언트뿐 아니라 사회복지사와 고용주, 사회복지사와 동료, 사회복지사와 실습생, 사회복지사와 학생, 자원봉사자 등의 관계에서 이중관계의 가능성이 존재한다. 이중관계는 성적 관계, 대가성 관계, 개인적 관계의 유형으로 나타날 수 있다. 이러한 이중관계는 사회복지사의 서비스 개입 과정에서 객관성과 형평성의 문제를 낳을 수 있어서 사회복지사 윤리강령에서는 금지하고 있다.

## ⑥ 자기결정권

사회복지실천에서 클라이언트가 스스로 선택하고 결정하는 권리인 자기결정권은 인간의 존엄성이라는 핵심 가치에서 비롯된 매우 중요한 실천 가치이다. 자기결정권은 자신의 삶을 위해 스스로 목표를 세우고 그에 따라 적절한 수단을 선택하고 결정하며 삶을 살아갈 책임과 의무가 동반된 자율적 권리이다. 그러나 클라이언트의 능력, 법, 관습, 타인의 권리, 자신에게 해를 끼칠 것으로 예상되는 상황이나 생명에 위험을 초래하는 결정 등에서 자기결정을 제한해야 하는 경우도 많이 발생한다. 한국 사회복지사 윤리강령의 기본윤리기준 클라이언트에 대한 윤리기준 두 번째가 클라이언트의 자기결정권 존중이다. 구체적으로 "사회복지사는 사회복지실천과정에서 클라이언트의 자기결정을 존중하고, 클라이언트를 사회복지실천의 주체로 인식하여 클라이언트가 자기결정권을 최대한 행사할 수 있도록 돕는다."라고 명시되어 있다. 또한 의사결정이 어려운 클라이언트에 대해서는 클라이언트의 이익과 권리를 보장하기 위한 적절한 조처를 해야 한다고 되어 있다.

한편, 미국의 윤리강령에는 자기결정에 관해 "사회복지사는 클라이언트의 자기결정권을 존중하고 향상하게 시켜야 하며, 클라이언트 스스로 자신이 목표를 확인하고 명확히 할 수 있도록 도와야 한다. 다만 클라이언트에게 명백한 자타해 위험이 있는 경우에만 사회복지사는 클라이언트의 자기결정권을 제한할 수 있다. 사회복지사의 전문적 판단으로 자신이나 타인에 대한 심각하고 예측할 수 있고 즉각적인 위험을 가할 행동이 있는 경우에는 제한할 수 있다. 분별력 있는 의사결정을 내릴 능력이 없는 클라이언트를 대신할 때는 클라이언트의 권리와 이익을 보호할 수 있는 적절한 조처해야 한다."라고 되어 있다(오혜경, 2006).

한국의 윤리강령보다 미국의 윤리강령이 좀 더 자기결정을 제한할 수 있는 경우를 구체화하고 있지만, 생명의 위협과 같은 명백한 상황 외에 의사결정 능력의 제한 같은 경우에는 전문적 판단에 의존하기 때문에 클라이언트와 상충할 때 딜레마에 빠지게 된다. 또한 클라이언트 가족의 입장과 클라이언트의 입장이 상충하는 경우가 종종 발생하는데, 가족의 책임과 권한을 많이 부여하는 가족주의적 전통을 가진 우리나라의 문화에서 자기결정의 이슈는 더욱 윤리적 딜레마를 초래한다.

더욱이 2013년 「민법」 개정에 의한 성년후견제 도입에 따른 장애인의 자기결정권 침해에 대한 논의가 아직도 뜨겁다. UN 산하 장애인 권리위원회에서는 성년후견제 도입의 입장을 천명하며 정신적 장애인의 자기결정을 대신하는 것이 아니라 지원하는 서비스로 바꾸어야 한다고 강조하고 있다. 현재 우리나라의 정신장애인 강제입원율은 동의입원을 포함하여 50% 이상을 상회하고 있다. 이는 OECD 국가 중 가장 높다. 정신장애인의 법적 권리인 자기결정권을 보장하기 위한 합리적 편의 제공을 강조하는 UN 장애인 권리위원회의 권고에 대해 정부가 반응할 책임이 있고, 현장의 사회복지사도 윤리적 실천의 틀에서 자기결정권에 대해 깊이 숙고하여야 할 것이다.

### (2) 윤리적 의사결정 모델

윤리적 의사결정은 너무나 복잡한 가치적인 면들이 상충할 수 있어서 단순히 '어떻게'라는 방법론적 문제해결 기술을 적용하는 데에는 한계가 있다.

사회복지사는 실천 단계에서 당면하게 되는 윤리적 의사결정을 위해 조직의 여러 관련 체계로부터 도움을 받을 수 있다. 동료와의 논의, 수퍼바이저나 상위 책임자의 지도를 받을 수 있다. 이때 사회복지사는 윤리적 의사결정 분석 틀을 활용하여 다음과 같은 질문을 활용할 수 있다(김기덕 외, 2012).

- 클라이언트의 관점은 무엇인가?
- 사회복지사로서 나의 관점은 무엇인가?
- 사회복지사로서 나와 클라이언트 사이에 존재하는 시각차를 어떻게 해결해야 하는가?
- 어떤 선택이 필요한가?
- 어떤 실천 대안이 존재하는가?

－각각의 행동 대안은 어떠한 입장을 대변하는 것이며, 각각의 입장에 대해 어떤 논의가 가능한가?

－내가 결정한 해결책이 사회복지사로서의 목표에 부합하는가?

### ① 사회복지실천 단계에 따른 윤리적 결정 과정

일반적으로 사회복지실천 과정에서는 다음의 단계를 거쳐 문제해결에 이르게 되는데, 단계마다 〈표 2-4〉와 같은 윤리적 이슈가 발생할 수 있다.

**표 2-4** 실천 단계마다 발생할 수 있는 윤리적 이슈

| 실천 단계 | 실천과제 | 윤리적 이슈 |
|---|---|---|
| 접수 | 문제 파악과 서비스 지속 또는 의뢰 결정 | 비밀보장, 정보 제공 |
| 사정 | 자료 수집과 문제 사정 | 클라이언트와 가족 등 주변 인물들의 상충되는 기대와 의무 |
| 계약 | 목표 설정 및 문제 해결 대안 제시, 선정, 계약 | 자기결정권, 한정된 자원, 사회복지사의 역량, 공정한 분배, 진실성 |
| 개입 | 문제 해결 방법 실행, 모니터링 | 클라이언트의 이익과 사회복지사의 이익, 사회복지사의 역량 |
| 종결 | 목표 달성 평가, 사후 회기 또는 의뢰 검토, 종결 | 자기결정권 |

실천 단계마다 발생할 수 있는 이러한 윤리적 이슈를 효과적으로 처리하고 올바른 윤리적 결정을 하려면 Dolgoff와 Lowenberg가 제안한 다음의 윤리적 실천 과정을 적용할 수 있다.

**표 2-5** Dolgoff와 Lowenberg의 윤리적 실천 과정

| 단계 1 | 문제가 무엇이며, 또한 그 문제를 지속시키는 요인들이 무엇인지 찾아낸다. |
|---|---|
| 단계 2 | 클라이언트, 지지체계, 다른 전문가들 및 그 밖의 사람들을 포함해서 당면한 문제에 관련되어 있는 사람들과 제도들을 찾아낸다. |
| 단계 3 | 단계 2에서 찾아낸 다양한 참여자가 당면 문제와 관련해서 갖고 있는 가치들, 즉 사회의 가치, 전문가 가치, 그리고 클라이언트와 사회복지사의 개인의 가치를 비교한다. |

| 단계 4 | 당면 문제를 해결하거나 혹은 적어도 감소시킬 수 있는 목적과 목표들을 찾아낸다. |
|--------|------|
| 단계 5 | 대안적인 개입 전략과 개입 대상을 찾아낸다. |
| 단계 6 | 구체화된 목적에 부합하는 각 대안의 효과성과 효율성을 검토한다. |
| 단계 7 | 의사결정에 관여해야 할 사람이 누구인지를 결정한다. |
| 단계 8 | 가장 적절한 전략을 선택한다. |
| 단계 9 | 선택된 개입 방법을 실행한다. |
| 단계 10 | 선택된 개입 방법의 수행을 검토하여 예상하지 않은 결과가 있는지 주의를 기울이고, 결과를 평가하여 부가적인 문제가 있는지 확인한다. |

#### ② 윤리적 우선 결정 과정 모델

Congress(1999)는 사회복지의 가치, 윤리강령, 그리고 사회복지의 맥락을 고려하여 신속하고 효과적으로 적용하는 ETHIC 모델을 제시하였다. 이는 윤리(ETHIC)의 철자를 활용해서 과정으로 제시되었다.

**표 2-6** Congress의 ETHIC 모델

| E<br>(Examine) | 관련된 개인의 가치, 사회의 가치, 기관의 가치, 클라이언트의 가치와 전문적 가치를 조사한다. |
|--------|------|
| T<br>(Think) | 사회복지사협회 윤리강령상의 규정이나 관련 법규의 판례를 그 상황에 적용할지 생각한다. |
| H<br>(Hypothesis) | 다른 결정을 했을 경우 가능한 결과에 대해 가정해 본다. |
| I<br>(Identify) | 가장 취약한 사람에게 헌신한다는 사회복지의 관점에서 누가 혜택을 받고, 누가 피해를 받는지 확인한다. |
| C<br>(Consult) | 최선의 윤리적 선택에 관하여 상급자와 동료에게 자문을 구한다. |

출처: 김기덕 외(2012: 165).

#### ③ Dolgoff와 Lowenberg의 윤리적 의사결정 모델

실천 과정에서 발생하는 윤리적 갈등에 대처하도록 우선순위에 따른 원칙의 서열화를 표준화하여 판단의 기준으로 삼을 수 있다(Reamer, 1999). 이렇게 윤리적 원칙들을 서열화함으로써 사회복지사의 의사결정에 어떤 지침을 제공해 주지만, 지침이라고 해서 그것이 어느 상황에서도 적용할 수 있는 마술적인 공식을 의미하지는 않는 것임을 기억해야 한다. 윤리적 의사결정에서 사회복지사들에게 도움이 될 것으로 판단되는 두 개의 윤리적 선별지침이 있는데, Dolgoff와 Lowenberg의 윤리 규칙 선별과 윤리적 원칙 선별이다.

### • 윤리 규칙 선별(Ethical Rules Screen: ERS)

사회복지사가 직면할 수 있는 윤리적 문제들을 예방하고, 실천 현장에서 이를 활용할 수 있도록 윤리적 행동의 지침을 제시하고 있는 사회복지사 윤리강령을 우선 참고한다. 하지만 우리나라 사회복지사 윤리강령의 규정이 모호하고 추상적이어서 윤리적 결정을 위해 지침으로 삼기에 해석의 기준이 없는 것이 문제이다.

사회복지사들은 윤리적 결정을 위해 먼저 ERS를 사용할 수 있다. 이것이 만족스러운 지침을 제공하지 않으면 다음 단계로 EPS를 사용하도록 한다.

1. 윤리강령을 살펴보고 어떤 규정을 적용할 수 있는지 결정한다. 이러한 규정들은 사회복지사 개인의 가치체계 보다 우선되어야 한다.
2. 적용 가능한 한 가지 혹은 여러 가지의 강령 규칙을 따른다.
3. 구체적인 문제에 대해서 강령 규칙이 직접적으로 부합되지 않거나 혹은 여러 개의 강령 규칙이 상충하는 지침을 제공할 때는 윤리적 원칙 선별(EPS)을 활용한다.

### • 윤리적 원칙 선별(Ethical Principles Screen: EPS)

EPS를 효과적으로 사용하기 위해서는 윤리적 원칙들의 순위가 분명히 제시되어야 한다. 일단 순위가 확정되면 높은 순위의 원칙을 지키는 것이 낮은 순위의 원칙을 지키는 것보다 우선하는 규칙이 적용된다(서미경 외 역, 2000).

윤리적 원칙의 우선순위는 다음과 같다.

윤리원칙 1   인간의 생명 보호(protection of life)는 클라이언트를 비롯한 모든 사람에게 적용된다. 이 원칙은 다른 여러 의무나 원칙에 우선한다. "생명의 권리"란 Kuhse와 Singer(서미경 외 역, 2000 재인용)에 의하면, "모든 권리 중에서 가장 기본적이며, 만약 생명의 권리가 침해되면 누구도 다른 권리를 누릴 수 없다."라고 하였다.

윤리원칙 2   평등(equality)과 불평등(inequality)의 원칙은 동등한 사람들은 평등하게 처우되어야 하는 권리를 가지며, 동등하지 않은 사람들은 만약 그 동등하지 않은 이유가 문제가 되는 사안 그 자체에 있다면 불평등하게 처우되어야 한다. 예를 들어, 장애인우대는 이런 원칙에 근거한 것이다.

윤리원칙 3   사회복지사는 개인의 자율성(autonomy)과 독립성(independence), 그리고 자유(freedom)를 신장시키는 실천적 결정을 해야 한다. 자유가 비록 매우 중요한 가치이기는 해도 자신이나 다른 사람의 생명의 원칙 또는 생존의 원칙이 갖는 중요성보다 우선할 수 없다.

윤리원칙 4   사회복지사는 항상 최소 손실, 즉 최소한의 영구적인 손상 혹은 가장 쉽게 회복될 수 있는 손실을 초래하는 기회를 선택해야 한다. 위기 개입이나 조기 개입은 이런 원칙에 근거한 것이다.

윤리원칙 5   사회복지사는 지역사회뿐만 아니라 개인들과 모든 사람의 삶의 질을 보다 향상하는 기회를 선택해야 한다.

윤리원칙 6   사회복지사는 모든 사람의 사생활 보호의 권리를 신장시키는 실천적 결정을 해야 한다. 비밀을 누설하지 않고 유지하는 것은 이 의무를 지킨 직접적인 결과이다.

윤리원칙 7   사회복지사는 클라이언트와 다른 사람들에게 진실을 말하고 모든 관련 정보를 충분히 개방하는 것을 허용하는 실천적 결정을 해야 한다.

④ 사례

다음의 사례(김정진, 임무영, 2017: 128)는 윤리적 의사결정의 어려움을 잘 보여 준다. 클라이언트 간의 이해가 상충하고 있기 때문이다. 윤리적 의사결정은 하나의 모델만으로 완벽하지 않다. 그렇기에 다양한 모델을 알아야 윤리적 딜레마 상황에 맞게 숙고하며 그 해결의 지침으로 삼을 수 있다.

C는 지역사회복지관에서 재가 복지를 담당하고 있는 경력 7년의 사회복지사이다. 그녀는 복지관 이용자인 남자 어르신과 남자 아동 사이에서 발생한 성추행 사건 해결 과정에서의 윤리적 갈등을 이야기하고 있다. 피해 아동의 부모로부터 해당 어르신의 복지관 이용을 금지해 달라는 민원이 제기되었고, 사회복지사로서 아동의 보호와 어르신의 권리라는 측면에서 이 문제를 어떻게 해결할 것인지 고민하였다. 어르신의 경우 복지관 이용이 금지되면 끼니를 해결할 수 없어 생계에 지장을 받을 수 있다. 어르신은 의도적으로 행동한 것이 아니기 때문에 자신의 행동이 성추행에 해당하는지 인지하지 못하고 있다.

그러나 아동의 부모는 강력하게 어르신의 복지관 이용 금지를 요청하고 있으며, 심지어 담당 공무원조차도 이 문제를 빨리 처리하도록 압박하고 있다. 이 과정에서 C는 사회복지사로서 자신의 클라이언트를 보호해야 할 의무, 서비스의 우선순위에 있어야 할 어르신의 권리, 아동이 심각한 외상을 입을 정도의 문제가 아니었다는 측면에서 어르신을 대변하는 입장에 서기로 한다. 하지만 이러한 결정과 달리 최종적으로는 어르신의 복지관 이용을 금지하고 도시락을 제공하는 것으로 문제를 해결하게 된다. 마지막 선에서 결정을 달리하게 된 이유는 민원 발생이 재위탁 평가에 문제가 될 수 있다는 기관의 요구와 이익을 고려하지 않을 수 없었기 때문이다.

C는 사회복지사로서 자신의 클라이언트를 보호해야 할 의무에 대한 고려, 서비스의 우선순위에 있어야 할 어르신의 권리, 아동의 외상 정도를 고려하여 어르신을 대변하는 입장에 서기로 하였다. 이 결정이 윤리적이었는지 판단하기 위해 ERS를 우선 고려해 보자. 사회복지사 윤리강령 II−1 클라이언트와의 관계에 관한 지침을 보면 클라이언트를 대변하고 옹호하는 사회복지사의 결정에는 문제가 없다. 사회복지기관의 측면에서 보면 어르신과 아동, 아동의 부모 모두 클라이언트이다. 누가 클라이언트인가? 누구의 이익을 대변해야 하는가? 딜레마에 빠지게 된다.

이에 EPS에 의해 우선순위를 적용하여 어떤 클라이언트를 우선으로 할지 성찰해 보자. C 사회복지사의 판단처럼 생계가 절박한 어르신을 위한 생명 보호 원칙과 성추행을 당한 아동의 발달에 끼칠 부정적인 영향을 고려한 아동을 위한 최소 손실 원칙을 고려한다면 어르신을 옹호하는 것이 우선일 수 있다. 하지만 EPS에 의한 이 결정에도 한계가 있다. 어르신을 우선 옹호하고, 아동 부모의 이해만 요구할 수는 없다.

두 클라이언트 모두에게 필요한 서비스를 제공할 수 있으면 좋겠지만, 아동의 부모는 어르신의 기관 이용을 막아 달라고 하는 상황이다. 관련된 이슈를 좀 더 성찰하기 위해 ETHIC 모델을 다음과 같이 활용할 수 있다.

- E단계: 자신의 클라이언트를 보호하는 것도 중요하지만 클라이언트의 행동으로 아동과 부모가 상처를 입은 것도 중요하다. 사회적 관심과 개인의 보호라고 하는 가치가 충돌한다. 그리고 아동이 심각한 외상을 입을 정도의 문제가 아니라고 사회복지사가 판단하였지만, 외상은 주관적이기에 객관적 판단에는 한계가 있다. 클라이언트가 보는 문제에 대한 관점과 사회복지사가 문제에 대한 관점과 가치관이 달라서 갈등이 생긴 것이기도 하다. 성추행 문제는 피해자가 상황을 지각하는 것이 가장 중요한 판단의 근거이다. 또한 사회복지사는 기관의 압력을 받고 있다. 기관과 사회복지사의 가치도 충돌한다.
- T단계: 문제를 보는 관점과 가치의 충동, 의무의 상충으로 사회복지사는 딜레마를 경험한다. 사회복지사 윤리강령에 기초하여 성찰해 보아도 클라이언트 간 이해 상충에 대한 지침이 명확하지 않다. 다만, 어르신과 아동 그리고 부모 모두 클라이언트이고 양자의 입장과 복지에 대한 충분한 고려와 서비스 지원이 요구된다. 하지만 어르신의 성추행 행동은 본인의 의도가 어떻든 정당화될 수 없다. 어르신을 복지관 이용을 금지해 달라는 부모의 요구도 2차 피해를 원하지 않는 부모의 정당한 요구일 수 있다. 기관에서는 민원이 확대되면 재위탁에도 영향을 줄 수 있다는 기관의 입장도 이해한다.
- H단계: 이 사례에서 클라이언트는 사회복지사가 담당하고 있는 어르신만이 아니라, 아동과 아동의 부모 모두 클라이언트로 가정한다. 어르신의 절박한 생활 문제와 이에 대한 기관의 서비스 책임, 아동의 안전과 부모의 기관에 대한 신뢰 회복 모두 중요하다. 그러므로 어느 한쪽의 입장이나 이익을 우선할 수 없다.
- I단계: 부모의 요구와 기관의 입장을 수용하여 어르신에 대한 서비스 방법을 기관 이용이 아닌 재가 서비스로 변경하여 서비스를 지속하는 것으로 결정한다. 하지만 이러한 결정이 일시적으로 안정화될 수는 있지만, 갈등이 재점화될 수 있음을 인식한다. 어르신의 낙인의 문제도 있고, 지역 안에서 어르신의 아동에 대한 표현 방법이 바뀌지 않으면 재발할 수 있다. 젊은 부모와 어르신의 세대 간

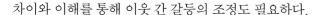

차이와 이해를 통해 이웃 간 갈등의 조정도 필요하다.
- C단계: 이에 일차적 조치 이후 우선 아동에 대한 행동과 그 결과에 대한 어르신의 이해를 돕고, 어르신이 자신 행동의 결과를 인지하도록 도우며, 다음에는 행동의 변화가 올 수 있도록 개입한다. 아동의 부모에게는 세대 간 표현의 차이를 인지시키고, 어르신으로부터 재발 방지를 약속받고, 어르신이 중요하게 소일하시는 복지관 출입 재개에 대한 이해와 수용을 돕는 개입을 할 필요가 있다. 개입 방향에 대한 자문을 구하여 구체적인 계획을 세우고 실행한다.

이처럼 ETHIC 모델을 활용하여, 문제의 본질을 조사하고, 자신이 가정한 결정의 결과로 양 클라이언트에게 미칠 영향을 분석하여 최선의 결론을 내리기 위한 자문까지 활용하면 윤리적 결정에 도움을 받을 수 있다.

### ⑤ 윤리적 의사결정의 확인 작업

앞에서 사회복지사가 윤리적 의사결정을 할 때 사용할 수 있는 일련의 지침들과 의사결정의 과정을 검토하였다. 또한 사회복지사들이 윤리적 딜레마에 직면하여 행동으로 옮기기 전에 항상 어떤 판단을 요구한다는 점을 지적하였다. Levy(1983)는 사회복지사가 자신이 내린 윤리적 결정이 최선의 것인지를 검토하기 위해서는 공평성(impartiality), 일반화(generalization), 그리고 정당성(justification)에 대한 세 가지 질문을 해야 한다고 주장하였다. 이것은 의사결정을 행동으로 옮기기 전에 이루어지는 마지막 '확인 작업'으로 다음과 같은 질문을 통해 수행할 수 있다.

- 만약 다른 사회복지사라도 당신이 선택한 방법으로 행동할 것이라고 확신하는가? (일반화)
- 유사한 상황의 클라이언트에게도 같은 행동을 수행할 것인가? (공평성)
- 당신은 자신의 결정을 다른 사람들에게 설명하고 정당화할 수 있는가? (정당성)

### (3) 사회복지실천 오류와 비윤리적 행위

사회복지사의 비윤리적 행위란 전문직의 윤리강령에 따라 확립된 전문적인 원칙을 위반하여 실천한 경우를 말한다. Levy(1983)는 사회복지사들이 무능력이나 태만 때문에 사회복지실천에서 요구하는 원칙을 지키지 못한 경우, 이들은 실천오류에 대한 책임을 져야 한다고 하였다.

　적절한 전문적인 서비스를 제공하지 못하여 클라이언트에게 중대한 손해가 발생할 경우, 사회복지사에게 민사상 혹은 형사상의 책임을 물을 수 있다. 비전문적인 행동으로 인해 발생한 손해를 보상하기 위한 민사소송은 이른바 실천오류에 대한 소송으로 알려져 있다. 미국에서는 소송에 대처하기 위해서 사회복지사가 보험에 가입한다. 물론 사회복지사가 내는 보험료는 의사와 같은 고위험 전문직이 내는 보험료보다 상대적으로 낮다. 이는 사회복지사의 실천오류에 대한 소송이 성공하는 사례가 매우 적다는 것을 보여 준다. 그러나 최근 들어 미국에서는 클라이언트의 소송이 성공하는 비율이 매년 증가하고 있다. 1970년대 초까지만 해도 사회복지사에 대한 소송은 거의 없었으나, 1985년 들어 그 비율이 2,000배나 증가하였다고 한다(김정진, 2008 재인용). 우리나라도 최근 로스쿨 제도의 도입과 함께 변호사 배출이 증가하면서 사회보장법 전공 변호인의 사회복지 청구권 관련 전문 변호 활동이 증가하고 있다. 이는 미국과 같이 사회복지사의 실천오류에 대한 책임이 법적 소송으로 발전할 수 있음을 시사한다. 또한 클라이언트의 권리의식도 확대되고, 사회복지 관련 정보가 공개되어 정보접근성이 높아짐에 따라 사회복지사의 윤리적 실천에 대한 사회적 요구가 높아지고 있음을 인식할 필요가 있다.

　사회복지사의 실천 요구에 따른 소송 제기 사례에 대한 목록은 〈표 2-7〉과 같다(Besharov & Besharov, 1987).

표 2-7　실천오류(malpractice)에 대한 법적 책임의 예

- 동의 없이 실시된 치료
- 부적절하고 부정확한 진단
- 부적절한 치료
- 전문가에게 자문을 받지 않은 경우
- 전문가에게 의뢰하지 않은 경우
- 클라이언트의 자살 예방 기회가 있었으나 무시한 경우
- 클라이언트의 자살에 직접적인 원인을 제공한 경우
- 제삼자가 상처받지 않도록 보호하지 못한 경우
- 잘못된 감금

- 거주시설에 있는 클라이언트에게 적절한 보호를 제공하지 못한 경우
- 공격과 구타
- 클라이언트와의 성적인 관계
- 비밀 보장 침해
- 명예훼손
- 클라이언트의 시민권 침해
- 방치 또는 악의적 개입
- 갑작스럽고 부적절한 종결
- 부적절한 기금모금 또는 기금유용
- 부적절한 아동보호
- 부모에 대한 권리침해
- 아동에 대한 부적절한 위탁보호
- 아동학대로 의심되는 사례를 보고하지 않은 경우
- 아동방임으로 의심되는 사례를 보고하지 않은 경우

## 2. 다문화 실천기술

2022년 기준 우리나라 체류 외국인 비율은 약 4.37%이다. 외국인 주민 비율은 2016년 3.4%, 2017년 3.6%, 2018년 4.0% 등으로 꾸준히 오르다가 코로나19를 기점으로 감소하다가 2022년 다시 증가하였다고 한다(법무부, https://www.moj.go.kr/moj/2412/subview.do). 통계가 보여 주듯 우리 사회는 다문화 사회이다.

이는 사회복지사의 서비스 대상에서 다문화 배경을 가진 클라이언트가 증가함을 의미한다. 그러므로 문화적 다양성에 대하여 유능하고 효과적으로 대처하기 위하여 사회복지의 다문화 역량과 실천기술이 요구된다. 이를 위해 사회복지사는 우선 자신이 개인적으로 가진 문화적 둔감성, 편견, 오해 등 개인적(individual) 차원의 문제를 해결할 수 있어야 하고, 사회복지 전문직(professional)이 견지하는 관점에서 문제를 해결할 수 있어야 한다. 사회복지조직(organization)과 제도가 단일 문화 집단에 초점이 맞추어져 있다면 새로운 이주민 집단 혹은 다양한 문화 집단에게는 불리하거나 억압적인 것이 될 수 있으므로 이러한 문제에도 민감하게 관심을 가져야 할 것이다. 다문화 실천역량을 갖춘 사회복지사가 되려면 다문화 사회에 대한 적응력과 관점의 변

화, 다문화 기반 실천 태도 및 실천기술을 갖추어야 할 것이다.

## 1) 다문화 사회의 실천 이슈

다문화 사회란 다양한 인종 배경을 가진 사람들의 유입으로 다양한 문화 간 접촉이 일어나며, 상대적으로 소수인 이주자들의 문화 적응과 스트레스가 발생할 수 있는 문제와 다양성의 충돌과 융합 과정에서 새로운 자원이 창출되는 강점이 혼재된 사회이다. 건강한 사회는 문제를 예측하고 이를 기회로 자원을 확대하는 사회일 것이다. 인간의 존엄성 가치를 중시하는 사회복지사는 인종에 대한 차별이나 편견을 넘어서서 같은 인간으로서 이해하고 차이를 수용하며 존중하고, 그들의 강점을 기반으로 자원과 욕구의 균형적 지원을 통해 해결 지향적 · 사회통합 지향적 실천을 선호할 것이다. 역량 있는 다문화 실천을 위해 이주자를 이해하기 위한 이주자의 적응 이슈를 중심으로 살펴본다.

### (1) 문화 접촉

서로 다른 문화적 배경을 가진 인구 집단과 집단이 만나게 되는 상황을 문화 접촉 (cultural encounter)이라고 할 때, 이러한 접촉은 직접 접촉과 간접 접촉으로 나눌 수 있다. 직접 접촉은 지리적 이주에 의한 문화의 접촉 혹은 신체의 물리적 이동이나 대면적 만남 등을 의미한다. 예를 들어, 이주노동자, 결혼이민자, 외국인 기관 종사 외국인과 그 가족, 외국 유학생 등이 한국으로 이주 및 정주하는 경우를 포함한다. 간접 접촉은 직접적 지리 이동 없이 외국 문헌의 전달, 생활용품의 교류, TV, 라디오, 영화 등 문화적 매체의 교류, 전화, 휴대전화, 인터넷 등 통신 수단의 발달에 의한 의사소통 매체를 통한 교류 등으로 이루어지는 것을 포함한다(최명민, 이기영, 김정진, 최현미, 2015).

### (2) 문화 변용

문화 변용(acculturation)의 개념과 이론은 이주, 식민지화 혹은 다른 형태의 문화적 교류의 결과로서 한 가지 문화적 맥락에 익숙해진 개인이 어떻게 새로운 문화적 맥락에 적응하는가를 설명해 주는 것이다. 문화 변용의 과정은 문화적 다원성을 전제로 한다. 즉, 다양한 문화적 배경을 가진 사람들이 한 사회로 들어와서 함께 사는 다문화 사회에 기반을 둔다. 이러한 다원적 사회에서는 집단 사이에서 사회적 힘(power)의 차이가 존재하고 이러한 힘의 차이에 따라 주류 집단(mainstream group)과 소수자 집단(minorities group) 혹은 우세 집단(dominant group)과 비우세 집단(non-dominant group)으로 나뉜다(최명민 외, 2010 재인용). 예를 들어, 이민 국가인 미국에서 주류 집단은 백인 인종의 유럽 출신 이민자들이 될 것이며, 소수자 집단은 그 외의 인종 혹은 민족 집단이 될 것이다. 다문화 사회로의 진입 초기에 있다고 보이는 한국에서는 한국인 외의 대규모 민족/인종 집단은 존재하지 않지만 동남 아시아권의 외국인 노동자 집단 혹은 결혼이민자 집단 등이 문화적 소수자 혹은 비우세 집단이 될 수 있다(최명민 외, 2015).

### (3) 문화 적응의 심리적 차원

개인의 문화 적응 과정에서의 심리적 차원의 이슈와 개념은 다양한 용어로 표현된다. 즉, 행동의 변화(behavioral shifts), 문화 학습(cultural learning), 사회 기술의 습득, 문화적 탈피 혹은 허물벗기(cultural shedding) 등은 새롭게 접하는 문화적 맥락에 적합한 새로운 행동 유형을 찾거나 배워 가려는 개인적 시도와 노력에 관한 개념들이며, 이 과정에서 경험되는 문화 갈등은 자신의 행동 유형의 변화를 쉽사리 이루지 못하게 되는 경우를 의미하는 용어이다. 문화 갈등은 더 세부적으로 문화 충격(culture shock) 혹은 문화 적응 스트레스(acculturation stress)로 경험된다. 문화 충격의 개념은 문화 적응 스트레스보다 좀 더 오래된 개념이고 일반화되어 있으나 심리학 진영에는 문화 적응 스트레스(acculturative stress) 개념이 선호되고 있다. 이는 환경적 스트레스 요소에 반응하는 심리학적 모형을 구축하는 데 더욱 밀접하다고 보기 때문이다(최명민, 이기영, 김정진, 최현미, 2015 재인용).

### (4) 적응

적응(adaptation)은 문화 변용을 경험하는 사람들이 일정 시간이 지난 후 새로운 문화에 어느 정도 익숙하게 되는 것을 의미하는데, 심리적 적응과 사회문화적 적응으로 구분한다. 심리적 적응은 일련의 내적·심리적 결과를 말하는 것으로서 인성적·문화적 정체성의 명확한 감각을 갖추게 되는 것, 건전한 정신건강 상태, 새로운 문화에 개인적 만족을 얻게 되는 것 등을 포함한다. 사회문화적 적응은 외적·심리적 결과로서 일상적 문제, 특히 가족생활, 직장, 학교 등에서의 문제를 처리할 능력을 갖추게 되는 것을 말한다(최명민 외, 2015 재인용).

## 2) 다문화 사회복지실천의 관점 및 태도

### (1) 문화적 다양성에 대한 다양한 관점

사회복지사가 문화적 이슈를 바라보는 관점과 그 기반을 형성하고 있는 패러다임은 매우 중요하다. 이는 무엇을 어떻게 바라보느냐에 따라서 전혀 다른 접근이 이루어지기 때문이다. 우리 사회에는 다양한 관점이 공존하며 논쟁의 대상이 되고 있다. 한쪽에서는 이주외국인을 친구, 가족, 이웃으로 받아들이고 더불어 살아가는 방안을 모색하는 동안에도 또 다른 한쪽에서는 이들을 우리 사회의 문제 집단이나 정치, 경제, 사회, 정책의 실패에 의한 산물로 바라보며 이런 상황 이전의 과거로 되돌리려고 시도하기도 한다. 이러한 현상을 어떤 시각에서 바라보아야 하는가 하는 문제는 곧 다문화 사회복지실천의 정체성과 관련된다. 따라서 우리 사회에서 문화적 다양성과 관련하여 어떤 논리가 전개되고 있으며, 이것이 사회복지실천에 어떤 영향을 줄 수 있는지를 살펴보고자 한다(최명민 외, 2015).

첫째, 우리 사회의 문화적 다양성 현상에 대해 혐오적인 태도를 보이는 경우이다. 한국 사회에서 문화적 다양성에 대한 논의는 역사적으로나 사회적으로 시작 단계에 있다. 우리 사회에서 문화적 다양성에 대한 논의는 주로 부정적인 사건과 관련되어 주목받은 경향도 이를 어렵게 한다. 외국인 근로자의 불법 입국 및 불법 취업과 이를 악용한 임금 체납과 인권 유린, 결혼이주여성과 관련된 인신매매, 사기 결혼, 아내 학대, 그리고 2세의 학교 부적응 문제 등이 이슈화되면서 우리 사회에서 다문화 현상은 곧 사회 문제를 유발한다는 식의 부정적 인식이 형성되었다. 이러한 인식은 외국인에게 배타적이고 편협하며, 차별적인 관점을 가지게 할 수 있다. 이에 사회복지사 개인도 영향을 받을 수 있으며, 이런 관점에 둔감하게 실천한다면 문화적인 측면에서뿐만 아니라 가치와 윤리적인 면에서도 여러 문제의 소지가 있을 수 있다.

둘째, 문화적 다양성과 관련하여 나타나는 여러 가지 현상에 대해 동정과 연민을 느끼고 베푸는 태도를 보이는 경우이다. 실제로 많은 이주외국인이 사회 구성원들이

피하는 역할과 과업을 도맡아 하면서 대부분 계층적으로 하위권에 머물고 있다는 사실은 이들을 무시하거나 동정하게 만드는 요인으로 작용하고 있다. 이러한 입장의 사람들은 이주외국인들에 대해 '어쩌다가 자기 나라를 떠나서 타국에 와서 이런 고생을 하나'라는 연민을 가지고 이들이 경제적으로나 사회적으로 처한 어려움에 대해 동정심을 느낀다. 이 맥락에서 이주외국인들은 불쌍하고 못사는 특별한 사람들로 범주화된다. 반면에, 같은 외국인이라 하더라도 유럽이나 북미와 같이 경제적으로 선진국에 해당하는 국가의 출신인 경우나 고소득 전문직 종사자 경우에는 선망과 호의를 갖기도 한다. 즉, 문화적 다양성 문제는 경제적인 요소에 의해 서열화되는 것이다. 이러한 이중 잣대에 의해 출신 국가가 한국보다 경제 개발 수준이 뒤처진 국가의 이주외국인에게는 출신국 자체가 하나의 장벽이 되기도 한다.

실제로 다문화 복지 관련 실무자들을 대상으로 한 조사에 의하면, 이들은 일본을 제외한 중국과 동남아시아 출신 결혼이주자들을 한국인과 다른 부정적 특성으로 규정하고 있다는 점에서 정책이나 서비스에 대해 동화 지향적 태도를 보인다는 점에서, 그리고 이주민 증가에 대해 우려를 나타내 보인다는 점에서, 일반 시민이나 지역주민의 지배적 의식과 별다른 차이를 보이지 않는 것으로 나타났다(김이선, 황정미, 이진영, 2007). 이러한 사고를 하는 서비스 제공자에게 클라이언트의 관점에서 옹호하고 권리를 주장할 수 있도록 돕는 노력이나 지역사회의 인식 변화를 위한 노력을 기대하기는 어렵다. 이들을 진정한 다문화 사회복지실천 전문가라고 지칭할 수는 없을 것이다(최명민 외, 2015).

셋째, 문화적 다양성을 우리 사회가 성숙해 가는 변화 과정으로 받아들이고 더불어 조화롭게 살아가는 방안을 모색하는 경우이다. 이러한 입장에서는 다문화 사회로의 변화 흐름을 도외시하거나 억제하기보다는 우리 사회 발전의 원동력으로 삼자고 주장한다. Greeley는 다양한 문화적 요소가 사회적 자산이 되기 위해서는 인종과 문화적 배경이 다른 이들 모두가 우리와 마찬가지로 그들의 독특한 언어를 가지고 있으며, 종교, 생활 방식, 음식, 역사가 있다는 당연한 사실을 인정해야 한다고 하였다(최명민 외, 2015 재인용). 이런 인식이 있는 사회복지사는 외국인이 한국으로 이주하는 것이 모국에서의 과거를 포기하거나 이와 단절하는 것이 아니라 새로운 삶을 시작하는 확대된 선택이라고 의미를 부여한다. 따라서 그들을 한국 사회에 일방적으로 동화시키는 것에 가치를 두지 않으며, 각각의 고유문화를 인정하고, 이것이 발전적으로 통합될 수 있도록 개방된 자세를 취한다(최명민 외, 2015).

### (2) 다문화 실천을 위한 사회복지사의 태도

문화적 요인을 제대로 이해할 때 그 인식은 평등과 정의의 문제로 연결된다. 불공정은 자원과 정책적 영향력에 대한 접근성의 차이에서 기인한 것이며, 그 근원은 이질적인 용모, 가치, 자원에 의한 배타성에 있다. 그리고 그런 사회적 배제는 지역사회 구성원의 신념을 왜곡하고 개인의 존엄성을 훼손하는 파괴적 결과를 가져온다. 또한 이들은 이러한 갈등과 차별 속에서도 자신의 문화와 주류 문화를 통합함으로써 인간의 존엄성과 생존을 유지하고자 애쓰는 존재로 인식되어야 한다(최명민 외, 2010 재인용). 이와 같은 맥락에서 일하는 사회복지사는 시대적·사회적 어려움에 당면한 이주민들이 인간적 삶을 유지하고 그들의 가치가 존중받을 수 있도록 노력함으로써 인간의 존엄성이라는 사회복지의 기본 가치를 실현한다. 더 나아가 이들이 처한 부당한 현실을 대변하고 이들이 마땅히 가져야 할 권리를 옹호함으로써 궁극적으로 자립 자조할 수 있도록 하는 임파워먼트 접근을 실천한다. 이러한 관점과 실천은 국제적 상호 의존이 증가하는 시대에 필요한 사회복지사의 자세라고 할 수 있다. 다문화 사회복지실천은 한 국가에 국한된 갇힌 사고를 넘어서 전 지구적 지역사회의 개념 위에서 사회복지사의 역할을 모색할 것을 요구하고 있다(최명민 외, 2015).

## 3) 다문화 실천기술

문화적 유능성은 다문화 실천 현장에서 사회복지사가 갖추어야 할 핵심적인 요소이다. 따라서 다문화 사회복지실천이란 문화적 유능성을 갖춘 사회복지사에 의해 제공되는 서비스, 즉 문화적으로 유능한 사회복지실천이라고 할 수 있다. 그러나 문화적 유능성은 기존 사회복지실천의 내용과 동떨어진 새로운 개념이라기보다는 기본적인 사회복지사로서의 역량을 기반으로 하여 세워질 수 있는 개념이다. 그런 측면에서 여기서는 문화적 유능성뿐만 아니라 기존 사회복지실천의 핵심인 관계 형성 및 의사소통 기술을 다문화 실천기술로 다음과 같이 고려할 수 있다(최명민 외, 2015).

### (1) 문화적 유능성

원조 전문가로서 사회복지사가 갖추어야 할 중요한 요소 중 하나로 꼽히는 문화적 유능성 또는 문화적 역량(cultural competency)을 하나의 개념으로 정의하기는 쉽지 않다. 그러나 문화적 유능성을 갖춘 원조 전문가가 다양한 사람과 보다 적절히 일할 수 있다는 것은 분명하다. 문화적 유능성은 어떤 완성된 상태를 설명하는 정태적인 개념은 아니다. 즉, 클라이언트의 문화적 맥락에서 더 효과적인 서비스를 제공하려고 노력하는 지속적인 과정이라고 할 수 있다(최명민 외, 2015 재인용). 그만큼 다문화 사회복지실천에서는 '배움'과 '겸손'이 중요한 덕목이다. Lacroix는 문화적으로 유능한 사회복지실천을 위해서 사회복지사는 상황 속에서 배운다는 자세로 지속해서 배우고자 노력해야 하며, 이러한 배움은 일직선상에서 순서에 따라 이루어지는 것이 아니므로 열린 마음과 융통성을 가지고 여유 있게 임하라고 조언하였다. 또한 다문화 실천의 과정은 곧 모든 것을 알고 통제할 수 없다는 사실을 받아들이는 겸손의 체험이라고 하였다(최명민 외, 2010 재인용). 즉, 문화적 유능성은 처음부터 클라이언트의 문화와 관련된 지식을 완벽하게 갖추고 있는 능력을 의미하는 것이 아니라 관점과 개입 방법 등에 있어서 문화적 적절성을 갖추고자 의식하며 노력하는 것이 중요하다는 것이다(최명민 외, 2015).

일반적으로 문화적 유능성을 상담 과정이나 미시적인 차원에서만 논의되는 것으로 오해하는 경우가 종종 있다. 그러나 Grant와 Haynes는 문화적 유능성을 지식, 정서, 그리고 기술적 역량으로 구분하고, 이것이 미시적 차원에서 거시적 차원에 이르는 개념임을 설명하였다(최명민 외, 2010 재인용). 여기서 '지식적 유능성'은 자신의 견해에서 다른 사람의 문화적 유사성과 차이점을 인지적으로 이해할 수 있는 능력이고, 이러한 지식적 유능성을 기반으로 한 '정서적 유능성'은 자신의 문화와 다른 문화적 배경을 가진 사람들에게 적절히 감정이입하고 의사소통할 수 있는 능력이다. 그리고 '기술적 유능성'은 문화적 편견이나 인종 차별, 왜곡과 폭력과 같은 거시적 수준의 문제에 대해 지식적 역량과 정서적 역량을 활용하여 더 적극적으로 도전할 수 있는 능력이다. 따라서 이런 요소들로 구성된 문화적 유능성은 개인의 문화적 인식을 기반으로 다른 문화와의 감정이입적 상호 작용을 통해 문화와 관련된 거시적인 문제의 변화에까지 도전할 수 있는 것을 의미한다(최명민 외, 2015 재인용).

Diller 역시 이와 유사하게 문화적 유능성을 갖춘 실천가는 자신의 문화적 가치와 편견을 인식하고, 클라이언트의 세계관을 이해하며, 그에 따라 적절한 개입 계획을 활용할 수 있다고 하였다. 이를 위하여, 첫째, '자기인식' 측면에서는 자신의 문화적 배경과 태도 등을 살피고, 이런 것들이 실천 과정에 영향을 줄 수 있다는 사실을 인식하며, 이와 관련된 지속적인 지도와 훈련을 받아야 한다고 하였다. 둘째, '클라이언트의 세계관을 이해'하는 측면에서는 다른 문화적 배경을 가진 클라이언트에 대해 어떤 편견이나 선입견을 품지 않도록 노력하고, 클라이언트가 속한 집단에 대한 정보와 지식을 습득하며, 소수집단을 위한 개입 전략을 익혀야 한다고 하였다. 셋째, '개입 전략' 측면에서는 클라이언트의 관점과 언어 및 이에 근거한 설명을 존중하고, 소수자가 서비스 과정에서 받는 차별이나 어려움에 민감하게 반응하며, 그들과의 소통과 제도적 변화에 힘써야 한다고 하였다(최명민 외, 2015 재인용).

### (2) 다문화 클라이언트와의 관계 형성

Proctor와 Davis는 인종이 원조 과정에 영향을 미친다는 사실은 분명하지만, 사회복지사와 클라이언트의 인종적 차이가 개입의 성과를 저하한다는 결정적인 증거는 없다고 하였다(최명민 외, 2010 재인용). 그러나 사회복지사가 자신과 다른 인종적 배경을 가지고 있거나 피부색이 다른 사람들과 진정한 관계를 형성하는 것이 쉬운 일만은 아니다. 이들은 주류 사회로부터 이방인 취급을 받아 왔으며, 거부당하거나 무시당하는 경험을 한 경우가 많다. 따라서 차별적이고 부당한 상황에 저항하거나 타협하거나 포기하면서 생존해 온 이들과 관계를 형성하는 과업에는 더 세심하고 사려 깊은 접근이 요구된다. 문화적으로 민감하고, 숙련과 경험을 갖춘 실천가는 인종적으로 다른 클라이언트와도 효과적으로 일을 해 나갈 수 있다(최명민 외, 2015).

문화라는 것이 결국 인간관계 속에서 존재하는 것이라고 할 때, 한 인간을 다양한 관계 속에서 이해하는 것이 문화에 대한 이해의 출발이라고 할 수 있다. 따라서 우선 다양한 사람의 차이를 존중하고 문화적 요소가 관계 형성에 영향을 미친다는 것을 인식하는 것이 필요하다. 그들을 이해하기 위한 개방적인 관심과 세심한 경청은 필수 요소이다. 또한 다문화 클라이언트와의 관계 형성을 위해서는 클라이언트의 세계관뿐 아니라 사회복지사 자신의 세계관을 이해하는 노력도 요구된다. 관계는 실천가 자신을 활용하는 것임을 고려할 때, 다문화 사회복지실천에서 사회복지사는 문화적으로도 자기를 인식하고 활용할 수 있어야 하기 때문이다.

이러한 인식을 바탕으로 한 감정이입 역시 관계 형성을 위해 중요하다. 감정이입을 통한 인간으로서의 보편성을 통해 유대감을 형성하고 고유의 정체성을 존중할 때 임파워먼트의 효과가 있다. 이 과정에서 사회복지사가 인종적으로 다른 클라이언트를 만날 때 편안함을 느낄 수 있느냐 하는 것이 중요하지만 여기서 그쳐서는 안 된다. 사회복지사가 아닌 클라이언트가 자신의 사회복지사가 인종적 차이를 배려하고, 좋은 의도를 가지고, 이해심이 많다고 느낄 수 있는 것이 중요하다. 사회복지사의 친절하고 관심 어린 태도와 감정이입적 이해가 클라이언트에게 전달될 때 클라이언트는 더 편안하게 자신을 개방할 수 있다(최명민 외, 2015 재인용).

Diller는 '좋은 라포 형성하기'를 첫 회기에서 달성해야 할 목표 중 하나로 들고 이러한 목표를 달성하기 위하여 "따뜻하고, 성실하며, 존중하는 태도를 취하라."라고 제안하였다. 그리고 만약 클라이언트의 문화에 대한 지식이나 경험이 부족하다면 그를 만나기 전에 미리 조사 연구나 자료 등을 살펴보는 등의 준비가 필요하다고 하였다(최명민 외, 2015 재인용). 그러나 몇 가지 사실을 알게 되었다거나 약간의 경험이 있다고 해서 그 문화에 대해 잘 안다고 생각하는 것은 자만이나 편견에 빠질 위험이 있다. 그보다는 자신이 잘 모르는 것을 숨기지 말고 질문하는 것이 더 좋은 태도라 할 수 있다. 진지하고 열린 태도와 알고자 하는 마음은 그들의 문화를 존중하는 것이지 결코 관계 형성에 장애가 되지는 않는다.

### (3) 문화 간 의사소통

문화적 배경이 다른 사람 간에는 일반적인 의사소통의 과정에 비해 고려해야 할 사항이 더 많다. Ford는 문화 간 의사소통을 하는 경우 지켜야 할 지침을 다음과 같이 제시하였다(최명민 외, 2015 재인용).

- 상대방이 어디에서 왔는지를 이해하려고 하기보다는 상호 이해를 위해 노력하라

  완전히 다른 사람의 입장이 된다는 것은 불가능하다. 그의 출신에 초점을 두고 이해하려고 할 때, 우리의 생활 경험과 그들의 생활 경험의 접합점을 찾기 힘들게 된다.

- 마음을 열라

  다른 사람의 견해를 현실에 대해 있을 수 있는 여러 가지 관점 중 하나라도 받아

들이고, 자신의 견해 역시 그런 관점 중 하나로 생각하도록 하자.

－관점의 유사성에 매달리기보다는 서로 다른 견해를 연결하도록 노력하라

－한쪽을 취하기보다는 통합을 통해 합의를 추구하라

　자신의 견해를 버리거나 상대의 견해를 포기하도록 하는 대신, 서로 다른 속에서도 공통분모를 찾아서 제3 안을 모색해 보자. 물론 이 과정에서 함께 생각하고 공유하는 것이 필요하다.

－관계를 구성하는 각 개인에게 초점을 두기보다는 관계 그 자체에 초점을 두라

　'내가 하는 말'과 '나에게 하는 말'에 관심을 가지는 대신, 지금 진행되고 있는 의사소통의 질에 관심을 가지자. 즉, '나'와 '너'를 넘어서 의사소통을 하는 동안에 일어나는 상호작용에 집중하자.

－의사소통하면서 상대에게 최대한의 긍정적 관심을 표현하는 방법을 배우라

　상대방과 생각을 같이하고 그를 완전히 이해하는 것은 불가능할지도 모른다. 그러나 상대방이 지금, 이 순간 느끼고 생각하는 것(혼란, 후회, 분노, 용기 또는 사랑 등)을 허용할 수는 있을 것이다. 이것이 상대를 최대한 존중하는 것이다. 상대방이 의사소통하고자 하는 바를 바꾸거나, 조정하거나, 고치지 않고 그대로 수용하고 존중하는 것이 필요하다.

## 워크숍: 토론

1. 다음 사례에서 A씨를 담당하는 사회복지사가 경험할 윤리적 딜레마와 윤리적 의사결정 방향에 대하여 토의해 보자.

> 복지관 사례 관리 대상인 A씨는 6년 전에 이혼한 후 중학교 1학년인 아들, 초등학교 4학년인 딸과 함께 생활하고 있다. 학습지 교사 일 외에 일을 하나 더 할 정도로 직업적 기능도 좋고, 지역사회 참여 활동도 활발하였다. 그러나 2년 전 학습지 교사를 그만두게 되면서 우울해하고, 불면으로 술을 마시기 시작하면서 아이들을 돌보는 것도 힘들어하기 시작하였다. 반복적으로 자살 생각에 몰두하였다. 정신과 치료를 권유하였으나 거부하였고, 큰아들은 게임에만 몰두하며 학교에 빠지는 날이 잦아지고, 딸은 학교에서 냄새가 난다며 따돌림을 당하고 있다.

2. 문화적 유능성 또는 문화적 역량의 개념에 대해 정리하고, 문화적 차이와 관련된 경험이 있으면 나누어 보고, 다문화 실천기술이 왜 중요한지 토의해 보자.

# 사회복지실천 모델

제2부

The Social Work Practice Intervention Skills: Workbook with Cases

........................................................................................................

사회복지실천 모델은 인간에 대한 관점과 적용하는 이론의 기반에 따라 클라이언트의 문제를 사정하고 돕는 고유한 과정 및 기법을 제시하고 있다. 다양한 클라이언트의 욕구 충족과 문제 해결을 위해서는 다양한 모델에 대한 이해와 적용을 할 수 있는 사회복지사의 전문역량이 필요하다. 이에 현장에서 많이 활용되고 요구되는 최신의 흐름을 반영하는 다양한 실천 모델을 알고 익혀서 적용할 수 있는 능력을 갖추는 것이 중요하다.

이에 제2부에서는 사회복지실천론에서 학습한 통합적인 사회복지실천 과정과 현장에 대한 이해를 바탕으로 현장에서 적용할 수 있는 다양한 실천 모델을 다룬다. 사회복지실천 모델로서 전통적으로 활용되면서 실천 현장의 변화에 따라 확대 · 발전해 온 심리사회 모델, 과업중심 모델과 비교적 최근에 개발되어 현장에서 활용도가 높은 해결중심 모델, 인지행동 모델, 위기 개입 모델, 동기강화(상담) 모델의 여섯 가지 모델을 다루었다.

제3장

# 심리사회 모델

## 1. 등장 배경

심리사회 모델은 인간의 문제를 심리적 혹은 정서적이고 사회적인 문제로 이해하면서 '상황 속의 인간(person-in-situation)'을 강조하는 관점으로서 Mary Richmond에서 그 기원을 찾을 수 있다. 또한 클라이언트를 수용하고 개별화하며 '클라이언트가 있는 곳에서 출발하라(Start where the client is)'라는 실천원칙을 강조한다. 심리사회 모델은 1930년대 후반에는 Gordon Hamilton에 의해서 심리사회 이론으로 처음 일컬어지기 시작했고, 그 후 1960년대에 Florence Hollis에 의해서 심리사회 모델로 구체화하였다. 전통적으로 사회복지실천의 내용은 개인 내적 요소와 사회적 요소를 모두 중시하는 심리·사회적인 것이었으며, 이 전통을 계승하고 집약한 것이 심리사회 모델이다. 초창기의 사회복지실천에 많은 영향을 준 정신분석 이론은 문제의 원인을 인간의 본능적 충동과 과거의 경험으로 보는 단선론적인 관점 때문에 상황 속의 인간을 중시하는 사회복지실천의 기본적 관점과 상반된다는 비판을 받기 시작했다. 또한 정신분석 이론은 신경장애나 정신질환의 문제가 아닌 일상적인 삶에서 나타나는 문제로 고민하는 클라이언트 대다수에게 적용하기에는 한계가 있었다. 이러한 문제점으로 인해 정신분석 이론에 기초한 진단주의 사회복지사 중에서 일부는 클라이언트의 문제를 사회적 환경과의 상호작용에서 파악하려고 하는 심리 · 사회적 관점에서 관심을 가지기 시작하였다. 이러한 관점은 초창기의 전통적인 사회복지실천 방법을 유지하려는 사회복지사의 욕구와 자아 심리학의 영향으로 인해 점차 구체적인 이론으로 등장하기 시작하였다(윤현숙 외, 2002).

심리사회 모델의 주요 이론적 배경은 정신분석 이론이며, '상황 속의 인간'을 보는 관점을 강조하지만, 개입의 초점은 클라이언트 개인의 심리적 상태, 개인을 둘러싼 사회환경, 그리고 개인과 환경과의 상호작용 양상에 동시에 주어진다(엄명용, 김성천, 오혜경, 윤혜미, 2001). 상황 속의 인간에서 의미하는 인간은 변화하고 발전 가능성을 가진 존엄한 존재이며, 상황은 의식주와 같은 물질적인 자원뿐만 아니라 대인관계를 통해 얻게 되는 개인의 사회적인 관계도 포함한다. 따라서 심리사회 모델은 인간의 수용과 자기결정권 가치를 존중하며, 사회적 자원의 결핍이 개인의 문제에 미치는 영향력을 중시한다.

심리사회 모델은 인간의 심리적 요소는 물론 그가 속한 사회환경과 이 둘 사이의 상호작용에 의한 결과까지도 고려하는 세 가지 측면에서 문제의 원인과 해결을 찾으려고 하는 이론 체계를 기반으로 하고 있다. 따라서 이 모델은 개인의 심리적인 특성뿐만 아니라, 신체 생리적인 특성을 갖는 생물학적 특성을 동시에 가지며 사회적 존재로서 사회환경적 상황의 영향을 받는 인간이라는 관점을 제시하면서 사회복지실천의 고유한 이론으로 발전하게 되었다. 1970년대 이후 Hollis는 생태체계적 관점을 받아들여 통합적인 방법론으로 확대하였다.

## 2. 이론적 기반

심리사회 모델의 이론적 기반은 다음의 네 가지 이론체계에 기초하고 있다(김정진, 2008).

### 1) 정신분석 이론

Sigmund Freud의 정신분석 이론(psychoanalytic theory)은 모든 현상이 우연히 발

생하는 것이 아니라 타고난 생물학적인 에너지와 유아기의 경험으로 결정된다는 결정론적인 인간관에 기초한다. 따라서 정신병리 증상이나 실수 등과 같은 인간 행동도 우연히 발생하는 것이 아니라 원인이 있다고 본다. 모든 것이 심리 내부의 무의식적인 힘으로 동기화된다는 것이다. 그러나 무의식의 과정을 인지하거나 직접 관찰할 수 없으므로 이를 이해하기 위해서는 정신분석이라는 특별한 방법이 필요하다고 본다. 즉, 정신분석을 통해 정신병리 혹은 문제 행동의 무의식적인 근원을 찾아낸다면 인간은 자신의 상황에 더 현실적으로 적응할 수 있다. 그러므로 정신분석은 자유연상이나 무의식적 소망을 내포한 꿈의 해석을 중시한다. Freud는 인간의 행동을 이해하기 위해 정신세계를 처음으로 구조화하고 이를 설명할 수 있는 준거틀을 제시하였다. 그의 인간에 대한 관점은 구조적인 관점, 지형학적인 관점, 역동적인 관점으로 구조화되었다.

### (1) 구조적인 관점(structural point of view)

인간의 정신에는 상호작용하고 상호 의존하는 원초아, 자아, 초자아의 세 가지가 존재한다고 보는 관점이다. 원초아(id)는 마음의 가장 원시적인 부분이며 전적으로 무의식적이다. 원초아는 인간 본능의 저장소이고 기본적으로 만족과 쾌락을 추구한다. 원초아는 단지 활동이나 꿈, 환상과 같은 상상으로 긴장을 해소하려고 한다. 원초아의 주요한 특성은 고통을 회피하고 쾌락을 추구하는 쾌락 원칙(pleasure principle)에 입각하여 작동한다. 자아(ego)는 경험과 이성으로부터 발달하며 성격의 집행부이다. 자아는 원초아 본능과 초자아 명령의 내부 세계와 외부 세계의 요구 사이에서 조정자 역할을 한다. 자아는 쾌락 원칙이 아닌 현실 원칙(reality principle)에 입각하여 작동한다. 자아의 또 다른 특성은 이차적 사고 과정(secondary process)을 활용한다는 점이다. 이차적 사고 과정은 긴장 감소를 위해 수립한 행동 계획의 실현 가능성을 판단한다. 이것이 바로 현실 검증이다. 현실 검증을 통하여 충동을 더욱 잘 지배할 수 있게 되고, 환상과 현실을 구분할 수 있는 능력이 강화된다. 초자아(superego)는 마음의 판단자 혹은 검열관이며, 근본적으로 개인 간 경험의 산물이다. 초자아는 양심(conscience)과 자아 이상(ego ideal)으로 나누어진다. 초자아는 긴장을 감소시키는 물리적 및 심리적 보상, 긴장을 증가시키는 처벌이라는 두 가지 요인에 의해 발달하게 된다.

정신분석 이론은 인간의 행동을 이해하기 위해서는 마음과 신체가 어떻게 상호 교류하는가를 알아야만 하며, 원초아의 욕동(drives), 자아의 방어기제, 초자아의 윤리적인 명령들이 어떻게 서로에 대하여 작용하고 있는가를 알아야만 한다고 가정한다. Freud는 인간의 성격 구조상 근원적으로 불안을 느끼게 된다고 보았으며, 신경증적 불안, 현실적 불안, 도덕적 불안의 세 가지로 구분하였다. 신경증적 불안은 현실적으로 수용할 수 없는(자아 기능) 유치한 원초아의 소망(주로 성적인 욕망, 원초아 기능)이 방출되는 것을 윤리적인 기준(초자아 기능)에 의해 억압하는 것에서 기인한다. 현실적 불안은 당면한 현실적 과업의 수행에 대한 불안이며, 도덕적 불안은 양심의 산물이다. 불안에서 벗어나기 위해 무의식 수준의 방어기제(defense mechanism)가 작동한다. 방어기제를 사용하게 되면 일시적으로는 불안에서 해방되지만, 방어기제를 지나치게 사용하면 또 다른 병리적 문제를 유발하게 될 수도 있다(김혜란, 홍선미, 공계순, 2001).

　방어기제는 한 가지 또는 여러 가지가 함께 쓰이기도 하는데 그 선택은 무의식에서 결정된다. 이런 면 때문에 인간 성격의 특성은 그가 사용하는 방어기제들에 의해 결정된다고 본다. 따라서 정신치료란 방어기제 사용 패턴을 분석하며 부적응적인 방어기제들에서 적응적인 방어기제로 사용 패턴을 변화하도록 돕는 과정이라고 볼 수 있다. 자아에 의하여 활용되는 방어기제로는 억압(repression), 반동형성(reaction formation), 격리(isolation), 승화(sublimation), 합리화(rationalization), 동일시(identification), 전치(displacement), 퇴행(regression), 보상(compensation), 투사(projection), 부정(denial), 취소(undoing) 등이 있다.

## (2) 지형학적인 관점(topographical point of view)

　Freud는 눈에 보이지 않는 인간 정신의 구성을 일종의 지도로 가시화하였는데, 그것이 바로 지형학적 모델이다. 인간의 정신은 의식(conscious), 전의식(preconscious) 및 무의식(unconscious)으로 구성되어 있다고 보고 있다.

　무의식 수준에서 이루어지는 가장 중요한 특성이 1차 과정이다. 1차 과정은 원초아의 기능에 의해 이루어지며 꿈에서 관찰될 수 있고, 비논리적 혹은 원초적이며 쾌락과 만족이 우선이다. 1차 과정과는 대조적으로, 2차 과정은 자아의 기능에 의해 이루어지며, 의식적인 사고를 지배하고, 합리적이고 논리적이며 모든 현실의 법칙을 준수한다. 지형학적인 관점에서는 대부분의 인간 행동이 무의식적 수준에 의해 이루어진다고 본다.

| 의식 | 전의식 | 무의식 |
|---|---|---|
| 한 개인이 어느 순간에 인식하고 있는 모든 것(예: 감각, 지각, 경험, 기억)을 대표한다.<br>그렇지만 개인이 인식할 수 있는 것은 마치 빙산의 일각과 같이 정신생활의 극히 작은 부분에 지나지 않는다. | 즉시 인식되지는 않지만 조금만 노력하면 인식할 수 있는 영역이다. | 욕구나 본능이 깊게 자리하고 있는 영역으로, 인식할 수 없고, 직접적으로 확인할 수도 없는 접근 불가능한 의식의 기저에 있는 창고 영역이다. |

## (3) 역동적인 관점(dynamic point of view)

역동적인 견해는 Freud의 본능 이론에 대하여 언급하는 것이며, 본능 이론은 리비도적이며 공격적인 욕동(drives)에 관련된 것이다. 인간 발달은 본성(nature)과 양육(nurture)의 상호작용으로 이루어진다고 보며, 욕동(drives) 혹은 본능(instincts)은 '본성' 요인을 대표한다. 본능은 다음의 네 가지 요소로 구성된다.

| 원천(source) | 신체 내의 긴장 상태(예: 위가 비어서 느끼는 허기) |
|---|---|
| 목표(aim) | 신체적 긴장 상태의 해소를 통한 쾌락의 획득<br>(예: 음식 섭취를 통한 포만감 획득) |
| 대상(object) | 목표 성취에 활용되는 대상(예: 음식물) |
| 본능의 세기<br>(the impetus of an instinct) | 근원적인 욕구(예: 배고픔)의 힘과 강도에 의해 결정되며, 이러한 욕구들은 사람에 따라 혹은 같은 사람이라도 시간에 따라 양이 다양하다. |

역동적 관점에서는 이러한 본능적 욕구를 표현하고 충족시키는 데 방해를 받게 되면 불안을 경험하게 된다고 본다. 정신 에너지의 배분은 생리적 욕구와 개인의 발달 단계 및 과거의 경험, 현재의 환경 등과 같은 복잡한 요인들에 의해 결정되는데, 고정된 양의 정신 에너지가 삶의 본능(eros)과 죽음의 본능(thanatos)에서 어떠한 비율로 배분되는가에 따라 각 개인이 보이는 행동은 달라진다고 보고 있다. 삶의 본능은 성, 배고픔, 갈증 등과 같이 생존과 번식에 목적을 둔 신체적 욕구의 정신적 표상으로서 생명을 유지하고 발전시키며, 친밀하고 유쾌한 신체적 접촉을 통해 타인과 사랑을 나누며, 개인의 창조적 발전을 도모하는 본능이다. Freud는 초기 이론에서 이러한 삶의

본능 중에서 성적 에너지를 리비도(libido)로 지칭하였으나, 점차 그 개념을 확대하여 리비도가 삶의 본능 전체를 의미하는 것으로 보았다. 죽음의 본능에는 공격욕, 파괴욕 등이 포함된다. 죽음의 본능 때문에 인간은 자기 자신을 파괴하고 자학하며, 타인이나 환경을 파괴한다.

삶의 본능과 죽음의 본능은 서로 영향을 미치며, 서로 융합되어 있기도 하다. 예를 들어, 음식물을 섭취하는 것은 생명을 위협하는 배고픔을 해결하고자 하는 삶 본능의 표현이긴 하지만, 음식물을 씹어서 섭취한다는 점에서 죽음의 본능이다. 성행위는 번식을 목적으로 한 친밀하고 유쾌한 신체적 접촉이기는 하지만 동시에 공격적 행동이라는 점에서 삶의 본능과 죽음의 본능이 혼재해 있는 것이다. Freud는 삶의 본능과 죽음의 본능이 병적으로 결합되었을 때 인간은 강간, 가학적/피학적 성행위, 음란물에 대한 집착, 성행위 몰래 훔쳐보기 등과 같은 변태적 성행동을 하게 된다고 보았다.

심리사회 모델은 정신분석 이론을 바탕으로 자아 방어기제 사용에 의한 성격 특성과 행동 패턴, 발달과정을 조사하여 과거의 미해결된 갈등과 현재의 영향 등을 이해하고 건강한 자아 기능을 회복하도록 지지적인 상담 접근을 제시하였다.

## 2) 대상관계 이론

정신분석 이론이 인간의 정신 내적인 부분을 강조한다면, 대상관계 이론은 인간이 속한 환경과의 경험에서 발전한 대인관계를 강조한다. 인간은 과거 경험에서 형성된 기대에 따라 현재의 대인관계를 맺는데, 과거 경험은 내부 대상(internal objects: 대상과의 관계에 대한 정신적 이미지)으로 남아 현재 대인관계에 영향을 미친다는 것이다. 이에 따라 대인관계를 맺을 때 다른 사람들의 실제 특성보다는 내부 대상과의 유사성(이미지)에 영향을 받으며, 특히 생애 초기에 경험한 애착 대상과의 관계는 이후의 대인관계 유형을 결정짓는다고 가정한다.

영아는 자기와 외부를 구별할 능력이 없으므로 자신을 보호하고 보살피는 어머니를 객관적인 외적 대상이 아니라 자기 자신으로 체험하게 되는데, 이를 자기대상(self objects)이라고 한다. 이때 자녀에 대한 어머니 태도가 긍정적이면 긍정적 자기를 경험하고, 반대로 부정적이면 부정적 자기를 경험한다. 이유기가 되면서 아기는 자신과 어머니를 구분하며, 걸을 수 있게 되고 운동 능력이 발달함에 따라 어머니로부터 분리를 하기 위한 연습을 하게 된다. 이유기는 젖을 떼고 음식물을 직접 섭취하여 소화하는 신체적 발달뿐 아니라 심리적 이유도 시작함을 의미한다. 이때 어머니로부터 분리되는 불안 때문에 어머니 대신 안정을 느낄 수 있는 대상으로 항상 가지고 다닐 수 있는 인형과 같은 과도기적 대상(transitional objects)을 갖는다. 아이는 만 2세가 지나면서 어머니와 조금씩 분리되어 개별화를 경험하는데, 이때 어머니는 아이의 분리 개별화 과정을 적절히 지원해야 한다. 아이가 만 3세가 되면 눈에 보이지 않더라도 어머니가 존재한다는 사실을 인지하게 되는데, 이렇게 눈에 보이지 않더라도 그 대상이 존재하는 것을 인식하는 것을 대상 영속성이라고 한다. 이 대상 연속성이 아이가 어머니와 분리를 할 수 있는 기반이 된다. 이처럼 분리 개별화 과정을 안전하게 보살피면서도 사물을 탐구하고 다른 대상들과 접촉을 활발히 하도록 지원하는 어머니를 충분히 좋은 어머니(good enough mother)의 역할이 중요하다.

대상관계 이론에 따르면, 적절한 부모 역할이 자녀의 분리 개별화를 돕게 되고 그럼으로써 독립적인 자기개념을 형성하도록 양육하는 데 있다. 만약 자기개념이 잘 형성되지 않았다면 학동기, 청소년기, 성인 독립기가 되었을 때 어려움을 겪을 수 있다. 또한 자녀가 병리적으로 대상을 내면화한 경우, 이후 대인관계에서 문제를 경험하게 된다(김혜란 외, 2001).

심리사회 모델은 대상관계 이론을 바탕으로 사회복지사와 클라이언트의 관계 중요성에 초점을 둔다. 클라이언트가 사회복지사와 관계를 형성하는 방식이나 태도를 관찰하고 이해하여 클라이언트를 수용하고 존중하면서 클라이언트의 대인관계 능력을 향상하도록 돕는 상담 접근을 제시하였다.

## 3) 자아심리 이론

성격을 세 영역으로 구분하여 자아에는 적은 비중을 두고, 원초아의 역할에 높은 비중을 두었던 초기 정신분석 이론과는 대조적으로, 자아심리학은 인간의 성격을 세분하기보다 자아에 초점을 둔다. 자아심리학은 Anna Freud의 방어기제, Hartman의 자아 적응, 그리고 Erikson의 심리·사회적 성격 발달 견해를 통합한 것이다. 이처럼 자아심리학의 뿌리는 정신분석 이론이지만 몇 가지 점에서 중요한 차이를 보인다.

정신분석 이론은 모든 에너지의 근원이 원초아에 있다고 보고 자아가 활동하는 데 필요한 에너지조차도 원초아에 의지한다고 본다. 반면, 자아심리학에서는 자아를 무의식적인 성적 에너지 또는 공격적 에너지의 수문장 기능을 하는 피동적인 존재가 아니라 독립성과 자율성을 가진 존재로 본다. 따라서 자아심리학에서 자아는 원초아의 충동을 억제하는 힘과 초자아의 지나친 윤리적 요구를 자율적으로 완화하는 힘을 가진 동시에 창조적이고 주체적이며, 현실 적응을 주도한다.

자아심리학에서 개입 대상은 무의식 가운데 있는 보이지 않는 힘이 아니라 자아의 기능이다. 자아의 수행 능력, 건강한 방어기제, 자신감, 현실 판단 능력 등을 회복, 향상, 보존해 주는 것 등이 개입의 목표이다. 자아심리학에서는 무의식보다는 인식할 수 있는 세계, 과거의 사건보다는 현재의 사건, 피동성보다는 능동성, 성격의 단점보다는 강점을 강조한다(엄명용 외, 2001).

Erickson은 인간이 영유아기에서 아동기, 청소년기, 청장년기, 장년기, 노년기를 거쳐 전인적으로 발달한다고 하였다. Erickson은 〈표 3-1〉과 같이 인간이 전 생애에 걸친 발달 단계마다 발달과업에 따른 위기가 있다고 하였다. 이는 개인 특성과 사회적 요구 및 자원과의 상호작용으로 성취되거나 좌절될 수 있다. 위기를 극복하고 발달과업을 성취하면 인간의 능력과 덕성(virtues)이 발달한다. 전 단계의 발달은 다음 단계의 발달에 영향을 미치는 점성적 원칙에 의해 발달한다. 그는 1997년에 부인과의 공동작업을 통해 노년 후기를 추가하여 심리 · 사회적 발달 단계를 9단계로 확장하였다. 고령화 사회로 변화하고 노년기가 길어지면서 80세 이후를 추가하였다. 죽음에 가까워지는 80세 이후의 노년기에 자신의 삶을 돌아보고 인생의 긍정적인 면과 부정적인 면을 통합하고 수용하면서, 노화 자체를 긍적이고 자연적인 과정으로서 인정하고 초월적인 시각으로 삶의 지혜를 발달시키는 노년초월(gerotranscendence)에 이른다고 보았다. 9단계는 앞의 8단계와 달리 발달과업을 성취와 위기로 구분하지는 않았다(김정진, 2022 재인용). 심리사회 모델은 자아심리 이론을 바탕으로 심리 · 사회적 발달 단계에 따른 발달적 고찰과 개별화를 강조하고, 현재의 자아기능 향상을 돕는 상담 접근을 제시하였다.

**표 3-1** Erikson의 심리사회적 발달 단계

| 개인 발달의 구체적인 연령에 따른 과업과 욕구 | | 예상되는 과도기적 위기와 특별한 문제 |
|---|---|---|
| **1. 영아기(0~1½세)** | | ─부모의 역할 변화, 직업을 가진 모, 부의 부재 |
| 과업: 기본적 대 신뢰 대 불신<br>덕성: 희망 | 욕구: 모성적 양육, 돌봄 | ─특별한 문제: 부적절한 부모의 양육, 원치 않는 자녀에 대한 양가감정, 학대와 방임, 결혼생활의 갈등, 신체 및 발달 장애 |
| **2. 유아기(1½~3세)** | | |
| 과업: 자율성 대 수치심<br>덕성: 의지 | 욕구: 신체·정서·언어·사회적 발달, 자아개념 형성 | |
| **3. 학령전기(3~6세)** | | ─가정으로부터의 아동의 격리, 아동 양육상의 변화하는 과업 |
| 과업: 자발성 대 죄의식<br>덕성: 목적 | 욕구: 신체·정서·언어·사회적 발달, 놀이욕구 증가 | ─특별한 문제: 부적절한 사회화, 지도감독의 부족, 행동장애 |
| **4. 학령기(6~13세)** | | ─가정으로부터 아동의 영역 확대, 아동 발달에 따른 변화하는 과업 |
| 과업: 근면성 대 열등감<br>덕성: 능력 | 욕구: 지적 및 사회적 자극 | ─특별한 문제: 부적절한 사회화, 지도감독의 부족, 행동장애 |
| **5. 청소년기(13~21세)** | | ─성적 정체감, 직업, 장래에 대한 준비의 시기 |
| 과업: 정체감 대 역할 혼미<br>덕성: 충실 | 욕구: 성취, 부모로부터 부분적인 독립 추구 | ─특별한 문제: 정체감 혼란과 위기, 소외, 약물중독, 비행, 학교 부적응 |
| **6. 청장년기(21~40세)** | | ─부모로부터 독립, 결혼, 직업 준비 및 결정 |
| 과업: 친밀감 대 고립감<br>덕성: 사랑 | 욕구: 성인 역할의 성취를 위한 기회 | ─특별한 문제: 학교 및 직장 부적응, 결혼생활의 갈등, 자녀 양육 부담, 중독, 범죄 |
| **7. 장년기(40~65세)** | | ─가정 관리와 보호, 사회적 역할 비중 증대 |
| 과업: 생산 대 침체<br>덕성: 배려 | 욕구: 성인 역할 수행 증대와 자기발전 기회 확장 | ─특별한 문제: 가정 파탄, 이혼, 고립, 재정적 결핍, 부모자녀 간 갈등, 직업 문제, 건강 문제, 가족과 친구와의 사별 |
| **8. 노년기(65~80세)** | | ─신체적·정서적 소모, 친구 상실과 가족과의 격리 또는 사별, 퇴직, 자녀의 분가 |
| 과업: 자아 통합 대 절망<br>덕성: 지혜 | 욕구: 심리·신체적 변화 및 사회적 역할 변화 수용, 지나온 삶의 수용과 통합, 노년기 삶의 재구축 | ─특별한 문제: 병, 고독, 사회적 소외, 경제적 고갈 |

| 9. 노년후기(80세~　) | | −노인 혐오, 사회적 역할 가치 감소, 신체적·정신적 쇠락, 일상능력 상실, 노화 수용 |
|---|---|---|
| 덕성: 노년 초월 | 욕구: 고령 노인으로서 인식하는 자신의 능력 약화와 주변 환경과의 적응 | −노화 자체를 긍정적이고 자연적인 과정으로 받아들이는 초월적 관점의 부재 |

## 4) 기타 사회과학 이론

−체계 이론: 개인 체계와 환경 체계는 상호 영향을 주고받는 개방 체계라는 점, 그리고 개인의 행동은 이렇게 상호작용하는 개방 체계의 맥락 속에서 이해되어야 한다는 관점을 채택하였다.

−인류학: 각 개인의 독특성을 인정하고 차별적 진단 및 차별적 개입을 강조한 심리·사회적 모델은 각 개인의 문화적 배경 차이, 즉 관습의 차이, 특정 상황에서의 행동 양식의 차이, 사회 역할 및 성 역할의 차이, 어린이나 노인에 대한 보호 양식의 차이 등을 역설한 인류학의 영향을 받았다.

−가족체계 이론: 부부관계 및 자녀양육, 가족 구조 및 역할 등 가족사회학 연구의 영향을 받았다.

이 밖에도 사회구조가 클라이언트의 문제 발생에 영향을 주고 사회구조의 개선 없이는 클라이언트의 문제 해결이 어렵다는 사회학 측의 주장은 심리사회 모델의 초점이 개인에서 사회로 이동하는 데 영향을 주었다. 이외에도 역할 이론, 의사소통 이론 등의 영향이 이 모델 속에 유입되었다(엄명용 외, 2001).

이러한 사회과학 이론의 영향으로 후기 심리사회 모델은 통합적 접근을 강조하였다. 클라이언트에 대한 직접적인 상담 접근 외에도 사회적 상황과 환경의 변화 그리고 실질적인 자원 연계 등을 돕는 간접적인 개입을 제시하였다.

## 3. 실천 가치와 지침

심리사회 모델은 사회복지사와 클라이언트와의 관계 형성을 강조하며, 영향력 있는 관계를 활용하여 클라이언트와의 관계의 문제를 효과적으로 해결할 수 있다고 믿는다. 그러므로 사람들의 내적 감정이나 주관적 상태를 인정하고 받아들이는 감정이입을 통하여 신뢰 관계를 형성하고, 관계를 활용하여 클라이언트의 변화를 위해 개입하는 것을 중시한다. 이에 따라 자기결정권 존중, 수용, 클라이언트의 욕구 우선의 실천 가치와 클라이언트와 타인의 상호작용 중시, 사회복지사의 선입견 배제와 과학적 객관성을 바탕으로 한 클라이언트의 이해와 같은 실천지침을 강조한다.

## 4. 개입 목표

심리사회 모델은 '상황 속의 인간' 관점을 중시하기 때문에 사회복지실천의 목적도 클라이언트와 사회환경 간 혹은 클라이언트와 타인의 상호작용에서 나타나는 심리·사회적 역기능을 해결하는 것으로 정의한다(윤현숙, 김연옥, 황숙연, 2001). 심리사회 모델에서는 클라이언트의 과거 경험이 현재의 심리·사회적 기능에 영향을 미친다고 본다. 따라서 클라이언트의 과거와 그리고 현재의 경험과 관련한 내적 갈등과 행동 패턴을 이해하고 통찰함으로써 클라이언트가 성장하도록 할 수 있다고 본다(김혜란 외, 2001). 사회복지사는 클라이언트 주변의 변화를 위해 직접 개입하기보다는 클라이언트 스스로 주변 및 자신의 변화를 위해 노력하도록 클라이언트에게 개입하는 경우가 많다. 이때 모든 변화가 가능한 것이 아니기 때문에 변화가 가능한 선까지 변화 노력을 하도록 한계를 정하여 구체적인 목표를 설정하고 직접 개입하며, 동시에 사회적응에 필요한 현실적인 자원을 제공하는 간접 개입도 함께하면서 클라이언트의 심리·사회적 기능 향상을 도모하는 것을 목표로 한다.

## 5. 개입 과정과 기법

### 1) 사회복지사와 클라이언트의 관계

심리·사회적 접근을 지향하는 사회복지사의 태도에서 가장 중요한 것은 수용과 자기 스스로 방향을 정하고자 하는 클라이언트의 권리에 대한 존중이다. 이러한 태도에 의해 치료적 관계의 질이 결정되며, 이런 관계의 질이 사례의 성공 여부를 결정 짓는 중요한 요인이라고 본다.

심리·사회적 접근에서 클라이언트와 사회복지사와의 협력적 관계를 강조하나 실제 방해의 요소들이 많으며, 비자발적 클라이언트의 경우 저항이나 의심이 심할 수도 있다. 이때 훈련과 경험을 통해 클라이언트의 부정적 반응을 현실적인 것과 비현실적인 것으로 구분해야 한다. 저항과 관련해서 사회복지사는 겉보기에 적대적인 클라이언트의 언행에 단순히 반응(react)하기보다는 기저에 깔린 욕구와 감정들에 대응(respond)하는 것을 배워야 한다. 또한 사회복지사의 자기노출(self disclosure)은 그것이 진정으로 클라이언트의 이익을 위한 것일 경우에만 이뤄져야 한다. 자기노출을 시도할 때도 사회복지사는 자신의 개인 감정 중 어떤 부분을 표현할지 안 할지에 대한 여부를 결정해야 하며, 이를 위해 자아인식(self-awareness)이 매우 중요하다.

### 2) 실천 과정

#### (1) 심리·사회적 조사

정신분석과 달리 의식 및 전의식 수준에 초점을 두기 때문에 억눌린 유아기의 감정이나 기억의 재생은 조사에서 다루어지지 않는다. 하지만 원가족에 대한 사안과 초기 발달상의 정보 등 표출된 문제에 직접적 연관성이 있는 과거를 탐색하며, 개인력과 가족력을 중시한다. 즉, 개인의 발달 주기 및 가족생활 주기에 대한 검토가 조사에서 이뤄지는데, 특히 생애주기의 전환기에 주목한다. 이런 인생 단계상의 요소들은 조사에서 초점을 넓혀 주는 역할을 한다. 발달력 조사를 하면 클라이언트가 비일상적 혹은 병리적인 것으로 규정한 상황이 발달 과정상 정상적 위기인 경우도 종종 있다. 이런 경우 클라이언트는 자신이 경험하고 있는 혼란이나 좌절이 다른 많은 사람 또한 겪는 것임을 인식하면서 안도감을 느끼기도 한다. 이는 클라이언트가 즉시 문제를 재규정하고 새로운 해결책을 찾도록 하는 계기가 된다.

### (2) 심리 · 사회적 사정

이는 심리 · 사회적 조사에서 얻어진 정보들을 세밀하게 분석하는 과정이다. 이때 사회복지사는 개인–상황에 대한 이중적 초점을 지니면서 여러 체계가 서로 어떻게 작용하고 있는가를 개념화시켜야 한다. 상황에서 오는 스트레스, 생활사건, 성격 기능, 가족, 그리고 여타 다른 요소들이 현재 클라이언트가 부딪히고 있는 특정 딜레마를 만들어 내는 데 있어 어떤 방식으로 작용하고 있는가를 밝히는 것이다. 구체적으로 심리 · 사회적 사정에서 다뤄야 할 내용을 살펴보면 다음과 같다.

- 신상 정보: 클라이언트의 나이, 성별, 종교, 결혼 상태, 고용, 가족, 친구, 재정 상태, 주거 상태, 외모, 의복 상태, 지능, 언어 구사 능력, 면접에 대한 태도 등
- 의뢰 경위: 누구에 의해 의뢰되었나? 자발적/비자발적 클라이언트인가? 클라이언트가 의뢰 이유를 이해하고 있는가? 등
- 제시된 문제: 클라이언트가 지금 사회복지사와 만나게 된 이유는 무엇인가? 현재 클라이언트가 지닌 문제는 무엇인가? 이런 질문들에 대한 대답 시 클라이언트가 사용하는 단어 혹은 어휘에 주목할 필요가 있다.
- 문제의 역사: 문제가 발전되어 온 경위에 관한 것. 급성인가, 만성인가? 촉발 사건이 있는가? 있다면 무엇인가? 증상의 진행 과정은 어떠했는가? 치료받은 적이 있는가? 치료의 빈도 및 결과는 어떠했는가? 치료에 대한 클라이언트의 반응은 어떠했는가? 치료관계에 대해 클라이언트는 어떻게 느꼈는가?
- 이전의 상담 경험: 상담을 받은 적이 있는가? 있다면 그 결과는 어떠했는가?
- 가족 배경: 가족의 사회경제적 · 교육적 · 직업적 배경을 설명하면서 가족 구성원의 상호작용에 관한 내용 또한 포함해야 한다. 클라이언트는 가족에 대해 어떻게 생각하고 가족은 클라이언트를 어떻게 바라보는가?
- 개인력: 발달 과정상의 역사로 출생, 각 발달 단계에서 이뤄야 했던 발달과업의 완수 등에 관한 내용 포함, 약물복용 혹은 물질남용, 신체적 · 성적 · 정서적 외상 경

험 등에 대한 정보, 클라이언트가 아동일 경우 학교생활 및 또래 친구들과의 관계

- −의료적 사항: 이는 현재 클라이언트의 심리·사회적 장애에 영향을 미치고 있는 의료적 혹은 기질적 문제가 있는지 확인한다.
- −문화적 배경: 클라이언트의 문제가 특정의 문화적 맥락 안에서 발생하고 있는 것은 아닌지 확인한다.
- −종교: 현재 혹은 과거의 종교적 활동이나 신념 등
- −정신상태와 현재 기능 수준: 자아 기능의 개념은 사회복지실천의 사정에서 매우 중요하다. 클라이언트의 자아 기능의 특징, 방어기제, 강점 및 한계점 등에 관해 사정한다.
- −정신상태 검사: 클라이언트의 정신상태에 대한 정보를 체계화하고 기록하는 방법이며, 이를 바탕으로 정신질환의 진단 및 통계 편람(DSM)에 따른 초기 진단을 할 수 있다. 정신질환의 진단 및 통계 편람에 따른 진단은 대부분 DSM−V의 분류 체계를 따르고 있으나, 일부 사회복지사들은 강점 관점과 부합되지 않는 점을 들어 사용을 반대하기도 한다. 하지만 클라이언트의 이상행동에 대한 명확한 이해를 위해 이 매뉴얼을 활용하는 것이 도움이 된다.
- −요약: 수집된 모든 정보는 자료를 이해하고 치료 목표를 확립하는 데 도움이 되는 이론적 준거틀의 맥락 안에서 사정하고, 요약정리한다.
- −치료 모델에 대한 추천 및 치료 목표: 사회복지사는 사정을 토대로 정교한 치료 목표들을 수립하고, 치료를 효과적으로 이끌 수 있는 최적의 개입 모델을 선택한다.
- −평가 계획: 치료 목표 설정 및 개입 계획을 수립하면서 평가의 방법 또한 계획한다. 앞의 정보들과 함께 다음 사항을 주의 깊게 관찰해야 한다. 첫째, 클라이언트 요구의 본질은 무엇인가? 둘째, 클라이언트가 사회복지사의 반응을 인식하는 정도가 얼마나 정확한가? 셋째, 클라이언트가 어떤 환경이나 어떤 이야기 주제에서 사회복지사에게 호의적이거나, 적대시하거나, 또는 멀어지는가? 넷째, 클라이언트의 신체적 건강은 어떤가? 이러한 관찰을 위해 협동 면접이나 가정방문 등도 조사 과정에서 중요한 절차가 되기도 한다.

## 3) 심리 · 사회적 개입 기법

심리 · 사회적 접근은 다양한 수준에서 개입의 단위(개인, 가족, 환경 등)로 삼을 수가 있다는 점에서 통합적이다. 사례에 따라 다양한 수준의 개입이 혼합되어 사용되는데, 개별 면담과 함께 가족 면담, 중요한 타자들과의 접촉을 병행할 수 있다. 이때 사회복지사는 상담자, 자원 제공자 및 탐색자, 해석자, 중재자, 옹호자, 중개자, 사례 관리자 등의 역할을 담당하게 된다. 이와 같은 역할을 수행하기 위한 사회복지사의 개입 기법은 직접적 개입 기법과 간접적 개입 기법으로 나뉜다.

### (1) 직접적 개입 기법

심리사회 모델의 직접적 개입 기법은 여섯 가지로 제시되는데, 그 내용과 구체적 기법은 다음과 같다.

### ① 지지(sustainment)

- 클라이언트의 문제 해결 능력에 대한 인정과 격려를 표현함으로써 클라이언트의 불안을 감소시키고 자신을 충분히 표현하게 하는 기법이다.
- 언어적 · 비언어적 의사소통을 모두 동원해 클라이언트를 지지하고 격려하며, 필요하다면 클라이언트의 문제를 돕는 실질적인 활동을 통해 지지를 제공하기도 한다.

이해하는 끄덕임, 미소
"그런 느낌들은 자연스러운 것입니다."
"좀 더 말씀해 보시지요."

### ② 직접적 영향(direct influence)

클라이언트의 행동을 촉진하거나 향상하기 위한 조언, 제안 등을 통해 클라이언트의 결정을 지원하고 방향을 제시하는 개입 기법이다. 물론 클라이언트의 자기결정과 선택의 자율성이 중요하지만, 때로는 직접적으로 방향을 제시하여 클라이언트가 원하는 결과를 얻을 수 있도록 돕는 것도 필요하다. 직접적 영향 주기는 조언이나 제안의 강도에 따라서 단순히 강조하기, 충고하기, 독려하기 등이 있다. 물론 사회복지사가 원하는 것을 조언하는 것이 아니라 클라이언트의 욕구에 따라 조언을 해야 하며, 충분히 문제 상황을 이해하고, '클라이언트가 있는 바로 그곳에서부터 출발'해야 한다.

> "＿＿게 하신다니, 좋은 생각입니다."
> "＿＿게 하시면 어떨까요?"
> "제 생각에는 ○○ 씨에게 지금 필요한 것은 ＿＿인 것 같습니다."

### ③ 탐색-기술-환기

탐색(exploration)-기술(description)-환기(ventilation)는 일련의 상담의 과정이며 기법이다. 클라이언트의 문제와 관련된 입장, 상황, 주위의 반응과 갈등 등에 질문(탐색)하고, 질문에 대해 클라이언트가 충분히 설명(기술)하도록 하며, 설명하는 동안 관련된 감정을 공감하고 표출하도록 도움으로써 감정적 해소(환기)를 경험하게 하는 것이다. 이처럼 탐색-기술-환기는 상호 연관되어 연속적으로 일어나는데, 사회복지사의 탐색적 질문을 받고 사실을 진술하거나 설명하는 과정에서 자연스럽게 감정이 표현되기 때문이다.

특히 분노, 상실감, 죄책감, 불안 등의 감정적 반응에 적절하게 활용될 수 있다. 이런 감정들은 말로 표현함으로써 그 강도가 현격히 줄어드는데, 클라이언트가 방어하지 않고 편안하게 자신의 감정을 표현할 수 있는 준비가 되었을 때야 비로소 클라이언트는 환기를 경험할 수 있다. 때로는 환기를 경험하는 자체만으로도 클라이언트가 문제 해결을 경험하는 때도 있다.

> "직장에서의 문제점을 좀 더 설명해 주세요."
> "가족과 함께 있을 때 무슨 일이 일어났습니까?"

④ 인간-상황에 대한 고찰(person-situation reflection)

클라이언트가 현재 상황에서 경험하는 자기 생각과 느낌, 주위의 반응과 평가, 상호 영향 등에 대해 인식하도록 돕는 의사소통 기법이다. 인간-상황에 대한 고찰 기법은 현재 혹은 최근 사건에 대한 자신과 환경의 상호 영향을 고찰하도록 하는 데 초점이 있으므로 다음과 같은 질문으로 시작할 수 있다.

> (딸의 반항에 몹시 화가 난 아버지에게) "무엇이 따님의 행동을 지켜보는 것을 그토록 힘들게 합니까?"

이때 인간-상황에 대한 고찰을 위해 다음의 여섯 가지 가이드라인을 따를 것이 요구된다.

---

**인간-상황에 대한 고찰 가이드라인**

1. 다른 사람들, 건강, 상황: 자신이 처한 상황과 가족 및 환경에 대한 이해가 정확하지 못한 경우가 있으며, 이에 관한 질문을 통해 클라이언트가 깨닫도록 해 준다.
2. 클라이언트의 행동이 자신과 다른 사람들에게 미치는 영향: 클라이언트가 미처 깨닫지 못한 결과에 대해 주의를 기울이도록 질문한다.
3. 클라이언트 행동의 성격: 자신의 숨겨진 반응, 사고, 감정의 성격에 대해 이해하도록 탐색함으로써 클라이언트가 자신의 감정에 대해 통찰력을 가지도록 한다.
4. 클라이언트 행동의 원인: 다른 사람들과의 상호작용이나 상황적 자극에 대해 나타낸 반응 행동의 원인을 이해하도록 탐색한다. 예를 들어, 자녀가 기숙사로 떠나는 것을 반대하는 부모는 자녀의 안전에 대한 걱정보다는 기숙사로 감으로써 자신들의 품을 떠나게 되는 이별에 대한 불안과 두려움으로 반대하는 것일 수도 있다.
5. 자기평가: 자신의 도덕과 양심, 자기 이미지, 가치 등에 관한 자기 평가를 탐색함으로써 자신의 가치를 명확히 이해하도록 돕는다.
6. 사회복지사와 치료 과정: 사회복지사, 치료, 기관의 규칙 등에 대해 클라이언트의 이해 정도와 반응을 탐색한다.

---

⑤ 유형-역동성 고찰(pattern-dynamic reflection)

사회복지사는 클라이언트의 성격 혹은 행동 유형과 심리 내적 역동에 대해 고찰하기 위해 질문하고 관찰하고 반응한다. 또한 클라이언트가 사용하는 방어기제를 분석하고, 내부 대상에 대한 고찰도 포함하며, 분리와 개별화 정도 등에 관해 고찰한다.

"당신은 남편으로 인해 화가 났을 때마다 아들과 언쟁하는 것 같지 않습니까?"

"당신 스스로가 자신을 얼마나 비난하고 있는지 생각해 보신 적이 있나요?"

⑥ 발달적 고찰(developmental reflection)

클라이언트의 현재 성격이나 기능에 영향을 미친다고 생각되는 원가족에서의 경험 또는 유아기의 경험에 대해 생각해 보도록 하는 의사소통 기법이다.

"예전에도 이와 같은 느낌을 가져 보신 적이 있나요?"

(10대 자녀를 둔 부모에게) "당신의 청소년기는 어떠했습니까?"

표 3-2　심리사회적 모델의 개입 기법

| 개입명 | 역할 이해 | 기법 |
| --- | --- | --- |
| 지지 | 클라이언트에 대한 사회복지사의 신뢰나 존중, 돕고자 하는 태도, 클라이언트의 문제 해결 능력에 대한 확신 등의 표현-클라이언트의 불안 감소, 동기화 촉진-원조관계 수립 | 재보증(안심), 격려, 경청, 칭찬하기, 비언어적 지지 등 |
| 직접적 영향 | 제안이나 조언 등을 통해 직접적으로 영향을 주어 클라이언트의 행동을 향상시킴 | 클라이언트의 제안을 격려하고 강화하거나 장려하기, 현실적인 제한을 설정하기, 직접적인 조언하기, 대변적인 행동하기 등 |
| 탐색-기술-환기 | 클라이언트가 사실 및 그와 관련된 감정을 표출하여 감정을 정화시키고 긴장을 완화시킬 수 있게 하기 | 개방질문, 초점 잡아 주기, 부분화하기, 화제 전환하기, 공감 표현하기 |

| 인간–상황에 관한 고찰 | −클라이언트를 둘러싼 최근 사건에 대해 고찰하는 심리사회적 기법의 핵심<br>−최근 사건에 대해 고찰하게 하여 현실적으로 파악하게 하기<br>−클라이언트를 상황 속의 인간이라는 관점에서 고려하기(현재 초점) | 논리적 토의 및 추론, 설명, 일반화, 변호, 역할극, 강화, 명확화, 교육 등<br>☞ 고찰할 내용<br>−타인, 건강, 상황에 대한 클라이언트의 생각<br>−의사결정과 행동, 대안이 타인에게 미치는 영향<br>−클라이언트의 내면 인식<br>−행동을 유발시키는 원인 및 자극에 대한 이해<br>−자기평가<br>−사회복지사 및 원조 과정에 대한 반응 |
|---|---|---|
| 유형–역동성 고찰 | −클라이언트의 행동 경향, 클라이언트로 하여금 어떤 특정 행위에 이르게끔 하는 생각이나 감정의 패턴 또는 사건에 대한 생각들을 클라이언트 스스로 찾아낼 수 있도록 원조<br>−클라이언트의 성격, 자아 방어기제, 초자아, 자아기능 수행 등에 대해 고찰 | 명확화, 해석, 직면 |
| 발달적 고찰 | 클라이언트의 발달 주기에 따른 과거 경험이 현재 기능에 미치는 역량을 고찰 | 명확화, 해석, 통찰, 논리적 토의 및 추론 등 |

## (2) 간접적 개입 기법: 환경에 개입하기

클라이언트를 둘러싼 인적 · 물적 환경에 개입하여 관계된 문제를 해결하는 것이 목표이며, 클라이언트에게 서비스를 제공하기 위해 자원을 활용하는 것과 환경을 조정하는 것으로 개입할 수 있다. 구체적인 개입 기법은 다음과 같다(엄명용 외, 2001).

### ① 자원을 활용하는 개입
−다양한 사회복지 서비스 기관 활용
−보건의료기관, 교육기관, 취업, 자활, 상담, 여가 및 문화 활동 등 공적 자원 활용
−클라이언트 지역사회의 종교기관, 로터리 클럽이나 청장년 클럽, 장학회 등 지역 자원 활용

－클라이언트와 도구적·정서적 관계를 맺은 사람 등 비공식적 자원 활용

② 환경을 조정하는 개입
－클라이언트 문제 상황에 관련된 사람과의 관계에 개입하는 등 환경 변화를 추구하는 활동
－클라이언트가 필요로 하는 자원을 발굴하여 제공하며 클라이언트에 대한 옹호 및 중재 활동
－클라이언트 스스로 주변을 변화시킬 수 있도록 원조
－클라이언트의 문제 해결 과정에서 주변의 사회환경 자원을 최대한 활용하기 위해서 기관의 정책, 기관의 자원, 기관의 권력구조, 타 전문직의 문화 또는 분위기 등에 대한 분석과 연계
－기관 내외 관련 전문직과 지속적인 협력관계 유지

③ 간접 개입을 위한 사회복지사의 역할
－자원 제공자: 기관에서 자원 제공 업무에 관여
－자원 발견자: 지역사회 자원에 대해 많이 알고 있어야 하며, 클라이언트가 무엇을 필요로 하는가를 정확히 파악
－자원 창출자: 사회복지기관 또는 관련 기관들이 새로운 프로그램을 신설하도록 독려
－교육자: 클라이언트 주변 사람들이 클라이언트를 다르게 이해하고 클라이언트에 대해 다르게 행동할 수 있도록 지원
－중재자: 클라이언트 주변 사람들이 클라이언트의 인격, 욕구, 권리 등에 대한 이해를 바로 할 수 있도록 하는 역할. 교육자의 역할보다 더 적극적인 역할임
－옹호자: 클라이언트의 권리가 명백히 무시, 거부 또는 침해당하고 있으면 그것에 직면하여 대변하는 활동. 이것은 앞의 중재 활동이 소기의 목적을 달성하지 못하는 경우 동원되는 역할임

## 6. 사례*

해당 사례는 갑작스러운 의식 변화와 구음장애로 인해 대학병원 신경외과 중환자실에 입원하여 고혈압성 뇌출혈이라는 진단을 받고 보존적 치료를 받아 오다가 사회사업실에 의뢰된 42세 남성 클라이언트에 관한 내용이다.

클라이언트는 뇌 신경의 손상으로 의식이 없는 상태였으며, 무엇보다도 가족은 가족원 중 한 사람이 의식 회복의 가능성이 매우 희박한 채로 평생 간병을 받으며 살아야 한다는 사실을 받아들여야 하는 정서적 위기 상황에 놓여 있으므로 이에 대한 심리 · 사회적 상담과 퇴원 계획이 필요하다는 판단하에 주치의가 사회사업실에 의뢰하였다. 사회복지사는 가족이 현재 클라이언트의 의료적 상태를 정확히 인식하고, 그 상황을 객관적인 현실로 받아들이며 적절하게 클라이언트에 대한 장기적인 치료계획을 가족 스스로 세울 수 있도록 원조하였다.

### 1) 클라이언트 기본 정보

| | | |
|---|---|---|
| • 이름: ○○○ | • 성별: 남 | • 나이: 42세 |
| • 결혼 상태: 이혼 | • 직업: 밤업소(악기 연주) | |

### 2) 의뢰 과정

클라이언트의 의료적 상태의 심각성과 그로 인해 가족이 경험하게 될 정서적 위기에 대한 사정 및 퇴원 계획을 위해 신경외과 의료진으로부터 협의 진료 의뢰를 받아 개입하게 되었다.

---

* 윤현숙, 김연옥, 황숙연(2001), 의료사회사업론, pp. 353-392를 바탕으로 재구성하였다.

## 3) 제시된 문제

- 클라이언트는 뇌 신경 손상으로 의식 회복이 매우 희박하여 평생 간병을 필요로 한다.
- 가족은 이런 사실을 받아들여야 하는 정서적 위기 상황에 놓여 있다.
- 퇴원 후 장기적인 질병 관리, 가족의 역할 및 필요자원에 대한 준비가 필요하다.

## 4) 클라이언트의 심리·사회적 배경

### (1) 현재 병력

5년 전부터 고혈압 진단으로 약을 먹어 왔으나 올해 갑자기 의식을 잃고 구음장애를 보여 신경외과 진료를 시작하였다.

| | | |
|---|---|---|
| 1989년경 | • ○○병원 | • 시각장애로 뇌혈관 수술에 대한 어려움 |
| 1991년경 | | • 고혈압 진단으로 약 복용 |
| 1995년 1월 4일 | • 신경외과 응급실 | • 구음장애와 갑작스러운 의식 변화 |

### (2) 가족력

- 클라이언트의 아버지: 일정한 직업 없이 생활하였으며, 알코올 중독으로 술을 마시면 아내와 자녀를 구타하였고, 뇌출혈로 쓰러져 6년간 침상에 누워 투병 생활을 하다가 사망하였다.
- 클라이언트의 어머니: 남편의 구타를 묵묵히 감내하며 살았고, 행상하면서 자녀들을 양육하였으며, 남편이 뇌출혈로 쓰러져 식물인간 상태가 되자 대소변을 받아 내며 헌신적으로 간병하였다. 남편의 사망 후 심장질환이 생겨 병원 측으로부터 수술을 권유받았으나, 경제적인 사정으로 수술을 받지 않고 약만 복용하고 있다.
- 클라이언트의 형: 아버지의 잦은 구타와 가정 내 경제적인 어려움을 견디지 못해 약 25년 전 가출한 후 원가족과 전혀 왕래가 없다.

－**클라이언트의 동생들**: 클라이언트에는 여동생들이 있는데, 둘째 여동생은 클라이언트의 간병에 전혀 도움이 되지 못하고 있으나 첫째 여동생이 어머니와 함께 치료에 적극성을 보인다. 클라이언트의 남동생은 가족 내에서 유일한 수입원이다.

－**클라이언트의 아들**: 약 6세경에 어머니와 이별한 후 성장하면서 가족 앞에서 어머니에 대해 이야기를 하지 않으며, 가족이 어머니에 관한 이야기를 꺼내면 오히려 화를 내고 적대감을 드러낸다고 한다. 활발하고 친구들과의 관계가 원만하지만, 자신의 감정을 잘 표현하지 않고 '애어른'같이 행동하며, 클라이언트의 발병으로 인해 아버지를 잃을지도 모른다는 불안감을 나타내고 있다고 한다.

## (3) 인간–상황 고찰

－가족은 클라이언트의 의료적 상태에 대한 병식이 부족하다.
－경제적인 어려움으로 장기적인 클라이언트의 입원 치료에 심리적 부담감을 느끼고 있다.
－가족은 클라이언트의 의식 회복에 대한 비현실적인 기대하고 있다.
－클라이언트는 이혼한 상태이며, 전적으로 클라이언트를 돌볼 수 있는 보호자가 없다.
－클라이언트가 집으로 퇴원하게 되면 주거 형태가 클라이언트의 간호에 적합하지 못하다.

## (4) 사회복지사의 개입 목표

－가족이 클라이언트의 의료적 상태에 대해 정확한 병식을 가지고 클라이언트의 회복에 대한 현실적 기대하도록 한다.
－가족이 클라이언트에게 느끼는 심리적 부담감과 죄책감을 환기한다.
－의료진과의 협의를 통해 가족과 함께 적절한 퇴원 계획을 세운다.

(5) 개입 계획

① 직접적 개입 계획
  -가족이 클라이언트의 상태를 더 쉽게 이해할 수 있도록 질병에 대한 일반적인 정보를 제공하고 가족 교육을 한다.
  -클라이언트 가족과 치료팀 사이에서 중재자 또는 대변자 역할을 함으로써 가족과 치료팀 간의 의사소통이 원활히 이루어지도록 한다.
  -가족이 서로 협의하여 간병체계를 갖추도록 원조한다.
  -클라이언트 가족의 심리적 어려움을 충분히 경청하고 수용하며, 정서적으로 지지한다.
  -퇴원에 앞서 가족이 클라이언트의 퇴원으로 경험하게 될 심리적 불안을 표면화시켜 객관적인 시각으로 문제를 바라볼 수 있도록 상담을 진행한다.

② 환경 조정 개입 계획
  -클라이언트 가족의 경제적인 어려움을 고려하여 클라이언트를 간호해 줄 수 있는 적절한 2차 진료 기관으로 전원할 수 있도록 원조한다.
  -클라이언트가 2차 진료 기관에서 집으로 퇴원하게 되면 본원에서 가정간호사가 파견될 수 있도록 주치의와 협의한다.
  -클라이언트가 집으로 퇴원할 때 가족이 갖추어야 할 의료보조기구 등에 대한 정보를 제공한다.
  -클라이언트의 가정간호의 편의성을 위해 무료로 주택을 개조해 주는 복지재단과 연결한다.

(6) 개입
  -준비 단계: 클라이언트에 대한 구체적이고 객관적인 관찰 및 가족과의 상담
  -초기 과정: 80분 정도의 초기면접을 통해 문제 사정이 대부분 이루어졌고, 탐색-기술-환기를 활용하여 클라이언트 가족의 불안감, 앞으로의 생활에 대한 막막함 등을 표출하고 환기하여 문제 해결 단계로 진입하였다.
  -중기 과정: 가족이 클라이언트의 퇴원을 감정적으로 수용하고 본원에서의 퇴

원이 치료의 종결이 아니며 클라이언트를 위한 일련의 장기적인 치료 단계 중 계획된 일부분임을 충분히 인지하는 데 중점을 두어 개입하였다. 또한 가족이 클라이언트의 의료적 상태에 대한 정확한 병식을 가지고 클라이언트가 독립적인 일상생활이 가능할 정도로 회복이 될 것이라는 비현실적인 기대하지 않으면서도 클라이언트의 간호를 조기에 포기하는 것을 방지하는 데 개입하였다.

- 말기 과정: 클라이언트가 다른 병원으로 옮기기 전 의료진과 협의하여 가족이 클라이언트를 간호하는 방법을 교육받을 수 있도록 하였으며, 클라이언트가 최종적으로 집으로 퇴원하게 되면 가족원이 서로 어떻게 협조할 것인지를 의논하여 결정하게 함으로써 퇴원 준비를 미리 할 수 있도록 하였다. 클라이언트의 집 구조는 클라이언트 간호에 장애 요소가 되고 있으나, 가정 형편이 어려워 이사를 하지 못하고 있으므로 주어진 물리적 환경에서 가족이 클라이언트의 간호에 최선을 다하도록 하였으며, 시간이 지나면서 클라이언트의 의료적 상태가 호전됨에 따라 집에서 클라이언트를 돌보는 데 도움이 될 수 있도록 주택 개조에 대한 정보를 제공하였다.

**워크숍: 토론**

1. 심리사회 모델의 여섯 가지 개입 기법을 참고하여 앞의 사례에 적용할 질문을 만들어 보자.
2. 2인 1조로 질문목록을 활용하여 면담을 진행해 보자.
3. 심리사회 모델의 장점과 예상되는 적용의 어려움 및 한계에 대하여 토의해 보자.

제4장

# 과업중심 모델

## 1. 등장 배경

과업중심 또는 과제중심 모델(task-centered model)은 1970년 초 Reid와 Epstein에 의해 고안된 사회복지실천 모델이다. 이 모델은 단기 개입 형태로 대인관계와 사회적 관계의 어려움, 역할 수행, 정신적 고통 등의 생활상의 문제들을 원조하기 위하여 개발되었다. 모델이 발표될 당시 미국에서는 심리치료 분야에서 장기 치료에 대한 회의와 비판이 확대되면서 현재 문제에 개입 초점을 두는 단기 치료 방식에 관한 관심이 커지던 시기였다. 당시 단기 치료는 실용성(pragmatism), 간략화(parsimony), 유용성(effectiveness)을 기본 원리로 강조하였고, 과업중심 모델도 이러한 영향을 받아 생성되었다. 즉, 과업중심 모델은 단기 치료에서 사용되는 많은 방법, 즉 시간 제한, 제한된 목표, 초점화 면접, 현재 집중, 신속한 초기 사정 그리고 행동 과제와 교육, 치료의 융통성 등을 채택하였다.

과업중심 모델은 이전의 장기 치료와 달리 실천가나 다른 전문가의 진단에 의해서가 아닌 클라이언트가 표현하고 도움을 요청한 욕구를 가장 우선시하며 치료 과정을 통해 이를 조율해 나가는 방식을 취한다(Reid, 1978: 4). 많은 현장 중심의 경험적인 조사 연구를 토대로 이론적 기반보다는 경험적 기반에 의해 모델의 지식체계가 형성되었다. 실증적 연구를 통해 단기 개입이 기존의 장기 개입 모델 이상의 개입 성과가 높은 것으로 평가되었다(김정진, 임은희, 권진숙, 2007).

## 2. 실천 원리

과업중심 모델은 클라이언트 중심적인 사회복지실천의 기본 원리에 충실하며, 문제 해결과 단기 전략을 선호하는 경험적 실천모델로서 중요한 위치를 차지하고 있다. 과업중심 모델은 시간 제한적이고 문제 지향적이며 과제 중심적인 단기 치료 모델이다. 계획적이고 의도적인 과정을 통해 클라이언트가 시급한 문제로 보는 것을 선정하여 이를 해결하기 위한 구체적인 과업 계획을 세우고 이를 사회복지사와 함께 수행하면서 해결해 간다. 이러한 과업중심 모델의 단기적 구체적 행동 전략적 접근은 다양한 사회복지 현장에 적용할 수 있다. Reid(1992)는 과업중심 모델이 가족 문제, 정서적 디스트레스, 문제 음주, 만성 정신장애, 건강 관련 문제, 부적절한 자원과 관련한 문제 등 사회복지 실천 현장에서 접할 수 있는 다양한 문제 해결을 위한 접근 모델로 유용하다고 하였다. 과업중심 모델의 기본 특성과 원리는 다음과 같다(Reid, 1992: 3).

첫째, 경험적 기원이다. 경험적 연구로 지지가 되고 검증된 방법과 이론들을 선호한다. 클라이언트의 체계에 대한 가정과 개념은 사례 자료를 기반으로 한다. 클라이언트의 문제와 행동에 대한 추리적인 이론화는 피한다. 사정 및 과정, 성과에 대한 자료는 사례마다 체계적으로 수립된다. 조사 연구에 관한 지속적인 프로그램이 모델을 발전시키기 위해 사용된다.

둘째, 통합적 자세이다. 다양한 접근 방법, 즉 문제 해결, 인지행동 접근 방법 등으로부터 경험적으로 나온 실천 방법들을 선택적으로 사용한다.

셋째, 클라이언트가 인식한 문제에 대한 초점이다. 클라이언트가 관심이 있는 것으로서 클라이언트가 명확하게 인식하고 있는 특정 문제에 서비스의 초점이 맞춰진다.

넷째, 체계와 맥락을 확인하고 개입한다. 문제는 복합체계의 맥락에서 일어나고 해결과 변화유지를 위해 맥락의 변화가 필요하다. 또한 문제의 해결과 변화는 맥락에 영향을 미친다. 그러므로 맥락의 변화는 문제 해결 또는 재발 방지를 위해 필요하며, 클라이언트가 과제 수행을 하는 동안 사회복지사는 상황 변화를 위한 개입 과제를 수행하여 통합적 문제 해결을 추구한다.

다섯째, 계획된 단기성이다. 서비스는 일반적으로 4개월 이내, 6~12회기와 같이 단기로 설계한다. 단기성은 많은 경험적 실증 연구를 통해 그 효과성이 입증되었다.

여섯째, 협력적인 관계의 중요성이다. 클라이언트와의 관계는 보호(caring)가 아닌 협력적인 노력을 강조한다. 사회복지사는 사정 정보를 공유하고, 숨겨진 목표나 의도를 피한다. 계속되는 치료 전략에서 더욱 효과적인 개입을 고안하기 위해서뿐 아니라 클라이언트의 문제 해결 능력을 발달시키기 위해서 클라이언트를 광범위하게 참여시킨다.

일곱째, 구조화이다. 구조화된 접근은 초기, 중기, 말기의 3단계로 구분하고, 이를 개입 과정을 중심으로 세분화하여 5단계로 이루어진다. 즉, 시작하기, 표적 문제의 규정, 계약하기, 실행, 종결 단계로 각 단계는 분절되어 이루어지는 것이 아니라 연속적인 활동이다.

여덟째, 과업 수행은 문제 해결 행동이다. 변화는 기본적으로 클라이언트와 사회복지사의 과업 수행을 통해 일어난다. 특히 클라이언트가 과업 수행을 위한 행동 동기가 지속 유지될 수 있도록 면담 회기를 활용하여 격려하고 연습하고 준비를 돕는다. 또한 사회복지사에게도 클라이언트의 환경적 변화에 영향을 미쳐 클라이언트의 과업 수행이 유지되고 성취할 수 있도록 돕는 과제가 있다.

## 3. 주요 개념

과업중심 모델은 클라이언트의 자기결정을 기본 전제로 한다. 클라이언트가 제시한 문제에서 시작하여 문제 해결을 위한 과제를 선택하고 수행 방법을 구체화하여 사회복지사와 클라이언트의 구체적인 행동 계약을 수립하고 과업을 실행하는 모델이기에 다른 실천모델과는 독특한 개념체계를 가진다.

## 1) 과업 계획

### (1) 표적 문제(targeted problems) 선정

클라이언트가 인식하는 다양한 문제 중 우선 해결하기를 원하거나, 가장 중요하다고 생각하며, 단기적으로 해결할 수 있는 문제를 3개 이내로 클라이언트가 선정하도록 사회복지사가 돕는다.

### (2) 표적 문제와 관련된 상황 검토

표적 문제가 일어나는 실제 상황으로, 중요한 인간관계의 문제, 역할 수행의 어려움, 재정적 곤란 또는 사회적 환경의 문제 등 클라이언트가 표적 문제와 관련하여 인식하는 상황을 구체화한다.

### (3) 계약

전통적인 사회복지실천에서 개입의 가장 기초적인 요소인 클라이언트와 사회복지사 간의 동의를 문서화함으로써 클라이언트의 자기결정권과 계약이 강조된다. 사회복지사는 클라이언트가 선정한 표적 문제를 구체적으로 정의하도록 도와 문서화하고, 그 표적 문제를 해결하기 위해 사회복지사와 클라이언트가 각자 해야 할 과업을 구체화하여 작성한 계약서에 상호 서명하여 상호 협력적 실천을 할 것을 약속한다.

## 2) 과업 유형

### (1) 일반적 과업

일반적 과업(general tasks)은 행동의 방향을 제시하지만, 구체적으로 무엇을 해야 하는가에 대해 정확하게 언급하지 않는다. 일반적 과업은 클라이언트의 목표를 내포한 진술이다. 기대하는 결과를 얻기 위해 무엇을 할 것인가는 목표를 의미하므로 이 둘은 같은 현상의 두 가지 측면이라고 본다. 목표가 무엇이 달라지기를 바라는 것이라면, 일반적 과업은 그것을 위해 무엇을 해야 하는가를 말하는 것이다.

예를 들어, 친구 사귀기가 힘들어 소외감을 느끼는 아동이 친구를 사귀고 싶은 것이 목표라면 이를 위해 무엇을 할 것인가를 구체화한 일반적 과업은 친구에게 말 걸기가 될 것이다.

### (2) 조작적 과업

조작적 과업(specified tasks)은 클라이언트가 수행해야 하는 명확한 활동에 대한 정보를 포함한 구체적인 활동이며, 상위 과제(일반적 과업)에 도달하기 위한 구체적인 하위 과제이다. 그러므로 조작적 과업은 일반적 과업의 구체화한 과업의 형태이다.

앞의 예에서 친구에게 말 걸기가 일반적 과업이라면 조작적 과업은 '아침에 학교에 가면 짝꿍에게 먼저 인사하기'가 될 수 있다.

## 4. 개입 과정과 기법

과업중심 모델의 전체 개입 과정은 크게 초기 단계와 중기 단계, 종결 단계의 3단계로 나누어 볼 수 있으며, 전체 기간은 4개월 이내의 6~12회의 개입으로 설계된다. 일반적으로 이 기간에 클라이언트가 가장 중요하다고 생각하는 표적 문제 중 두세 가지의 문제만을 선택하여 집중적인 노력을 기울이게 된다. 실천은 체계적으로 수행되는데, 이러한 체계성은 클라이언트와 사회복지사가 극도의 좌절이나 당황, 무의미감에 빠지지 않도록 도와준다. 체계적인 실천은 시간, 노력, 비용의 낭비를 최소화해 주며 실천 과정을 효과적으로 이끌도록 해 준다(Epstein, 1992: 113-274; Reid, 1992: 5-72).

초기 단계는 어떤 사례의 경우에는 더 많은 시간을 필요로 할 수도 있지만, 보통 1~2회의 면접으로 구성된다. 이 단계에서는 표적 문제 선정과 초기 과업을 우선 결정한다.

중기 단계는 초기 면접이 끝난 다음 회기에서부터 시작되며, 중기 면접의 시작 지점에서는 문제의 변동과 초기 과업의 결과를 검토한다. 이때 과업을 완수하였으면 새로운 과제가 진행되며, 과업을 완수하지 못한 경우에는 장애 요인을 검토한다. 중기 단계에서는 전형적으로 과제 계획 절차에 따라 클라이언트와 사회복지사가 과업을 완수하는 데 노력을 집중한다.

종결 단계는 대개 1회의 면접으로 종결되지만, 종결의 절차는 치료 기간을 결정한 초기 단계에서부터 사실상 시작되었다고 볼 수 있다. 종결 면접은 클라이언트가 배운 것과 달성한 것들을 확인하고 향후 설계를 중심으로 이루어진다. 이러한 단계들을 사회복지사가 사용하는 개입 기법과 함께 구체적으로 살펴보면 다음과 같다(Epstein, 1992; Reid, 1992).

## 1) 초기 단계

### (1) 의뢰 이유에 대한 토의

개입은 클라이언트가 독립적이고 자발적으로 기관을 찾아와서 시작되는 경우와 다른 기관으로부터 의뢰되어 시작되는 경우로 나누어진다. 클라이언트가 다른 기관으로부터 의뢰되었으면 사회복지사는 서로의 의견을 조정하거나 협상하여야 한다. 더 나아가 의뢰기관으로부터 클라이언트에게 제공할 수 있는 자원, 즉 정서적 지지뿐 아니라 실제적 물질적 자원이 있는지 알아보고 활용할 수 있다.

### (2) 클라이언트가 인지하고 있는 표적 문제와 그 상황에 대한 탐색과 사정

과업중심 접근은 표적 문제에 대한 클라이언트 자신의 표현을 중요시한다. 클라이언트와 사회복지사가 논의한 후에 클라이언트에 의해 진술되고 인식된 문제들에 주로 초점을 맞춘다. 면접을 통해 사회복지사는 표적 문제와 관련된 사회적 상황을 세밀하게 조사하고 문제에 영향을 미치는 클라이언트의 특성을 인식하는 데 집중한다. 사회적 상황은 주거지와 주거 지역의 주변 상황, 직업과 학교 상황, 사회경제적 지위와 재정적 한계, 건강 상태, 가족과 또래 관계, 문화적인 배경으로 이루어져 있다. 이러한 상황 속에서 클라이언트가 경험하는 사회적 맥락은 문제의 의미에 대한 기초적 사정의 중요한 정보원이다. 보통 클라이언트는 자발적으로 문제를 구체화하는 과정 동안 사회적 배경에 관한 많은 정보를 제공한다. 이러한 탐색과 사정은 동시에 이루어진다.

### (3) 제시된 문제와 목적, 치료 방법의 설명, 기간 제한에 대한 동의를 포함한
###     서비스 계약의 수립

서면 또는 구두계약 모두가 실천에서 사용된다. 서면계약은 비자발적이고 다루기 어려운 클라이언트의 경우에 보편적으로 사용되며, 무엇이 이루어지고 누가 책임질 것인가를 알려 주는 지침이 된다. 계약을 하는 것은 클라이언트와 사회복지사 간의 목표 달성을 명확히 하는 중요한 수단이다. 계약에서 다루는 아홉 가지 주제는 다음과 같다.

- 우선순위가 되는 주요 문제: 최대 세 가지
- 구체적 목표
- 클라이언트의 과제(클라이언트가 수행해야 할 과업 행동)
- 사회복지사의 과제(사회복지사가 수행해야 할 과업 행동)
- 개입 스케줄
- 면접 스케줄
- 개입의 지속 기간
- 참여자(누가 참여할 것인가)
- 장소(면접은 어디에서 할 것인가)

(4) 초기 과제의 결정

초기 단계에서는 표적 문제 선정과 클라이언트가 행해야 하는 초기의 과업을 결정한다.

## 2) 중기 단계

### (1) 문제와 과제 검토

초기 단계 이후에는 과업 수행과 표적 문제 변화에 대해 검토한다. 이는 계속되는 탐색 작업 및 문제 초점화 작업과 함께 행해진다. 표적 문제의 변화에 대한 지속적인 기록을 과제 계획에 의한 개입 효과성을 평가한다.

### (2) 실제적인 장애물의 규명과 해결

과제 수행에서 방해가 되는 것은 어떤 것이든 장애물이 될 수 있다. 많은 시간을 할당해서 상황과 환경을 꾸준히 조사하는 것이 장애물을 알아내는 데 효과적이다. 장애물을 없애거나, 줄이거나, 바꾸기 위해서는 과제 수행에서 기술의 부족, 다른 사람으로부터의 협력과 지원의 부족, 자원의 부족 등의 실제적 방해 요소들을 개선할 계획을 체계적으로 세워야 한다. 두려움, 의심, 지식의 부족, 부정적 신념에 관한 상담과 토론을 통해 과제 수행에서의 인지적인 방해 요소를 완화하도록 계획한다. 이때는 과제 수행에서 장애물을 경감시키는 데 적용 가능한 지침뿐만 아니라 과제 수행시 부딪힐 수 있는 어려움에 대한 자세한 설명을 제공해야 한다.

### (3) 문제 초점화

앞서 말한 바와 같이 문제에 대한 탐색의 사정, 검토는 과정 전체에 계속된다. 실제로 중기 단계에서의 주된 주제는 표적 문제와 과제 수행에 대한 집중이다(Reid, 1978). 표적 문제에 대한 초점화된 집중은 긍정적인 결과를 가져오게 한다. 문제 초점화란 클라이언트가 경험하는 현재 상황과 이슈를 탐색하더라도 이를 표적 문제와 연관성 속에서 초점을 유지하며 과업 수행과 연결하는 것을 말한다.

### (4) 과제 계획과 이행

#### ① 가능한 과제 제시

계획을 발전시키는 첫 단계는 가능한 과제에 대한 아이디어를 생성해 내는 것이다. 이러한 아이디어는 사회복지사나 클라이언트에게서 나온다. 사회복지사는 클라이언트의 아이디어를 받아들이거나 가능한 과제들을 제시함으로써 과정을 시작한다. 클라이언트에게는 문제 해결을 위해 어떠한 노력을 해 왔는지 검토하고 과거의 노력에 대해 가진 생각들을 떠올리는 것이 요구될 수 있고, 단지 아이디어만 제시할 수도 있다. 아이디어는 한 번에 하나씩 끌어내 토의하거나 브레인스토밍(brainstorming) 기법을 사용할 수 있다.

#### ② 동기 형성

과제 완수를 위한 필수적인 자원은 적절한 동기(motivation)이다. 클라이언트는 노력이 가치 있는 것이며 또한 노력을 통해 문제를 경감시킬 수 있다는 사실을 믿어야 한다. 이러한 믿음이 토대가 되어야 과제 수행을 위한 노력을 지속할 수 있다.

### ③ 과제 이행 계획

과제 대부분은 어떤 구체화한 계획을 필요로 한다. 과제를 수행하는 방식에 대해 생각하도록 클라이언트를 자극하는 질문을 하면서 과제 이행 계획을 구체화한다. 과제를 계획하는 클라이언트를 돕기 위해 '어떻게 계획을 구체적이고 수행 가능할 수 있도록 세울까?' 하는 질문을 지속해서 하는 것이 도움이 된다.

### ④ 예견되는 장애물 규명과 해결

과제 완수를 위해 예견되는 장애물을 다루는 것은 모델의 핵심 요소이다. 이는 과제 계획 및 이행의 두 지점에서 이루어진다. 장애물 규명과 해결은 과제가 계획될 때 또는 과제 이행에서 성공적인 시도가 이루어지지 못했을 때 필요하다. 계획 단계에서는 잠재적인 장애물을 예견하기 위한 노력이 필요하다. 이를 위해 불확실성을 다루는 '만약 이런 경우라면……'과 같은 질문과 탐색이 필요하다. 또한 과제 수행이 잘못된다면 무엇 때문인지 클라이언트에게 질문할 수 있다.

### ⑤ 모의실험, 예행 연습

어떠한 계획이든 사전에 시도해 볼 수 있다면 성공적으로 수행할 가능성이 커진다. 다양한 유형의 사전 연습으로 클라이언트에게 과제 수행 방법을 보여 주기 위해 정보 제공과 기술 훈련, 지도 감독을 활용한다. 과제 계획과 이행을 위해 과제 수행 행동을 가상해 보고, 회기 내에서 역할극, 예행 연습을 해 볼 수 있다.

### ⑥ 과제 동의

사회복지사는 과제에 착수하기 위해 클라이언트의 명백한 동의를 항상 확보해야 한다. 사회복지사는 클라이언트가 반대되는 의견을 표현하지 않을 때 이를 받아들이는 것으로 가정하고 과제를 제안할 때가 있다. 이때 클라이언트가 제대로 듣지 못하거나 이해하지 못할 수도 있다. 명백한 동의는 클라이언트가 과제의 시도를 인정한다는 의미에서 계약을 통해 완성된다.

### ⑦ 과제 계획의 요약

회기를 끝내기 전에 사회복지사는 클라이언트와 과제 계획에 대한 요점을 숙지시켜야 한다. 이 단계는 과제 계획이 복잡하거나, 여러 과제가 주어진 경우, 과제 이행자가 아동이면 특히 중요하다. 사회복지사는 계획에 대해 클라이언트가 자기 생각을 피력하고 명료화하도록 돕는다.

### ⑧ 과제 이행

이 단계는 다음 회기까지 회기 사이에 클라이언트가 과제를 이행하는 단계이다. 사회복지사는 실제 상황에서 클라이언트가 과제를 실천하도록 돕는다. 대부분은 클라이언트 스스로 사회복지사의 관여 없이 과제를 수행하지만, 혼란에 빠져 있거나 당황스러운 상황에서 서비스를 요청한 클라이언트의 경우에는 사회복지사가 지지를 보내거나 지시하거나 중재자 또는 대변인으로서 활동할 수 있다. 때때로 사회복지사는 클라이언트에게 과제에 대한 전화 확인을 할 수도 있다. 사회복지사의 관여가 필요한 경우에는 클라이언트와 이에 대해 사전에 충분히 협의할 필요가 있다.

## 3) 종결 단계

### (1) 표적 문제와 전체 문제 상황 검토

사회복지사는 면접 때마다 현재 면접 횟수가 몇 번째이고 종결 시까지 몇 회가 남았는가를 알려 주고, 개입 계획에 따라 종결하는 것이 중요하다. 종결할 때는 표적 문제로 선정한 문제들과 목표에 대하여 검토하고 완수된 목표를 점검할 뿐 아니라 문제 상황 전체에 대하여 검토한다(Reid, 1996: 629). 목표를 달성하고 표적 문제를 해결했을 때는 개입을 종결한다. 과업중심 모델에 대한 연구 결과들은 클라이언트 대부분이 단기 치료 기간에 만족하는 것으로 보이지만, 어떤 경우에는 한두 차례 면접을 더하기 위한 계약을 원하기도 한다. 개입의 연장이 필요한 경우에는 클라이언트의 동기와 의지를 확인하고, 계약을 연장하거나 사후지도를 할 수 있다.

### (2) 클라이언트가 사용한 성공적인 문제 해결 전략의 규명

사회복지사는 과업의 완수를 강조하고, 목표 성취 과정에서 새로이 습득된 클라이언트의 문제 해결 기술을 점검하며, 새롭게 확인된 능력을 지지함으로써 클라이언트가 문제 해결 기술을 계속 활용하도록 돕는다.

(3) 남아 있는 문제에 대한 토의

마지막 면접이나 바로 그 앞의 면접에서는 클라이언트가 달성한 것을 확인하고, 앞으로 클라이언트 혼자 수행할 수 있는 또 다른 과제를 계속하도록 돕는다. 또한 종결 시 해결되지 않은 문제들이 남으면 이를 어떻게 할 것인가에 대한 논의가 필요하다. 종결 후 앞에서 확인된 문제 해결 기술들을 어떻게 활용하여 해결되지 않은 문제들을 해결할 것인가에 대한 논의해야 한다(Reid, 1996: 629).

## 5. 사례*

가출 반복, 본드 흡입 등의 행동 문제를 가진 17세 청소년으로 아버지의 의뢰로 상담소에 입소하여 초기 입소 생활시설의 적응과 클라이언트의 문제행동 및 가족 환경의 변화를 목표로 개입하였다.

### 1) 기본 정보

- 클라이언트: 김강철(가명, 남, 17세, 중학교 2년 중퇴)
- 주 문제: 가출(도벽, 폭력, 환각제 흡입)
- 입소일: 1995년 4월 4일
- 과업중심 모델 적용 기간: 1995년 4월 6일~5월 12일

### 2) 문제의 배경

클라이언트의 부는 51세로 학력은 초졸이다. 17년간 버스 운전을 하였고, 클라이언트가 상담소에 입소하고 난 일주일 후에 접촉사고를 낸 다음 회사로부터 권고사직을 당하였다. 부는 6남 1녀 중 3남으로 강원도에서 태어나 20세 정도부터 부산에서

---

* 김혜림(1995), 「가출부랑아의 초기적응을 위한 과제중심 모델 적용 연구」에서 발췌하였다.

살았다. 34세에 15세 연하의 모와 만나 클라이언트를 낳고 2년 후에 결혼하였다. 클라이언트 모와 동거를 시작하면서부터 지금까지 17년간 같은 회사에서 버스 운전을 하였다. 클라이언트는 7개월 반의 미숙아로 태어났으며 어릴 때는 몸이 약했다. 부모는 어릴 때부터 총명했던 클라이언트를 취학 전에 3개의 학원을 보냈고, 특히 모는 몸이 약한 클라이언트를 동생보다 많이 사랑하였다. 클라이언트는 학교와 집밖에 몰랐으며 모와 많은 시간을 보냈다. 클라이언트가 초등학교 5학년이 되던 해에 모는 부가 반대하는 요구르트 배달을 하다가 춤바람이 나면서 집을 나가 버렸다. 모의 행방을 찾을 수 없던 부는 이혼소송을 제기하였고 클라이언트가 초등학교 5학년을 마칠 무렵에 법적으로 이혼 처리를 하였다.

부는 소송비를 마련하기 위해 중간퇴직을 하여 퇴직금을 사용하였고 한 달 후 다시 회사에 나가면서부터는 음주로 인한 잦은 접촉사고를 내곤 하였다. 부는 모와 헤어진 다음 클라이언트가 부의 돈을 훔쳐 가출하자 중학교 1학년 때부터는 클라이언트와 동생을 이모 집에 보내고 양육비를 대 주었다. 이모 집에 살면서부터 클라이언트는 본격적으로 가출과 절도, 폭력을 사용하였고 부는 학교를 찾아다니며 중학교 2학년 때까지 학교에 적을 두게 하였다. 클라이언트는 보호관찰처분을 받고 감별소에 가게 되자 자퇴하였다. 감별소에서 나온 다음 집으로 데리고 왔으나 여전히 가출이 심하였고, 집에 부가 없는 사이에 친구들과 몰려와 음식을 해 먹고 집을 엉망으로 만들어 놓고 가 버리곤 하였다. 상담소에 입소하기 4개월 전부터는 본드와 가스를 마시고 부가 오기 전에 도망을 갔으나 어느 때에는 본드에 취해 집에서 나오지도 못하기도 하였다. 집 근처에서 공부방을 하던 수녀님이 아버지에게 본 상담소를 권유했고, 부는 즉시 클라이언트를 서울 본 기관으로 데려왔다. 현재 클라이언트의 동생은 수녀님이 운영하는 공부방에서 지내고 있고, 모는 클라이언트의 재판 때 만났을 뿐 부에 의해 아이들과 전혀 접촉하지 못하고 있다고 한다.

## 3) 사정

### (1) 사회적 사정

클라이언트에게 사춘기 초기의 모와의 밀착 관계에서 지녔던 안정감이 모와의 분리로 인하여 상실되면서 심한 심리적인 충격으로 작용하였다. 변화의 불균형과 혼란으로 반사회적인 문제행동을 보이며, 또래 집단의 응집력으로 인해 새로운 집단을 형성하여 고독감을 위로받고 자유로운 생활을 경험하게 되면서부터 가정을 이탈하게 되었다. 또한 부의 심리적 방황과 양육의 일시적인 포기는 클라이언트의 문제행동을 더욱 확대했고 부의 영향력이 작용하지 못했다. 클라이언트의 문제행동에 대한 학교의 개입이 거의 없었던 소극적인 자세도 부정적인 측면으로 대두된다. 클라이언트와 같은 청소년이 떼를 지어 시내를 활보하고 다니는 데에도 이들은 제재를 받는 일이 없다. 사회적 무관심은 물론이고 오히려 그들을 상대로 영업을 하는 어른들의 몰지각한 행동이 클라이언트의 문제행동을 장기화하고 심화시키는 요소로 작용하였다고 본다.

### (2) 심리적 사정

1995년 4월 21일 본 상담소에서 실시한 KEDI-WISC, 인성진단검사, 인물화 검사, 나무그림검사, 문장완성검사를 통한 심리적 측면의 사정을 한 결과 지능 지수 121로서 우수급에 속하며, 일반 학습 능력과 일상생활 적용 능력이 고르게 발달하여 같은 또래에 비해서도 우수한 발달을 보였다. 클라이언트는 다른 능력에 비해 집중력, 사고력, 시각적 구성력 및 시각적 사고력이 떨어지지만, 어휘력, 상황을 이해하고 해결하는 능력, 도덕적 개념 발달 수준, 색채지각력이 의미 있게 높다고 할 수 있다.

### (3) 종합 사정

클라이언트는 우수한 지능을 소유하고 있으며 자신의 미래에 대해서도 긍정적이고 성취 지향적으로 노력하려는 의지를 소유하고 있다. 자라 온 환경 속에서 겪은 심리적 외상과 상처를 이해해 주고 자신이 알고 바라는 가치를 실현할 수 있도록 지지해 준다면 클라이언트가 가진 잠재력이 발현되리라 생각한다.

## 4) 개입 과정의 요약

| | | | |
|---|---|---|---|
| 시작 단계 | 과제중심 모델 적용 시작 | 1회 상담 | 95. 4. 6. |
| 1단계 | 표적 문제 규정 | 2회 상담 | 4. 8. |
| 2단계 | 계약하기 | 3회 상담 | 4. 11. |
| 3단계 | 과제 수행하기 | 4~10회 상담 | 4. 14.~5. 5. |
| 4단계 | 종결하기 | 11~13회 상담 | 5. 8.~5. 12. |

[그림 4-1] 개입 과정

### (1) 시작 단계(1회)

클라이언트는 부와 공부방 수녀님의 권유로 4월 4일에 입소하였고 다친 몸이 낫질 않아 아직은 아이들과 어울리기보다는 혼자 농구 정도만 하고 있다. 사회복지사의 관찰에 의하면 클라이언트는 입소 후 탐색하는 눈치였고, 초반부터 직원들한테 지나치게 깍듯이 인사를 하는 모습이 눈에 띄게 부자연스러웠다. 사회복지사는 클라이언트에게 상담소의 일상적인 이야기를 하며 마음을 이완시킨 다음 앞으로 일주일에 2회씩 10 또는 12회 정도의 상담을 할 것이라고 알리고 상담 장소를 알려 주었다. 상담실에 있는 모래놀이 상자에 관심을 보였고 많은 재료를 유심히 본다. 사회복지사가 클라이언트에게 모래놀이에 대하여 간단한 설명을 해 주자 하겠다고 한다. 약 30분에 걸쳐 작품을 만들며 대화를 나누었다.

빌딩과 멋있는 집들을 상자 테두리에 먼저 놓더니 점점 많은 건물을 이곳저곳에 골고루 배치한다. 공룡 인형을 보고 탄성을 올리더니 작은 공룡부터 차례대로 10여 마리를 배치한다. 버스와 자동차, 교통 표지판 등을 배치하며 하나의 도시를 만든다. 사회복지사가 작품 안에 클라이언트로 표현될 것이 있느냐고 묻자 클라이언트는 두 팔을 활짝 벌리고 있는 군인을 가리키며 '지휘관'이라고 말한다. "이 사람의 지시에 따라 다른 군인들은 공룡을 처부수어야 하고 그 사람의 작전이 멋있었기 때문에 승리할 수 있었다."라고 한다. 자신의 작품을 보면서 "너무 멋있다."라고 상기된 목소리로 말하고는 의자에 앉는다. 모가 가출하기 전에는 정말 충족하고 행복한 가정이었다고 한다. 그러나 자신은 나쁜 친구들을 만나 이렇게 됐지만, 너무 즐거웠던 시절이라 후회는 없고, 자신이 있던 지역은 깡패 학교가 많고 야산이 많아 아이들이 모여 무슨 짓을 해도 어른들은 모른다고 한다. 클라이언트는 사회복지사가 앞으로 자신에게 어떠한 혜택을 줄 수 있는가에 대해 간접적으로 물어 온다. ○○형은 남자 선생님이 상담원인데 일주일에 한 번씩 외출을 보내 주고 하루에 10개비의 담배를 세 번에 걸쳐 준다고 한다. 클라이언트도 밖에서 한 갑에서 한 갑 반의 담배를 피웠기 때문에 입소하자마자 10개비씩의 담배를 받았다고 한다. 담배는 사회복지사가 주기로 하고 외출 문제는 상담 시간에 다시 이야기하기로 하였다.

### (2) 제1단계: 표적 문제 규정하기(2회)

클라이언트가 제시하는 문제에 따르면 상담소에 오기 전에 이미 익숙해져 있는 문제 성향이었다. 며칠간 공동생활을 하며 규칙이 주어지자 힘들어한다. 또한 또래에 대해 민감하며 동등한 배려를 받기를 원하였다. 클라이언트는 지금 자신에게 가장 급한 문제를 제시하였고, 해결책은 담배뿐이라고 한다. 상담소에 들어오기 전에는 한 갑에서 한 갑 반 정도를 피웠고 술은 자주 마셨다고 한다. 담배를 피우면 아무런 생각이 안 나고 가슴이 확 풀린다고 한다. 클라이언트는 단순히 담배를 즐긴다기보다는 현재의 모든 것을 담배에 의존하고 있었다. 자기는 죽어도 담배는 못 끊는다는 말을 먼저 사회복지사에게 하면서 혹시 담배를 안 줄까 봐 방어한다. 사회복지사는

**표 4-1**　클라이언트가 제시한 표적 문제

1. 담배 생각밖에 안 난다.
2. 술 생각이 난다.
3. 마음이 답답하다.

**표 4-2**　1차 수정된 표적 문제

1. 나는 담배를 너무 좋아한다.
2. 나는 내 여자친구를 만나고 싶다.
3. 나는 술을 마시면 기분이 좋아질 것 같다.

상담소에 입소를 결정하던 클라이언트의 결단력을 지지하고 클라이언트가 원하지 않을 때는 함께 문제를 해결할 수 없으므로 사회복지사의 일방적인 참견은 없을 것이라고 신뢰를 주었다. 그러나 클라이언트가 스스로 고치겠다고 제시한 문제에 대해서는 자신의 책임이라고 강조하였다.

### (3) 제2단계: 계약하기(3회)

사회복지사는 클라이언트에게 지난번에 클라이언트가 제시한 문제에 대해서 함께 해결해 가기 위해 계약을 맺자고 하였다. 클라이언트는 그때그때 질문을 하며 계약이 무엇인지를 이해하고 동의하였다. 사회복지사가 근래에 클라이언트의 얼굴이 어둡고 피곤해 보이는 까닭을 묻자 클라이언트는 밤에 열 번도 넘게 잠이 깨고 왠지 짜증이 난다고 한다. 사회복지사와 클라이언트는 지난번에 제시한 문제에서 현재의 문제로 표적 문제를 수정하기로 동의하고 계약서를 작성한다. 클라이언트는 술 생각이 난다는 것은 취소하자고 하며 "술이 마시고 싶어도 여기서는 마시지도 못하는데 괜히 나만 속상하고 손해예요."라고 한다. 여자친구 문제도 여자친구는 클라이언트가 상담소에 있는 것을 모르니까 당분간은 생각을 안 하겠다고 한다. 클라이언트와 사회복지사는 왜 표적 문제를 고치도록 노력해야 하는지 함께 목표를 정하고, 그 목표를 달성하기 위해 매일 어떠한 과제를 수행해야 하며 과제의 수행 여부는 항상 그다음 상담 시간에 체크하기로 한다. 계약서를 작성하는 데 있어서 표적 문제는 클라이언트가 현재의 자신의 문제로 제시한 것을 위주로 하나, 클라이언트의 현재의 문제는 근본적으로 지니고 있던 자신의 문제에 영향을 받게 된다. 다시 말해, 클라이언트가 제시한 현재의 문제는 매우 단순하고 큰 의미가 없는 것으로 보이나 현재의 문제를 해결하면 그 파급 효과는 결국 클라이언트의 근본적인 문제를 해결하는 효과를 지닌다는 것이다.

---

**표 4-3** 계약서

- 표적 문제(2차 수정)
  1. 나는 담배를 너무 좋아한다.
  2. 나는 밤에 자주 깨고 다시 잠이 안 올까 봐 걱정이 된다.
  3. 나는 동생들한테 소리를 지르며 짜증을 많이 낸다.

- 일반적 과제
  1. 나는 모든 것을 담배로 해결하려는 의존심을 줄이도록 노력한다.
  2. 나는 몸을 피곤하게 만들어 잠을 잘 자겠다.
  3. 나는 동생들이 나를 좋아하게 만들겠다.

- 조작적 과제
  ➡ 1. 아침마다 사회복지사에게 와서 하루치의 담배를 받아 간다.
     매일 같거나 한 개씩은 줄여서 받아 간다.
  ➡ 2. 공부 시간 이외에는 농구를 한다.
     마당 공사 작업을 할 때 제일 마지막까지 돕는다.
  ➡ 3. 소리를 지르고 싶을 때에는 그 자리를 얼른 피한다.

- 사회복지사의 과제
  ➡ 1. 매일 아침 담배를 주며 개수를 기록한다.
     담배를 적게 받아 가는 날은 사탕을 준다.
  ➡ 2. 작업이 있는 날 클라이언트를 부른다.
  ➡ 3. 클라이언트가 조장으로 있는 조의 조원을 파악하고, 클라이언트가 다루지 못하는 아
     이는 다른 조로 이동시킨다.

- 면접 계획
  매주 화요일과 금요일에 1시간씩 상담을 하여 과제 수행에 대하여 모니터링한다.

- 면접 기간: 1995년 4월 6일 ~ 5월 12일

- 참여자: A 수녀님(클라이언트의 변화를 지지)
           부(전화를 통하여 클라이언트 격려), 생활 교사(가까이에서 관찰)

- 면접 장소: 상담실과 놀이실 C

---

### (4) 제3단계(중간 단계): 과제 수행하기(4~10회)

표적 문제를 정하고 과제를 수정하기 위하여 과제 수행표를 작성하였다. 각 과제
를 수행하면서 예상되는 장애물을 매 상담마다 확인하고 극복하는 방법을 고려한다.
또한 개입 전 3회의 상담을 기준으로 기초선을 정하고 계약서를 작성한 후 구체적인
과제를 수행하는 때부터를 개입으로 삼는다. 상담 기법은 주로 행동 수정으로 외출
과 용돈을 이용하였고, 참여자를 전체적으로 확대하였다.

• **기초선 설정**

표적 문제

① 나는 담배를 너무 좋아한다.
　－개입 전 하루에 담배 10개비를 피웠고 입소 전 3회를 기준으로 20개비를 피웠다.
② 나는 밤에 자주 깨고 다시 잠이 안 올까 봐 걱정된다.
　－개입 전 클라이언트가 잠에서 깨는 횟수는 8~10회였다.
③ 나는 동생들한테 소리를 지르며 짜증을 많이 낸다.
　－짜증을 안 낸다를 0%로 할 때 개입 전의 짜증이 나는 정도는 가장 심한 상태인 100%, 기초선은 100%임.

• **모니터링하기**

－표적 문제 ①: 나는 담배를 너무 좋아한다.

담배 수를 줄이는 데 있어서 예상되는 장애물은 다른 청소년들이 담배를 줄일 계획이 없는 것이었다. 담배 피우는 시간을 체크해 보면 식사와 간식 후 쉬는 시간과 밤이었다. 클라이언트는 다른 청소년들이 담배를 피우는 시간에 사탕을 먹으며 차츰 줄여서 다른 친구들에게도 권하기 시작하였다. 사회복지사는 다른 사회복지사에게도 청소년들의 담배 수를 줄여 줄 것을 권하였고 조금씩 협조해 주었다. 아침 시간에 담배를 주어야 하는 사회복지사의 과제 수행이 제대로 이루어지지 않아 낮으로 바꾸었다. 상담이 진행되는 동안 클라이언트

**표 4-4** 일일 담배 개수                                                (단위: 개)

| 4월 6일 | 7일 | 8일 | 9일 | 10일 | 11일 | 12일 | 13일 | 14일 | 15일 |
|---|---|---|---|---|---|---|---|---|---|
| 10 | 10 | 10 | 10 | 10 | 10 | 9 | 9 | 8 | 7 |
| 16일 | 17일 | 18일 | 19일 | 20일 | 21일 | 22일 | 23일 | 24일 | 25일 |
| 7 | 6 | 6 | 6 | 5 | 5 | 5 | 6 | 6 | 7 |
| 26일 | 27일 | 28일 | 29일 | 30일 | 5월 1일 | 2일 | 3일 | 4일 | 5일 |
| 7 | 5 | 5 | 4 | 4 | 4 | 5 | 3 | 4 | 4 |
| 6일 | 7일 | 8일 | 9일 | 10일 | 11일 | 12일 | | | |
| 3 | 3 | 3 | 2 | 3 | 3 | 3 | | | |

는 사회복지사를 만나지 못하는 날에는 늦게 주어도 괜찮을 만큼 조절을 하는
모습으로 변하였다.

−**표적 문제 ②: 나는 밤에 자주 깨고 다시 잠이 안 올까 봐 걱정된다.**

밤에 잠이 깨는 횟수를 기록한 것은 상담 중 클라이언트가 대답한 횟수이다.
한두 번이라고 하면 2회로 기록하는 식으로 하였다. 이 표적 문제에 대한 과제
중 농구는 비교적 잘 지켜졌으나 작업을 하는 것은 잘 지켜지지 않았다. 이것
은 클라이언트가 일하는 것에 익숙하지 않고 꾀를 많이 부렸기 때문이다. 밤
에 잠이 자주 깨는 것은 예전에 밤에는 돌아다니고 낮에 자던 습관 때문인 듯
하다. 6회는 클라이언트가 부담을 느끼던 연극 발표가 끝난 날 밤이었기 때문
에 긴장이 풀렸다고 한다. 클라이언트는 이후에도 행사가 있으면 많은 신경을
쓰고 완벽하게 하려고 애를 썼다. 사회복지사는 클라이언트의 과제 수행을 계
속하도록 하였고, 밤에 잠이 깨면 그대로 수용하도록 자기암시법을 가르쳤다.

**표 4-5** 밤에 잠이 깨는 횟수 (단위: 회)

| 1회 | 2회 | 3회 | 4회 | 5회 | 6회 | 7회 |
|---|---|---|---|---|---|---|
| 10 | 8 | 8 | 8 | 7 | 2 | 5 |
| 8회 | 9회 | 10회 | 11회 | 12회 | 13회 | |
| 5 | 2 | 3 | 2 | 7 | 3 | |

−**표적 문제 ③: 나는 동생들한테 소리를 지르며 짜증을 많이 낸다.**

동생들한테 짜증을 내는 것은 숙실 조장인 자신의 말을 안 듣는 동생이 있기
때문이다. 완벽하고 능력 있게 보여야 하는데 그것이 잘되지 않아 짜증을 자
주 낸다. 또한 다른 아이들은 주말이면 집에도 가고 가족도 찾아오는 부러움
도 짜증이 나는 요소가 된다. 사회복지사는 통제가 잘 안 되는 동생을 옮겨 주
려는 과제를 수정하고 동생을 잘 다루는 방법을 함께 찾아보기로 하였다. 클
라이언트는 감정 기복이 매우 심하여 클라이언트가 원하는 대로 아버지에게
전화하여 상담소를 방문하게 하였다. 부를 기다리는 며칠 동안은 기분이 매우
상승하였지만 부를 만나고 나서는 짜증이 가중되는 결과를 가져왔다.

| 표 4-6 | 짜증이 나는 정도 | | | | | (단위: %) |
|:---:|:---:|:---:|:---:|:---:|:---:|:---:|
| 1회 | 2회 | 3회 | 4회 | 5회 | 6회 | 7회 |
| 100 | 100 | 100 | 50 | 100 | 50 | 80 |
| 8회 | 9회 | 10회 | 11회 | 12회 | 13회 | |
| 90 | 80 | 30 | 20 | 100 | 50 | |

### • 재사정

초기보다 클라이언트가 훨씬 예민한 성격임을 알게 되었고, 특히 행사가 있으면 스트레스 상황에 빠진다. 조장으로서 다른 친구들보다 더 잘해 보려고 아이디어를 내지만 동생들이 제대로 따라오지 못하면 힘들어한다. 클라이언트는 남들이 자기를 힘들게 만든다고 말하며 문제의 소지를 외부에 돌리는 경향이 짙다. 친구들이 귀가하는 것과 부모들이 상담소를 찾아오는 것에 대해 부러움이 열등감으로 표현되는데, 특히 부가 방문하기로 한 날이 다가오자 "우리 아버지는 많이 늙으셔서 옛날부터 아버지가 나타나는 게 싫었어요. 어머니는 아주 젊으신데 우리 아버지는 머리에 든 것밖에 없거든요." 하며 부에 대한 양가감정을 표현한다. 사회복지사가 묻는 것에 대하여 그때그때 임기응변식의 답변을 하고 변명하고 핑계를 대는 문제는 이번 표적 문제 후에 다시 다루어져야 할 부분으로 제기된다.

### (5) 제4단계(종결 단계): 종결하기(11~13회)

종결을 미리 알리고 표적 문제에 대한 클라이언트의 변화를 지지해 주었다. 그러나 5월 9일에 있던 부의 방문은 클라이언트에게는 심한 양가감정을 느끼게 하였다. 부는 얼굴 중앙 부위가 약간 얽혔으며 치아도 할아버지 같은 모습이었다. 이야기하는 동안 부는 온통 바람난 모 탓을 하고 자신은 최선을 다해 살았다고 주장한다. 부와 클라이언트가 하루 외박을 할 수 있게 하자 클라이언트는 매우 좋아했으나 다음 날 돌아온 다음에는 심한 스트레스를 받은 상태였다. 사회복지사 앞에서도 부는 클라이언트에게 계속 잔소리를 하고 동생과 비교가 심하였다. 사회복지사는 클라이언트를 보내고 아버지에게 아이의 변화된 모습을 지지해 주라고 당부하였다. 부는 실직 후 다시 일자리를 찾아야 하는데 아이가 철없이 이것저것 사 달라고 하는 것이 있을 수 없는 일이라고 단정적으로 말한다. 사회복지사의 견해로는 클라이언트의 가출이 모의 부재에도 영향을 많이 받았으나 부의 일방적이고 고지식한 성격과 자기중심적인 면이 클라이언트가 더욱 가정에 적응하기 어렵게 만들었던 것으로 보인다. 그러면서도 부는 자녀들에게는 마치 대학을 나온 것처럼 말해 왔고 존경받기를 원하였다. 부는 검정고시가 끝나서 합격하면 부산에 올 수 있지만, 그전에는 전화도 못 하게 하라고 하였다. 그러나 사회복지사는 클라이언트가 원하면 전화를 걸게 할 것이고 부산에 내려가는 문제는 상황에 따라 결정하겠다고 분명하게 말하였다.

부와 하루를 지내고 왔으나 부가 동행한 사람이 있어 자신은 드림랜드에서 혼자 담배 한 갑을 폈다고 한다. 부와의 만남이 클라이언트의 기대에 너무나 어긋났으나 다음 날부터는 다시 노력하는 모습이었다. 종결 단계인 12회 상담에서의 수행표를 보면 초기의 개입 전과 마찬가지의 상황으로 돌아갔다. 이것은 클라이언트가 부와의 만남으로 스트레스 상황에 다시 빠졌고 부와의 새로운 관계를 기대하였던 것이 일순간에 무너졌기 때문이다. 그러나 사회복지사는 클라이언트에게 부의 실직 상황을 이해하도록 하였고, 클라이언트도 다음날부터는 다시 개입 과정에서처럼 회복해 가는 모습을 보였다.

클라이언트는 부의 방문으로 자신의 문제에 대해 더욱 직면하게 되었다. 12회의 종결을 앞두고 부와의 관계에서 어려움을 겪게 되어 클라이언트와의 협의 후에 1회를 연장하였다. 추수 지도로 더욱 적극적인 가족의 개입이 필요하다고 생각한다. 클라이언트는 본 상담소에서 계속 입소 치료를 받을 케이스이기 때문에 지속적인 추수 지도가 가능하다는 장점이 있다. 또한 종결 단계에서 드러난 부와의 갈등, 클라이언트의 솔직성의 문제와 심한 감정 기복 등은 클라이언트도 인식하고 있는 문제이므로 단계적으로 표적 문제를 설정하여 계속 개입하는 것도 바람직하다고 본다.

**워크숍: 토론**

1. 과업중심 모델의 주요 개념과 표적 문제 선정, 과제 이행 계획, 장애물 검토, 과제 수행, 종결의 단계별 과업에 대하여 정리해 보자.
2. 앞의 사례를 가지고 4인 1조로 단계별 개입을 연습해 보자.
3. 심리사회 모델과 과업중심 모델의 차이에 대해 토의해 보자.

제5장

# 해결중심 모델

## 1. 등장 배경

해결중심 모델은 강점 관점을 기반으로 한다. 강점 관점(strength perspective)은 문제 자체에 관한 관심보다는 해결점을 발견하고 강점을 강화하는 데 초점이 있으며, 클라이언트를 독특한 존재로서 다양성을 인정하고 존중하는 관점으로 클라이언트가 역량을 실현해 나가도록 돕고자 하는 것이다.

강점 관점이 구체화한 것은 1980년대 후반이다. 미국 캔자스 대학의 Saleebey, Rapp, 그리고 Weick의 저작에서 비롯되었다. 원래 강점 관점은 정신보건 영역에서 개발되었고, 심리학적 탄력성(psychological resilience) 개념에서 영향을 받았다. 이러한 강점 관점을 기초로 한 해결중심 모델은 서비스 이용자에 대한 존중과 자기결정권을 강조하여 사회복지 실천 가치를 구현할 수 있다는 점에서, 기존 실천모델에 대한 대안적 모델로서 사회복지 분야에서 주목을 받고 있다. 기존의 문제중심적·병리적 관점과 강점 관점은 클라이언트와 사회복지사에 대한 이해와 개입의 초점과 목적에서 큰 차이가 있다(〈표 5-1〉 참조). 아동보호, 약물남용, 발달장애, 교정복지, 지역복지 등 다양한 분야에서 활용되고 있다(남찬섭 역, 2012). 한국의 사회복지 현장에서도 해결중심 사례관리 등으로 활발하게 적용되고 있다.

표 5-1 | 병리적 관점과 강점 관점의 비교

| 병리적 관점 | 강점 관점 |
| --- | --- |
| 개인을 '사례', 즉 진단에 따른 증상을 가진 자로 규정한다. | 개인을 독특한 존재, 즉 강점을 가진 기질, 재능, 자원을 가진 자로 규정한다. |
| 치료의 초점이 문제에 있다. | 치료의 초점이 가능성에 있다. |
| 클라이언트의 진술은 전문가에 의해 재해석되어 진단에 활용된다. | 클라이언트의 진술은 그 사람을 알아 가고 평가하는 중요한 방법 중 하나이다. |
| 사회복지사는 클라이언트의 진술에 회의적이다. | 사회복지사는 클라이언트의 진술을 인정한다. |
| 어린 시절의 상처는 성인기의 병리를 예측할 수 있는 전조이다. | 어린 시절의 상처는 개인을 약하게 할 수도 있고 강하게 할 수도 있다. |
| 치료의 핵심은 실무자에 의해 고안된 치료계획이다. | 치료의 핵심은 개인, 가족, 지역사회의 참여이다. |
| 사회복지사는 클라이언트 삶의 전문가이다. | 개인, 가족, 지역사회가 클라이언트 삶의 전문가이다. |
| 개인적 발전은 병리에 의해 제한된다. | 개인적 발전은 항상 개방되어 있다. |
| 변화를 위한 자원은 전문가의 지식과 기술이다. | 변화를 위한 자원은 개인, 가족, 지역사회의 장점, 능력, 적응 기술이다. |
| 원조 목적은 행동, 감정, 사고 관계의 부정적인 개인적·사회적 결과와 증상의 영향을 감소하는 것이다. | 원조 목적은 그 사람의 삶에 함께하며 가치를 확고히 하는 것이다. |

출처: Saleebey (1996).

## 2. 실천 원리와 지침

강점 관점을 채택한 사회복지사는 원조 과정에서 파워를 공유함으로써 클라이언트와 전문가 사이에 불균형적인 파워를 완화하고 협력관계를 구축한다. 클라이언트 파워의 부족은 개인의 결함이 아니라 그들이 도움을 요구할 수밖에 없는 사회적 구조에 기인한다고 본다(Miley, O'Melia, & Debois, 1995). 이러한 강점 관점을 기반으로 한 해결중심 모델은 다음과 같은 실천 원리를 강조한다(가족치료연구모임 역, 1996).

### (1) 정신건강에 대한 강조

클라이언트가 자신의 문제를 다루는 데 있어서 성공했던 경험에 일차적인 초점을 두면서 클라이언트의 강점과 자원 그리고 능력에 초점을 두되 결함이나 장애는 가능한 한 다루지 않는다. 이 모델은 무엇이 잘못되었는지보다는 무엇이 잘 되었고 그것을 어떻게 활용하는가에 관심을 둔다. 어떤 증상이나 불편을 일으키는 패턴에는 항상 예외가 있다고 가정한다.

### (2) 활용

클라이언트의 강점, 자원, 건강한 특성들을 도출해 냄으로써 제시된 문제를 해결하려는 것이다. 잘못이나 과거의 실패를 고치려고 노력하는 것보다는 클라이언트가 이미 가진 자원, 지식, 믿음, 행동, 증상, 사회관계망, 환경, 개인적 특성 등을 활용하여 바라는 것을 성취하도록 돕는 것이 더 효과적이라고 가정한다.

### (3) 탈이론적 · 비규범적 · 클라이언트의 견해 중시

클라이언트가 경험한 문제에 대한 어떠한 가정도 하지 않고 대신에 클라이언트가 호소하는 독특한 불평에 기초하여 개별화된 해결책을 발견하고자 한다. 따라서 클라이언트의 견해를 있는 그대로 수용하고 그 견해를 중시한다.

### (4) 부분화

복잡한 문제라고 하여 반드시 그 해결 방법이 복잡할 것이라는 가정은 잘못된 것이다. 작은 변화가 또 다른 변화를 가져오며, 더 나아가서는 큰 변화를 가져올 수 있다. 그러므로 목표는 클라이언트가 달성할 수 있는 작은 것으로 설정하는 것이 중요하다. 작은 것의 변화가 파급 효과를 가져온다고 믿기 때문에 가장 단순하고 작은 단위로부터 개입을 시작한다.

### (5) 변화의 불가피성

인간의 삶 속에서 변화는 끊임없이 일어난다. 이미 일어났으나 미처 인지하고 있지 못한 변화를 확인하고, 그 변화를 해결책으로 활용하도록 돕는 작업이 개입이다. 따라서 긍정적인 변화가 일어나도록 돕고, 이를 해결책의 구축으로 이어지게 하는 것이 사회복지사의 역할이다.

### (6) 현재와 미래 지향성

현재 문제와 관련된 과거를 깊이 탐색하기보다는 클라이언트가 현재와 미래의 상황에 적응하도록 돕는 데 일차적인 관심을 둔다. 그러므로 클라이언트도 과거와 문제 중심 사고에서 벗어나 미래와 해결책을 지향하도록 한다.

### (7) 협력

해결 방안을 발견하고 구축하는 개입 과정에서 클라이언트의 협력을 중시한다. 또한 진정한 협력적인 치료관계는 클라이언트가 사회복지사에게 협력할 때뿐 아니라 사회복지사도 클라이언트에게 협력할 때 이루어진다고 믿기 때문에 사회복지사는 협력관계 유지에 시종일관 의식적으로 노력한다.

이러한 개입 원리를 기반으로 강점 관점에서 실천하려면 다음과 같은 실천지침을 따라야 한다(박정임, 2003).

첫째, 클라이언트의 개별적인 흥미, 열망, 강점에 관심을 두고 클라이언트가 한 일은 무엇이고, 어떠한 자원들이 있으며 현재 유용한 자원인지, 클라이언트가 알고 있는 것은 무엇인지, 어떤 열망과 꿈을 클라이언트가 가지고 있는가를 파악하고 이에 초점을 맞춘다.

둘째, 사회복지사와 클라이언트의 관계가 가장 중요한 요소이자 본질적인 요소임을 중시하고 사회복지사는 클라이언트가 관계를 맺고 신뢰할 수 있으며 의지할 수 있는 자원이 되려고 해야 한다.

셋째, 클라이언트의 자기결정권을 존중하고 계약을 기반으로 협력적으로 개입한다.

넷째, 지역사회를 무한한 가능성을 지닌 자원 체계로 간주하고 공식적 자원은 물론 비공식적 자원의 확장을 위해 지역사회 내 자원을 개발하고 동원한다.

다섯째, 어떤 문제나 장애가 있는 클라이언트라도 인간은 끊임없이 배우고, 성장하고, 변화할 수 있다는 믿음을 가지고 개입 활동의 매 단계 '할 수 있음'을 강조하며, 실천 과정에서 긍정적 메시지와 피드백을 활용한다.

## 3. 주요 개념

### 1) 클라이언트를 '알고 싶어 하는' 자세

- 클라이언트는 자신의 인생에 대한 전문가이다. 그들에게 힘을 주고자(empower) 한다면 사회복지사는 가능한 한 사회복지사의 준거틀을 버리고 클라이언트의 준거틀을 탐색해야 한다. 이를 위해 클라이언트를 '알고 싶어 하는' 자세('not-knowing' posture)를 취하여야 한다.
- 클라이언트의 경험과 행동의 의미 및 중요성에 대해 사회복지사가 선험적으로 아는 것이 절대 불가능하므로 클라이언트의 인지와 설명에 의존하여야만 한다. 그렇게 하기 위한 최고의 방법은 클라이언트를 '알고 싶어 하는' 자세를 취하는 것이다.

### 2) 클라이언트의 준거틀

- 준거틀(frame of reference)이란 개인 또는 집단이 자신들이 경험하고 지각한 것에 의미를 부여하고 체계화하기 위해 활용하는 범주들의 집합이다. 이 준거틀은 자신의 주변에서 주목할 만한 가치가 있다고 생각하는 것을 선택하고, 선택한 것의 의미와 중요성을 결정하며, 그것을 관리하거나 그것과 관계를 맺는 방법을 결정하는 기반이 된다.
- 사회복지사가 클라이언트에게 전문적인 도움을 제공하는 과정에서 준거틀은 캄캄한 동굴 속에서의 플래시와 같이 사회복지사의 발걸음을 인도하는 역할을 한다. 해결중심 개입 전 과정은 클라이언트의 준거틀에 기초하여 해결책을 구축해 나가는 것이다.

### 3) 의사소통 기술

클라이언트를 알고 싶은 자세를 취하고, 클라이언트의 준거틀에 기초하여 해결중심적 개입을 하려면 다음의 의사소통 기술이 요구된다.

> **표 5–2** 클라이언트를 '알고 싶어 하는' 자세를 취하는 데 도움이 되는 기본적인 의사소통 기술
>
> - 경청(listening)
> - 사회복지사의 비언어적 행동(practitioner non-verbals)
> - 클라이언트가 사용하는 핵심 용어의 반복(echoing the client's key words)
> - 개방형 질문(open questions)
> - 요약(summarizing)
> - 쉽고 간략한 설명(paraphrasing)
> - 침묵의 사용(the use of silence)
> - 클라이언트의 비언어적 행동에 대한 주목(noticing client non-verbals)
> - 자기 생각의 표현(self-disclosure)
> - '과정'에 대한 주목(noticing 'process')
> - 칭찬(complimenting)
> - 클라이언트의 지각에 대한 확인(affirming client perceptions)
> - 감정이입(empathy)
> - 초점을 클라이언트에게 되돌리는 것(returning the focus to the client)
> - '해결 중심 대화'의 확대(amplifying 'solution talk')

## 4. 개입 과정

　해결중심 모델의 개입 과정은 일반적 상담, 해결 지향적 질문, 목표 설정, 메시지 작성 및 전달, 과제 부여로 구분되며, 그에 따른 구체적인 개입 기술은 다음과 같이 요약할 수 있다(최인숙, 김윤주, 2005).

**표 5–3** 해결중심 모델의 개입 과정과 기술

| 개입 과정 | 개입 기술 | 설명 |
|---|---|---|
| 일반적 상담 | 경청과 인정 | 클라이언트의 강점과 능력에 대해 경청하고, 이러한 강점을 인정해 줌으로써 클라이언트가 사회복지사로부터 존중받고 있다는 느낌을 가지도록 함 |
| | 호기심 갖기 | 클라이언트를 진단하거나 특정한 어떤 것을 하도록 강요하는 것이 아니라 클라이언트가 원하는 것, 그것을 성취하기 위해 어떻게 해야 하는가를 명확히 하도록 질문하고 그에 대한 반응에 호기심을 갖는 것 |

| 일반적 상담 | 초대 하기 | 클라이언트가 상담으로부터 기대하는 바가 무엇인지, 클라이언트의 목적이 성취되고 문제가 해결되는 것 또는 발전을 나타내는 징조가 무엇인가에 대해 대화하도록 초대함 |
|---|---|---|
| | 격려 하기 | 클라이언트가 효과적으로 할 수 있는 것을 하도록 용기를 북돋아 주는 것을 중요하게 여김 |
| 해결 지향적 질문 | 기적 질문 | 문제가 해결된 미래에 대해 상상하도록 함으로써 클라이언트가 안도감, 희망, 용기를 갖도록 하는 것 |
| | 예외 질문 | 문제 해결을 위해 성공적으로 잘하고 있으면서도 의식하지 못하고 있거나 가치를 두고 있지 못하는 것을 발견하고, 사회복지사가 의식적이고 의도적으로 성공하였던 클라이언트의 행동을 강화시키는 기술 |
| | 척도 질문 | 문제의 심각한 정도를 사정하고, 치료 목표 성취 정도를 측정하고, 결과를 평가하는 데 있어 구체적인 수치를 사용하여 그 정도를 표현할 수 있도록 하는 질문 |
| | 대처 질문 | 클라이언트가 절망적인 상황에서도 잘 견디어 내어 더 나빠지지 않은 것을 강조하고, 위기에서 살아남기 위해 대처해 온 방법을 파악하고, 그것을 인식, 강화, 확대하기 위해 활용하는 기술 |
| | 면담 전 변화에 관한 질문 | 변화란 불가피한 것이므로 면담 약속을 잡고, 면접에 오기까지 일어났던 변화를 질문함 |
| 목표 설정 | 관계성 질문 | 클라이언트가 상담을 통하여 원하는 것이 무엇이라고 말하는가? 클라이언트가 원하는 것이 자신에게 어떤 변화를 줄 수 있는가? 클라이언트가 자신이 원하는 것을 위해 노력하고 있다는 것을 어떻게 알 수 있는가? 클라이언트는 자신이 지금 원하는 것을 얼마나 경험하고 있는가? 클라이언트에게 중요한 사람들과의 관계에 대한 질문 |
| 메시지 작성과 전달 | 간접적 칭찬 | 클라이언트가 이미 실시하고 있는 것이 클라이언트에게 도움이 되고 좋은 것임을 알게 함 |
| | | 가능한 한 클라이언트가 사용한 단어를 사용하여 클라이언트의 협조를 증가시킴 |
| | | 사회복지사는 클라이언트의 목표에 동의함 |
| | | 적절한 시기에 도움을 받으러 왔으며, 목표 성취가 어려울 것이라는 점을 인식할 수 있도록 도움 |
| | | 적절한 문장으로 시작함 |
| | | 명확하게 과제와 그 목표를 설명할 것 |
| | | 칭찬 형태로 자신의 감정과 자원을 발견하도록 질문함 |
| | 과제 부여 | 클라이언트에게 생각, 관찰, 확인, 작은 것 행동하기 등과 같은 과제를 내 줄 수 있음 이때 과제는 항상 잠재적인 문제나 해결해야 하는 문제가 해결되는 방향으로 이끄는 것이어야 함 |

## 5. 개입 기술

### 1) 클라이언트를 처음 만나게 될 때

이름 교환과 일상적인 이야기(small talk) 및 상담 과정에 대한 명료화를 한다. 클라이언트에 대해 알고 싶어 하는 자세로 호기심을 갖고 질문하고 경청한다. 해결을 위해 성취하고 싶은 것을 명확히 질문하고 지지적·긍정적으로 반응한다. 이러한 가이드라인을 가지고 클라이언트와 첫 만남에 임하며 다음과 같은 태도나 질문으로 개입한다.

- 클라이언트의 지각에 관한 질문과 클라이언트의 언어에 대한 존중
- 제시된 '문제'가 클라이언트에게는 어떻게 문제가 되는지에 대한 파악
- 클라이언트는 어떠한 것들을 시도해 보았는가?
- 클라이언트가 가장 먼저 해결하고자 하는 문제는 무엇인가?

### 2) 고객형 관계로 발전시키기

클라이언트의 변화를 위해서는 클라이언트가 변화를 원하는 고객으로 자신을 인식하는 고객 관계가 형성되어야 효과적이다. 그러므로 사회복지사는 클라이언트가 어떤 유형인지 확인하는 것과 이에 맞추어 대응하는 것이 중요하다. 클라이언트의 관계 유형은 다음과 같다. 클라이언트가 고객으로 발전할 수 있도록 초대하고 격려하는 것이 필요하다.

#### (1) 고객형

이는 클라이언트와 사회복지사가 도달하고자 하는 해결책을 '공동'으로 확인했을 때 이루어진다. 클라이언트는 또한 자신을 문제 해결의 일부로 생각하고 문제 해결을 위해 무엇인가를 할 의지가 있을 때 가능하다. 이러한 관계는 자신이 원해서 도움을 요청한 클라이언트와 가장 쉽게 이루어진다. 이러한 클라이언트는 상담을 통해

무엇을 이루고자 하는지에 대해 생각해 보았고, 그러한 것을 달성하기 위해서는 자신의 노력이 필수적이라는 것도 깨닫고 있다.

### (2) 불평형

이는 불평 또는 문제에 대해 적극적으로 표현하고, 변화의 필요는 인정하지만, 해결책을 구축해 나가는 데 있어서 자신이 변화를 위해 할 일이 없다는 태도이다. 클라이언트는 대화 속에서 문제와 해결의 필요성에 대해서는 상세하게 설명하나, 문제 해결을 위해 자신이 할 일은 없다는 태도이다. 이 입장의 클라이언트는 대체로 다른 사람—부인, 자녀, 상관, 친구, 동료 등—이 변화해야 해결된다고 말한다.

### (3) 방문형

이 관계에서는 클라이언트가 사회복지사와 함께 해결하고자 하는 의지나 문제를 인식하지 않고 있거나, '문제'는 자신에게 있는 것이 아니라 다른 사람에게 있다고 생각하고 대화의 의지도 없다. 이러한 관계는 대체로 자신의 의사와는 상관없이 억지로 방문한 소극적 클라이언트와 형성될 가능성이 크다.

## 3) 해결중심 대화 기술

해결중심 모델의 특징적이고 대표적인 대화 기술은 다음과 같은 질문 기술에 있다(허남순, 노혜련 역, 1998).

### (1) 면담 전 변화에 관한 질문

해결중심 단기 가족치료의 기본 가정은 변화는 불가피한 것으로, 계속 일어나고 있다고 본다. 따라서 클라이언트가 지난번 면담을 약속한 후 지금까지 일어났던 변화에 관한 질문은 때로 아주 중요한 단서를 제공한다. 면담 전에 변화가 있는 경우에는 클라이언트가 이미 지닌 해결 능력을 인정하고 칭찬하고 강화하고 확대할 수 있도록 격려한다.

"우리의 경험에 의하면 처음 상담을 약속했을 때와 상담을 받으러 오기까지의 시간 동안에
어려운 상황이 좀 나아진 사람들이 많았습니다. 당신도 그런 변화를 경험하셨습니까?"
"문제가 가장 심각하여 처음 상담을 약속한 때가 1이고, 문제가 모두 해결된 상태가 10이라고
한다면 지금은 약 몇 점 정도 될까요?"

### (2) 예외 질문

예외란 클라이언트가 문제로 생각하고 있는 행동이 일어나지 않는 상황이나 행동
을 의미한다. 어떠한 문제에도 예외는 있기 마련이라는 것이 해결중심 치료의 기본
전제이다. 해결중심 단기 가족치료에서는 한두 번의 중요한 예외를 찾아내서 계속
그것을 강조하면서 클라이언트의 성공을 확대하고 강화해 준다. 클라이언트가 행한
우연적인 성공을 찾아내어 의도적으로 계속 시행하도록 격려한다. 이것은 예외적인
상황을 찾아내어 그것을 밝히고, 클라이언트의 자원을 활용하여 클라이언트의 자아
존중감을 강화하는 것이다. 예외 질문은 첫 면접에서 대체로 목표 설정 후에 사용되
고 2회 면담부터는 '무엇이 더 좋아졌는가?'라는 식으로 물을 수 있다.

 "잠이 안 와서 힘들다고 하셨는데, 잠을 잘 잤다고 느낄 때는 언제인가요?"
"남편과 자주 싸운다고 하셨는데, 싸우지 않는 때는 언제인가요?"

### (3) 기적 질문

기적 질문은 문제 자체를 제거하거나 감소시키지 않고 문제와 떨어져서 해결책을
상상하게 하는 것이다. 이 질문을 통해 사회복지사는 클라이언트가 바꾸고 싶어 하
는 것을 스스로 설명하게 하여 문제에 대한 집착에서 벗어나 해결중심 영역으로 들어
가게 한다.

"이제 좀 다른 질문을 하고자 합니다. 이번에는 상상력을 발휘해야 할 것 같군요. 오늘 치료 후에 집에 가서 잠을 잔다고 상상해 보십시오. 잠자는 동안 기적이 일어나 당신을 여기에 오게 한 그 문제가 극적으로 해결됩니다. 당신은 잠을 자고 있어서 이런 기적이 일어났는지를 모르겠지요. 아침에 일어나서 지난밤 기적이 일어나 모든 문제가 해결되었다는 것을 어떻게 알 수 있을까요? 당신이 무엇을 처음 보면 기적이 일어났다는 것을 알 수 있을까요?"

### (4) 척도 질문

척도 질문은 숫자의 마력을 이용하여 클라이언트에게 자신의 문제, 문제의 우선순위, 성공에 대한 태도, 정서적 친밀도, 자아존중감, 치료에 대한 확신, 변화를 위해 투자할 수 있는 노력, 진행에 관한 평가 등의 수준을 수치로 표현하도록 하는 방법이다. 이러한 척도 질문을 통해서 사회복지사는 클라이언트의 문제 해결에 대한 태도를 더 정확하게 알아볼 수 있으며 클라이언트의 변화 과정을 격려하고 강화해 주는 구체적인 정보를 얻을 수도 있다. 첫 면담에서는 면담 전의 변화 상태나 동기에 관해 파악한다.

"1부터 10까지의 척도에서 10은 문제가 다 해결되었다고 확신하는 것을 말하고, 1은 문제가 가장 심각할 때를 말합니다. 오늘은 몇 점에 해당하나요?"
"같은 척도에서 이 문제가 어느 정도 해결될 수 있다고 생각하나요?"
"현재의 상태를 6점이라고 했다면, 6점에서 7점으로 변화할 때 무엇이 달라질 것 같은가요?"
"남편이 여기 있다면 그는 이 문제가 해결될 가능성을 얼마라고 말할까요?"
"남편은 당신이 어느 정도 노력할 것이라고 말할까요?"
"남편은 당신이 1점을 높이기 위해서는 무엇이 필요하다고 말할까요?"
"10을 치료 목표가 성취된 상태라고 하고, 1을 치료받으러 왔을 당시의 상태라고 한다면 오늘의 상태는 몇 점인가요?"
"1점을 높이기 위해 무엇을 다르게 해야 할까요?"
"1점이 올라간다면 누가 변화를 가장 먼저 알 수 있을까요?"

### (5) 대처 질문

대처 질문은 자신의 미래를 매우 절망적으로 보아 아무런 희망이 없다고 하는 클라이언트에게 주로 사용한다. 이런 절망적인 상황에 빠진 클라이언트에게 희망을 심어 주기란 결코 쉬운 일이 아니다. 대처 방안에 관한 질문을 통해서 사회복지사는 클라이언트의 신념 체계와 무력감에 대항해 보는 동시에 클라이언트에게 약간의 성공을 느끼도록 유도할 수 있다. 이러한 질문을 통해서 사회복지사가 클라이언트에게 심어 주고자 하는 것은 클라이언트 자신이 바로 대처 방안의 기술을 가졌음을 깨닫게 하는 것이다.

 "당신은 그 어려운 상황 속에서 어떻게 지금까지 견딜 수가 있었습니까?"

### (6) 관계성 질문

관계성 질문은 클라이언트에게 중요한 다른 사람들에 관한 질문이다. 사람이 자신의 희망, 힘, 한계, 가능성 등을 지각하는 방식은 자신에게 중요한 타인이 자신을 어떻게 보고 있을 것이라는 생각과 밀접한 관계가 있다. 때때로 클라이언트는 문제가 해결되었을 때 자신의 생활에 무엇이 달라질 것인지에 대하여 전혀 예측하지 못하는 경우가 있다. 이때 중요한 다른 사람들은 이를 어떻게 달라졌다고 볼까라는 질문을 받으면서 무엇이 달라질 수 있는지 가능성을 예측할 수 있다.

 "당신의 어머니가 여기 계신다고 가정하고 제가 어머니께 당신의 문제가 해결되면 무엇이 달라지겠는지 묻는다면 어머니는 뭐라고 말씀하실까요?"라고 질문을 하면 클라이언트는 "아마 제가 텔레비전을 덜 보게 될 것이라든가, 일자리를 찾아 나설 것이라고 하시겠지요."라고 대답할 수 있을 것이다.

### (7) 간접적인 칭찬

클라이언트에 대한 어떤 긍정적인 것을 암시하는 질문이다. 간접적인 칭찬은 클라이언트가 자신의 강점이나 자원을 발견하도록 이끄는(자기칭찬) 질문의 형태를 취하기 때문에 직접적인 칭찬보다 더 바람직하다.

"어떻게 그렇게 할 수 있었습니까?"

간접적인 칭찬은 다음과 같이 세 가지 방식으로 할 수 있다.
　－클라이언트가 이야기한 바람직한 결과에 대하여 더 많은 질문을 한다.

"어떻게 집안을 그토록 조용하게 유지할 수 있었어요?"

　－관계에 관한 질문을 통하여 어떤 긍정적인 것을 암시한다. 즉, 사회복지사는 클라이언트가 다른 사람의 입장에서 질문에 답하도록 요청할 수 있다.

"만약 당신의 아이들이 여기에 있어서 제가 그들에게 당신이 좋은 엄마가 되기 위해 무엇을 했느냐고 묻는다면 당신 생각에는 그 아이들이 뭐라고 대답할 것 같습니까?"

　－클라이언트는 스스로 가장 좋은 것이 무엇인가를 안다는 것을 암시한다.

"당신의 아이들을 각기 특별한 아이인 것처럼 대하는 것이 중요하다는 것을 어떻게 아셨습니까?"

## 4) 목표를 잘 형성하기 위한 일곱 가지 원칙

### (1) 클라이언트에게 중요한 것을 목표로 하기

치료 목표는 클라이언트에게 중요하며 유익한 것이어야 한다. 왜냐하면 이미 형성된 어떤 원칙에 근거하여 사회복지사의 목표나 프로그램의 목표를 주장하기보다는 클라이언트에게 중요한 목표를 치료 목표로 설정하는 경우 클라이언트는 목표를 성취하기 위하여 더욱더 노력하게 되기 때문이다. 실제로 사회복지사가 클라이언트에게 접근해 가면서 협조할 때 클라이언트는 사회복지사에게 협조적으로 되며 치료 과정이 훨씬 쉬워지므로 치료 기간이 단축된다.

### (2) 작은 것을 목표로 하기

클라이언트가 설정하는 목표가 작을수록 클라이언트가 쉽게 목표를 성취할 수 있다. 성취감은 클라이언트가 성공의 경험을 가지게 함으로써 희망과 변화하고자 하는 동기를 증가시킬 수 있게 된다.

### (3) 구체적이며 명확하고 행동적인 것을 목표로 하기

목표가 '행복하게 되는 것' 또는 '정상적인 생활을 하는 것'과 같이 모호하면 목표를 성취하고 있는지와 치료 결과를 파악하는 것이 불가능하므로 클라이언트가 성공의 경험을 가질 수 없게 한다. 행복한 것이나 정상적인 생활이 무엇을 의미하는지 구체화하여 명확하게 행동적인 진술을 하도록 한다. 따라서 사회복지사와 클라이언트가 진행하고 있는 것을 쉽게 평가할 수 있는 목표를 설정하는 것이 유용하다.

### (4) 없는 것(문제를 없애는 것)보다는 있는 것(바람직한, 긍정적인 행동들)에 관심 두기

문제시되는 것을 없애는 것에 관심을 두기보다는 하기 바라는, 또는 긍정적인 행동에 관심을 둔 목표가 더 성취하기가 쉽다. '술을 안 마시기'보다는 '술 생각날 때 차를 마시기' 혹은 '산책하기'가 더 성취 가능성이 크다.

### (5) 목표를 기대하는 결과보다는 시작에 두기

클라이언트들은 치료에 왔을 때 문제가 완전히 사라지거나 성취하기를 바라는 최종 결과에 목표를 둔다. 그러나 클라이언트가 목표를 향해 나가도록 도움을 받지 않는 한 클라이언트의 목표는 희망일 뿐 아무것도 도움이 되지 않을 수 있다. 사회복지사는 클라이언트의 견해를 전적으로 수용하는 한편, 원하는 결과를 성취하기 위하여 첫 단계에서 필요한 것을 명확하고 구체적으로 설명해야 한다.

(6) 클라이언트의 생활에서 현실적이고 성취 가능한 것을 목표로 하기

클라이언트의 생활 환경에서 어떤 것이 현실적이고, 성취 가능한지, 혹은 비현실적이고 성취 불가능한지를 결정하는 것이다.

(7) 목표 수행은 힘든 일이라고 인식하기

클라이언트가 목표 수행은 힘든 일이라고 인식하는 것이 중요하다. 목표가 빨리 이루어지지 않거나 뜻대로 안 됐을 때 좌절하기 쉽기 때문이다. 힘들지만 도전할 만한 가치가 있다는 것, 작은 변화는 큰 변화의 시작이라는 것을 인식하는 것이 해결 지향적이다.

# 6. 사례*

**부부의 특성**

| 구분 | 남편 | 아내 |
|---|---|---|
| 강점 | • 부지런함과 성실함<br>• 긍정성<br>• 정직함<br>• 높은 자존감<br>• 자상함과 따뜻함<br>• 객관적 입장 견지 노력<br>• 안정적인 직업<br>• 비교적 안정적인 경제 상황 | • 적극적 태도와 적응력<br>• 남편의 비폭력적 대우에 대한 신뢰<br>• 순발력<br>• 도전정신<br>• 결단력<br>• 자녀에게 관심<br>• 밝고 명랑한 성격<br>• 빠른 언어 습득 능력 |

* 이춘희, 홍영준(2013), 다문화부부 가족치료의 사례연구, 한국사회복지질적연구, 7(1), pp. 85-113에서 발췌하였다.

| 강점 | • 고향의 안정된 네트워크<br>• 좋은 인간관계 맺기 능력<br>• 가장으로서의 책임감<br>• 형제와 친지들의 따뜻한 지지<br>• 운전기술 | • 이중언어 구사 기능<br>• 사회적 활동 욕구<br>• 혼인 전 직장생활 경험<br>• 남편의 적극적 지지<br>• 동네에 형성된 동향 친구들<br>• 친정에서의 정착 지지 응원<br>• 한국에서 자녀 양육을 원함<br>• 육아에 관심과 헌신<br>• 배우려는 자세(한국문화, 양육) |

## 가족 성원의 인적 사항

| 성원 | 인적 사항 |
|---|---|
| 남편 | • 상담 신청자로, 운송업계의 성실한 정규직 사원이며 40대 초반<br>• 가정 경제를 직접 관리하고 4남 2녀 중 다섯째로, 아들로는 막내<br>• 서글서글하고 선한 눈매에 호리호리하며 날카롭고 예민함이 감지됨<br>• 설거지, 청소 등 집안일을 잘 도움<br>• 아내가 속상해하거나 토라질 때 아들에게 감정적으로 대하여 화가 난다고 호소<br>• 심한 고부갈등으로 둘 사이에서 심적 어려움을 겪어 옴<br>• 속상할 때마다 이혼을 언급하고 가출하는 아내의 생활 패턴으로 안정적인 생활의 어려움을 호소<br>• 결혼생활 유지의 마지막 기회로 상담을 선택했고 변화가 없으면 이혼 원함, 초혼 |
| 아내 | • 베트남 출신의 전업주부로, 20대 후반이며 초혼<br>• 2남 1녀 중 둘째<br>• 예쁘고 통통한 얼굴로 잘 웃고 친화력이 감지됨. 상담실에서는 잘 웃거나 우는 등 감정 표현을 잘함<br>• 한국말이 서툴러 정확한 단어로 자신과 상황을 표현할 수 없으나 기본적인 의사소통에는 무리가 없음<br>• 결혼 후 남편, 아들과 함께 두 번 친정 방문<br>• 한국 요리도 잘하며 상대의 말을 잘 듣고 빨리 배워 사용하는 재치가 있음<br>• 남편과 친밀한 관계를 원하나 정서적 거리감으로 외로움과 우울로 힘들어함<br>• 남편이 화를 내고 큰소리 쳐서 불면(不眠), 신경질, 화가 나고 슬픔이 쌓이는 등의 어려움을 호소함<br>• 아들의 주 양육자로 안정적 애착관계가 관찰됨<br>• 결혼 후 반복되어 온 시어머니의 자신에 대한 폭언으로 화가 나고 신경질과 물건을 집어던지는 행동을 하게 됨<br>• 주 1회 한글 교실 수강 중 |

| 아들 | • 3세로, 명랑하고 쾌활하며 부모와 애착 형성이 잘된 것으로 관찰됨<br>• 의사표현이 분명하고 사실을 설명하면 잘 이해함<br>• 한국어 말하기는 아직 서툴고 엄마가 하는 베트남어를 이해하고 반응함<br>• 부부는 합심하여 아들을 잘 양육하고자 함<br>• 아내는 현 남편과 한국에서 아들을 잘 키우고 싶어 함 |
|---|---|
| 어머니 | • 남편과 사별, 70대 후반<br>• 병환으로 거동이 부자유스러우나 혼자 동네회관에 마실을 다니며 일상 유지<br>• 아들인 남편의 보고에 의하면 동네 아줌마들이 어머니에 대해 '니 엄마는 어려운<br> 사람'이라고 말하며 본인이 보아도 고지식하고 답답하며 성질이 괴팍한 노인네임<br>• 잔소리와 간섭이 많고 큰소리가 잦은 버럭쟁이이지만 따뜻한 마음이 있는 양반임<br>• 말이 안 통하는 며느리와 소통의 어려움을 답답해하며 불편해함<br>• 병환 악화로 전과는 달리 손자와 놀아 주거나 돌봐 주시지는 못함 |

## 부부가 해결을 원하는 갈등 내용

| 관계 | | 해결을 원하는 갈등 내용 |
|---|---|---|
| 남편 | 결혼생활<br>유지 여부 | "툭하면 '이혼하자.' '못살아.' 하는데 이제는 더 못 봐주겠어요. 계속 그럴 거고 진짜 원하는 거면 이혼하고 비행기 태워 보낼라고요." |
| | 어머니에<br>대한 예우 | "나나 어머니한테 어려워하는 게 없어 보여요. 함부로 하고…… 그리고 어머니가 사시면 얼마나 사시겠냐고요? 연세도 많고 몸도 안 좋고 한데. 잘 좀 해 드리지." |
| | 원만한<br>대인관계 | "내가 아는 형 부인이 베트남에서 왔는데 내가 그 형수를 좋아한다고 소리치고 난리였어요. 에이, 그게 말이 돼요?"<br>"자기네들끼리 모이면 무슨 말을 하는지…… 처음에는 같은 나라 사람들이니까 친구가 돼서 좋겠다 하는데 그것도 아녜요. 그 사람들하고라도 잘 좀 지내지……." |
| | 신체화 | • 뒷목 당김<br>• 탈모<br>• 짜증과 신경질, 잦은 흡연 |

| 아내 | 남편과의 친밀감 | "남편이 큰소리치고 화 낼 때는 딴 사람 같아요."<br>"시엄마랑 싸워서 행복 없어요. 시엄마 때문에 화가 나서 '이혼하자' 했는데, 남편이 '잘 생각해 봐. 베트남 가고 싶으면 비행기 표 끊어 줄게' 해서 울었어요."<br>"2년 같이 안 잤어요. 나는 애기랑 자고 남편은 거실에서 자고…… 다른 여자 있나? 생각해요. 동네 친구들도 얘기해요."<br>"남편이 같이 안 자서 이상해요. 남편이 필요할 때에만 나한테 왔다 가요. 부부 같지 않아요." |
|---|---|---|
| | 시어머니의 언어폭력 | "시엄마는 나한테 처음 왔을 때부터 지금까지 '속상해. 답답해. 너, 뭘 잘 했다고.' 하면서 큰 소리로 욕해요." |
| | 신체화 | • 우울, 불면<br>• 화내기, 던지기<br>• 비만<br>• 상담자 |

### 클라이언트와 합의한 상담규칙

| 규칙 | • 상담 시간 엄수(매주 1회, 50~60분 진행)<br>• 상담실에서 나눈 이야기는 다른 곳에서 언급하지 않기(비밀 보장)<br>• 결담 시 24시간 전에 연락하기(3회 불이행 시 자동 계약 해지: 클라이언트가 거부 의사 가능) |
|---|---|
| 개입 일정 계획 | • 매주 1회씩 10회<br>• 부부 상담을 원칙으로 하되 필요와 상황에 따라 개인상담 가능<br>• 진행 중 어떤 사항이라도 상의 가능 |
| 특이 사항 | • 합의한 앞의 내용은 필요에 의해 재합의로 변경 가능<br>• 종결 후에도 필요시 언제든지 다시 상담이 가능 |

### 목표·계약

| 기대하는 변화 | • 의사소통 기술 향상(자기노출, 긍정적인 언어적·비언어적 의사소통)<br>• 거리감 해소(의사소통, 성적 친밀감, 시간 공유) |
|---|---|
| 목표 | • 자신의 마음과 똑같이 말하기<br>• 결혼생활 지속 여부 정하기<br>• 화내기, 소리 지르기 및 신경질 내기 대신 원하는 것과 필요한 것을 정확히 말로 밝히기 |

| 목표 | | • 궁금한 것을 그 자리에서 물어보기<br>• 같은 방과 같은 이불 사용하기<br>• 부부가 대화 시간을 갖고 공동 활동하기 |
|---|---|---|
| 과제 | 부부 | • 상담 시간 엄수<br>• 함께 결정한 과제를 성실히 이행하기<br>• 상담실에서 나눈 이야기는 다른 곳에서 언급하지 않기<br>• 결담 시 24시간 전에 연락하기(3회 불이행 시 자동 계약 해지) |

### 개입·종결

| 회기 | 관계 | 주요 내용 |
|---|---|---|
| ① | 부부 | • 상담신청서, 동의서, 사전검사지 작성<br>• 상담 신청 후 변화 탐색<br>• 부부가 제시하는 어려움 탐색과 의사소통 방식 확인<br>• 부부가 원하는 것 찾기<br>• 예외 탐색, 기적 탐색으로 목표 설정<br>• 메시지를 통한 강점 찾고 강화해 주기와 과제 |
| ② | 부인 | • 일주간 자기노출과 의사소통 방식의 긍정적 변화 확인과 강화<br>• 베트남과 한국의 가족 문화 유사점 탐색을 통한 친밀감 찾기(가족의 정의, 역할, 기능 등)<br>• 동네의 베트남 친구들과 친정의 긍정적 관계 탐색과 강화<br>• 남편과의 긍정적 기억 찾기<br>• 메시지(강점 찾고 강화해 주기)와 과제 |
| ③ | 남편 | • 일주간 부부간, 고부간의 긍정적 변화 확인과 확대 및 강화<br>• 둘째 자녀 계획 탐색을 통한 성적 친밀감 정도 탐색<br>• 성적 친밀감 정도에 대한 관계성 탐색<br>• 메시지와 과제 |
| ④ | 남편 | • 일주간 고부갈등 예외 상황 확인과 긍정적 확대 및 강화<br>• 어머니와의 관계 탐색<br>• 아내와 시어머니와의 관계 개선을 위한 역할 탐색과 역할 연습<br>• 아내의 사회적 지지망과 원하는 사회활동(취업) 탐색과 아내와의 대화를 위한 긍정적 입장 정리<br>• 성적 친밀감 욕구와 필요 탐색<br>• 다문화가정 자녀의 강점과 긍정성 찾기<br>• 메시지와 과제 |

| | | |
|---|---|---|
| ④ | 부인 | • 일주간 생활의 긍정적 변화 탐색과 확대 및 강화<br>• 자녀양육과 취업 욕구 탐색<br>• 성적 친밀감 욕구와 탐색<br>• 다문화가정 자녀의 강점과 긍정성 찾기<br>• 메시지와 과제 |
| ⑤ | 남편 | • 일주간 부부의 친밀감(성적, 의사소통, 시간 공유) 쌓기 활동 확인과 긍정성 확대<br>• 부인이 원하는 둘째 자녀 출산 여부에 대한 진지한 격려와 긍정성 확대<br>• 남편과 아들로서의 가장 역할에 대한 강점 확인과 긍정적 확대<br>• 메시지와 과제<br>• 종결 예고 |
| ⑥ | 남편 | • 일주간 평안함을 유지할 수 있었던 자원 탐색과 강화<br>• 어머니의 아내에 대한 선의 전달과정 탐색과 남편의 입장과 역할에 대한 탐색<br>• 고부간의 갈등 해결 방법 탐색과 강화<br>• 강점 강화에서 메시지와 과제<br>• 종결 예고 |
| ⑦ | 부부 | • 상담을 통한 부부간, 고부간의 변화 확인<br>• 생활에서의 갈등 해결 능력 향상에 대한 자축과 갈등과 그에 따른 대처를 위한 협력적 태도 탐색<br>• 공감 강화<br>• 메시지를 통한 강점 강화<br>• 사후설문 |

## 워크숍: 토론

1. 해결중심 모델의 독특한 대화 기술 일곱 가지를 익히고 연습해 보자.
2. 3인 1조로 팀을 구성한 후 앞의 다문화가정 부부 사례를 활용하여 일곱 가지 대화 기술을 적용해 보자.
3. 과업중심 모델과 해결중심 모델의 차이에 대하여 토의해 보자.

제6장

# 인지행동 모델

최초의 인지행동 이론가인 Albert Ellis는 역기능적 정서는 매우 엄격하게 사고를 평가하는 것의 반작용으로 일어나며, 부적절한 자기대화(self-talk)를 통해 드러난다고 하였다. Ellis는 치료의 목적은 클라이언트가 역기능적인 사고와 왜곡된 인지를 파악하고, 행동을 통해 도전하고 변화하도록 돕는 것이라고 하였다. 한편, 초기 인지 상담가이며 실존주의적 인본주의 심리학자인 Victor Frankl은 소크라테스식 문답 기법을 통해 클라이언트가 삶의 의미와 의미 있는 잠재력(meaning potential)을 파악하도록 돕는 의미치료(logo therapy)를 창시하여 인지치료 발전에 이바지하였다. 그는 삶의 이유(why)를 아는 사람은 삶의 어떤 어려움(how)도 견디어 낼 수 있다고 가정하였다. 누구보다도 인지치료에 중요한 공헌을 한 실천가는 Aaron Beck이다. Beck은 인지 이론을 우울, 불안장애, 성격 문제를 치료하는 데 적용한 정신과 의사이다. 그의 주요 공헌은 다양한 정신건강 문제에 대해 체계적이고 구체적인 방법으로 인지치료 과정을 구체화하고, 임상 연구를 통해 인지치료가 다양한 인간의 문제에 효과적임을 실증한 것이다.

D'Zurilla와 Goldfreid는 문제해결 이론을 행동수정과 접목하여 문제해결 치료모델을 개발하고 임상에 활용하였다. Meichenbaum은 부적응적 행동을 수정하기 위해 자기 언어의 변화를 통해 부적응적 사고를 변화시키는 데 주목하였다. 그는 인지를

변화시키는 인지적 재구조화보다 사고와 인지의 변화를 위한 학습을 통해 행동을 통제할 수 있다는 인지행동수정(Cognitive Behabioral Modification: CBM)을 제시하였다. 그는 같은 스트레스 상황에서도 스트레스를 덜 받는 방식으로 생각하는 것을 학습하여 스트레스 수준을 낮추고 자기통제 수준을 끌어올릴 수 있다고 하였다. 인지행동수정은 인지행동 모델을 구조화하여 단기 개입을 가능하게 하는 데 이바지하였다.

지난 30년 이상 수많은 사회복지사는 전문적 사회복지실천에 인지행동 이론을 적극적으로 활용해 왔다. 대표적인 실천가는 Howard Goldstein이다. 그는 『인간 서비스에 대한 인지적 접근(A Cognitive Approach to Human Services)』『창조적인 변화: 사회사업 실천에 대한 인지-인본주의적 접근(Creative Change: A Cognitive Humanistic Approach to Social Work Practice)』을 저술하여 인지 이론을 사회복지실천에 적용하는 모델을 제안하였다. 사회복지계는 단기적이고 구조화된 인지행동 모델을 적극 실천에 활용하였다. 또한 임파워먼트 접근과 접목하여 취약계층의 임파워먼트를 위해서도 인지행동 모델을 적극적으로 활용하였다. 이때 임파워먼트는 자기결정의 권리를 존중하며 선택할 수 있도록 지지하거나 사회적 참여를 통해 사회적 통제력을 회복하도록 돕는 것에 초점을 두었다.

## 1. 이론적 기반

인지 이론과 행동주의 이론의 영향을 받아 통합된 인지행동 모델이 각 이론을 어떻게 통합하였는지 간략히 설명하면 〈표 6-1〉과 같다.

표 6-1  인지행동 모델의 이론적 배경

| 인지 이론 | 행동주의 이론 | 인지행동 모델 |
| --- | --- | --- |
| • 인간의 경험과 사회적 상호 작용의 결과 인지 능력 발달<br>• 정보의 투입, 전환, 산출 메커니즘<br>• 정보 조직화, 정보의 내적 표현 | • 인간의 행동, 정서, 사고는 외부 환경이나 자극에 의해 학습된 결과<br>• 구체적으로 관찰할 수 있는 행동에 초점 | • 비합리적 신념에 의한 행동과 정서의 문제 초래<br>• 적응적이고 합리적인 믿음과 사고로의 전환을 위한 인지적 개입 |

- 인지 과정의 오류가 정서 및 행동 문제 초래
- 논박과 소크라테스적 질문을 통해 인지적 오류 수정

- 정확한 문제 규정, 변화 목표, 개입 과정 강조
- Pavlov의 고전적 조건화
- Skinner의 조작적 조건화
- Bandura의 사회적 학습 이론 (관찰 학습, 사회적 모델링)

- 새로운 적응적 행동 양식의 학습
- 학습을 위한 연습과 실연 등 행동주의적 훈련
- 행동의 변화에 따른 긍정적인 피드백 경험
- 긍정적인 피드백으로 긍정적 사고 및 행동의 강화

## 2. 주요 가정과 인간에 대한 관점

인지행동 모델은 인지 활동을 모니터링하고 논박이나 문답과 같은 인지적 기법을 통해 행동 및 정서를 변화시킬 수 있으며, 동시에 기대하는 행동연습, 행동 학습과 같은 행동적 교육기법과 피드백을 통해 인지 변화를 촉진할 수 있다는 가정을 하고 있다. 이러한 가정을 갖는 인지행동 모델은 인간은 자신만의 고유한 인지 과정을 통해 환경에서 경험한 것을 해석하고 행동하며 동시에 환경에 영향을 주고받는, 즉 개인의 주관적 인지와 환경의 영향에 의해 행동하고 대응하는 상호결정론적 존재라는 관점을 가진다.

## 3. 주요 유형

인지행동 모델은 다양한 유형으로 발달하였는데, 이들의 기본 가정을 간략히 요약하면 〈표 6-2〉와 같다.

표 6-2 인지행동 모델의 유형과 기본 가정

| 모델명 | 대표 학자 | 기본 가정 |
| --- | --- | --- |
| 합리정서치료<br>(REBT) | Ellis | • 비합리적 신념에 의해 부정적 감정이나 심리적 증상들이 초래됨 |
| 인지치료 | Beck | • 감정이나 행동의 결과는 사건이나 상황 자체 때문이 아니라, 그것에 대한 주관적 해석이나 평가에 의함 |
| 인지행동수정<br>(자기지시 훈련) | Meichenbaum | • 자기지시(내적 대화)는 행동을 통제할 수 있음<br>• 자기결정이나 자기관리 기술 향상을 위해 다음과 같은 절차로 개입<br>　－목표 설정: 행동 변화를 위한 목표 설정<br>　－자기대화: 목표에 맞게 자신의 행동을 안내하거나 조절하는 데 도움이 되는 말을 함께 선택하여 자기말을 하도록 함. 자기암시와 같은 방법<br>　－자기행동 점검: 자신의 행동을 변화시키기 위해 구체적인 목표 행동을 꾸준히 기록하도록 함<br>　－자기평가: 목표 행동을 실행한 정도를 평가함<br>　－자기강화: 목표 행동 후 스스로 강화하는 방법을 배우고 실천함 |
| 스트레스 예방 훈련<br>(Stress Inoculation<br>Training: SIT) | Meichenbaum | • 경미한 스트레스에 적응하는 방법을 훈련함으로써 경미한 스트레스뿐 아니라 극심한 스트레스도 극복할 수 있는 스트레스 면역력을 갖게 됨<br>• 스트레스 면역력을 키우기 위해 내담자의 스트레스 대처 기술을 다음과 같이 학습함<br>　－개념 단계: 내담자와 관계 형성하며 스트레스의 형성과 유지에 대해 학습<br>　－기술 습득 및 시연: 인지적, 행동적 대처 기법을 스트레스 상황에 적용함. 두려움과 스트레스를 유발하는 구체적 상황을 인지하고 이를 경감할 수 있는 여러 대처 기술을 학습하여 연습함<br>　－적용 및 수행: 학습한 것을 실생활에 적용 확대함 |
| 문제해결치료 | D'Zurilla,<br>Goldfreid | • 문제 해결 절차나 기술을 훈련하고 연습하면 생활 속에서 대면하는 문제들에 대한 해결 능력을 효과적으로 향상시킬 수 있음<br>• 문제를 효과적으로 해결하는 5단계<br>　－문제 인식 → 문제 정의 → 가능한 대안 모색 → 대안들 평가하여 최적의 대안 선택 → 선택한 대안 실행 |

## 4. 실천 원리와 특성

### 1) 개입 특성

인지행동 모델은 다음과 같은 특징을 가진다.

- 개인이 가지고 있는 비합리적 신념이나 인지적 오류, 자기패배적인 사고를 변화하도록 함으로써 감정이나 행동을 수정한다.
- 개인의 주관적 경험의 독특성을 중시한다.
- 클라이언트와 사회복지사의 협조적인 노력을 중시하여 클라이언트의 능동적인 (적극적인) 참여를 권장한다.
- 구조화된 적극적 과제 활용과 교육적인 접근으로 자기치료가 가능하게 하여 재발방지 역량을 강화한다.
- 문답식 방법(소크라테스식)을 활용하여 인지 수정을 꾀한다.
- 문제 중심, 목표 지향, 현재 중심 개입으로 시간 제한적인 단기간 치료가 가능하다.

### 2) 개입 절차

일반적으로 인지행동 모델의 개입 절차는 [그림 6-1]과 같이 요약될 수 있다.

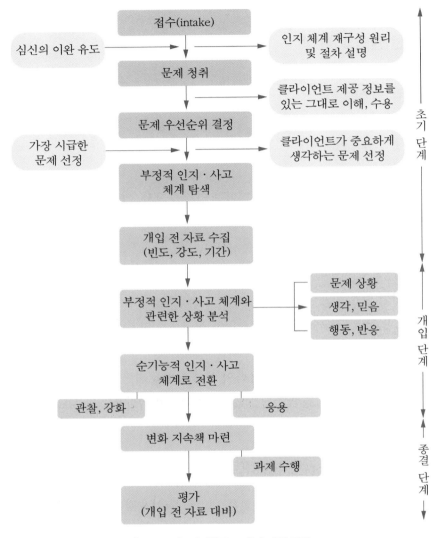

[그림 6-1] 인지행동 모델의 개입 절차

## 3) 개입 과정과 전략

인지행동 모델의 개입 과정은 크게 초기 단계, 개입 단계, 종결 단계로 구분한다. 각 단계의 개입 전략을 요약하면 〈표 6-3〉과 같다.

**표 6-3** 각 단계의 개입 전략

| 초기 단계 | 개입 단계 | 종결 단계 |
|---|---|---|
| • 접수, 오리엔테이션 개입의 구조화<br>• 문제의 우선순위 결정<br>• 클라이언트의 부정적 인지·사고 체계 탐색<br>• 클라이언트의 문제에 관한 정보 수집 | • 인지적 전략: 부정적인 인지 체계의 분석 및 순기능적 인지 체계로의 전환, 비합리적 신념 논박, 인지적 과제 부여, 소크라테스식 대화, 합리적 자기진술 연습, 독서 및 시청각 치료를 통한 교육<br>• 행동적 전략: 클라이언트의 학습 목표를 실천 가능한 과업으로 조직, 역할 연기, 역할 바꾸기, 과제 부여, 벌과 강화 가용 기술 훈련 등<br>• 정서적 전략: 클라이언트에게 자신의 감정을 객관적으로 인식하게 함, 합리적 정서적 상상(심상법), 클라이언트의 무조건적 수용, 상담자의 자기개발, 유머스러운 기법의 활용, 수치감 공격 연습 등 | • 개입의 효과성 및 목표 달성 정도의 평가<br>• 문제가 되었던 역기능적 인지 체계나 사고 체계가 어느 정도 합리적인 대안 체계로 변화되었는지 확인하고 평가<br>• 인지 및 사고 체계의 변화가 일상생활 속에서 어떻게 적용되고 있는지 확인 |

## 5. 개입 기법

인지행동 모델의 여러 유형 중 Ellis의 합리정서치료와 Beck의 인지치료를 중심으로 개입 기법을 살펴보았다.

## 1) Ellis의 합리정서치료

### (1) 합리정서치료의 특징과 주요 개념

Ellis의 합리정서치료(Rational-Emotive Therapy: RET)는 정신분석적 기법에 대한 거부감과 장기적 치료에 대한 의문에서 시작하였으며, 현재 문제에 집중하여 직접적인 생활의 문제를 단시간에 다루려는 의도에서 출발하였다. 합리정서치료는 인간이 본래 비합리적으로 생각하는 경향이 있지만, 자신의 비합리적 사고를 바꾸는 힘을 가지고 있다는 낙관적 견해를 가지고 있고, 인간의 부정적 감정 및 행동은 비합리적 신념에서 비롯된다는 가정을 하고 있다. 이 치료 모델은 다음의 특징을 가지고 있다.

- 인지적 · 행동적 요소를 모두 강조한다.
- 적극적 · 행동적 방법을 사용한다.
- 클라이언트가 치료 중에 획득한 통찰을 자신의 실생활에 적용할 수 있도록 적극적이고 체계적으로 과제를 부여한다.
- 인지 기법, 정서 기법, 행동 기법을 통합하는 다차원적 접근을 사용한다.

합리정서치료는 심리적 혼란이나 심리적 장애는 인지의 왜곡 때문이라고 가정한다. 인지의 왜곡화란 '~해야만 한다.' '~이어야 한다.' '~해서는 안 된다.' 등의 당위적 사고 형태의 역기능적인 비합리적 신념이다. 이러한 역기능적인 비합리적 신념에 의한 인지적 왜곡화에는 다음의 세 가지 인지 경향이 나타난다.

- 어떤 일을 사실보다 더 나쁜 것으로 평가하고 과장하고 허황한 결론을 내린다.
- 발생해서는 안 되는 일이 발생하거나 그럴 가능성이 있으면, 그런 일이 생기면 결코 행복할 수 없다고 생각한다.
- 하지 말아야 한다고 판단한 것을 자신이나 타인이 했을 경우, 자신이나 타인을 인간 이하로 비난하거나 매도한다.

이러한 인지적 왜곡화는 비합리적 신념에서 비롯된다고 가정하고, 치료는 클라이언트의 비합리적 신념들을 찾아내고 반박하면서 그것을 합리적인 신념으로 대체하는 것이다. 비합리적 신념의 유형은 과다한 인정 욕구, 과도한 자기 기대감, 비난 성향, 과민한 좌절 반응, 정서의 무책임(불행은 외부적 요인에 의한 것이므로 통제할 수 없다고 믿음), 과도한 불안, 문제의 회피, 의존성, 무력감, 완전무결 주의 등이 있다.

구체적으로 살펴보면 '나는 내가 아는 모든 사람에게 사랑과 인정을 받아야 한다.' '나는 모든 측면에서 능력이 있고, 완벽하게 수행해야 한다.' '내가 원하는 대로 되지 않는 것은 매우 끔찍하고 참을 수가 없다.' '어려움과 자기 책임에 직면하는 것보다는 회피하기가 더 쉽다.' '어떤 일이 위험하거나 두려우면 그것에 대해 계속 걱정하고 생각해야 한다.' '인간의 불행은 외부에서 비롯되었고 인간은 자신의 슬픔과 장애를 통제할 수 없다.' 등이 있다. 이러한 비합리적 신념들로 인해 생활 속에서 만나는 사건들에 대해 왜곡된 인지와 부정적 정서를 경험하게 된다고 본다. 그러므로 이러한 역기능적인 비합리적 신념을 긍정적인 생활 철학을 수용하고 기능적이고 합리적인 신념으로 변화할 수 있도록 논박과 행동적 경험을 통해 인지 및 정서, 행동 변화를 꾀하는 것이 합리정서치료이다.

### (2) 개입 목적

RET의 목적은 클라이언트의 주된 자기패배적 신념을 최소화하고 더욱더 현실적이고 관대한 인생철학을 얻도록 하는, 인생관의 변화를 촉구하는 것이라 볼 수 있다. RET를 시도하는 사회복지사는 클라이언트로 하여금 합리적인 생활 철학을 받아들여 보다 관용적으로 삶을 바라볼 수 있도록 돕는다(이석주, 임봉순, 석수룡, 1984).

① **자기관심**(self-interest): 정서적으로 건강한 사람은 우선 자기 자신에게 관심이 있고 진실하며, 타인을 위해 자기 자신을 자학적으로 희생시키지 않는다.

② **자기지향**(self-direction): 정서적으로 건강한 사람은 자신의 인생에 책임감이 있고, 자신의 대부분 문제를 독립적으로 해결해 나가며, 때로는 타인과 협력하고 도와주지만, 타인의 도움을 강요하지는 않는다.

③ **관용**: 기능적인 사람은 남에게 실수할 권리를 주며, 타인의 어떤 행위를 싫어하거나 혐오할 수도 있지만 하나의 인간으로서 타인을 비난하거나 저주하지는 않는다.

④ **불확실성의 수용**: 정서적으로 성숙한 사람은 인간이 가능성과 기회를 가진 세계에 살고 있다는 것을 인정하며, 거기에는 어떤 절대적인 확실성은 없다는 것을 인정한다.

⑤ **융통성**: 정서적으로 건강한 사람은 지적으로 융통성이 있으며, 변화에 대해서 개방적이고 그를 둘러싸고 있는 다양한 사람, 관념 및 사실을 수용 가능한 것으로 본다.

⑥ **과학적 사고**: 정서적으로 건강한 사람은 객관적이고, 합리적이며, 과학적인 사고를 통해 존재하는 사람과 사건에 대해서뿐만 아니라 자기 자신과 그의 대인관계에 대해서 논리와 과학적 방법을 적용할 수 있다.

⑦ **몰입**: 정서적으로 건강한 사람은 사람들 속에 있는 것이든, 관념들 속에 있는 것이든 그 자신의 외부에 있는 무엇인가에 깊이 몰입한다. 그리고 적어도 하나 이

상의 중요한 창조적인 활동에 관심을 둔다.

⑧ **모험**: 정서적으로 건강한 사람은 모험을 할 수 있다. 그는 자기가 인생에서 진정으로 하고자 하는 것이 무엇인가에 대해 의문을 제기하고, 비록 패배하거나 실패할 수도 있지만, 모험해 보려고 한다.

⑨ **자기수용**(self-acceptance): 정서적으로 건강한 사람은 보통 자기가 존재하기 때문에, 그리고 끊임없이 스스로 즐기고 행복과 기쁨을 창조할 수 있는 어느 정도의 힘을 가졌다는 사실 때문에 자기 자신을 좋아한다.

클라이언트가 이상과 같은 합리적이고 건전한 인생철학을 내면화하여 자신의 핵심적인 신념으로 대체한다면 비로소 그의 병적인 행동, 감정, 사고는 사라지고 자유로운 상태에 놓일 수 있게 될 것이다.

### (3) 개입 과정

Ellis의 합리정서치료 모델의 개입 과정은 다음의 ABCDE로 요약할 수 있으며 흔히 ABCDE 모형이라고 불리는데, ABCDE 모형의 개입 과정을 그림으로 설명하면 [그림 6-2]와 같다.

이 도식에 의하면 사건(A)이 결과(C)의 행동 및 정서 상태를 일으키는 원인이 아니라, 사건(A)에 대한 개인의 신념 체계(B)가 결과(C)를 유발하는 주요 원인이다. 따라서 여기서는 B 지점이 가장 중요한 부분으로 간주한다. 개인이 가지고 있는 비합리적인 신념 체계를 발견하여 이를 철저히 논박(D)함으로써 합리적인 신념 체계로 바꾸어 주도록 시도한다. 그리하여 부당한 죄책감, 불안, 적개심과 같은 부정적 정서와 자기파괴적인 행동을 감소하거나 제거하는 효과(E)를 가져온다. 이러한 RET의 과정에서 사회복지사는 클라이언트가 부정적이고 자기패배적인 자기언어(self-talk)가 정서적 혼란의 가장 중요한 원인이고 결과임을 교육하고, 비합리적 신념과 인지 왜곡화의 맥락을 설명한다. 그 교육적 · 치료적 과정은 다음과 같이 할 수 있다.

－사회복지사는 클라이언트가 어떠한 비합리적인 생각과 신념을 가졌는지를 찾아내어 그것을 클라이언트에게 보여 준다. 그리하여 클라이언트가 자신에게 비합리적이고 자학적인 사고방식과 태도가 있다는 것을 분명히 자각하고 인식하도록

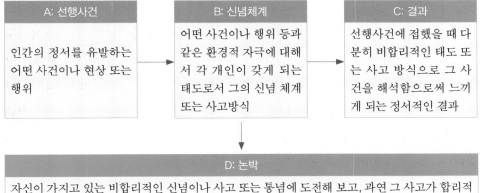

| A: 선행사건 | B: 신념체계 | C: 결과 |
|---|---|---|
| 인간의 정서를 유발하는 어떤 사건이나 현상 또는 행위 | 어떤 사건이나 행위 등과 같은 환경적 자극에 대해서 각 개인이 갖게 되는 태도로서 그의 신념 체계 또는 사고방식 | 선행사건에 접했을 때 다분히 비합리적인 태도 또는 사고 방식으로 그 사건을 해석함으로써 느끼게 되는 정서적인 결과 |

**D: 논박**

자신이 가지고 있는 비합리적인 신념이나 사고 또는 통념에 도전해 보고, 과연 그 사고가 합리적인지를 다시 생각하도록 하기 위해 치료자가 시도하는 논박 과정

**E: 효과**

비합리적인 신념을 철저하게 논박함으로써 합리적인 신념을 갖게 된 다음에 느끼게 되는 자기 수용적인 태도와 긍정적인 감정의 결과

[그림 6-2] Ellis의 ABCDE 모형

한다. 그리고 평소에 무심코 취하는 행동과 생각을 일일이 검토하여 그 속에서 비합리성을 발견해 보도록 관심을 촉구한다.

- 다음에는 클라이언트의 상념이나 신념이 어떻게 심리적 고민과 정서적 혼란의 원인이 되고 있는가를 보여 준다.

- 이어서 개인이 가진 비논리적인 상념들이 내면화된 자기독백 내지는 자기대화의 내용으로 어떻게 연결되고 있는가를 깨닫도록 인도하기 위해 사회복지사는 클라이언트가 가진 머릿속의 상념을 구체적으로 표현하도록 질문한다.

- 마지막 단계에서는 앞과 같은 비합리적인 신념을 반박해 보도록 자신의 사고방식을 분석하고 교정하는 시간을 가짐으로써 지금까지와는 다른 새로운 신념 체계인 합리적이고 융통성 있고 효율적인 사고로 바꾸게 한다(Ellis, 1982).

## (4) 개입 기법

개입 과정에서 설명한 것처럼 Ellis는 ABCDE 전략을 클라이언트에게 직접적으로 설명하고 적극적으로 가르치는 방법을 사용한다. 때로는 클라이언트가 지금까지의 행동과는 다른 행동을 취하게끔 과제를 주는 방법을 쓰기도 하며, 역할 연습, 자기표현 훈련, 조건 형성, 역조건 형성과 같은 행동적 방법을 사용하기도 한다. 사회복지사가 상담한 내용을 녹음하여 클라이언트가 반복하여 듣게 함으로써 자신의 문제와 사고방식을 파악할 수 있게 하거나, 합리적 자기조력 양식(rational self-help form)이나 과제 보고서를 작성하도록 요구하기도 한다. 이처럼 RET는 적극적인 인지행동치료 기법으로서 인지적·정서적·행동적 기법을 사용하는데, 구체적인 내용은 다음과 같다(김정희, 이장호 역, 1992; 이석주 외, 1984; Ellis, 1979).

### ① 인지적 기법

Ellis의 대표적 인지적 기법은 논박 기법이다. 논박의 전략은 클라이언트의 생각이 논리적으로 맞는지, 현실적으로 가능한 생각인지, 실생활에 무슨 도움이 되는지 질문을 던짐으로써 이루어진다. 논박 기법은 논리적 타당성에 근거한 논박, 경험적 현실성에 관한 논박, 실용성에 관한 논박의 세 가지가 있다. 그 구체적인 기법은 다음과 같다.

#### • 논리적 타당성에 근거한 논박 기법

이 논박은 클라이언트가 지닌 비합리적 생각의 비논리성을 이해하도록 도움을 준다. Ellis가 클라이언트에게 즐겨 사용하는 논리적 논박 질문의 예로 "만약 당신의 상사나 다른 동료들이 당신을 공정하게 대우해야 한다고 해서 당신이 선호하는 것을 절대적으로 해 주어야만 공정한가?"를 들 수 있다. 이처럼 논리적 논박은 클라이언트가 지닌 사고의 비합리성을 비논리성을 통해 깨닫게 도와주는 것이다. 논리적 논박의 가능한 질문 목록은 다음과 같다.

- -그 생각의 논리 근거는 무엇인가?
- -그 생각이 왜 사실인가?
- -그 생각이 맞는다고 어떻게 확신하는가?
- -그 생각의 의미는 무엇인가?
- -그 생각의 적절한 증거는 무엇인가?

- **경험적 현실성에 관한 논박 기법**

이는 클라이언트가 '항상 ~야 한다.'라는 절대적 요구가 거의 항상 현실과 일치하지 않음을 보여 주는 데 있다. 경험적 논박을 위한 질문의 예로 Ellis는 종종 "당신이 반드시 성공해야만 한다는 증거는 어디에 있는가?"라고 묻는다. 이 또한 비합리적인 신념을 드러내는 질문이며, 이 질문을 받으면 클라이언트는 자신의 당위적 사고를 지지할 만한 좋은 증거가 없음을 알게 된다. 비현실성을 드러내기 위한 가능한 질문 목록은 다음과 같다.

- "현실적인 자료를 가지고 이야기해 봅시다. 이 세상이 우리가 원하는 방향으로 돌아가야만 한다고 생각하더라도 실제 그것이 과연 가능합니까?"
- "그것이 현실적으로 일어날 가능성은 얼마나 됩니까?"
- "그것이 현실적으로 일어난 증거를 말해 주시겠습니까?"

- **실용성에 관한 논박 기법**

실용적인 논박을 할 때 Ellis는 클라이언트에게 다음과 같은 질문을 했다. "만약 당신이 시험을 반드시 잘 치러야만 한다고 지속해서 믿을 때 당신이 얻을 수 있는 것은 무엇입니까?"(클라이언트가 대답할 때까지 기다린다.) "맞아요, 바로 불안을 얻는 거죠."라고 말한다. 비합리적인 신념이 현실적인 도움보다는 삶의 목적이나 목표를 달성하는 데 오히려 방해 요인으로 작용함을 보여 주는, 즉 비실용성을 드러내기 위한 질문 목록은 다음과 같다.

- "그 생각이 개인적인 문제를 해결하는 데 도움이 됩니까?"
- "그 생각이 당신이 원하는 바람직한 목적을 획득하는 데 도움이 됩니까?"
- "그 생각이 다른 긍정적인 결과를 유도해 냅니까?"
- "당신이 그렇게 생각하면 무슨 일이 일어납니까?"

② 정서적 기법

Ellis는 정서적 기법 중 정서적 · 환기 기법을 통해 안심하고 자신을 신뢰할 수 있도록 하는 것을 중시했다. 클라이언트가 습관적으로 부적절한 정서를 느끼게 하는 상황에서 어떻게 하고 싶은지 충분히 상상한 후 정서적 이미지를 통해 행동을 구체화하여 비합리적인 부정적인 정서를 변화시킨다. 나아가 역할 놀이를 통해 부정적인 정서를 느끼게 하는 상황에서의 행동을 직접 해 봄으로써 부정적 정서의 비합리성을 확인하게 도와준다. 더 나아가 수치심-공격 연습을 통해 다른 사람들의 반응을 확인하여 자신의 비합리적 사고를 바꾸게 도와준다. 평소에 남을 의식하여 못 하는 행동(예: 사람들이 많은 거리에서 아이스크림 먹기, 화려한 패턴의 옷을 입고 걷기)을 하고 난 후 다른 사람들의 관심이 높지 않고 대수롭지 않게 지나간다는 것을 확인하여 다른 사람들을 연연하는 것이 비합리적임을 깨닫게 해 주는 기법이다. 이러한 정서적·환기 상담 기법을 자주 사용하는 Ellis는 클라이언트가 '부끄러운' 감정이나 '치욕적인' 감정에 접하도록 하고, 이 감정을 느끼게 하는 것은 스스로 말하는 자기패배적 자기대화에 있음을 깨닫도록 돕는다. 이러한 정서적·환기 기법은 상담의 전 과정에 걸쳐서 이루어지는 것이 아니라 단지 상담의 초기 단계나 혹은 과정상의 한 단계에서 이루어진다(Belkin, 1981).

### ③ 행동적 기법

Ellis는 행동적 기법으로 행동 과제 부여를 자주 사용하였다. 이는 클라이언트가 자신의 역기능적 증상을 바꾸고, 더 효과적인 수행 방식을 습관화할 수 있도록 도와줄 뿐 아니라 그들의 인지를 바꾸도록 도와주기도 한다. 행동 과제 부여를 수행하면서 증상이 조금씩 줄어들도록 고안하였는데, 행동 과제에는 모험하기(예: 이성에게 데이트 신청하기), 일부러 실패하기(예: 대중 앞에서 잘못 말하는 것을 실제로 시도하는 것), 어려운 상황에 부닥친 자신을 상상하기, 시도해 보지 않았던 색다른 활동에 몰두하기 등이 있다. 상상하기는 어려운 상황이지만 혼란된 느낌을 갖지 않거나 그 일에서 '손을 떼지' 않는 자신을 상상하게 하는 과제이다. 외국어를 공부하거나 상사에게 제출할 보고서를 완성하는 것 등과 같이 당장은 번거롭고 힘들지만 해야 하는 과제를 하고 난 후 좋아하는 영화를 보러 가는 등의 유쾌한 일을 하도록 과제를 부여하기도 한다.

이처럼 행동적 기법은 클라이언트를 나쁜 상황에 머무르게끔 유도하고, 그 경험 속에서 비합리적인 부정적 자기대화의 역기능을 깨닫게 돕는다. 잠시라도 피하던 행동을 해 보고 자신을 수용하도록 함으로써 클라이언트의 행동 변화를 도전한다. 이처럼 RET의 행동적 기법은 활동 지향적인 과제 부과, 조작적 조건화, 긴장 이완 등의 인지-정서-행동을 하나로 연합한 통합된 방법임을 알 수 있다(Ellis, 1979).

## 2) Beck의 인지치료

인지치료(Cognitive Therapy)의 창시자인 Beck은 우울증을 겪고 있는 클라이언트를 면접하면서 이들에게서 나타나는 부정적 사고나 왜곡된 사고, 인지적 오류 등에 주목하면서 사고의 내용이 부정적이며, 사고의 패턴에서 체계적 왜곡이 존재한다는 것을 발견하였다.

부정적 사고에는 대표적인 세 가지 인지적 주제(인지삼제)가 일관되게 나타나는데, 자신에 대한 무가치감(worthlessness), 주위 사람도 도움이 안 된다는 무력감(helplessness), 미래에 대한 무망감(hopelessness)이다. Beck은 이러한 부정적 사고의 패턴 안에 체계적인 인지적 오류가 있음을 관찰하였다. 대표적인 인지적 오류는 '맥락을 무시하고 자신이 문제라고 결론을 내린다.' '여러 가지 중에서도 부정적인 결과나 반응에만 선택적으로 주목한다.' '조그마한 단서에도 나는 되는 일이 없다' '내가 해서 일이 더 꼬였다.' '옆에 누구는 다 잘하는데 나는 다 못한다.' '내 주위에 나를 이해하는 사람은 아무도 없다.' 등 매사를 이렇게 부정적으로 사고하는 경향 때문에 우울해진다는 것이다.

이처럼 인지치료는 사람들의 감정이나 행동을 결정하는 것은 어떤 사건이나 상황 자체가 아니고 그들이 그 상황을 해석하는 방식에 달려 있다고 본다. 자신과 타인, 자신을 둘러싼 세계, 생활사건에 대해 정보를 처리하는 과정에서 왜곡된 사고와 인지적 오류의 부정적 사고방식과 부정적 신념이 문제의 핵심이자 원인이라고 가정한다.

### (1) 주요 개념
인지치료의 주요 개념은 인간의 사고과정을 자동적 사고, 스키마 그리고 이들의 왜곡 때문에 발생하는 추론 과정에서의 체계적 인지 오류의 세 가지로 구분한다.

첫째, 자동적 사고(automatic thinking)란 한 개인이 어떤 상황에 대해 내리는 즉각적이고 자발적인 평가를 의미한다. 이 사고는 심사숙고하거나 합리적으로 판단한 결과가 아니며, 오히려 자동으로 튀어나오는 스쳐 가는 생각이다. 대부분 부정적인 내용이 역기능적으로 작용하여 자신과 타인, 세계, 미래에 대해 부정적으로 해석하게 하는 사고의 악순환이 일어난다. 이는 스스로 의식하기 힘든 무의식적인 자동적 과정이기 때문에 치료 과정에서 상담자의 도움을 받아야 인지할 수 있다.

둘째, 스키마(schema)는 정보를 받아들이고 조직화하는 인지구조의 가장 기본 단위로서 개인의 발달 초기 단계에 형성되는 인지도식이며, 사고 패턴 형성에 영향을 미친다. 개인이 현실을 받아들이고 이해하는 인지 구조화 방식은 정서적인 상태에 영향을 미친다. 이는 정서와 인지가 서로 강화하는 상호작용을 의미하며, 정서적으로 장애가 있는 사람은 인지적 오류의 도식을 갖게 되는데, 그 도식에 따라 정보를 처리하게 되므로 현실을 왜곡하게 되고 장애가 더욱 강화된다는 것이다. 이처럼 스키마는 특정 대상에 대한 이전 경험, 그 대상에 대해 타인이 겪은 경험의 관찰, 그리고 그 대상에 대한 타인과의 대화 등 다양한 경로를 통해 형성되며, 그것이 유지된 수준과 믿음 수준에 따라 다음의 핵심 믿음 체계와 중간 믿음 체계로 나뉜다. Freud의 무의식과 전의식의 지형학적 의식 수준 차이와 비교하여 이해하면 도움이 될 것이다.

- 핵심 믿음 체계(care belief system): 인간의 경험을 조직하는 인지구조의 기초로서 개인의 왜곡이나 편견을 형성하는 바탕을 이루는 신념 체계이다. 어린 시절부터 사람들은 자신과 다른 사람들, 그리고 세상에 대해 믿음을 형성해 나가는 근원적으로 깊은 수준에서 형성된 믿음이 핵심 믿음 체계이다.
- 중간 믿음 체계(intermediate belief system): 핵심 믿음 체계와 자동적 사고 사이에는 태도, 규칙, 가정들로 이루어진 중간 믿음 체계가 있어 어떤 상황을 보는 관점에 영향을 주기 때문에 그 사람이 어떻게 느끼고 행동하는가에 영향을 주지만 자신은 잘 인식하지 못한다.

셋째, 추론 과정에서의 체계적 인지 오류이다. 인지 과정은 정보가 선택되고(투입), 변형되며(전환), 전달되는(산물) 메커니즘이다. 인지 과정은 선택적 관심, 지각, 수집, 저장, 수정과 같은 기능을 포함한다. 대표적인 오류에는 다음과 같이 임의적 추론, 선택적 추론, 과잉 일반화, 극대화와 극소화, 개인화, 이분법적 사고 등이 있다.

- 임의 추론(arbitrary inference): 임의 추론이란 어떤 결론을 지지하는 증거가 없거나 그 증거가 결론에 어긋나는 데에도 그러한 결론을 내리는 것을 의미한다.

- 선택적 추론(selective abstraction): 이것은 다른 중요한 요소들은 무시한 채 사소한 부분에 초점을 맞추고, 그 부분적인 것에 근거하여 전체 경험을 이해하는 것을 의미한다.
- 과잉 일반화(over generalization): 이것은 한두 개의 고립된 사건에 근거해서 일반적인 결론을 내리고, 그것을 서로 관계없는 상황에 적용하는 것을 의미한다.
- 극대화와 극소화(magnification, minimization): 개인이 겪은 어떤 사건이나 경험의 한 측면을 그것이 실제로 가진 중요성과 무관하게 과소평가하거나 과대평가하는 경우이다.
- 개인화(personalization): 이것은 자신과 관련시킬 근거가 없는 외부 사건을 자신과 관련시키는 성향으로, 실제로는 다른 것 때문에 생긴 일에 대해 자신이 원인이고 자신이 책임져야 할 것으로 받아들이는 경우이다.
- 절대적 사고; 이분법적 사고(absolutistic thinking; polarized thinking): 이것은 모든 경험을 한두 개의 범주로만 이해하고 '중간 지대 없이' 흑백논리로 현실을 파악하는 것이나 완벽주의 등이 포함된다.

## (2) 개입 목표 및 개입 과정
인지치료의 개입 목표는 다음과 같다.

- 생활사건에 대한 클라이언트의 왜곡된 평가를 현실에 기초한 합리적 평가로 대체한다.
- 왜곡된 사고를 재평가하고 수정한다.
- 현실적·적응적 행동을 강화한다.
- 증상을 경감시킨다.

인지치료는 이상의 개입 목표를 위하여 다음과 같은 개입 과정을 활용한다.

- 자동적 사고를 점검하기 위해 생활사건과 떠오르는 생각을 점검하도록 질문한다.
- 인지, 정서, 행동의 관계에 대해 인식하도록 교육하고, 과제를 부여한다(생활사건 → 떠오르는 생각 → 감정의 결과 → 행동 반응의 순서로 log지를 매일 기록하도록 과제

부여).

－수행해 온 과제 기록을 분석하며 자동적 사고의 타당성을 검토한다.

－인지적 오류를 확인하고 좀 더 현실적인 인지로 대체하도록 교육하고 과제를 부
여한다(생활사건 → 떠오르는 생각 → 감정의 결과 → 행동 반응 → 현실적인 생각으로
수정 → 감정의 변화의 순서로 기록하도록 과제 부여).

－수행해 온 과제 기록을 분석하며, 인지적 오류의 근간이 되는 믿음 체계를 확인
하고 수정하도록 돕는다.

## (3) 개입 기법

### ① 내적 의사소통의 명료화

내적 의사소통을 명료화하는 것은 인지 이론 실천가에게 주로 사용되는 효과적인
기법이다. 이는 클라이언트가 자기에 대해 생각하는 것을 말로 표현하도록 하고, 이
에 대한 피드백을 통해 사고의 명료화를 돕는 기법이다. 이런 명료화 방식을 통해 클
라이언트가 자신과 다른 사람 모두에게 표현하는 언어화 과정에 숨겨진 자동적 사고
와 인지적 오류를 더 잘 이해하도록 도울 수 있다. 클라이언트가 인지적 오류를 자각
하도록 인지적 검토과정을 거쳐야 인지의 변화가 가능하다.

### ② 설명

설명은 클라이언트가 잘못된 생각을 변화시키도록 돕는 데 사용하는 치료 기법이
다. 클라이언트에게 역기능적 정서를 유발하는 자동적 사고와 인지적 오류를 설명해
줌으로써 잘못된 생각에 도전하고 변화를 위한 동기를 갖도록 돕기 위한 교육적 기법
이다.

### ③ 서면 과제

서면 과제는 읽고 쓸 수 있는 클라이언트에게 유용한 방법인데, 생활사건과 관련하
여 인지-정서-행동의 관계를 인식하도록 과제를 부여하는 것이다. 즉, 생활사건-
떠오르는 생각-감정의 결과-행동 반응 등의 순으로 치료 회기 사이에 기록해 오도
록 하는 것이다. 설명 기법을 토대로 과제 기록을 분석하며 자동적 사고, 인지적 오

류를 발견하게 도와준다. 이후에는 초기 기록지의 생활사건–떠오르는 생각–감정의 결과–행동 반응에 이어서 대체 생각–감정의 결과–행동 반응을 추가하여 기록하면서 인지 오류를 수정하고 인지 변화를 할 수 있게 도와준다. 이처럼 서면 과제 부여는 자가 치료적 학습 과제 기능을 하며, 치료 종결 이후에도 지속하여 활용할 수 있는 강점이 있다. 서면 과제 활용을 통한 인지행동치료를 이해하려면 권정혜, 이재우(2001)의 「우울증의 인지행동치료」를 참고하면 도움이 될 것이다.

### ④ 경험 학습

인지적으로 잘못된 생각에 도전하고 변화를 시키는 절차로 사용되는 경험 학습은 인지 부조화 원칙으로 가장 잘 설명된다. 인지 부조화란 클라이언트의 행동, 행위, 생활 양식과 일치하지 않아 보이는 태도와 신념을 변화시키려고 하는 인간의 경향으로 간주한다. 잘못된 생각을 바꾸는 방법으로 인지 부조화의 원칙을 사용할 때, 인지 실천가들은 클라이언트의 잘못된 생각과 일치하지 않는 구체적인 행동(예: '할 수 없다' '나는 안 된다.'라고 생각하는 어떤 행동을 해 오는 것)을 하도록 치료 상황을 설정한다. 클라이언트는 부조화된 행동을 하면서 스스로 잘못된 생각을 바꾸려고 하게 된다. 인지 부조화의 원칙에 근거한 경험 학습의 유형에는 주장 훈련, 사회기술 훈련, 역할 연습, 모델링, 역할극, 행동 과제 부여 등이 있다.

## 3) 취약계층의 임파워먼트를 위한 인지행동 개입

취약계층의 임파워먼트(empowerment)를 위한 인지행동 개입은 인지행동 기법을 활용하여 클라이언트의 임파워먼트를 꾀하는 것이다. 이를 임파워먼트를 위한 혹은 임파워먼트 관점의 인지행동 개입이라고 한다. 이것이 필요한 이유는 심리사, 정신과 의사, 교육자 등 다양한 휴먼서비스 전문직이 인지행동치료 모델을 사용하는데, 사회복지사의 고유한 사회적 역할과 기대 및 전문 직업적 소명에 비추어 볼 때 사회복지사의 인지 행동적 개입은 차별성이 있어야 한다는 사회복지계 안의 자성적 비판에 의해서이다. 비판은 대부분의 인지행동 개입의 목표가 클라이언트가 현재 상황에 적응하도록 하고, 많은 문제의 근본인 사회정치적 환경을 본래 상태 그대로 두는 것에 있다. 즉, 취약계층의 문제는 개인의 문제가 아니라 사회구조적 소외와 차별, 억압, 기회의 박탈과 관련된 문제가 더 크기 때문에 인지행동 개입을 통해 개인의 생각이나 행동을 변화시키는 것이 역기능의 변화가 아니라 권리와 참여의 증진에 있어야 한다는 것이다. 인지행동 개입에 대한 가장 빈번한 비판 세 가지는 다음과 같다.

첫째, 인지행동 방법은 전문가에 의해 주도되고 통제되어 개인의 자유를 제한한다는 것이다. 둘째, 인지행동 방법은 개인의 약점을 인식하고 변화하게 하여 클라이언트가 현재의 부당하거나 불리한 환경에 적응하도록 해서 이러한 개입들은 사회적 정의의 관점에 부합하지 않는다는 것이다. 셋째, 인지행동 방법은 지역적이고 제한적으로 정의된 행동을 평가 및 변화시키고 정량적 개입 목표를 수립하면서 표준절차를 활용하는데, 이 모든 것은 사회적 타당성이 부족하다는 것이다. 강점 관점 학자인 Saleebey(1996)는 인지행동 개입과 같은 전문가 주도의 실천 방법은 당사자인 개인이나 집단이 아닌 실천가가 목표 행동에 대해 정의하고, 사정ㆍ개입ㆍ평가 절차를 선택하는 것은 클라이언트의 무력감을 강화할 뿐이라고 주장하였다.

그러나 개인의 그러한 행동 통제를 돕는 것은 반드시 개인의 자유를 감소시키는 것만은 아니며 임파워할 수도 있다. 약물남용과 같은 특정 행동을 감소시키거나 통제하는 것은 임파워먼트와 대인관계 같은 선택을 증가시킬 수 있다. 선택할 대안을 갖는 것은 자기결정의 권리를 담보하는 것을 의미한다. 인지행동 개입은 취약계층의 클라이언트가 자신의 환경 자원을 증가시키고 평가하며 자기결정 능력을 강화하고, 자신의 삶에서 중요한 측면과 그들이 받아 온 서비스에 관여하는 거시적 의사결정 및 실천에 영향을 미치도록 도울 수 있다. 취약계층이 지식(예: 자신의 법적 권리와 정치적 과정에 관한 지식)을 습득하고, 기술(예: 자기옹호, 구직, 대인 기술, 정치적 기술)을 배울 수 있도록 돕는 것은 그들의 의사결정, 개인적 목표 달성, 자신의 삶에 영향을 미치는 거시적 결정 및 실천에의 영향 등을 일으킬 수 있다. 향상된 적응 능력 및 대처 능력과 관련된 목표는 사회복지의 가치와 클라이언트, 중요한 타인(significant others), 사회의 목표에 부합하고 적절하다고 할 수 있다. 이는 특히 불법적이고 위험한 행동과 변화시킬 수 없는 상황(예: 가족의 사망이나 불치병), 각 클라이언트 고유의 문제를 따르기에는 상식적으로 예측할 수 없는 상황(예: 극도의 불안으로 고통받는 개인에게 공적 증언을 하게 하는 것), 클라이언트가 거의 혹은 전혀 통제할 수 없는 타인의 행동과 관련된 상황(예: 장애와 같이 개인의 특성 때문에 거부되는 것)에 놓였을 때 필요한 목표이다. 또한 사회적ㆍ경제적 자원이 빈번히 부족하고 법적 권리에 대한 차별이나 거부를 당하며 개인의 목표를 수립 및 달성하고 거시적 의사결정에 영향을 미칠 기회를 제한받는 취약계층을 위해서도 필요하다.

이처럼 인지행동 개입은 사람을 통제하기보다는 임파워시키기 위해 사용될 수 있다는 옹호적 입장이 있다. 인지행동 기법의 적용은 또한 전통적 심리치료가 부적절하거나 도움이 되지 않을 수 있는 취약집단에서 유용할 수 있다. 그 예로, 지적장애가 있는 클라이언트의 사회적 상호작용의 증진을 돕고, 심각한 정신질환이 있는 클라이언트가 자신의 정신질환 상태에 대해 내려진 약물치료 결정에 적극적으로 참여하도록 하며, 학습장애가 있는 학생이 자신의 목표를 정하고 달성하도록 돕는 것 등이 있다. 인지행동 기법은 특히 취약계층과 관련이 있는데, 이는 전통적 심리치료를 사용하기 어려울 수 있는 학교나 직장과 같은 환경에서도 시행될 수 있기 때문이다.

하지만 인지행동 개입에 대한 비판을 성찰하며 개인의 권리를 보호하는 방향으로 실천하기 위한 노력이 요구된다. 즉, 문제 및 목표의 선택, 평가 및 개입 절차와 추적 과정이 클라이언트에게 맞게 개별화되어야 하며, 설명, 협상, 합의가 가능하다. 이를 위해 클라이언트에게 실행 가능한 대안적 개입과 개입 절차와 관련된 것들에 대해 설명할 수 있다. 기본적인 근거, 개입의 세부 사항, 클라이언트와 중요 인물에게 예상되는 활동, 개입의 지속 기간과 성공률에 대한 예측, 개입 선택사항의 장단점 등이 이러한 설명에 포함될 수 있다. 이러한 투명한 과정이 고지된 질문이나 선택을 할 기회를 제공하기 때문에 클라이언트의 통제력을 증진할 수 있다.

임파워먼트는 거시적 · 미시적 실천 수준과 다양한 클라이언트 집단에 적용됐는데, 장애인, 정신장애인, 학대 피해 여성, 인종차별 피해자 등 주로 사회적으로 소외되고 억압받는 취약계층의 클라이언트에게 적용되었다. Saleebey(2002)는 임파워먼트를 "개인, 집단, 가족, 지역사회가 필요한 자원 및 도구를 찾아 소비하도록 돕고자 하는 목적 및 절차"라고 하였다. Corrigan(1997)은 임파워먼트를 "치료, 일, 레크리에이션, 주거 형태 등 서비스에 대한 자기결정"이라고 하였다. Hasenfeld는 "클라이언트가 자신의 환경에 대한 더 큰 통제력과 희망(aspirations)을 가질 수 있도록 개인적, 조직적, 지역 사회적 등 다양한 차원에서 자원을 획득하는 과정"이라고 하였다. 그러므로 임파워먼트를 위한 인지행동 개입은 취약계층이 그들의 삶에 필요한 자원과 힘을 증가시키고, 자신의 삶에 영향을 미치는 기관, 조직, 정책의 결정과 서비스에 대해 자신을 옹호 혹은 권리를 주장할 수 있는 임파워먼트를 목표로 그 과정을 돕는데 목표를 두어야 한다. 이를 위해 취약계층이 임파워먼트 목표를 달성할 수 있도록 인지행동 개입은 클라이언트의 사회적 자원 및 경제적 자원의 획득과 증대, 자기결정 행동의 증가, 취약계층의 삶에 영향을 주는 사회정책과 행정기관, 지역사회기관에 영향을 미치는 것 등이 가능하게 해야 한다.

여기서 취약계층이란 위기(risk)에 있거나 취약하거나(vulnerable) 또는 억압받고 있는(oppressed) 계층을 말한다. 다양한 장애와 만성질환, 빈곤, 학대 및 다양한 차별에 노출된 사람들을 의미한다. 이들은 다음의 두 가지 요인 때문에 부정적 상황과 경험을 하게 될 가능성이 크고 취약한 상황에 부닥치기 쉽다. 첫째, 정신과적 증상과 학습, 발달, 인지, 의사소통 및 이동 장애로 인해 사회에서 적절한 지식과 기술을 얻거나 사용하는 데 제한이 있을 수 있다. 둘째, 차별, 낙인, 거부 그리고 높은 스트레스 수준에 마주칠 위험성이 높고, 사회적 · 교육적 · 직업적 그리고 여가에 필요한 지식과 기술을 배울 기회를 자주 얻지 못하며, 자기 삶의 많은 부분에 영향을 미치는 거시적인 결정에의 참여가 배제되거나 자주 박탈당하기 쉽다.

사회복지사는 이런 부정적 결과를 개선하고 발생 위험을 줄이기 위해서는 사회적 개입과 함께 취약계층의 임파워먼트를 위한 인지행동 개입을 할 수 있어야 한다. 인지행동 개입은 취약한 클라이언트가 사회적 · 경제적 자원에 접근할 수 있도록 교육과 정보를 제공하고, 자기결정 및 거시적인 결정에의 참여(예: 투표, 연대 활동 참여)를 통해 영향력을 확장하도록 돕는 데 초점을 둔다. 장애가 있는 아동이나 성인을 위한 개입에 또래 또는 동료 비장애인과 함께하는 활동을 통해 사회적 상호작용을 증가시킬 뿐만 아니라 직장, 학교나 지역사회 환경에서 장애가 있는 개인의 사회통합을 증진시킬 수 있다. 인지행동 개입은 또한 정신과적 증상, 발달 문제로 의사소통 장애가 있는 취약한 클라이언트의 특별할 필요와 상황에 맞게 클라이언트의 소통을 돕고 자기결정을 할 수 있도록 돕는 데 초점을 둔다. 다음은 대상별로 임파워먼트를 위해 가능한 인지행동 개입을 제안하였다(김희진, 이현정, 최가영 역, 2016).

### (1) 장애인

장애란 매일 반복되는 일상 활동의 수행을 상당히 방해하는 신체적 · 인지적 · 심리적 · 행동적 상황이다. 일상 활동의 예로는 의사소통, 자기 스스로 돌봄, 보고 듣는 활동 및 신체적 이동 등이 있다. 신체장애, 학습 및 인지발달 장애, 정신장애, 복합장애 등 장애가 있는 개인들은 신체적이고 정서적인 고통을 경험하는 것뿐 아니라 삶의 여러 영역에서 부정적인 결과를 경험할 가능성이 크다. 즉, 교육적·사회적 상호작용 및 관계, 여가 및 레크리에이션, 고용, 적절한 서비스, 의료 및 기타 지역사회 활동에 대한 접근 기회, 의사소통과 선택, 이들이 받는 서비스에 영향을 미치는 거시적인 결정 과정에 대한 참여와 기타 중요한 여러 가지 삶의 측면 등에서 소외될 수 있다.

이러한 여러 가지 위험 때문에 이들을 위한 다양한 인지행동 개입이 가능하다. 인지행동 개입은 사회적 상호작용과 관례, 역사 및 레크리에이션 활동, 그리고 학교, 직장 및 지역사회 환경으로 진입하는 사회적 통합 과정을 증대시키는 데 있어서 다양한 장애가 있는 아동·청소년 및 성인을 지원하는 데 필요하다. 이러한 개입들은 장애가 있는 개인이 자신의 의료 및 응급 상황에서의 욕구를 충족하고, 필요한 정보를 획득하며, 매일 이루어지는 일상적인 활동을 수행하기 위한 지원을 모집하고, 이들의 개인적인 목표를 달성하는 과정에서 이들을 지원할 수 있다. 인지행동 전략은 또한 장애가 있는 성인의 경제적 안녕(well-being)을 개선할 수 있을 뿐 아니라 장애가 있는 청소년과 성인의 학교, 직장, 가정 및 거주지 환경에서 자기결정 행동을 강화할 수 있다. 자기결정의 결과물들은 개인적 목표의 설정과 성취, 교육적 성격을 띠는 모임에의 적극적 참여, 장애인을 위한 교육과 근로 조건의 편의 제공 및 기타 법적 권리에 대한 옹호 활동, 매일 이루어지는 일상 활동과 비교적 장기간에 걸친 의사결정 과정에서 이루어지는 선택 활동의 증대 등을 포함한다. 마지막으로, 인지행동 개입은 장애가 있는 집단이 받는 서비스의 범위를 명확하게 하고 이들이 온전하게 사회에 통합되는 데 영향을 미치는 거시적인 정책과 실천을 변화시키기 위해 이들에게 정치적인 역량과 옹호 기술을 지도하고, 자조 집단 운영을 자문하고 촉진할 수 있다.

### (2) 성 소수자 집단

성 소수자 집단은 스스로 레즈비언, 게이 또는 양성애자(Lesbian Gay Bisexual: LGB)라고 생각하는 사람과 성전환자(transgender)로 LGBT로 불리는데, 이들도 취약계층으로 볼 수 있지만, 인지행동 개입 사례가 드물다. 『정신질환 진단 및 통계 편람(DSM II)』에서는 이미 30년도 훨씬 전에 동성애를 정신질환에서 삭제한 바 있지만, LGBT는 여전히 '비가시적이고' 낙인이 찍힌 사람으로 취급받고 있다(Mar-tell, Safren, & Prince, 2004). LGBT와 같은 성 소수자 집단은 사회적 고립과 차별을 겪을 수 있으며,

이들에게는 사회적 지원과 의미 있는 관계 형성에 도움이 되는 사회적 기술을 관찰하고 배울 기회가 거의 주어지지 않을 수 있다. 그러므로 인지행동 개입은 자신의 성적 정체성을 개인적이고 사회적인 차원에서 수용하고, 사회적 지원을 확대하는 옹호적 지원을 할 수 있다. 또한 HIV 감염을 포함한 성 접촉에 의한 질병을 유발할 수 있는, 원하지 않거나 무방비하게 보호받지 못하는 성적 행위를 거부할 수 있는 권리를 주장하기 위한 사회적 기술을 교육하는 인지행동 개입도 필요하다.

### (3) 여성

여성은 남성과 비교할 때 더 큰 위험에 직면한다. 나이와 관계없이 여성은 빈곤 속에서 살아갈 가능성이 더 크며, 가정 폭력, 성폭력, 데이트 폭력 등의 위험에 노출될 가능성이 더 크다. 미혼 여성 및 자녀가 있는 여성과 미혼 남성 및 자녀를 둔 남성 간의 차이는 매우 현저하게 나타난다. 임신한 청소년과 경제적 자원이 거의 없이 아이를 양육하고 있는 여성 청소년은 높은 수준의 스트레스와 낮은 수준의 사회적 지원, 우울증과 같은 심리적 문제에 취약하다. 여성 노인 역시 남성 노인보다 장애를 겪거나 보호시설에서 살아갈 가능성이 더 크다(U.S. Census Bureau, 2005). 특히 경제적으로 의존하는 여성은 성적 또는 안전한 성적 행동을 할 것인지에 대한 성적 자기결정권이 취약하기 쉽다. 임신한 청소년과 저소득층 여성에 대한 사회적 · 정서적 · 도구적 지원을 강화하기 위한 인지행동 개입은 여성의 고용과 이들이 속한 사회적 네트워크와 기타 지역사회로부터 받는 경제적 지원을 획득하는 데 도움이 될 수 있다. 또한 이와 같은 개입은 여성 청소년과 성인이 원하지 않거나 보호받지 못하는 성적 행위, 원하지 않는 임신과 성 접촉에 의한 질병 유발 행위를 거절할 수 있는 권리를 옹호하는 기술을 학습하는 데 도움이 될 수 있다.

### (4) 노인

노인은 다른 사람들과 비교할 때 혼자 살아가거나 감각적 · 신체적 · 정신적 손상과 스스로 돌보기 및 이동성에 손상을 겪을 가능성이 크다. 노인의 약 80%는 최소 한 가지 이상의 만성질환을 앓고 있으며, 50%는 두 가지 이상의 만성질환 상태에 있다. 노인 인구의 증가, 이전 세대와 비교할 때 더 길어진 수명, 노인 인구의 장애, 사회적 고립 및 보호시설에의 수용과 관련된 위험 등이 노인과 고령화 영역에서 일하고 있는 정책결정자, 가족, 의료인, 사회복지기관, 실천가에게 많은 문제점을 제기하고 있다. 그러므로 노인이 당면하는 위험을 다룸으로써 노인을 임파워하는 인지행동 개입이 필요하다. 이와 같은 개입은 노인의 사회적 상호작용을 강화하고 그들의 여가 및 레크리에이션 활동을 증진하며 의료 및 응급 상황에 대한 욕구를 충족시키는 한편, 지원을 요청하고 자발적 또는 경제적인 이유로 일자리를 원하는 사람들에게 일자리를 확보해 주며, 노화와 관련된 문제에 대한 거시적인 의사결정에 영향을 미치기 위한 정치적 역량과 옹호 능력을 습득하는 데 있어서 지원을 제공할 수 있다. 즉, 성공적인 노화와 활동적인 노화를 지원할 수 있다.

### (5) 저소득층

우리나라의 저소득층은 중위소득을 기준으로 한다. 최저생계비는 절대적 빈곤선을 의미하고, 중위소득 50%는 상대적 빈곤을 의미한다. 중위소득 대비 30% 이하이면 기초생활수급 생계급여 대상, 50% 이하이면 차상위계층으로 본다. 보건사회연구원에 따르면 우리나라의 절대빈곤율은 2008년 이후 8~9%선이며, 기초생활보장수급자의 비율은 2~3%이다. 노인빈곤율은 2014년에 노인 연금제도를 도입하면서도 약 30% 선이다. 대부분의 OECD 회원국에서는 근로 연령층의 빈곤율과 퇴직 연령층의 빈곤율 간에 차이가 크지 않다. 상당수의 국가는 오히려 노인 빈곤율이 청장년 빈곤율에 비해 낮은 수준인 데 비해, 우리나라는 노인 빈곤율이 청장년 빈곤율보다 5.4배 더 높다. 그 결과 OECD 국가들은 평균적으로 생애주기별 빈곤율이 평탄화되어 있지만, 우리나라의 경우에는 노동시장에서 퇴거가 이루어지기 시작하는 51세 이후 시기부터 빈곤율이 급격하게 증가하기 시작한다. 장애인의 빈곤율은 더욱 높다. 저소득층은 생활과 삶, 교육, 고용, 삶의 질의 문제, 만성적 박탈의 문제로 악순환되기 때문에 사회 정책적 공적 자원의 투입과 사회 복지적 개입이 필수적이다.

이들을 위한 인지행동 개입은 노동시장에 고용되지 못하고 경제적 자원이 거의 없는 취약인구의 경제적 안녕(well-being)을 증가시키기 위한 다음의 세 가지 방법으로 설계할 수 있다. 첫째, 취약인구의 취업을 위한 구직 기술의 습득에 도움을 줄 수 있다. 둘째, 취약인구에서 취업의 유지와 발전에 영향을 미치는 그들의 생산성, 업무의 질, 그리고 적절한 사회 기술을 향상할 수 있는 기술을 교육할 수 있다. 셋째, 취약인구가 그들의 사회적 네트워크와 비영리 민간기관 등과 같은 공익 프로그램과 민간 공급원을 통해 경제적 자원을 얻는 데 필요한 지식과 기술을 배울 수 있도록 돕는다. 또한 인지행동 개입은 저소득 여성의 사회적 지원을 강화하고, 저소득층 자조 집단의 정책위원회에서 지역사회 문제를 해결하기 위해 저소득층의 문제 해결 능력을 향상할 수 있도록 도우며, 저소득층 주민위원회의 위원장이 리더십 기술을 강화하도록 지원할 수 있다.

### (6) 다문화 소수집단

외국인 근로자, 북한이탈주민, 결혼이민자 등은 주거 및 교육상의 차별, 자원이 많은 지역사회에 거주하면서 낮은 수준의 학교 교육을 받을 가능성 등으로 인해 교육, 고용 및 기타 개인적인 목표를 달성하지 못하는 위기에 처할 수 있다. 이들을 위한 인지행동 개입은 일자리를 얻고, 공공 및 민간 부문으로부터 경제적 지원을 확보하며, 개인적인 목표 달성을 위해 멘토의 도움을 받을 수 있도록 하는 것으로 고안할 수 있다.

### (7) 사례(지적장애가 있는 클라이언트를 대상으로 일상생활과 관련한 의사결정에서 선택 증가시키기)

그룹홈에서 지내는 50세의 앨(Al)에게 일상생활의 선택 기회를 제공한 인지행동 개입의 예이다(김희진, 이현정, 최가영 역, 2016 재인용). 앨은 심각한 발달장애로 진단받은 이후 32년 넘게 그룹홈 시설에서 생활해 오고 있다. 그는 한 단어에서 네 단어로 이루어진 구절로만 의사소통을 해서 직원들은 거의 알아들을 수 없다. 집안일과 자기관리 생활은 스스로 거의 해낼 수 있지만, 앨은 일상생활에서 종종 다음 단계를 시작하기 전에 촉진하는 것을 필요로 하였다. 불행하게도 이러한 촉진은 앨이 순응하기를 거절하고 고함을 지르거나, 폭력 및 재산 파괴와 같은 부적절한 행동을 초래하였다. 결과적으로, 앨은 점점 자기관리와 집안일 그리고 공동체 활동에 덜 참여하기 시작하였다. 개입 이전에 행해진 분석에서는 앨이 직접적으로 무엇을 해야 하는지 지시가 주어졌을 때 폭력적이거나 거부적인 행동을 할 가능성이 크다고 밝혔다. 앨은 언제 그리고 무엇을 해야 할지 선택권이 주어지거나 질문을 받으면 그러한 행동을 덜 하는 경향을 보였다.

앨이 먼지 털기, 청소기 돌리기 그리고 후식을 만드는 것과 같은 매일의 반복적인 일을 선호한다고 밝힌 후 각각의 일상적인 일의 정의를 확인하였으며, 그다음 선택을 할 수 있도록 수정했다(예: 자료나 장소, 시간과 같은 측면에서). 예를 들어, 청소기를 돌리는 반복적인 일에서 할 일은 '방으로 청소기를 가지고 가기'와 '청소기 플러그를 콘센트에 꽂기'의 두 가지였으며, 앨에게는 '두 개의 방 중 하나'와 '두 개의 콘센트 중 하나'를 선택하는 권리가 주어졌다(각각의 일상 내에서의 선택권은 각본으로 쓰인 선택지의 도움을 받아, 직원은 앨이 일상적인 활동의 각 단계를 실행하도록 촉진하였다. 예를 들어, 청소기 돌리기를 하도록 설득하는 경우, 직원은 앨에게 청소기를 사무실로 가지고 가고 싶은지 또는 거실로 가지고 가고 싶은지 물었다. 앨은 선택의 기회가 생기면서 표정이 밝아졌다).

이처럼 심각한 지적장애가 있는 청소년과 성인에게도 의미 있는 역할 참여, 선호하는 식음료 선택 등의 기회를 제공하고자 세심한 배려와 자기결정을 증진하는 것은 의미가 있다. 그들의 선호를 확인하고, 선택의 기회를 제공하며, 그들이 선택할 수 있게 기술을 가르치고, 직원이 그룹 홈에 이러한 절차들을 적용할 수 있도록 교육을 받고 자기결정의 기회를 주도록 하는 것은 임파워먼트의 출발이자 그 자체이다. 예를 들어, 거주 시설에서 획일적인 간식을 제공하는 것보다 둘 중 하나라도 선택의 기회를 주는 것이다. 커피에 크림이나 설탕을 넣어서 마시거나 아무것도 넣지 않고 마시는 것, 간식으로 콘칩을 먹거나 자른 바나나를 먹는 것 등 두 가지 중 하나의 선택 기회를 주는 것이다. 의사소통에 한계가 있는 중증 지적장애가 있는 클라이언트에게 식음료 선택권이 주어질 것이라고 말하고, 식음료 샘플들을 제시한 후 클라이언트가 선호하는 것을 자신의 방식대로 선택하게 하는 것이다. 이러한 선택 방법을 교육하기 위해 사회복지사는 개별 혹은 집단으로 사회기술훈련을 시행한다. 관련 연구에서 중증 지적장애인 거주 시설에서 중증 지적장애인들에게 선호하는 식음료를 선택하도록 교육한 이후 이들은 다른 시설의 프로그램 참여에도 자발성이 높아졌다고 한다. 이러한 예가 임파워먼트를 위한 인지행동 개입의 예이며, 왜 자기결정권을 행사할 수 있도록 인지행동 개입과 절차를 마련하는 것이 중요한지를 보여 준다.

## 6. 사례*

이 사례는 여대생인 이성란(가명, 20세)이 낙태한 지 1년 후에 상담을 의뢰한 사례로, 클라이언트는 낙태로 인한 우울과 죄의식의 감정이 계속되고 있었다. 사회복지사는 그녀의 감정에 대해 심도 있는 상담을 한 후 합리정서치료 방법을 통해 바람직하지 않은 정서 상태를 극복할 수 있도록 도왔다.

치료의 초기 초점은 클라이언트의 원치 않는 정서와 비합리적인 행동의 근원이 되는 비합리적이고 부정적인 자기언어(self-talk)를 깨닫게 돕는 것이다. 클라이언트가 이를 깨닫게 된 후에는 더 합리적이고 긍정적인 자기언어의 틀을 가지고 그러한 비합리적인 자기언어에 도전하도록 교육하고 격려한다. 비합리적인 자기언어에 대해 합리적 자기도전을 발전시키기 위해 행동 과제를 부여한다.

이 사례를 보면 사건을 명확히 하고, 사건 자체가 자신을 곤란에 빠뜨린 것이 아니라는 것을 받아들이게 하는 논박(Da), 클라이언트의 비합리적 생각들에 대한 논박 D(B-1~5)를 통해 우울과 죄의식에서 벗어나는 데 도움이 되는 인지로 변화한 것을 볼 수 있다. 이 사례를 통해 합리 정서적 치료의 ABCDE 과정에서 논박을 통한 클라이언트의 합리적 사고로 변화하면서 정서 및 행동의 변화가 어떻게 나타나는지 이해할 수 있을 것이다.

---

* Zastrow, C. (1989). *The practice of social work*. Chicago: The Dorsey Press, pp. 418-420에서 발췌하였다. 독자의 이해를 돕기 위해 사례 속 클라이언트의 이름을 한글명으로 바꾸었다.

**표 6-4** RET 개입 사례

| A(선행사건) | D(a): A에 대한 논박 |
|---|---|
| 나는 13개월 전 임신한 사실을 발견했다. 내가 이 사실을 남자친구인 현승(가명)에게 알리자마자 그는 모든 문제로부터 벗어나려고 하였다. 그는 축구뿐 아니라 야구, 농구 단체연합에 가입해 있었으나 사고로 인해 왼손을 잃은 상태였다. 현승과 내가 데이트를 시작한 것은 사고가 있은 후였다. 나는 곧 그가 매우 의존적인 사람임을 알았으며, 내가 그의 '엄마 노릇'을 해 왔다고 생각한다. 우리가 사귄 기간은 얼마 되지 않았지만 임신이 되고 말았다. 그때 나는 대학 1학년이었고 완전한 대학생활을 꿈꾸었다. 나의 부모님은 항상 나를 존중해 왔기 때문에 나는 이러한 사실을 알려서 부모님에게 상처를 주고 싶지 않았다. 나는 아이를 낳을 수 없다고 느꼈고, 지금도 마찬가지이다. 현승이 떠났을 때 나는 낙태밖에는 다른 대안이 없다고 느끼고 그렇게 한 것이다. 그러나 낙태는 나를 우울하고 죄의식에 사로잡히게 만들었다. | 이 모든 내용은 맨 마지막 문장만 빼고는 모두 사실에 관한 것이다. 낙태를 했다는 자체가 나를 우울하고 죄의식에 사로잡히게 만든 것은 아니다. 나로 하여금 우울과 죄의식을 느끼도록 만드는 것은 낙태를 하는 것은 죄라는 자기언어(self-talk)이다. |

| B(신념 체계) | D(B): B에 대한 논박 |
|---|---|
| B-1 나는 한 인간을 죽였다. | D(B-1) 나는 태어날 때까지는 삶이 시작되지 않는다고 믿는다. 남자친구도 떠나고 아이를 낳아서 혼자 키울 수 없다. 2019년 헌법재판소 판결로 형사법에서 낙태는 죄가 아니다. 태아의 생명권과 임신한 여성의 자기결정권의 문제는 형법상의 문제이다. 형법에서는 생명권을 출산 진통 시를 기준으로 태아가 사람이 될 때 갖는 것으로 본다. 그 이후에 생명권을 논할 수 있다. 태아 상태에서는 여성의 자기결정권이 우선되어야 한다. 이러한 형법적 관점에 근거하여 나는 인간을 죽인 것이 아니며, 나의 자기결정을 존중받을 권리가 있다. |

| | |
|---|---|
| B-2 낙태를 한 것은 나를 부도덕한 사람이 되도록 만들었다. | D(B-2) 낙태는 법적으로 죄가 아니며, 도덕적 책임을 져야 할 일도 아니다. 낙태는 임신 중지이다. 윤리적 딜레마를 경험할 수 있지만, 나의 인생을 위한 나의 임신 중지 선택도 중요하다. 자신을 비도덕적이라고 비난하는 것이 나에게 무슨 도움이 되는가? |
| B-3 낙태를 한 것은 나를 무책임한 사람이 되도록 만들었다. | D(B-3) 낙태에 대한 나의 결정은 내가 아이를 기를 상황이 아니었다는 점에서 책임 있는 것이었다. 현승은 임신 상황을 회피하였고 떠나 버렸다. 나 혼자 감당할 수 없었다. 나는 부모님을 위해 문제를 일으키지 않았다. 내가 미리 주의하지 못하고 사랑을 나눈 것은 무책임한 것이지만, 낙태에 대해선 정당하다고 결론 내렸다. |
| B-4 내가 임신을 하지 않았더라면 현승은 나를 떠나지 않았을 것이고, 지금처럼 외로움을 느끼지는 않았을 것이다. | D(B-4) 나는 아직도 현승에게 끌리는 감정을 갖고 있다고 생각된다. 처음에는 그 사실을 잘 인식하지 못했다. 그러나 지금 시점에서 현승과 관계를 지속해 나갈 수 없다는 것은 명백하다. 외로움은 내가 지니고 있는 또다른 불유쾌한 감정이다. 이는 임신과 낙태 때문에 생긴 감정이 아니다. 내가 나를 비난하여 사람들을 멀리했기 때문이다. |
| B-5 나는 아이를 낳아 가족을 이루기 원치 않았다. | D(B-5) 내가 진정으로 원하는 것은 결혼하는 것, 직업을 갖는 것, 또한 가족을 이루는 것이다. 만약 내가 아이를 낳았다면 학교를 그만두어야 했을 것이며, 장차 내가 원하는 성격의 사람과 만나 결혼하는 것은 더욱 어려운 일일 것이다. |
| B-6 나는 하느님에게 기도하고 삶과 죽음의 문제를 논할 자격이 없다. | D(B-6) 나에게는 나 자신의 최선의 이익을 위해 결정할 권리가 있다. |
| C(결과) | E(효과) |
| 우울하고, 죄의식을 가지며, 다소 외롭다. | 낙태를 한 것에 대한 죄의식과 우울한 감정에서 벗어나고, 다른 사람과 데이트를 시작하며, 현재와 미래에 대한 나의 생각에 초점을 맞춘다. |

## 워크숍: 토론

1. Ellis의 ABCDE 모형에 대해 토의해 보자.

2. 자신의 경험에 비추어 ABCDE 중 ABC를 적용해 보자.

3. 2인 1조로 짝을 이루어 사회복지사와 클라이언트로 역할을 정한 후 A를 설정하고, 이 사건에 관한 생각과 정서 및 행동의 결과를 p. 163의 '서면 과제'를 참고하여 작성한다. 논박 기법 세 가지를 활용하여 생각의 수정을 돕고 수정 기록을 해 보자.

4. 2인 1조로 앞 사례의 논박 기법(D)을 적용해 보고, 생각의 변화와 그에 따른 감정의 변화 등 효과(E)에 대하여 나누어 보자.

제7장

# 위기 개입 모델

현대 사회는 위기 발생의 가능성을 더욱 많이 내포하고 있어 Ulrich Beck은 현대 사회를 위험 사회로 규정하였다. 환경 문제로 인한 잦은 자연재해, 문명의 이기 활용으로 인한 잦은 인재, 빠른 사회 변화로 인한 잦은 사회적 지위의 변동 등으로부터의 상황적 위기 요소와 다원적인 사회구조로 인한 정체감 형성의 어려움과 발달적 위기 요소가 잠재해 있기 때문이다. 세계 1위라는 타이틀을 좀처럼 내려놓지 못하는 높은 자살 사망사고, 우리 사회에서 재난과 트라우마에 대한 사회적 개입의 필요성을 불러일으킨 4·16 세월호 사건, 2022년 10·29 이태원 참사 사건, 증가하는 고독사 등이 여기에 해당한다. 이처럼 사회적 위험이 급증하면서 사회복지 현장에서도 위기 개입의 중요성이 강조되고 있다. 이처럼 사회복지사의 위기 개입 실천에 대한 사회적 요구가 어느 때보다도 높아지고 있어 위기 개입 모델의 교육훈련이 매우 중요하다.

## 1. 위기의 개념

위기는 위험과 기회라는 두 가지 요소가 혼합된 개념이다. 이는 외부 사건으로 인해 격심한 심리적 혼란을 일으키는 경우가 많아서 위기를 내면적인 갈등으로만 다루고자 하였던 전통적인 정신분석적 견해로는 설명이 부족하다. 위기는 외부 촉발 사건의 특성, 개인의 심리적인 반응과 자원, 해결 및 적응 자원 같은 위기 대처 행위에 따라 개인마다 위기를 경험하는 정도가 다르기 때문이다.

## 2. 위기의 유형

위기는 상황적 위기와 발달적 위기로 구분된다.

### 1) 상황적 위기(situational crisis)

위기상태를 촉발하는 사건, 즉 심각한 질병, 외상, 사랑하는 사람과의 사별, 자연재해(지진, 해일, 홍수, 화산폭발 등)와 인재(전쟁, 화재, 건물이나 교량 붕괴, 교통사고 등), 폭력 범죄(강간, 강도 등) 등과 같이 갑작스럽게 발생하는 사건에 의한 위기를 말한다.

### 2) 발달적 위기(maturational crisis)

발달 주기에 따른 성숙 과정에서 만나게 되는 위기(청소년기의 진입, 결혼, 자녀의 출생, 노화 등)를 말한다.

## 3. 위기 개입의 특징

Karen과 Grafton은 위기 개입의 특징을 다음과 같이 말했다(Kirst-Ashman & Hull, 1993: 242-243 재인용).

① 위기 개입의 제일 목표는 클라이언트가 최소한 위기 이전의 기능 수준으로 회복하도록 돕는 데 있다. 즉, 위기 개입의 목표가 직접적으로 위기 상황과 관련된 구체적인 문제에 초점을 두고 이를 다루게 된다는 의미이다.

② 위기 개입은 상대적으로 단기적 접근이다. 위기 개입의 의도가 클라이언트가 위기 이전의 기능 수준으로 회복하도록 돕는 것이기 때문에 위기 개입의 진전은 매우 빠를 수밖에 없다. Caplan은 위기의 전체 기간은 적어도 4주에서 6주 정도라고 하였으므로 위기 개입의 기간도 위기가 아닌 상황에 비해 상대적으로 단기적이다.

③ 구체적이고 관찰이 가능한 문제들이 위기 개입의 표적이다. 위기 개입은 위기와 그 위기에 대한 클라이언트의 문제 양상에 초점을 둔다. 그러므로 위기 개입은 클라이언트의 과거를 탐색하는 데에는 비중을 두지 않는다. 현재의 위기를 즉각 해결하는 것이 중요하기 때문이다.

④ 위기 개입을 할 때는 가장 적절한 치료 전략을 수립해야 하며, 단순히 차선책으로 접근해서는 안 된다. 위기 개입은 위기 상황에 대한 최선의 접근이 되도록 잘 계획이 되어야 한다. 위기란 본질적으로 심각한 상황이 될 수 있으므로 가장 적절한 해결을 모색하는 것 자체가 개입의 최우선 순위가 되어야 한다.

⑤ 위기 개입 사회복지사는 다른 어떤 실천 접근에서보다 그 개입에 있어 더 적극적이고 직접적인 역할수행을 하여야 한다. 물론 가능하면 클라이언트와 협력하여 문제 해결 과정에서 클라이언트가 참여하는 것이 중요하다. 그러나 위기 상황에서는 클라이언트나 가족이 당황하여 아무 생각이나 대안을 찾아내기 어려운 행동 불가능 상태(immobility or frozen position)에 있을 수 있으므로 사회복지사가 해결의 대안을 제시해 주고 이끌어 갈 필요가 있다.

## 4. 위기 개입과 일반 개입의 차이

위기 개입과 일반 개입을 개입 원칙, 클라이언트의 기능, 개입 목표를 기준으로 비교해 보면 다음과 같은 차이가 있다. 우선 위기 개입은 신속한 사정과 개입을 통한 안정화, 추가적인 위험의 경감을 통해 가능한 위기 이전 수준으로 기능을 회복하도록 돕는 것이 특징이다.

## 1) 개입 원칙의 차이

| 구분 | 위기 개입 | 일반 개입 |
|---|---|---|
| 진단 | 신속한 위기 사정 | 완전한 진단적 평가 |
| 초점 | 개인의 즉각적인 외상 사건에 의한 반응 요소에 초점 | 개인 전체에 있어서의 기본적인 원인들, 즉 인격의 구조와 기저에 초점 |
| 계획 | 위기 증상을 경감시키고자 하는 즉각적인 욕구에 초점을 둔 개별화된 구체적인 처방 | 장기적인 욕구를 포함하는 포괄적인 처방 |
| 지식과 기술 | 위기 외상의 즉각적인 통제와 억제를 위한 시간 제한적 단기치료법에 대한 지식과 기술 | 단기 · 중기 · 장기 치료 효과에 체계적으로 영향을 미치는 광범위한 지식과 기술 |
| 결과의 평가 | 위기 전 평형 수준으로 복귀한 것을 입증하는 행동적으로 나타나는 기능의 정도 | 클라이언트의 전체 기능에 있어서 치료 결과를 입증하는 행동적인 변화의 정도 |

## 2) 클라이언트의 기능 차이

| 구분 | 위기 개입 | 일반 개입 |
|---|---|---|
| 정서 | 클라이언트는 자신의 정서적 상태에 대한 이해가 없을 정도로 손상됨 | 클라이언트는 자신의 정서적 상태를 경험하고 이해하기 위한 기본 정서 상태 유지 |
| 인지 | 클라이언트는 인과적, 논리적으로 생각하는 능력이 손상됨 | 클라이언트는 행동과 결과에 대한 합리적인 것과 비합리적인 것 간의 관련성을 인지적으로 이해하는 능력을 보임 |
| 행동 | 행동적으로 클라이언트는 통제하기 어려움 | 클라이언트는 약간의 행동 통제가 가능함 |

## 3) 개입 목표의 차이

| 위기 개입(개입 과정 순서에 따른 목표) | | 일반 개입(특정한 순서가 아님) | |
|---|---|---|---|
| 문제의 정의 | 위기를 촉발한 이슈를 구체적인 용어로 명확화 | 문제의 예방 | 치료보다는 보다 기본적인 것, 가능하면 예방적인 절차의 사용 |
| 안전 보장 | 클라이언트의 위기에 대한 치명성(lethality) 사정으로 클라이언트와 가족의 신체적 · 심리적 안전 제공 | 인과관계적 요인들의 수정 | 과거와 현재의 광범위한 심리적 · 환경적 요인에 대한 포괄적 치료 포함 |

| 지지 제공 | 위기 개입 사회복지사 또는 의미 있는 타인에 의해 클라이언트가 안전을 느끼고 위협을 느끼지 않는 조건의 수립 | 체계적 지지 제공 | 개인의 건강 향상을 위한 포괄적 측정 |
|---|---|---|---|
| 대안 탐색 | 위기와의 관계에서 즉각적으로 상황적인 위험을 경감시킬 수 있는 대안들의 제공 | 성장 촉진 | 치료는 자연적 환경과 발달적 과정들을 방해하기보다는 촉진해야 함 |
| 계획 수립 | 클라이언트의 대처 기술, 위기 개입 사회복지사의 전문성, 클라이언트의 행동성(mobility) 강화를 위한 체계적 개입 계획 수립 | 재교육 | 생애에 걸쳐 대처에 필요한 새로운 적응 모델의 재교육 |
| 실행 | 클라이언트와 위기 상황을 안정시키기 위해 필요한 구체적 시간, 기간, 행동을 위한 동의 획득과 실행 | 정서적 태도의 표현 훈련 | 허용적·수용적 환경에서 정서적 완화를 돕고, 정서적 표현 기술 훈련 |
| | | 갈등과 모순 해결 | 정신분석적 접근에서 치료는 클라이언트가 자신의 행동의 인과관계와 역동적 원인을 통찰하도록 도움 |
| | | 현실 수용 | 변화될 수 없는 것들을 수용하도록 도움 |
| | | 태도의 재조직화 | 보다 긍정적인 인생관을 갖도록 도움 |
| | | 지적 자원의 극대화 | 감각, 지각, 기억, 의사소통, 사고, 자기통제 기능의 향상 도모 |

## 5. 위기 개입의 단계

다른 전통적인 사회사업실천 모델과 달리 위기 개입에서 그 개입 단계를 명확히 구분하기는 어렵지만, 위기 사건에서는 개입 전반에 대한 개요와 전략을 구축하기 위해서 어느 정도의 개입 단계에 대한 구조화를 하여야 실천에 도움이 되기 때문에 많은 위기 개입 모델은 개입 단계를 제시하고 있다.

## 1) Golan의 위기 개입 단계

위기 상황의 치료 모델에서 Golan은 위기 개입의 단계를 초기 단계, 중간 단계, 종결 단계로 분류하여 설명하였다(김기태, 1993: 128 재인용).

- 초기 단계: 관계 형성, 위기의 실재 여부 및 현재의 위기 상황 파악, 사회복지사와 클라이언트가 수행할 계약 수립
- 중기 단계: 현재 상황에서 구체적인 문제 해결을 위해 계획된 과업의 확인과 실행, 부적절한 과업의 수정, 새로운 대처 대안의 습득이 이루어지는 본격적인 개입 실행의 단계
- 종결 단계: 시작부터 현재까지의 개입 상황을 자세히 검토하면서 종결 과업 수행이 이루어지는데, 이 단계에서 중요한 것은 새로운 자원과의 결속 강화, 개발된 대처 유형과 성취의 확인, 사후 계획 등이다.

## 2) McGee의 위기 개입 단계

McGee는 위기 개입을 개시 단계, 개입 단계, 종결 단계의 3단계로 나누었다(김기태, 1993: 129-130 재인용).

- 개시 단계: 관계 형성, 사정, 행동 계획의 개발
- 개입 단계: 행동 계획의 실행으로 신속한 처리가 중요
- 종결 단계: 종결 또는 의뢰가 이루어지고, 사후 처리 단계에서는 클라이언트의 기능 정도와 개입의 효과 확인

## 3) Aguilar와 Messick의 위기 개입 단계

Aguilar와 Messick(1974)은 사회사업실천에서의 문제 해결 모델에 의해 4단계의 위기 개입 과정을 제시하였다. 이들이 제시한 개입 단계를 토대로 세부적으로 살펴보면 다음과 같다(양옥경 외, 2005: 369-374 재인용).

## (1) 사정 단계

그들은 사정 단계에서 좋은 사정을 위한 다섯 가지의 세부 영역을 고려하여야 한다고 제시하였다. 이를 토대로 구체적인 질문 방법을 제시하면 다음과 같다.

첫째, 클라이언트가 왜 오늘 도움을 받으려 하게 되었는가를 고려해 보아야 한다. 무슨 일이 있었는가에 대한 정확한 이해가 필요하다. 대부분 클라이언트는 위기 문제로 사회복지사를 찾아올 때, 위기가 발생하고 바로 찾아오기보다는 약 2주 정도 망설이다가 찾아온다. 물론 위기 발생으로 확인된 클라이언트를 찾아가서 접촉하게 되는 경우의 위기 개입도 많으나, 사회복지사를 찾아온 클라이언트라고 가정할 때 사회복지사가 할 수 있는 전형적인 질문은 "무슨 일로 여기에 오시게 되었나요?"라고 하거나 "무슨 일로 그렇게 화가 나시고 당황스럽게 느껴지시나요?"인데, 이는 가능한 위기 상황을 빨리 파악하는 데 도움이 된다.

둘째, 클라이언트가 현재의 위기와 선행 사건을 어떻게 인식하고 있는가를 고려해 보아야 한다. 이를 위해 클라이언트에게 "이 사건에 대해서 어떻게 느끼십니까?" 혹은 "이 사건이 앞으로 당신에게 어떤 영향을 줄 것 같습니까?" 등으로 질문할 수 있다. 이는 클라이언트가 위기와 선행 사건을 어떻게 인식하고 있는지, 그 일을 얼마나 객관화시킬 수 있는지 등을 파악하게 도와준다.

셋째, 클라이언트에게 주위의 도움을 받을 만한 지지적인 자원이 있는지, 그 자원의 지지 수준과 질은 어떤지 고려해 보는 것이다. 물론 주변에 도움을 줄 수 있는 자원이 많으면 많을수록 좋다. 위기란 매우 스트레스가 되기 때문에 클라이언트가 되도록 빨리 위기 이전의 기능 수준으로 회복되는 것이 중요하기 때문이며, 이러한 지지적 자원은 중요한 보호 요인이 될 수 있다. 이를 위해 사회복지사가 할 수 있는 질문은 "주변에 이 일에 관해서 이야기를 나눌 수 있는 사람이 있습니까?" 또는 "누구와 이야기를 나눌 때 가장 편하십니까?" 등으로 질문할 수 있다.

넷째, 클라이언트가 과거에 비슷한 문제를 겪은 적이 있는지, 있다면 어떻게 해결했는지 고려해 보아야 한다. 당시의 대처 기술이 현재의 위기 극복에 도움이 될 수 있어서 이에 대한 고려가 중요하다. 이를 위한 질문으로, "전에도 이와 비슷한 일을 겪으신 적이 있었나요? 있었다면 그때는 어떻게 해결하셨나요?"와 "평소에 어려운 일이나 그로 인한 스트레스가 쌓이면 어떻게 해결하시나요?" 등으로 질문할 수 있다.

다섯째, 위기 개입에서 반드시 고려해야 할 특수한 영역인 자살 또는 타살의 위험에 대한 부분이다. 클라이언트가 자해 또는 타해의 위험이 없는지의 치명성(lethality)을 반드시 사정하여 위험하다고 판단되면 바로 입원 치료 의뢰와 같은 절차를 즉시 연결하여야 한다. 자살 위험과 관련하여서는 클라이언트가 자살에 대한 구체적인 계획을 세우고 있는지, 어느 정도 치명적인 방법을 계획하고 있는지, 신변 정리나 가족에 대한 염려, 혹은 우울의 정도나 일상생활의 변화가 어느 정도인지 본인과 가족에게 자세히 알아보아야 한다. 이를 위해서는 구체적으로 질문하는 것이 좋다. 또한 타해나 타살의 위험에 대해서는 그동안의 폭력적 표현의 정도나 약물남용 등을 조사해 보아야 한다. 또한 구체적인 대상에 대한 적개심이나 해칠 계획이 있는지 조사하고, 있다면 당사자에게 알게 해 주는 것이 중요하다. 여기서 비밀보장의 이슈는 생명 보호보다 차선이기 때문에 반드시 경고하여 주어야 하고, 후속 조치로 의료기관의 의뢰 등 신속한 조처하여야 한다.

### (2) 계획 단계

이 단계에서는, 첫째, 위기로 인해 클라이언트의 기능에 어느 정도 손상이 있는지, 일상생활의 수행이 어느 정도 회복될 것인지, 직업, 가사, 부모 역할, 학업 등에서 얼마나 회복될 수 있을지, 클라이언트 주변의 자원들은 어떻게 반응하고 있는지, 그들로부터 클라이언트는 어떤 도움을 받을 수 있는지 등에 대한 평가가 반드시 있어야 한다.

둘째, 가능한 잠재적 대안들을 고려하고, 이들의 장단점 평가와 무엇을 추구할 것인지에 대한 행동 계획을 수립한다. 또한 과거에 사용하였던 대처 전략들을 확인하고, 다시 활용하면 유용할 것인지 아닌지 결정하는 것이 포함되어야 한다.

### (3) 개입 단계

위기 개입에는 다양한 실천 기술이 사용될 수 있다. 이는 위기 상황을 어떻게 해석하느냐에 따라 다르다. 그러나 어떤 위기 상황이라도 클라이언트와 관계 형성을 잘하는 것은 여전히 중요하다. 위기란 사회복지사와 클라이언트 모두 빨리 대처해 나가야 하기 때문이다. Aguilar와 Messick은 개입 단계에서 다음의 네 가지 개입 기법이 필요하다고 제안하였다.

### ① 자신의 위기에 대해 지적인 이해를 하도록 돕는다

위기에 있는 사람은 혼란스럽다. 정서적인 혼란 상태에서 명확하고 객관적으로 생각하는 것은 어렵다. 위기 개입의 첫 번째 기능은 클라이언트가 위기 상황을 객관적으로 보도록 돕는 것이다. 사회복지사는 클라이언트가 자신의 강약점을 좀 더 객관적으로 평가하고 위기 해결을 위해 진행해 나가도록 도울 수 있다.

### ② 클라이언트가 표현하기 힘든 감정을 드러내도록 돕는다

스트레스는 종종 불안과 불편함 및 강한 부정적 감정을 불러일으킨다. 사람들은 이러한 감정을 다루려고 노력하며, 이러한 감정들을 통제하고 내면에 담아 두게 된다. 사람들은 불안, 염려, 비탄, 실망, 슬픔에 따르는 통증을 두려워하게 된다. 이러한 모든 억압적인 감정의 보유는 인간을 무능력하게 한다. 무엇이 클라이언트가 위기 이전의 수준으로 회복하는 것을 막고 있는지, 어떤 감정에 걸려 있는지 알아야 한다.

### ③ 대처 기제를 탐색하도록 돕는다

과거에 클라이언트에게 어떤 대처 방식이 성공적으로 사용되었는지, 이것이 지금의 위기에도 적용 가능한지 탐색한다. 또한 새로운 대처 기제로는 무엇이 적절한지 조사한다. 이 단계에서의 개입 과정은 클라이언트가 변하도록 돕는 것이다. 위기 개입은 다른 어떤 개입보다도 직접적이기 때문에 해결을 위해 무엇을 하여야 할지 방향 제시를 해 줄 수 있다. 이것이 도움이 되지 않는다면 새로운 대안들을 확인하고 접근할 수 있도록 도울 수 있다. 클라이언트를 후에 다시 만날 수 있다면 시도되었던 대안의 효과와 진보에 대해 평가할 수 있다.

### ④ 활동 재개(회복)를 돕는다

클라이언트가 자신의 사회적 지지 체계를 형성하거나 재형성할 수 있도록 돕는 것이다. 만일 위기가 사별이나 이혼과 같은 상실로 인한 것이라면, 위기 개입 동안에 클라이언트에게 도움이 될 수 있는 지지 자원을 찾도록 도와야 한다. 건강이나 직업을 상실한 클라이언트에게도 가장 가까운 사람들이 힘이 될 수 있다.

### (4) 위기 대비 계획(종결) 단계

위기 대비 계획(anticipatory planning)은 클라이언트가 미래의 다른 위기를 준비하도록 돕는 것을 의미한다. 위기 개입의 마지막 단계는 클라이언트가 위기를 다루는 과정에서 무엇을 배웠는지 정리하는 것이다. 스트레스에 대처하기 위해 클라이언트가 무엇을 하였고, 위기를 겪어 오는 동안에 배웠던 것을 통해 앞으로 다가올 어려움도 대처해 갈 수 있을 것인지 등을 물으면서 정리하도록 도울 수 있다. 이때 사회복지사의 과제는 클라이언트가 대처 행동들을 명확하고 구체적으로 이해할 수 있도록 돕는 것이 중요하며, 이를 통해 클라이언트가 미래에 위기에 부딪혀서 필요할 때 사용할 수 있도록 돕는 것이다.

이러한 위기 대비 계획은 문제 해결 단계의 종결과 평가의 이슈와 같은 것이며, 위기 개입 자체가 빨리 진행되므로 이 단계 또한 진전이 빠르다는 것이 특징이다. 즉, 사후 계획 동안에 이와 같은 내용을 다루고 요약하면서 평가가 진행되는데, 평가의 초점은 효과적인 대처 기제에 있다. 이를 다루면서 종결도 즉시 따르게 된다. 또한 문제 해결 단계에서의 사후 관리 단계가 여기에 포함되는데, 위기 개입의 경우 항상 가능하지는 않으나 의뢰해야 하는 경우가 많으므로 의뢰하고 난 후 의뢰를 공고히 하고 확인하면서 사후 관리를 할 수 있다.

## 6. 사례*

사회복지 현장에서 재난 사건에 대한 위기 개입은 주로 자원봉사 동원과 일차적 피해복구에 참여하는 것으로 이루어졌다. 2014년 온 국민을 충격에 빠뜨린 세월호 사건에서는 사회복지 위기 개입이 다른 차원에서 이루어졌다. 지역사회 위기와 생존자들, 유족들의 심리·사회적 위기 회복에 초점을 두었다. 안산 단원고등학교 학생들의 수학여행 중 일어난 재난이기에 사회복지사들은 공동체의 회복과 생존자 및 유가족의 회복을 위해 안산지역의 10개 종합사회복지관이 네트워크 형식으로 '우리 함께'라는 조직을 구성하여 재난사회복지를 자구적으로 실천하였다. 이는 매우 고무적이

---

* 서울시정신건강증진센터(2011), 자살위기 개입매뉴얼, pp. 37-42의 사례를 발췌하였다.

며 중요한 발자취를 남긴 의미 있는 실천이었다. '우리 함께'는 2014년 6월 1일 공식
출범하여 2018년 8월 31일까지 4년 3개월 동안 세월호 참사 피해 유가족과 지역사회
를 대상으로 사회복지실천 활동을 전개하였다.

　'우리 함께'는 사무국을 중심으로 유가족, 특히 희생자 형제자매를 지원한 가족 지
원 활동과 지역사회 캠페인, 추모행사 등을 통해 갈등과 분열이 나타나기 시작한 지
역사회의 통합을 목표로 공동체 회복 활동을 수행하였다. 재난의 직접 피해자인 유
가족을 지원하는 미시적 차원부터 지역사회 통합이라는 거시적 차원까지 복합적인
재난지원 활동을 전개하였다. '우리 함께'를 이용한 경험이 있는 세월호 유가족(부모
나 형제자매) 10명의 인터뷰 자료를 질적으로 분석한 이윤희와 강미경(2019)은 사회복
지사들의 서비스가 유가족에게 준 영향을 다음과 같이 분석하였다. 꾸준히 곁을 지
키며 가족의 마음을 먼저 살피고, 가족의 상황을 이해하며 위로해 주고 공감해 준 사
회복지사에게서 유가족들은 '진정성'을 느꼈고, 신뢰가 쌓이며 마음이 열렸다. 전문
가인 척 안 하고 스며들 듯이 늘 곁에서 함께하면서, 가족들의 욕구를 중심으로 세심
하고 충분하게 지지해 주었다. 이것이 힘이 되어 유가족들은 자조적 가족공동체가
되었고, 사회복지사들은 믿고 의지할 만한 진정한 이웃이 되었다. 내적으로는 자신
에게 맞는 회복 방법을 조금씩 발견하고, 시민의식과 공동체 의식도 생기면서, 점차
자조와 회복의 힘을 얻게 되었다.

　이처럼 재난의 회복은 일상 복귀와 기존 삶의 체계와 재연결이 되어야 가능하다.
안산지역 사회복지기관 네트워크의 실천과 같이 이웃이 되어 함께하며, 생존자들의
자조적인 활동의 공간을 마련해 주면서 클라이언트가 아니라 주민으로서 그들의 활
동과 입장을 존중하며, 동시에 그들의 필요에는 민감하게 반응하면서 지원하는 접근
이 회복에 큰 힘이 되었을 것이다. 외상의 의미를 되새기며 혼자가 아닌 공동체로 함
께 대응하며, 이러한 일이 반복하지 않도록 정책의 변화를 위해 노력하고, 다른 재난
생존자를 돌보면서 성숙해지는 계기가 되었다. 이처럼 위기 개입은 클라이언트가 살
아가는 친근한 지역에서 지역사회복지기관이 센터가 되어 회복을 지원하는 것이 매
우 중요하다. 레질리언스 강화와 임파워먼트 접근이 회복을 강화할 수 있다. 이는 재
난의 외상적 경험을 겪은 개인뿐 아니라 지역사회의 레질리언스를 강화하는 것이고,
인생의 바다에서 또 만날 수도 있는 다른 위기에 대응할 힘이 생기는 것이기 때문에
중요하다(김정진, 2022).

　　다음은 자살 위험에 관한 위기 개입 사례이다. 대화체로 되어 위기 상황에서 어떻게 안정시키고 자살 예방개입을 할 수 있는지 잘 보여 주고 있는 사례이다.

**표 7-1** 위기 개입 사례

| 1단계 문제 접수하기 | |
| --- | --- |
| [사례 1]<br>클라이언트: 무슨 말부터 해야 하는지 모르겠어요. 어떤 말부터 해야 하는 거죠?<br>사회복지사: 네, 저희는 ○○○을 하는 곳입니다. 어떤 하실 이야기가 있어서 전화하셨을 텐데요. 어떤 것 때문에 상담 전화를 하셨는지 천천히 이야기하시면 됩니다.<br>클라이언트: 이렇게 사느니 그냥 죽어 버리는 게 좋겠다고 생각하다가 인터넷에 보니 상담을 할 수 있다고 해서 전화해 본 거예요.<br>사회복지사: 그냥 죽어 버리는 것이 좋겠다고 하셨는데 무슨 일이 있으신 건지 자세히 설명해 보세요. | 탐색<br>클라이언트들은 어떻게 이야기를 시작해야 하는지 몰라 불안해하는 경우가 많다. 이때 사회복지사의 역할과 기관을 소개하는 것이 클라이언트의 불안을 낮춰 준다. |
| [사례 2]<br>클라이언트: 제가 하는 이야기는 비밀 유지가 되는 거죠? 아무한테도 이야기하시면 안 돼요.<br>사회복지사: 제가 ○○○ 님과 나눈 이야기는 ○○○ 님이 원하지 않는 이상 다른 사람에게 이야기하지 않을 거예요. 하지만 ○○○ 님을 위한 경우라고 판단된다면 다른 사람에게 이야기할 수도 있습니다. | 비밀유지<br>클라이언트의 동의 없이는 비밀을 유지해야 한다. 하지만 클라이언트가 자해·타해 위험에 노출되었거나 위험이 명확한 경우에는 동의가 없어도 주변에 알려야 한다. |
| **2단계 문제 정의하기** | |
| [사례 3]<br>(119를 통해 3자 통화 의뢰된 자살 위험성이 높은 클라이언트)<br>클라이언트: (몹시 흥분하고 다급한 목소리) 다 필요 없어! 지금 여기가 어딘지 알아? 아파트 옥상이야! 지금 난간에 걸터앉아 있는데 당신이 날 어떻게 도와줄 거지? 뛰어내리면 끝이야!<br>사회복지사: 어떤 문제가 있는지, 어떻게 도와드릴 수 있는지 그런 이야기를 나눠 보려고 하는데 지금 난간에 걸터앉아 계신다고 하니까 제 마음이 불안해서 어떻게 도와드려야 하는지 생각이 안 나는군요. 잠깐 안전한 곳으로 나오셔서 이야기를 하시죠.<br>클라이언트: 이야기를 해서 무슨 도움을 줄 수 있지?<br>사회복지사: 어떤 도움을 드릴 수 있는지는 이야기를 해 봐야 아는 거죠. 그러니까 잠깐 안전한 곳으로 나와서 우리 이야기해 봐요.<br>클라이언트: (흐느낌) | 안전 확보하기<br>자살은 충동적인 경우가 많기 때문에 시간을 버는 것이 중요하다. 급박한 충동적 상황을 벗어나야 한다.<br>사회복지사는 당황스럽고, 불안하더라도 침착하며, 담담해야 한다. |

사회복지사: 난간에서 좀 나오셨어요? 지금 어디세요?

클라이언트: 계단 쪽으로 나왔어요. 전 죽는 수밖에 없어요.

사회복지사: 어떤 것 때문에 죽으려 했는지 이야기해 보세요. 제가 이야기 들어 드릴 수 있어요.

[사례 4]

사회복지사: 자살하겠다고 하셨는데 구체적으로 어디까지 계획한 상황이신가요? 자살을 언제 하실 계획이세요?

클라이언트: 22일이요.

사회복지사: 다음 주 월요일이군요.

클라이언트: 네.

사회복지사: 어떤 방법으로 자살을 하실지도 생각하셨나요?

클라이언트: 네. 차에서 연탄을 피우려고요.

사회복지사: 연탄은 어떻게 구하실 계획이에요?

클라이언트: 얼마 전에 연탄이랑 구해서 지금 차에 갖다 났어요.

사회복지사: 구체적으로 계획을 세워 놓으셨군요. 정말 걱정이 되네요. 이전에도 자살 시도를 해 보신 적이 있으세요?

클라이언트: 아뇨. 시도해 본 적은 없었어요. 하지만 이번엔……

[사례 5]

사회복지사: 이제 자살을 하지 않기로 결심하셨는데, 결심을 실행에 옮기도록 하죠.

클라이언트: 어떻게 할까요?

사회복지사: 자살을 하려고 준비했던 농약(약, 끈, 칼 등)을 다 쓰레기통에 버리도록 해요.

클라이언트: 알겠어요. 조금 있다 버릴게요.

사회복지사: 지금 결심하셨으니까 지금 하시는 것이 어떨까요?

클라이언트: 지금 버려도 다시 주워 올 수도 있잖아요.

사회복지사: 그럴 수 있죠. 하지만 저는 ○○○ 님이 약속을 지키실 거라 믿어요. 지금 바로 도구를 없앰으로써 다시 한번 스스로에게 자살하지 않겠다는 약속을 하는 거죠.

클라이언트: 알겠어요. 지금 버릴게요.

사회복지사: 다 버리셨나요?

클라이언트: 네.

사회복지사: 직접 자신의 손으로 버리니까 어떤 기분이 드세요?

---

**자살의 위험성 평가하기**

자살에 대해 구체적인 계획을 갖고 있을수록 위험성이 높으므로 계획의 구체성에 대해 확인해야 한다. 자살에 대해 솔직하게 이야기 나누는 것이 필요하다.

상담을 통해 클라이언트와 관계 형성이 잘 되면 자살 도구를 없애도록 해야 한다.

**자살도구 제거**

자살도구가 주위에 있다면 자살의 위험성이 계속 유지됨을 의미한다. 클라이언트와 신뢰가 쌓이게 되면 자살도구를 제거하도록 설득한다.

(가능한 한 다시 습득할 수 없는 방법으로 버리도록 한다.)

194    제7장 위기 개입 모델

## 3단계 지지하기

| | 명료화 |
|---|---|
| **[사례 6]**<br>클라이언트: 그래서 그렇게 하려고 하는데…….<br>사회복지사: 그렇게 하려고 한다는 게 무슨 뜻이죠?<br>클라이언트: 그런 것 때문에 차라리 죽으려고 한다고요.<br>사회복지사: 네. …… 때문에 자살하시려고 하는 거군요. | 클라이언트의 말이 어떤 뜻인지 알 수 없을 때에는 구체적으로 설명할 수 있도록 재질문한다. |
| **[사례 7]**<br>클라이언트: 저의 아버지가 10년 전에 자살하셨어요. 그때는 어려서 잘 몰랐는데, 집안 형편이 어려워서인 것 같아요. 그 후 집안이 더 어려워져서 엄마는 술집에서 일하고 계세요. 그래서 짜증이 나요. 왜 내 인생은 이따위인 거죠? 다 싫어요. 그냥 다 꺼져 버렸으면 좋겠어요.<br>사회복지사: 그러니까 경제적 어려움 때문에 10년 전에 아버지께서 자살하셨고, 그 후부터 어머니가 술집에서 일하시고 계시는데 그것 때문에 짜증이 나고 화가 나는 것이군요? | 요약<br>면담 중 주기적으로 클라이언트가 말한 것을 요약해 주는 것이 필요하다.<br>이는 경청하고 있다는 것을 확인시켜 주는 효과도 있다. |
| **[사례 8]**<br>클라이언트: 막상 뛰어내리려고 옥상에 올라가서 아래를 내려다봤는데, 다리가 떨어지지 않고……. (침묵)<br>사회복지사: 네. 계속 이야기하세요.<br>클라이언트: 몸도 부들부들 떨리고… 내가 죽은 모습을 생각해 보니 끔찍하고. 그래서 그냥 내려왔어요. 나는 자살도 못하는 사람이에요. | 촉진<br>이야기를 계속 해 나갈 수 있도록 지지해 줌으로써 말할 용기를 얻게 된다. |
| **[사례 9]**<br>클라이언트: 정말 더 이상 방법이 없어요.(눈물을 흘리며) 죽는 것밖에는 다른 방법이 없어요. 흑흑…… 이제 어떻게 살아요. 앞으로 고생할 게 뻔한데 사는 게 더 힘들어요. 흑흑……. (눈물을 흘린다.)<br>사회복지사: (침묵)<br>사회복지사: (오랜 침묵 후) 지금 어떤 생각을 하고 계세요? | 침묵<br>클라이언트의 감정이 지나치게 북받쳐 있을 때 섣부르게 위로하거나 설명하지 말고 침묵을 사용한다. 클라이언트는 침묵을 통해 자신의 이야기를 한 발 물러서서 생각할 수 있다. |

## 4단계 대안 탐색하기

**[사례 10]**

사회복지사: 자살을 하게 되면 어떤 것이 좋아지는 걸까요?

클라이언트: 죽어 버리면 가족이 편해지겠죠. 나도 편해질 거고요.

사회복지사: 나와 가족이 편해질 거라고 하셨는데, 어떤 점이 편해진다고 생각하세요?

클라이언트: 가족은 신경 쓸 사람 하나 없어지는 것이니까 편해지겠죠. 나 역시도 이런 꼴 저런 꼴 안 보고 살 수 있으니까 편해질 거고요. 물론 가족도 잠깐 고통스럽겠죠. 또 죽으면 편할지 안 편할지 그건 모르지만 사는 것보다는 나을 것 같아요.

**[사례 11]**

사회복지사: 네.……이전에도 같은 고민을 해 오셨던 것 같은데, 이전에는 자살 생각을 하지 않다가 이번에는 자살을 생각하게 된 이유는 무엇일까요?

클라이언트: 이전까지는 그래도 여자친구가 있었으니까요. 같이 논의도 해 보고, 위로도 받고 그랬는데 이젠 없잖아요. 그러니까 이제 버틸 힘이 없어요.

**[사례 12]**

사회복지사: 그럼, 만약 어떤 것이 조금이라도 나아진다면 자살하지 않을 것 같으세요? 그러니까 해결해야 할 문제가 뭐라고 생각하세요?

클라이언트: 다니던 직장을 계속 다니는 거죠. 직장을 다니면 꾸준히 수입이 생기니까요.

사회복지사: 결국 돈을 벌지 못하기 때문에 죽겠다고 하는 거군요.

클라이언트: 뭐. 따지고 보면 그렇죠.

사회복지사: 살아가려면 꾸준한 수입이 필요하긴 한데, 꾸준한 수입이 없는 것이 내 목숨과 바꿀 만큼 중대한 것인가 생각이 드는군요. 어떻게 생각하세요?

## 5단계 계획 세우기

**[사례 13]**

사회복지사: 자, 그럼 지금 겪고 있는 어려움을 해결하기 위해서는 어떤 일부터 해야 할까요?

클라이언트: 그게 막막해요. 어디서부터 어떻게 해야 할지 모르겠어요.

사회복지사: 일단 우선순위를 정해야 할 것 같아요. 급하고 중요한 문제부터 해결하고, 중요하지 않은 문제는 천천히 해결해야 할 것 같은데 가장 중요하고 급한 문제는 무엇이라고 생각하세요?

---

**자살의 오류 인식하기**

자살을 선택했을 때 얻을 이익에 대해 질문하면 대부분 막연한 환상이나 오류를 갖고 있다. 그 오류를 스스로 이야기하면서 자신을 객관적으로 바라볼 수 있게 된다.

**촉발 요인**

왜 지금에 와서 자살을 계획하게 됐는지 물으면 강점을 찾을 수 있다.

**욕구 확인 및 대안 마련하기**

무엇이 달라지길 원하는지 사회복지사가 질문하는 것도 클라이언트가 객관적으로 자신을 바라볼 수 있게 한다.

**우선순위 정하기**

클라이언트는 어디서부터 어떻게 해야 할지 모르는 경우가 많다. 사회복지사는 중요하고 급한 문제부터 스스로 해결해 나갈 수 있도록 가이드 역할을 할 수 있다.

클라이언트: 자꾸 무기력하고 자살 생각이 드는 게 제일 문제겠죠.

사회복지사: 그렇군요. 제가 보기에도 일단 우울한 기분이 해결이 돼야 다른 문제들도 하나하나 해결할 수 있겠죠? 그렇기에 일단 우울증 치료가 가장 우선될 것 같아요.

클라이언트: 병원을 가 봐야 하는 건가요?

사회복지사: 네. 우선 병원에 가서 어떻게 하면 효과적으로 우울한 기분을 나아지게 할 수 있는지 알아보는 게 좋을 것 같아요.

## 6단계 참여 유도하기

[사례 14]

사회복지사: ○○○ 님, 이야기를 들어 보니 지금까지 잘 견뎌 오셨군요. 하지만 이제는 혼자서 해결하기 어려울 만큼 힘든 상황이니 도움이 필요하다는 생각이 드네요.

클라이언트: 네, 좀 도와주세요. 정말 이러다가 진짜로 자살할 것 같아 무서워요.

사회복지사: 네. 저희랑 만나서 어떤 도움을 받을 방법이 있는지 같이 찾아보죠. 필요하다면 치료 정보도 드릴 수도 있고요.

클라이언트: 네. 도와주세요.

사회복지사: 네. 일단 오늘은 안정이 되셨으니 식사하시고 주무시고요. 저희가 내일 전화를 다시 한번 드리겠습니다. 언제 통화가 가능하세요?

클라이언트: 어차피 집에 있으니까요. 아무 때나 전화하셔도 돼요.

사회복지사: 그럼, 오전 10시에 전화 드릴게요. 괜찮으시겠어요?

클라이언트: 네.

사회복지사: 그리고 앞으로 자살시도는 하지 않고 자살하고 싶을 때에는 저희랑 상의하겠다는 약속을 했으면 해요. 약속하실 수 있으시죠?

클라이언트: 네. 약속할게요.

사회복지사: 네. 그리고 충동적으로 자살하고 싶은 생각이 또 들 수 있거든요. 그럴 땐 행동을 취하기 전에 꼭 저희에게 전화 주세요. 전화번호는 1577-0199예요. 지금 휴대전화에 저장하세요. 전화를 하시면 저희는 언제든 전화를 받고 도움을 드릴 것입니다.

### 서약하기

클라이언트와 신뢰관계가 형성되었다면 자살을 하지 않겠다는 서약을 하는 것도 좋다. 서약은 강제성이 없지만 지키려고 하는 힘이 있다. 자살 생각이 들 경우, 도움을 요청하겠다는 약속과 언제나 도움을 줄 준비가 되어 있는 사람이 있다는 것만으로도 클라이언트는 안정을 느낀다.

1. Aguilar와 Messick의 위기 개입 단계를 토대로 다음의 사례를 가지고 위기 개입을 적용해 보자.

**가족사항**

| 관계 | 연령 | 동거여부 | 직업/학교 | 비고 |
|------|------|----------|-----------|------|
| 친부 | 40세 | 비동거 | – | 이혼 후 관계 단절 |
| 친모 | 35세 | 동거 | 무직 | 우울증 및 아동과 은둔생활 |
| 친언니 | 13세 | 비동거 | – | 친부와 함께 생활 |
| 아동 | 7세 | 동거 | – | 지적장애 1급 판정 |

**가족력**

–부모는 IMF 이후 부의 실직으로 인한 경제적 어려움과 폭력으로 7년 동안 별거를 하였고, 이후 여러 차례 부와 재결합을 시도하던 모는 친조모와의 갈등으로 이혼함.

–아동의 언니는 친조모가 데려가 부가 양육하고 있으며, 아동은 모가 양육을 하게 됨.

–이혼 후, 모는 서울에서 잠시 이모의 도움으로 생활하다가 모와 아동은 외조모가 있는 지역으로 거주지 옮김.

–외조모는 치매로 요양병원에 입원 중이며 모는 친인척과 연락이 두절된 상태임.

–모는 모든 기관의 개입을 거부하고 아동과 함께 고립된 생활을 하고 있음.

–모는 우울증으로 정신병원에 입원한 적이 있으나 지속적인 치료가 되지 않았고 이성을 심하게 경계한다고 함.

–아동은 지적장애 1급 판정을 받음.

**사례 개요**

–한부모 어머니 가정으로 아동 모의 은둔생활로 인해 모가 아동을 집 안에서만 방치하며 아동이 적절히 보호되지 못하고 있어 방임 상태가 심각함.

–아동은 지적장애 1급 판정을 받아 병원 진료 및 약물 치료가 필요한 상황임에도 모가 방임하여 적절히 치료받지 못하고 있음.

2. 2인 1조로 자살 위기 개입 사례의 대화를 실연하며 연습해 보자.

제8장

# 동기강화 모델

최근 사회복지실천에서 직접적으로 활용할 수 있는 상담 모형으로 동기상담 (motivational interviewing)이 주목받고 있다. 동기상담은 알코올 및 약물 중독자를 위한 상담 모델로 출발하였으며 동기강화 모델로 알려져 있다. 사회복지 현장에도 비자발적이거나 비협조적인 클라이언트, 복합적인 문제를 가진 클라이언트가 증가하면서 적극적인 사회복지 개입으로 진입하는 과정에서 동기강화 모델이 보편적으로 활용도가 높다는 인식이 증가하면서 보급되고 있다. 일찍이 Perlman은 문제 해결 모델에서 클라이언트의 문제 해결에 대한 동기의 중요성을 강조하였다. 이처럼 일반적인 사회복지실천에서도 초기 단계에서 클라이언트의 동기 형성을 위한 상담 개입으로 동기상담의 유용성이 클 것이다. 이에 동기상담의 원리와 기법을 구체적으로 살펴본다.

## 1. 개념과 특성

동기상담은 변화를 위한 동기를 끌어내고 안내하는 협력적이고 인간 중심적인 대화이다(Miller, 1983). 이는 상담의 초기 관계에서 라포 형성이 중요함을 강조한다. 동기상담의 핵심은 행동 변화에 관한 양가감정의 확인, 탐색, 해결이다. 즉, 동기상담은 클라이언트의 양가감정을 탐색하고 해결함으로써 그 사람의 내면에 있는 변화 동기를 강화할 목적으로 하는 클라이언트 중심적이면서 지시적인 방법이라고 정의할 수 있다. 동기상담은 다음과 같이 다른 치료 기법과 구별되는 특성이 있다(신성만, 권정옥, 손명자 역, 2006).

첫째, 동기상담은 클라이언트의 관심과 관점에 초점을 맞추며, Carl Rogers의 클라이언트 중심 모델의 영향을 받은 인간 중심적인 상담이자, 클라이언트의 현재 관심과 염려에 초점을 맞춘다.

둘째, 동기상담에서는 의식적으로 지시적인 방법을 사용한다는 점에서는 Rogers의 방법과 다르다. 동기상담은 양가감정의 해결 방안 모색을 위한 의도를 가지고 진행하며, 가끔은 특정한 방향으로 변화가 일어나도록 클라이언트로부터 변화 대화를 끌어내어 이를 선택적으로 강화하는 지시적 방법을 활용하기 때문이다. 또한 클라이언트의 저항을 감소하기 위하여 의도적인 방법으로 저항에 반응한다. 동기상담은 클라이언트의 양가감정 해결 방안을 모색하기 위해 사회복지사가 클라이언트의 말에 선택적으로 반응하여 클라이언트가 변화를 향하여 나가도록 돕는다.

셋째, 동기상담은 면담 기술들의 모음이라기보다는 의사소통 방법이다. 동기상담은 근본적으로 사회복지사가 클라이언트와 함께하는 협력을 강조하며, 클라이언트들에게서 자연적 변화가 일어나도록 사회복지사가 효율적인 의사소통으로 접근하는 방법이다.

넷째, 동기상담의 초점은 클라이언트에게 내재하여 있는 변화 동기를 끌어내는 것이다. 동기상담은 동기 강화 전략과는 다르다. 동기 강화 전략은 법적 구속력, 처벌, 사회적 압력, 재정적 이익 등과 같은 외적인 수단을 통해 변화시키는 행동수정 접근이다. 행동치료에서는 종종 클라이언트 주위의 사회 환경을 재배열하여 클라이언트의 어떤 행동은 강화를 받고 다른 행동은 강화를 받지 않도록 한다. 이처럼 행동수정의 환경적 강화 접근법이 상당히 효과적일 수 있다. 이에 반해, 동기상담은 내적인 동기에 초점을 맞추는 것이다. 법정 명령과 같은 외적인 압력에 의해 할 수 없이 상담을 받기 시작한 사람들과 동기상담을 할 때도 그들의 내적 동기에 초점을 맞춘다.

다섯째, 동기상담은 변화를 끌어내는 데 중요한 역할을 하는 양가감정을 탐색하고 이 양가감정을 해결하는 데 초점을 둔다. 즉, 클라이언트의 내면에서 변화에 대해 동기화되는 과정을 중점으로 다룬다. 동기상담은 클라이언트의 가치관과 신념에 맞지 않는 변화를 강요하지 않는다. 이는 어떤 식으로든 클라이언트가 변화에 관심이 없으면 변화는 일어나지 않을 것이고, 클라이언트 자신의 가치관이나 관심이 변화와 관련이 있을 때 변화가 생기게 된다고 가정한다.

## 2. 동기상담의 정신

동기상담은 사회복지사가 클라이언트와 협동하는 관계를 형성하고, 클라이언트에게 내재하여 있는 동기를 유발하며, 스스로 선택할 수 있는 자율성 부여를 강조한다. 이 세 가지가 지켜져야 변화의 내적 동기와 변화 행동이 촉진된다고 믿는다.

### 1) 협동 정신(collaboration)

동기상담은 클라이언트의 관점을 존중하고 클라이언트와 파트너 정신으로 해 나가는 것이다. 사회복지사는 클라이언트를 억지로 변화시키기보다는 변화하도록 분위기를 조성하는 협동 관계를 중요시한다.

### 2) 유발성(evoking)

변화에 대한 동기는 클라이언트의 내면에 내재하여 있다고 가정한다. 동기상담 기법을 활용하여 클라이언트의 느낌, 관점, 인생 목표, 가치관을 인식하도록 도와 변화 동기를 끌어내는 유발성을 강조한다.

### 3) 자율성(autonomy)

사회복지사는 클라이언트가 스스로 선택하고 결정할 수 있는 선택의 자유권과 능력이 있다고 생각하고 또 그렇게 말한다. 그리고 이 선택 자율권을 촉진하여 자율성을 강화하는 것을 중시한다.

## 3. 동기상담의 일반 원리

동기상담의 정신을 기반으로 〈표 8-1〉과 같이 네 가지의 일반 원리와 네 가지의
상담 전략을 구체적으로 차별화하고 있다. 우선 동기상담의 기본 원리 네 가지를 자
세히 살펴본다(신성만 외, 2006).

### 1) 공감 표현하기

공감 표현하기를 위해 사회복지사에게 요구되는 태도와 기술은 경청이다. 공감을
표현하려면 사회복지사는 반영적 경청을 하면서 클라이언트를 판단, 비판, 비난하지
않고 클라이언트의 느낌이나 관점을 이해하고자 애쓰는 것이 기본이고, 이것이 수용
이다. 수용은 동의하고 인정한다는 말과 같은 뜻이 아니라, 그 관점을 수용하고 이해
하는 것을 말한다. 또한 사회복지사가 클라이언트를 수용하는 태도로 대해야 한다는
뜻은 클라이언트가 상담의 궤도에서 벗어나는 표현을 하거나 어떤 관점을 보일 때 사
회복지사가 이를 지적하지 않아야 함을 의미하는 것도 아니다. 사회복지사의 수용하
는 태도의 초점은 클라이언트의 관점을 이해하고자 하는 열망으로 그 사람의 말을 존
중하는 태도로 귀를 기울이는 데 있는 것이다. 이렇게 사람을 있는 그대로 수용해 주
면 스스로 변화하고 싶어 하는 역설적인 현상이 만들어지고, 반면 강력한 표현으로
수용하지 않는 말(너는 형편없다, 너는 달라져야만 한다) 등을 들으면 사람들은 변화에
대해 꼼짝도 하지 않는 경향이 있다. 또한 변화와 관련하여 사람들은 변화를 원하면
서도 자신 문제행동의 변화를 주저하게 되는 양가감정을 겪는 것이 일반적이므로 클
라이언트의 양가감정을 병리적이나 해로운 방어기제로 보지 않고 이를 공감하고 인
정하여 양가감정을 해결하게 도와주는 것이 중요하다.

### 2) 불일치감 만들기

동기상담과 전통적인 클라이언트 중심 상담의 차이는 여기서 나타나기 시작한다.
동기상담에서는 변화에 앞서 해결해야 하는 문제가 양가감정이므로 양가감정을 해

결하는 방향으로 의도적이고 지시적으로 상담이 이루어진다. 전체적으로 탐색을 주로 하는 클라이언트 중심 상담은 변화 동기의 문제보다는 사람들이 자신의 삶을 정리한다든지 혹은 어려운 결정 때문에 고민할 때 적합하다. 동기상담은 의도적이며 지시적으로 양가감정에 묶여 꼼짝 못하는 사람을 움직일 수 있게 하는 쪽으로 지원한다. 즉, 클라이언트의 관점에서 본 자신의 현재 행동과 자신의 더 넓은 목적과 가치관 사이에 불일치감을 찾아서 이를 증폭시키는 것이다.

## 3) 저항과 함께 구르기

새로운 관점은 유도되어야 하지 강요되어서는 안 된다. 클라이언트는 해답과 해결책을 찾아가는 제1 자원이다. 저항은 반응을 바꾸라는 신호로 이해하고, 논쟁하지 않으며, 인내하고 기다려 주는 것이다.

## 4) 자기효능감 지지해 주기

자기효능감(self efficacy)은 어떤 행동이나 활동을 수행하며 특정 목표를 성공적으

**표 8-1** 동기상담의 일반 원리와 개입 전략

| 일반 원리 | 기술과 전략(OARS)과 변화 대화(DARN-CAT) |
|---|---|
| 1. 공감 표현하기: 수용을 해 주면 변화가 촉진된다. 이때 노련한 반영적 경청이 필수적이다. 클라이언트가 양가감정을 느끼는 것은 정상이다.<br>2. 불일치감 만들기: 사회복지사가 아닌 클라이언트가 변화에 대한 논쟁을 펴야 한다. 변화 동기는 현재의 행동과 개인의 중요한 가치관 사이에 불일치감을 느낄 때 생기게 된다. | O(Open ended questions): 개방 질문, 주제에 관한 탐색<br>A(Affirmation): 클라이언트의 강점 확인, 자기효능감 지지<br>R(Reflection): 반영적 경청, 공감 표현의 기본 기술, 변화 지향, 목표 지향으로 가기 위해 양가감정의 해결이 필수임. 양가감정의 해결을 위해 다양한 유형의 반영적 경청<br>S(Summaries): 대화의 진전을 위해 불일치감을 만들려면 사회복지사가 잘 이해하고 있고 대화에 관심이 있음을 보여 주는 데 유용함<br><br>DARN-CAT<br>클라이언트가 변화를 고려하고 동기가 생겼다는 것을 알 수 있는 다음의 진술들을 하는지 파악하고 변화를 적용하고 유지할 수 있도록 돕기 위해 변화 대화를 지속하도록 이끄는 것이 중요하다. |

3. 저항과 함께 구르기: 변화에 대한 논쟁을 피하라. 저항에 직접적으로 맞서면 안 된다.
4. 자기효능감 지지해 주기: 변할 수 있다는 개인의 믿음이 중요한 동기요인이다.

• 변화를 고려하는 변화 대화의 시작
  Desire: 난 변화하고 싶다.
  Ability: 난 변화할 수 있다.
  Reason: 변화하는 것이 중요하다.
  Need: 난 변화해야 한다.
• 긍정적 변화를 기대하는 변화 대화의 적용
  Commitment: 난 변화하겠다.
  Activation: 난 준비되어 있다. 변화하려고 한다.
  Taking steps: 난 변화를 위해 구체적으로 행동하려고 한다.

로 해낼 수 있다는 자신의 능력에 대한 신념이다(Bandura, 1977). 사람의 변화 능력에 대한 사회복지사의 믿음은 클라이언트의 자기효능감을 지지해 주는 기반이 된다.

## 4. 동기상담과 변화 단계

클라이언트에게 내재하여 있는 변화 동기를 끌어내고 변화는 가능한 것이고 자신에게 이익이 되므로 변화를 위한 준비와 실행을 하고 유지하도록 돕는 것이 동기상담이다. 〈표 8-2〉는 동기상담을 통해 단계별로 알코올 중독자의 단주와 생활 변화를 돕기 위해 변화를 숙고하기 전부터 유지하기까지의 단계별 동기상담 전략을 요약한 예이다. 알코올 중독은 재발이 잘되는 만성질환이므로 재발을 하게 되면 원인을 분석하여 숙고 단계로 돌아가 다시 시작하게 된다. 제9장의 변화 단계와 실천 기술을 함께 학습하면 좋을 것이다.

표 8-2  단계별 동기상담 전략

| 변화 단계 | 내용 |
| --- | --- |
| 숙고 전 단계<br>(변화하고자 하는 마음이 없는 단계) | • 라포 형성, 신뢰감 형성이 중요<br>−중독의 위험에 대한 사실적 정보 제공<br>−술의 장점과 단점 탐색<br>−변화의 필요성 및 가능성 지지 |

| 숙고 단계<br>(변화를 위한 동기강화 단계) | • 양가감정의 탐색 및 자각<br>　－중독의 부정적 결과를 알고 중단을 선택하도록 지지<br>　－변화를 위한 동기부여 강화<br>　－의지와 결단에 대한 변화 대화 이끌기 |
|---|---|
| 준비 단계<br>(변화계획에 대한 결심지지 단계) | • 변화의 필요성 인식과 결심 지지<br>• 변화의 가능성에 대한 희망 부여<br>• 구체적인 변화 전략 지지<br>• 변화 장애물 예상 및 기대수준 조절<br>• 변화 단계를 타인에게 알림 |
| 실행 단계<br>(변화 노력 단계) | • 변화에 대한 실천 노력 지지<br>• 구체적 생활방식 수정<br>• 고위험 상황 발견 및 대처 능력 향상<br>• 재발에 대한 경계 강화<br>• 자기효능감 향상/변화 유지 강화 |
| 유지 단계<br>(행동실천관리/재발 예방) | • 변화된 행동 유지 및 변화된 생활양식 지지<br>• 자기효능감 인정<br>• 위기대처 능력 연습 향상<br>• 보상 및 관계 회복에 초점<br>• 재발 시 '탈출 계획' 고려<br>• 보다 높은 단계 회복에 초점 |
| 중독행동재발 단계<br>(재발 혹은 실수에 대한 위기 개입) | • 재발 원인 분석<br>• 변화의 한 과정으로 받아들임<br>• 변화 단계 수립/실행 단계로 진입하도록 격려 |

# 5. 동기상담의 실제

　첫 회기에서 상담 분위기나 상담에 대한 기대가 정해지므로 첫 회기는 중요하다. 단 한 번의 상담에서도 사회복지사의 행동이 클라이언트의 변화나 상담의 장기적인 효과에 미치는 영향은 강력하다. 첫 회기에서 라포 형성은 클라이언트의 상담 지속 여부 결정에 영향을 준다. 시작이 반이라는 속담이 있듯 동기상담은 시작을 중시하고, 다음과 같이 첫 상담을 이끌어 가도록 제안한다.

## 1) 시작 구조

사람들이 상담을 받으러 올 때 가지고 오는 기대는 아주 다양하다. 그들은 상담에서 비판, 치유, 충고, 질문, 경청, 비난, 훈계, 약물이나 위로 등을 받게 될 것이라는 기대하고 올 수 있다. 문제가 있어 자발적으로 찾아온 사람들도 치료에 막상 임할 때 갖는 기대는 다양하고, 동시에 불안, 근심, 희망 등도 느낄 것이다. 그러므로 사회복지사는 첫 회기뿐만 아니라 상담 전반에 걸친 주요 사항을 간결하게 구조화하여 상담을 시작할 때 클라이언트에게 소개해 주면 좋다. 잘 짜인 오리엔테이션은 클라이언트의 마음도 편안하게 하고 상담 시작의 출발도 좋게 한다. 잘 구조화된 진술문에 포함해야 할 몇 가지 요소는 다음과 같다.

- 상담 시간의 양
- 사회복지사의 역할과 상담 목표
- 클라이언트의 역할
- 반드시 알아 두어야 할 세부 사항들
- 열린 질문

다음은 상담 시작의 한 예이다.

"이제부터 약 1시간가량 함께 시간을 보낼 것입니다. 이 1시간 동안 당신이 상담을 받으러 오게 된 이유를 알고 싶습니다. 이번 시간의 대부분은 당신이 하는 말을 주로 듣겠습니다. 그래야 현재 상황에 대한 당신의 생각이 어떤 것이며, 또 무엇을 염려하는지에 대해 알 수 있을 것입니다. 상담을 받는 동안 어떤 일이 생겼으면, 혹은 생기지 말았으면 하는 그런 희망을 당신은 가지고 있을 텐데 그게 어떤 건지 듣고 싶습니다. 이 시간을 마칠 때쯤에는 몇 가지 필요한 정보를 얻기 위해 구체적인 질문을 제가 할 것입니다만, 우선 이대로 그냥 시작합시다. 지금 제 말을 들으면 어떤 생각이 드십니까?"

### • 안건 정하기

안건 정하기는 처음 상담 시작 때부터 사회복지사가 마음속 한편에 늘 명심하고 있어야 하는 이슈이다. "클라이언트와 무슨 이야기를 하지?"라는 기본 질문이 바로 그것이다.

## 2) 다섯 가지 초기 방법

다음에 기술되는 구체적인 방법 다섯 가지는 상담 첫 회기에서뿐만 아니라 동기상담 전반에 걸쳐 유용하게 사용할 수 있는 상담 기술이며 전략이다. 이것들을 '초기' 방법이라고 부르는 것은 상담 초기에만 유용하고 그다음에는 버려도 되는 것이라는 뜻이 아니고 초기부터 당장 그것들을 적절하게 사용해야 할 만큼 중요하기 때문이다.

첫 네 가지 방법은 약자 OARS(Open questioning: 열린 질문하기, Affirming: 인정하기, Reflecting: 반영하기, Summarizing: 요약하기)로 요약한다. 다섯 번째 방법인 변화 대화(change talk) 끌어내기는 동기상담만의 보다 지시적이고 특정적인 것이다. OARS의 네 가지 방법을 통합하여 사용하면서 다섯 번째 대화인 변화 대화로 진전하도록 돕는다.

### (1) 열린 질문하기(Open questioning)

다섯 가지의 초기 방법 중 처음 네 가지 방법(OARS)은 클라이언트가 말을 많이 하도록 촉진한다. 그중에서도 OARS의 첫 번째 기법인 열린 질문하기는 클라이언트가 대화 대부분을 끌어가도록 닫힌 문을 여는 열쇠이다. 열린 질문을 하면 클라이언트가 길게 대답하게 된다. 닫힌 질문(짧은 대답)을 할 필요도 있지만, 동기상담의 초기 단계에서는 닫힌 질문은 가능한 한 적은 것이 좋다. 만약 클라이언트가 무언가 이야기하고 싶어 한다는 느낌이 들면 간단하게 문을 열어 주는 열린 질문으로도 충분하다. 몇 개의 예시를 보자.

"상담받으러 오신 것을 보니 아마 뭔가 이야기하고 싶은 것이 있으리라 짐작이 됩니다. 무엇을 이야기하고 싶으십니까?"

"당신이 왜 여기에 오셨는지 궁금합니다. 여기에 무슨 일 때문에 오셨습니까?"

"당신에게 어떤 걱정이 있어 보이네요. 말씀해 보십시오."
"전화상으로 당신은 자신에게 어떤 문제가 있고, 그래서 그에 대해 이야기하고 싶다고 말씀하셨습니다. 처음부터 시작해서 지금 이 자리에 오기까지 있었던 일들을 이야기해 보시겠습니까?"

양가감정으로 인해 많이 혼란스러워하는 클라이언트와 주요 문제에 관해 이야기할 때는 동전의 양면처럼 열린 질문과 닫힌 질문을 같이 사용하거나, 한 덩어리로 연결된 비교적 중립적인 열린 질문을 하면 좋다. 어떤 사회복지사들은 클라이언트들이 현재 가지고 있는 '문제' 행동 또는 상황에 대해 클라이언트 스스로 그다지 나쁘지 않다고 생각하고 있는 측면에 대해 먼저 질문한 다음 그 문제에 대한 불편한 측면도 포함하여 묻는 방식으로 질문을 한다. 다음의 몇 가지 예가 있다.

"마약 사용에 관해 이야기를 나누어 봅시다. 그것을 하면 어떤 좋은 점이 있습니까?…
(그러고 나서 나중에 또 묻는다.) 안 좋은 점은 무엇인가요? 마약을 사용하면서 걱정되는 것은 무엇입니까?"
"몇 년 동안의 결혼생활을 통해 깨닫게 된 것을 이야기해 봅시다. 어떤 것이 변했으며, 그 변화가 당신에게 어떤 영향을 미쳤습니까?"
"자신의 도박 행동에 관해 이야기하러 여기에 오신 줄 알고 있습니다. 도박에 대해 저는 잘 모르니 제가 이해할 수 있도록 말씀해 주십시오. 도박하면 무엇이 즐겁고, 안 좋은 점은 무엇입니까?"

열린 질문을 하는 것은 인정하기, 반영하기, 요약하기로 이어질 기회를 여는 것이다. 다음의 예는 좋은 의도였지만 도움은 되지 않는 상담의 예이다. 이 클라이언트는 자신의 양가감정을 탐색하도록 도움을 받지 못하고, 대신 해결책을 향하여 나아가도록 조급하게 압력을 받고 있다. 이 상황에서 사회복지사는 클라이언트의 말을 한 번도 진정으로 경청하지 않았고, 클라이언트가 이야기를 계속하거나 탐색할 열린 질문을 한 번도 주지 않았다. 대화의 진전이 없이 클라이언트는 여전히 답답한 마음으로 상담실을 나서게 될 것이다.

**도움이 되지 않는 예**

클라이언트: 그를 떠나야 할지 말아야 할지 모르겠어요.

사회복지사: 생각해 보고 자신에게 최선이 되는 쪽으로 결정해야 합니다.

클라이언트: 그러나 그게 바로 어렵다는 겁니다! 뭐가 최선인지를 모르겠어요.

사회복지사: 아니요, 당신 마음속에는 뭐가 자신에게 최선인지 알고 있어요.

클라이언트: 글쎄요. 나는 내가 그냥 함정에 빠진 것 같은 느낌이에요. 이 관계가 숨이 막혀요.

사회복지사: 헤어지면 어떤 느낌이 들까를 알기 위해 잠깐 헤어져 있어 보는 걸 생각해 본 적이 있습니까?

클라이언트: 그러나 나는 그를 사랑해요. 만약 내가 떠나면 그는 상처를 많이 받을 거예요!

사회복지사: 그러나 만약 당신이 그대로 있으면 그건 당신 인생을 낭비하는 것일 수 있습니다.

클라이언트: 그렇지만 내가 그렇게 하면 그건 이기적인 것이 아닐까요?

사회복지사: 당신 자신을 위해서 그렇게 해야 한다고 봅니다.

클라이언트: 내가 어떻게 그렇게 할 수 있을지 또 그걸 견딜 수 있을지를 모르겠어요.

사회복지사: 나는 당신이 잘 해낼 거라고 확신합니다.

## (2) 인정하기(Affirming)

OARS의 두 번째 기법인 A는 인정하기이다. 상담 과정 중에 클라이언트를 말로 직접적으로 인정해 주고 지원해 주면 클라이언트와의 라포도 형성되고, 클라이언트가 드러내고 자기 문제를 탐색해 보고자 하는 마음도 강화된다. 즉, 인정하기는 클라이언트에게 칭찬한다든지, 감사하다고 말한다든지, 이해한다고 말한다든지 하는 것이다. 반영적인 경청을 통해 클라이언트를 지지할 수도 있지만, 직접적인 말로 지지를 할 필요가 있을 때도 있다. 다음은 인정하는 표현의 몇 가지 예이다.

"오늘 정시에 와 주셔서 고맙습니다."

"오늘 큰 결심을 하고 여기에 오신 것을 고맙게 생각합니다."

"그렇게 오랫동안 그런 어려움을 견뎌 오셨다니 당신은 분명히 내적인 힘이 엄청난 사람입니다."

"그거 좋은 생각입니다."

> "만약 제가 당신 입장이라도 그 엄청난 스트레스를 견디기 힘들었을 겁니다."
>
> "당신은 정말로 어떤 면에서는 정신력과 의지가 강한 사람이군요."
>
> "당신은 다른 사람들과 함께 행복해하고 그들에게 웃음을 선사하는 것이 즐거우시군요."
>
> "오늘 함께 대화하면서 당신에 대해 조금 알게 되어서 기쁩니다."

### (3) 반영하기(Reflecting)

OARS의 세 번째 기법인 R은 반영하기이다. 반영하기는 반영적 경청이라고도 하는데, 여기에는 의미 반영하기와 정서 반영하기가 있다. 반영적 경청 반응을 할 때 사회복지사는 클라이언트의 말이 의미하는 것을 추측하게 되는데, 이것이 반응의 핵심이다. 사람은 말하기 전에 상대에게 전달하고자 하는 어떤 의미를 가지고 말을 한다. 이 의미는 언어로 부호화되어 표현되지만 보통 불완전하게 표현된다. 사람들은 자신이 생각하고 있는 의미를 말속에 충분히 담아내지 못하기 쉽다. 그러므로 듣는 사람은 표현된 말을 정확하게 듣고 그 말의 의미를 해독해야 한다. 반영적 경청자는 말하는 사람이 의도했던 본래의 의미가 무엇인가를 합리적으로 추측하고 이렇게 추측한 것을 진술문의 형태로 말을 하여, 클라이언트가 말하고자 하는 의미로 반영한다. 진술문과 질문의 차이는 미묘하여 모두가 다 그것을 알아채는 것은 아니다. 다음의 두 반영문 사이에서 들리는 느낌의 차이를 생각해 보자.

> "불편함을 느끼시나요?"
>
> "불편함을 느끼시는군요."
>
> "당신은 어머니에게 화가 나나요?"
>
> "당신은 어머니에게 화가 나는군요."

주된 차이는 억양에 있다. 질문은 억양이 올라가고, 진술문은 억양이 부드럽게 내려간다. 반영적 경청 진술문은 끝의 억양이 보통 내려와야 한다. 그것은 이해했다는 뜻이 담긴 진술문이 되어야 하기 때문이다.

반영적 경청으로 클라이언트에게 반응하기 위해서는 먼저 사회복지사가 반영적으로 생각하는 훈련을 스스로 해야 한다. 사람들이 한 말의 의미일 것이라고 믿고 있는 것이 말한 사람의 실제 의미가 아닐 수도 있다는 것을 늘 의식하고 있어야 한다. 진술 문 대부분은 같은 문장이라도 쓰인 상황에 따라 다양한 의미가 있다. 예를 들어, "나 는 내가 좀 더 사회성이 있으면 좋겠어."라고 말하는 사람의 말에는 어떤 의미가 들어 있을 수 있을까? 몇 가지 추측 가능한 의미를 생각해 보자.

> **예**
> "나는 외로워요. 좀 더 많은 친구가 있으면 좋겠어요."
> "나는 낯선 사람과 이야기할 때 매우 긴장해요."
> "사람들을 사귀는 데 시간을 좀 더 할애해야 할 것 같아요."
> "나는 내가 인기가 있으면 좋겠어요."
> "사람들과 같이 있을 때 나는 할 말이 생각이 안 나요."
> "사람들은 나를 파티에 초대하지 않아요."

반영적으로 생각한다는 것은 어떤 말을 들으면 그 말의 의미를 생각해 보고, 가장 가능성이 큰 의미를 추측해 내는 것이다. 이때 추측한 의미가 맞는지 점검해 보는 과 정이 있어야 한다. 요점은 의미를 반영하기 위한 사회복지사의 진술은 하나의 문단 안에서 클라이언트가 한 말에 의도적으로 다음 말을 끌어내는 것이지, 클라이언트의 마지막 문장을 단순하게 반복만 하는 것이 아니라는 것이다. 이와 같은 노련한 형태 의 반영을 '문단 이어 가기(continuing the paragraph)'라고 한다.

> **예**
> **클라이언트:** 저는 때때로 제가 술을 너무 많이 마시지 않나 하고 걱정해요.
> **사회복지사:** 그동안 술을 너무 많이 마셨나 보군요.
> **클라이언트:** 그렇게 많이는 아니라고 생각합니다. 많이 마실 수 있지만 그러고 싶지 않아요.
> **사회복지사:** 사람 대부분이 마시는 것보다는 많이 마신다는 말씀이군요.
> **클라이언트:** 그래요, 사람 대부분이 취해서 쓰러져도 저는 더 마실 수 있어요.
> **사회복지사:** 그래서 다른 사람들보다 많이 마시는 것이 걱정되시는군요.

**클라이언트:** 글쎄요, 그것도 그렇고 술 마시고 난 뒤의 느낌도 걱정되고 그래요. 술 마신 다음 날 아침에는 보통 기분이 엉망이에요. 신경이 날카롭고 아침 내내 생각이 흐리멍덩하고 그래요.

**사회복지사:** 그래서 그게 뭔가 이상하다고 느끼시는군요.

**클라이언트:** 예, 그게 뭔가 이상한 것 같아요. 그동안 그렇게 많이 생각해 보지는 않았습니다만 그러나 늘 정신이 흐리멍덩한 건 좋지 않다고 생각해요. 그리고 때로는 어떤 걸 기억을 잘하지 못해요.

**사회복지사:** 술 마시는 동안 일어난 일이 기억이 잘 안 난다는 말이죠.

**클라이언트:** 그것도 그렇습니다. 때때로 술을 마신 몇 시간 동안의 일이 그냥 멍하게 생각이 안 나요.

**사회복지사:** 지금 자신의 기억력에 문제가 있는 것 같다고 말한 건 그런 뜻으로 말씀하신 건 아니죠.

**클라이언트:** 예, 아닙니다. 술을 마시지 않을 때도 무얼 자주 기억을 못 하는 것 같고, 생각이 명쾌하지 않아요.

**사회복지사:** 그런 증상들이 자신이 마시는 술 때문인지 궁금해하고 있군요.

**클라이언트:** 술 이외에 어떤 이유가 있는지 모르겠어요.

**사회복지사:** 옛날에도 지금과 같은 증상이 있었나요?

**클라이언트:** 예, 아닙니다. 이렇게 된 건 지난 몇 년 전부터였어요. 아마도 나이가 들어 가고 있기 때문인지도 모르겠습니다.

**사회복지사:** 나이가 45세가 되면 일어날 수 있는 일이기도 하죠.

**클라이언트:** 아니요, 아마도 저는 술 때문인 것 같아요. 잠도 잘 자지 못해요.

**사회복지사:** 그러니까 당신은 자신이 마시고 싶은 대로 술을 마셔서 자신의 건강과 수면과 뇌에 아마도 손상을 주고 있을 것 같다고 생각하시는군요.

**클라이언트:** 그렇지만 저는 알코올 중독자가 아니에요. 결코 그런 적이 없어요.

**사회복지사:** 그 정도로 나쁜 건 아니다. 그러나 여전히 걱정은 된다는 말씀이죠.

**클라이언트:** '걱정한다'라는 건 아니지만 이에 대해 생각은 많이 하는 것 같아요.

**사회복지사:** 그리고 뭔가 조처해야 하지 않을까 생각해서 여기에 오신 거죠?

**클라이언트:** 그렇다고 생각됩니다.

**사회복지사:** 여기에 오긴 했지만 뭔가 확신이 없군요.

**클라이언트:** 저는 제가 무얼 원하는지를 잘 모르겠어요.

> **사회복지사:** 지금까지 당신이 한 이야기를 제가 이해한 대로 요약해 보면 당신은 그동안 술을 너무 마셨고 그래서 당신의 건강이 상하고 있다고 스스로 생각합니다. 그러면서도 자신의 음주 습관을 바꾸고 싶은지는 아직 확신이 서지 않는 것 같습니다.
>
> **클라이언트:** 말의 앞뒤가 안 맞는 것 같지요?
>
> **사회복지사:** 그만큼 당신은 혼란을 느끼고 있다는 의미이겠지요.

　이 대화를 보면 사회복지사가 중간에 어떤 방해되는 말도 끼워 넣지 않고, 대화를 이어 가면서 클라이언트가 말하고자 하는 것과 염려하는 것이 무엇인지 생각을 끌어내고 있다. 이처럼 생각의 의미를 반영하는 상담의 목적이 클라이언트에게서 변화대화를 끌어내는 것이기 때문이다.

　한편, 클라이언트의 정서를 반영하는 것은 클라이언트가 표현한 정서의 강도를 높게 혹은 낮게 사회복지사가 표현하는 것이다. 사회복지사가 클라이언트가 표현한 정서의 강도를 약간 낮춰서 말한다면, 클라이언트는 그 표현된 정서에 대해 더 탐색하고 이야기할 가능성이 크다. 다음의 예를 보자.

**높은 강도의 정서 표현**

> **클라이언트:** 제가 아이를 기르는 방법에 대해 이러쿵저러쿵 말씀하시는 어머니가 저는 그냥 싫어요.
>
> **사회복지사:** 어머니 때문에 정말로 화가 나셨군요.
>
> **클라이언트:** 아, 아뇨, 화는 아니에요. 그래도 제 어머니인데요. 뭐…….

**낮은 강도의 정서 표현**

> **클라이언트:** 제가 아이를 기르는 방법에 대해 이러쿵저러쿵 말씀하시는 어머니가 저는 그냥 싫어요.
>
> **사회복지사:** 어머니 때문에 약간 속이 상하셨군요.
>
> **클라이언트:** 그래요. 어머니가 항상 저를 보고 고치라고 지적하고 비난하시니 짜증이 납니다.

　클라이언트의 정서 반영은 낮은 강도로 표현하는 것이 안전하다는 것을 알 수 있다.

이상과 같이 의미와 정서를 반영하는 기법을 살펴보았다. 반영을 한다는 것은 단순히 클라이언트의 말을 수동적으로 비추어 주고 반복하는 것이 아니라, 방향성 혹은 의도성이 있다. 즉, 클라이언트가 한 말 중에서 무엇을 반영하고 무엇을 무시하며, 무엇을 강조하고 무엇은 덜 강조해야 하는지, 또 의미 포착을 위해 어떤 단어를 사용할 것인지를 사회복지사가 결정하기 때문이다. 따라서 클라이언트가 한 말의 어떤 점을 강화하거나 그 말의 의미를 약간 바꿀 목적으로도 반영 기술을 사용할 수 있다. 예를 들어, 클라이언트로부터 변화 대화가 나오면 사회복지사는 그것을 우선하여 반영한다.

### (4) 요약하기(Summarizing)

동기상담 초기나 상담 전반에 걸쳐 사용되는 OARS 방법의 네 번째 기법인 S는 요약하기이다. 요약은 말 전체를 연결하고 이때까지 한 말의 내용을 명료하게 강화하기 위해 하는 것이다. 예를 들면, 클라이언트의 변화 대화를 끌어내고자 할 때는 정기적으로 클라이언트의 말을 요약해 주는 것이 좋다.

"그러니까 당신의 말을 요약해 보면 심장발작을 겪고 나서 마음이 정말 약해졌다. 그렇다고 죽음을 두려워하는 것은 아니다. 당신이 걱정하는 것은 장애를 가지고 가족에게 부담을 주는 그런 삶을 살게 되지 않을까 하는 것입니다. 당신의 삶에 대한 목표는 손자들이 자라는 것을 보고 싶고, 당신이 이때까지 어떤 특별한 의미가 있고 쭉 해 오던 일을 그만두고 싶지 않다는 것입니다. 이전만큼의 강도로는 할 수 없다 하더라도 계속하고 싶다. 그런 말씀이시지요? 그 외에 또 하실 말씀은 어떤 것이 있습니까?"

요약하기에는 세 가지 종류가 있다. 첫 번째는 앞에서 한 것과 같은 수집 요약(collecting summary)으로서 클라이언트와의 대화를 탐색하는 동안 클라이언트에게서 변화 대화에 관한 주제가 여러 번 나올 때 하는 것이다. 이는 꽃을 하나씩 모아서 작은 부케를 만들어 되돌려주는 것과 비슷하다. 수집 요약은 보통 몇 문장만으로 구성되기 때문에 짧게 하고, 클라이언트의 이야기 흐름을 방해하는 것이 아니라 지속되게 해야 한다. 수집 요약을 한 끝에는 "그 외에 하실 말씀은요?" 또는 말을 지속하게 만드는 몇 마디를 하는 것이 좋다("그 외에 하실 말씀은요?"는 열린 질문이라서 지속적인 탐

색을 유도하지만, "또 다른 하실 말씀이 있습니까?"라는 닫힌 질문이라서 말 그대로 "예." 또
는 "아니요."로 대답하게 되는 데, "아니요."라고 대답을 하게 만들기 쉽다). 하지만 수집 요
약을 너무 자주 하면 클라이언트에게 오히려 인위적인 느낌을 줄 수 있고 자연스러운
탐색을 방해할 수 있다.

　두 번째는 연결 요약(linking summary)인데, 이는 이전에 혹은 앞의 회기에서 클라
이언트가 했던 말과 지금 클라이언트가 하는 말을 연결하는 것이다. 수집 요약과 연
결 요약의 차이는 모호하나 그 목적은 약간 다르다. 수집 요약은 클라이언트의 변화
대화를 끌어모아 클라이언트가 이야기를 계속하도록 만드는 것이다. 연결 요약은 클
라이언트와 이전에 이야기했던 두 개나 그 이상의 내용 간의 관계를 클라이언트가 다
시 음미해 보도록 하기 위한 것이다. 연결 요약은 특히 클라이언트의 양가감정을 명
료화할 때 도움이 될 수 있다. 양가감정이 있는 경우, 전형적으로 하게 되는 내적 경
험은 변화해야 할 이유와 변하지 않고 그대로 있을 이유의 두 생각하고 있음을 깨닫
게 하고, 동시에 이 두 가지 생각의 장단점을 점검해 보도록 해 주는 방법이다. 연결
요약의 예는 다음과 같다.

"당신은 두 가지 방향의 생각을 하는 것처럼 들리는군요. 한편으로는 당뇨병을 오랫동안 잘
관리하지 못해 생기는 합병증인 실명, 절단과 같은 일이 일어나지 않을까 걱정하고 있어요.
그건 생각만 해도 우울하게 되죠. 얼마 전에 응급실에 실려 갔던 사실도 당신을 두렵게 하고,
그때 만일 아무도 당신을 발견하지 못했다면 당신 아이들은 아버지가 없는 아이들이 될 수
있었다는 걸 깨닫게 되었죠. 다른 한편으로는 평상시에는 스스로 자신에 대해 상당히 젊고
건강하다고 느끼죠. 그래서 당뇨병에 해가 되더라도 그냥 좋아하는 음식을 즐기고 당뇨 합병
증은 멀리 있는 것 같이 느낍니다. 당신은 당뇨병에 대해 걱정을 하기도 하고, 동시에 걱정하
지 않기도 하는군요."

　세 번째는 전환 요약(transitional summary)인데, 이는 한 초점에서 다른 초점으로의
이동을 알리고자 할 때 사용하는 요약이다. 전환 요약은 회기의 마지막에 회기 전체
를 요약하기도 하고, 단계 1에서 단계 2로 넘어가도 되는가를 시험하기 위해 사용하
기도 한다. 특히 1회기의 끝에 전환 요약을 하면 실질적인 도움이 되는데, 이는 1회기

를 통해 깨닫게 될 것을 전부 한곳에 모아 주기 때문이다. 이런 요약을 할 때, 요약 진술 안에 무엇을 포함하고 무엇을 강조할지를 사회복지사가 결정해야 한다는 것을 기억하라. 전환 요약을 할 때는 그것에 이어 다음에 무엇이 이어지는지를 공식적으로 알리는 서론적 진술을 하는 것이 좋다. 다음은 첫 회기의 끝에 전환 요약을 적절하게 사용하여 서론적 진술로 마무리한 예이다. 클라이언트가 더 할 말은 없는지 질문하는 것도 포함하고 있다.

"시간이 다 된 것 같습니다. 이제 제가 당신이 지금까지 했던 말을 요약해 보려고 합니다. 그렇게 하면 우리가 지금 어디에 있고, 어디로 가려고 하는지를 알 수 있을 겁니다. 만약 요약 중에 중요한 사실을 제가 빠뜨린다면 알려 주세요. 당신은 자신의 음주 행동과 마리화나 흡입에 대해 남편이 걱정하기 때문에 여기에 왔습니다. 만약 당신의 남편이 당신에게 압력을 가하지 않았다면 당신은 아마도 여기에 오지 않았겠죠. 그러나 당신이 자신의 문제를 탐색하는 데 이야기를 많이 털어놓았고 그렇게 해 주신 것에 감사하게 생각합니다. 당신이 술과 마리화나와 관련된다고 여기고 있는 인생의 문제들에 대해 제가 물었고 당신은 몇 가지를 언급했죠. 당신은 근래에 계속 아주 우울하고 피곤함을 느껴 왔으며 인생에 대한 의욕이 생기지 않는다고 말했어요. 그러고는 다시 그것이 음주와 마리화나와 관계가 있을지 모른다고도 했죠. 그게 원인 전체라고는 믿지 않지만요. 당신은 남편이 당신을 혼자 여기에 보낸 것에 분개합니다. 왜냐하면 어떤 면에서 당신의 문제 일부분은 당신 남편과도 관계가 있다고 생각하기 때문이죠. 당신에게 실시한 검사 결과에 의하면 당신은 상당히 알코올 의존도가 높고 술보다는 정도가 덜하긴 하지만 마리화나에도 상당히 의존하고 있다고 나와 있어요. 그리고 이에 대해 어떤 조처하지 않으면 그 의존도는 점점 심각해질 것이라는 걸 자신도 알고 있습니다. 2년 전에 한 번 체포되었을 때 알코올 수치가 0.20이 넘었고 정말로 아주 많이 취해 있었죠. 비록 그때 당신은 자신이 그렇게 많이 마셨다고 느끼지 않았지만요. 술에 대한 이런 내성 자체가 어떻게 위험 요소가 되는지에 대해 우리는 이야기했어요. 당신은 또한 술과 마리화나 때문에 당신이 바라는 모습의 엄마가 되지 못한 것에 대해 걱정했어요. 그리고 당신의 아이들이 약물 문제를 가지고 성장하길 원치 않는다고 했어요. 당신의 주치의는 아마도 음주 때문에 위가 나빠졌을 거라고 말했지요. 한편, 동시에 당신은 쉬고 싶고, 가족 때문에 생기는 무거운 스트레스로부터 도망가고도 싶어서 술과 마리화나를 사용해 왔다고 했어요. 당신은 술과 마리화나 없이 인생을 어떻게 살아갈 수 있을지 모른다고 했어요. 그래서 지금 당신은 어떻게 해야 좋을지 모릅니다. 요약이 잘 되었나요? 빠뜨린 것은 없습니까?"

## (5) 변화 대화

앞의 OARS 기법은 변화 대화로 진전하도록 돕는 것이며, 변화 대화는 동기상담의 특징적이고 핵심적인 방법이다. 동기상담은 직면적 방법과 정반대이다. 일반적으로 직면적 방법에서 사회복지사는 '문제와 변화'에 대해 직면시키고, 클라이언트는 이에 대항하여 방어하게 된다. 직면적 대화가 종종 해가 되는 이유는 클라이언트가 변화하지 않으려는 태도를 고수하게 만들기 때문이다. 하지만 동기상담은 클라이언트가 변화 대화를 하도록 함께 탐색하고 협상하며, 의사결정을 함께하는 과정을 중시한다. 변화 대화는 클라이언트가 다음과 같이 '현상 유지의 불이익을 깨닫는' 진술을 할 때, 클라이언트가 변화를 고려하기 시작했다는 것을 알아차릴 수 있다.

"제가 느끼고 있는 것보다 저에겐 문제가 더 있을 것 같습니다."

"저의 행동이 가족에게 어떤 영향을 주는지에 대해 전에 이처럼 많이 생각해 본 적이 정말로 없습니다."

"제가 가진 문제가 심각한 것이군요."

"아마도 그동안 저는 위험한 짓을 바보같이 해 온 것 같습니다."

"만약 제가 변하지 않으면 결국에 가서는 어떤 일이 일어날지 모릅니다."

이와 반대로 변화하면 좋아지는 점을 대화에 반영한다.

이처럼 변화 대화가 시작되면 이에 대하여 주목하고 변화 대화로 지속하도록 이끌어 가는 것이 중요하다. 가장 간단하고 직접적으로 변화 대화를 끌어내는 방법은 클라이언트에게 직접 질문하는 것이다. 열린 질문을 하면 클라이언트가 자기 생각이나 느낌, 염려 등을 깊이 생각해 보도록 만들 수 있다. 클라이언트에게 문제가 있는지를 물어보기보다는(예: "당신은 자신이 문제가 있다고 생각합니까?") 클라이언트의 변화에 대한 양가감정을 인정하고, 변화에 관한 생각을 촉진하기 위한 다음과 같은 변화 대화를 이끄는 열린 질문 기법들을 활용한다.

## 변화 대화로 이끄는 열린 질문의 예

- 현상 유지의 불이익
  - "현 상태에 대해 걱정되는 것은 무엇인가요?"
  - "혈압에 대해 뭔가를 해야 할 필요가 있다고 왜 생각하게 되었습니까?"
  - "마약 복용으로 인해 그동안 겪은 어려움이나 골치 아픈 일은 무엇인가요?"
  - "당신의 음주에 대한 자신이나 다른 사람들이 걱정하는 문제는 무엇입니까?"
  - "어떤 면에서 이것이 당신에게 걱정이 됩니까?"
  - "이 문제로 인하여 하고 싶은 일을 어떻게 못 하게 됐나요?"
  - "만약 당신이 변하지 않으면 어떤 일이 일어날 것으로 생각합니까?"

- 변화의 좋은 점
  - "당신은 어떻게 변화되기를 바랍니까?"
  - "체중을 줄이면 좋은 점은 무엇일까요?"
  - "지금부터 5년 뒤에 당신 인생이 어떤 모습이면 좋겠습니까?"
  - "기적처럼 당신이 지금 당장 변할 수 있다면 당신 주위의 상황이 어떻게 더 좋아질까요?"
  - "당신이 여기에 왔다는 사실은 적어도 당신 마음속 일부에는 뭔가를 해야 할 때라고 생각한다는 걸 말해 줍니다. 당신이 변화해야겠다고 결심한 중요한 이유는 무엇인가요? 변화하면 좋은 점이 무엇일까요?"

- 변화에 대한 낙관론
  - "변화하겠다고 결심만 하면 당신은 변할 수 있으리라고 생각하는 것은 무엇 때문입니까?"
  - "원하기만 하면 변화할 수 있다고 당신에게 용기를 북돋우는 것은 무엇인가요?"
  - "변하기로 했다면 결심 후 어떻게 무엇을 해야 변할 것 같습니까?"
  - "당신의 인생에서 언제 이와 같은 중요한 변화가 있었나요? 그때 어떻게 그 변화를 가져왔습니까?"
  - "이 변화를 이룰 수 있다고 얼마나 자신합니까?"
  - "변화를 성공시키는 데 도움이 될 만한 어떤 개인적인 강점이 있습니까?"
  - "이런 변화를 이루는 데 도움이 되는 지원을 해 줄 수 있는 사람은 누구인가요?"

- **변화 의도**
  - "이 시점에서 자신의 도박에 대해 어떤 생각을 합니까?"
  - "지금 궁지에 빠진 것 같이 느낀다는 걸 알 수 있습니다. 어떻게 변하려고 합니까?"
  - "무엇을 할 수 있다고 생각합니까?"
  - "이것이 당신에게 얼마나 중요합니까? 이것을 얼마나 많이 원하고 있습니까?"
  - "어떤 시도를 기꺼이 해 보려고 합니까?"
  - "내가 언급했던 여러 방법 중에서 가장 자신에게 맞는 것처럼 들리는 것은 어느 것입니까?"
  - "지금은 '어떻게'에 대해서는 신경 쓰지 마십시오. 일어났으면 하는 것이 무엇입니까?"
  - "그래서 지금 하려고 하는 것은 무엇인가요?"

- **중요성 척도 사용하기**

  클라이언트가 생각하는 변화의 중요성 정도에 해당하는 숫자를 척도상에 표시하게 한 다음 두 가지 질문을 한다.
  - "0이 아닌 (숫자_)에 왜 표시하셨나요?"
  - "어떻게 하면 (숫자_)에서 (더 높은 숫자)로 갈 수 있을까요?"

  이 질문들에 대해 대답을 하다 보면 아주 쉽게 변화 대화가 될 것이다. 주목할 것은 "당신은 왜 10이 아님(숫자_)에 표시하였을까요?"라고 묻지 말라는 것이다. 이 질문에 대한 대답은 변화에 대응되는 논쟁을 일으키기 때문이다.

- **결정 저울 탐색하기**

  클라이언트가 자신의 현재 상태나 혹은 현재 행동의 긍정적인 면과 부정적인 면 모두를 이야기해 보게 하는 것이 도움이 될 수 있다. 예를 들어, 클라이언트에게 자신의 현재 행동 패턴에 대해 좋은 점이 무엇인지를 이야기하거나 목록을 만들도록 요구하는데, 나쁜 점보다 좋은 점에 대해 먼저 질문한다. 그래야 사람들이 말을 쉽게 꺼내고 편안함을 느끼며 양가감정의 두 측면도 분명하게 느끼게 된다. "술 마시면 어떤 점이 좋은지요? 안 좋은 점은 무엇인가요?"

• **변화 목표 구체화하기**

변화해야 하는 이유 하나가 일단 거론되면 사회복지사들은 보통 다른 이유를 더 찾으려고 다른 이야기로 넘어가는 경향이 있다. 그러나 다른 이야기로 넘어가기 전에 앞에 나온 이유에 대해 클라이언트가 좀 더 자세하게 이야기하도록 하는 것이 도움이 된다. 즉, 이렇게 하면 더 깊이 있는 변화 대화가 되고 동기를 강화하는 것이 된다. "어떤 방법으로? 얼마나 많이? 언제?"와 같이 명료화와 '이 문제가 마지막으로 발생했을 때의 상황'을 묻는 것 같이 구체적인 예시로 요구하거나, 변화 대화 중에 "또 다른 것은?"이라고 묻는 것과 같이 자세히 이야기하도록 질문한다.

**워크숍: 토론**

1. 2인 1조로 본문의 예시를 가지고 변화 대화로 이끄는 동기상담의 네 가지 전략인 OARS를 연습해 보자.
2. 2인 1조로 각자 역할을 정한 후 최근 스스로 변화를 계획했으나 변화하기 힘들었던 경험에 대하여 OARS를 활용하여 상담해 보자.
3. 변화를 알아차리는 단서가 되는 표현인 DARN-CAT를 살펴보고, 변화 대화로 이끄는 열린 질문의 예를 활용하여 연습해 보자.

제3부

# 개인 사회복지실천

제9장 개인 대상 실천기술

The Social Work Practice Intervention Skills: Workbook with Cases

개인 대상 실천이란 일대일의 관계 기반 위에 클라이언트가 직면하고 있는 문제 상황을 분석하고, 검토하여 클라이언트의 욕구를 충족시켜 나가기 위한 전문적인 접근 방법을 말한다. 1980년 이전에는 이를 개별사회사업이라고 하였으며, Richmond와 Perlman은 각각 다음과 같이 정의하였다. "개별사회사업이란 개별적, 의식적으로 개인과 그의 사회 환경 간의 조정을 통하여 그 사람의 인격(personality)을 발달시키는 과정이다." "개별사회사업이란 개인이 사회인으로서 기능을 수행함에 수반되는 여러 가지 문제를 보다 효과적으로 해결하기 위해 복지기관(human welfare agency)에서 활용하는 과정이다."

이상과 같이 개별사회사업의 정의를 볼 때 초기 개별사회사업의 목적은 '개인과 그 환경과 더 나은 조화로운 적응과 지역사회의 자원 활용에 대한 개인의 능력 개발 및 기능 향상을 할 수 있게 하는 것'이다. 그러나 근래 개별 사회복지실천의 목적은 '인간의 존엄성과 사회정의의 실현을 통해 개인의 최적의 삶의 질을 보장하는 것'을 중심으로 구성되고 있다. 특히 개인의 문제를 사회적 환경 속에서 삶의 문제로 이해하고 다양한 수준에 체계적으로 개입할 것을 강조하는 통합적 접근이 등장하면서 인간과 환경 간의 상호적 변화를 가능하게 하는 것이 목적이다. 이에 따라 개별사회사업은 통합적 실천을 주 방법론으로 하는 개인 대상 실천으로 확장되었다. 이에 제3부에서는 통합적 실천기술과 함께 개별적으로 클라이언트를 돕기 위해 꼭 필요한 임상적 개입 기술들과 어렵고 복합적인 문제를 가진 클라이언트를 돕는 실천기술들을 추가로 다루었다.

제9장

# 개인 대상 실천기술

개인 대상 실천은 통합적인 실천을 지향하기는 하지만 기본적으로 사회복지사와 클라이언트의 일대일 관계를 기반으로 하여 개인의 욕구에 따른 다양한 자원과 체계를 연계하여 문제 해결을 도우려는 실천이므로 임상적인 개입 기술이 필수적이다. 개인적 차원에서 변화가 일어나려면 실천 과정 단계에 따른 개입 기술과 전문적인 임상 지식과 구체적 상담 기술 등을 필요로 한다. 이 장에서는 통합적 실천기술, 단계별 실천기술, 원조 기술, 변화 단계와 실천기술, 어려운 클라이언트와의 실천기술, 복합적 욕구를 가진 클라이언트와 일하는 기술, 새롭게 부상하는 디지털 실천기술에 중점을 두었다.

## 1. 통합적 실천기술

개인 대상 실천은 1980년대 이전에는 개별사회사업으로 분류되었다. 개별사회사업은 개인이 경험하는 문제는 사회 속에서 기능적으로 역할을 하지 못하기 때문으로 정의하고, 개인의 사회적 기능을 향상할 수 있도록 개인의 변화에 초점을 둔 임상적이고 직접적인 서비스에 주목하였다. 하지만 개인의 문제는 사회구조, 제도 자원의 활용과 변화 없이는 효과적으로 해결할 수 없다는 생태체계 관점으로 확대되어 개인 대상 실천은 통합적 실천으로 다음과 같이 변화하였다. 이제 개별사회사업이라는 용어를 사용하지 않게 되었다.

개인 대상 실천의 대표적인 방법인 사례관리는 사회복지사에게 사례를 배정하여 통합적 실천계획에 의해 문제 해결을 위한 직접적인 서비스와 생활 유지를 위한 복합적 욕구에 부응하는 다양한 지역사회 자원을 연계하여 지원한다. 이와 같은 모형은 단독형이라고 할 수 있다. 그러나 다수의 사회복지사팀 혹은 사회복지사를 포함한 다학문적 팀이 중심이 되어 팀 접근 사례관리를 하기도 한다. 정신장애인의 지역사회 거주와 재활을 지원하는 적극적인 지역사회 치료(Assertive Community Treatment: ACT)와 같은 사례관리 모델과 우리나라 지역복지 현장에서 많이 사용되는 민관협력, 민민협력 통합적 사례관리는 지지망형 개인 대상 실천이라고 할 수 있다. 통합사례관리에 관하여는 6절 복합적 욕구를 가진 클라이언트와의 실천기술에서 자세히 다룬다.

표 9-1  개입자 수에 따른 개인 대상 실천

| 구분 | 단독형 | 지지망형 |
|---|---|---|
| 개입자 | 클라이언트(1) & 사회복지사(1) | 클라이언트(1) & 사회복지사(다수) |
| 사회복지사의 역할 | 사회복지사가 단독으로 개별 사례를 맡아 모든 문제 해결 과정에 직접 개입함 | 다수가 함께 자원 체계를 조직하고 활용하며, 서비스가 적절히 제공되는지 모니터링함 |
| 접근 방식 | 통합적 접근<br>문제에 대한 초점을 개인에게 두고 개인의 심리 내적 기능이나 대인관계적 측면을 강조함<br>간접 실천을 통합하여 자원 연계 등 지역사회 자원 체계 활용 | 통합적 접근<br>클라이언트 체계는 개인이지만 다양한 행동 체계와 자원을 활용하며 통합적 측면을 강조함 |

## 2. 단계별 실천기술

클라이언트 문제에 효과적으로 개입하여 해결해 나가는 원조 과정 단계에 필요한 기술이다. 실천 과정에 따라 일반적으로 필요한 기술은 다음과 같이 요약할 수 있다 (CSWE).

### 1) 준비 단계 기술

사회복지사는 클라이언트와의 첫 만남을 위한 준비 단계(preparing phase)의 기술을 활용하여 효과적인 서비스의 전달이 이루어지도록 해야 한다.

- 기관이나 사회복지사에게 주어진 정보를 초기 접촉 이전에 검토하고 점검한다. 기초 정보를 사전에 파악함으로써 이미 제공된 정보에 대해 클라이언트에게 반복적으로 요구하지 않게 되며, 클라이언트에게 필요한 시설 등을 준비하는 것이 가능하다.
- 초기 면접자나 의뢰인, 이전에 사례를 담당했던 직원들로부터 클라이언트(이름, 나이, 연락처, 주소, 기타 인적 사항 등)와 문제 상황(문제의 특성, 심각성, 위급성, 활용/가용 자원 등)에 대해 알아본다.
- 클라이언트와의 첫 만남이 이루어지기 전에 수퍼바이저나 동료에게 조언을 구한다. 잠정적으로 면접의 목적을 설정하고 관련된 실무적 사항들에 대해 논의를 하는 것은 면접의 효과를 높인다.
- 면접을 방해하는 요소를 사전에 차단하고 의사소통이 원활히 이루어지도록 구체적인 준비를 하도록 한다. 사회복지사는 약속 시간과 장소를 확인하고, 면접 장소의 분위기나 가구 배치뿐 아니라 자신의 외모 등도 점검한다. 클라이언트의 집으로 방문할 때가 많으므로 방문 전 클라이언트 집에 상황(누가 함께 있는지, 동물을 키우는지 등)을 확인한다. 필요하다면 가정방문 면접에 강아지나 고양이가 방해되지 않도록, 함께 있는 가족에게 미리 면접이 있음을 알리고 협조를 구하도록 조처를 부탁한다.

-예상되는 클라이언트의 문제와 상황에 대해 공감적 이해를 한다. 직접적 대면접촉이 일어나기 전에 서비스를 찾게 된 배경이나 클라이언트의 동기, 초기에 느낄 수 있는 클라이언트의 생각이나 감정, 관련된 이슈에 관한 클라이언트의 입장을 짐작해 보는 예비적 공감 기술이 필요하다.

-효과적인 면접을 위해 사회복지사는 클라이언트와 만나기 이전부터 면접에 관한 계획을 세운다. 면접의 목적이나 예상되는 결과, 전문가의 역할, 질문의 내용 등에 관한 잠정적인 계획은 클라이언트와 함께 실제 계획을 세우고 면접을 일관되게 이끄는 과정에 도움이 된다.

## 2) 초기 단계와 탐색 단계 기술

-초기 단계(beginning phase)에서는 서로의 소개가 이루어지고, 목적이나 방향이 설정되고, 기관의 규정이나 원칙에 대해 검토하며, 클라이언트가 명확하게 이해할 수 있도록 하는 것이 중요하다.

-탐색 단계(exploring phase)에서는 클라이언트의 사고나 감정, 주요 관심사나 상황 등을 공유하도록 격려하며, 이러한 과정에서 클라이언트-문제-상황에 관한 정보를 수집한다. 이 단계에서 활용할 수 있는 구체적인 기술에는 탐색, 명료화, 반영, 세분화, 이해와 공감 등이 있다.

## 3) 사정 단계 기술

-클라이언트와 문제, 상황의 연관성에 대한 이해를 높인다.

-사정 단계(assessing phase)에서 요구되는 기본적인 기술은 기술적 정보 분석과 종합이다. 클라이언트의 상황을 명확히 이해하고 개입의 초점과 방향을 구체화하기 위해 수집한 자료를 체계적으로 이해해야 한다.

-임시적인 사정 틀을 구성하는 것으로 문제를 정의하고, 주요 클라이언트 체계를 결정하고, 변화 목표를 설정하며 예측한다. 또한 발생할 수 있는 위험/장애 요소, 자원이나 강점을 찾아본다. 아울러 사정 단계에 필요한 과제들을 체계적으로 기술하기 위한 다양한 양식을 기관이나 사례의 성격에 알맞게 선택하여 활용하는

기록기술도 필요하다.

## 4) 계약 단계 기술

계약 단계(contracting phase)에서는 클라이언트에 관한 사정 자료를 기초로 구체적인 목표와 개입 방법 등에 관한 실행 및 평가 계획을 단계적으로 세우고 합의해 나가야 한다. 따라서 효과적인 접근 방법을 개발하고 행동 방법을 구상하며 대안 선택과 합의, 평가 계획을 세우는 기술이 필요하다.

## 5) 개입 단계 기술

개입 단계(working phase)에서는 문제 해결 과정에 직접적으로 활용되는 다양한 실천기술을 필요로 한다.

- 클라이언트의 문제 해결이나 적응 능력을 향상하는 기술
- 지역사회의 자원/서비스/기회 등을 연결하는 기술
- 소외된 약자들이 권리를 찾고 기회를 얻도록 옹호하는 기술
- 욕구에 맞는 서비스의 개발이나 기존의 서비스 및 자원 개선과 향상을 위한 자원 개발 및 연계, 중재 및 협상 기술
- 개입 방법 선택을 위한 근거 중심 전문가적 판단 기술

## 6) 평가와 종결단계 기술

- 평가 단계(evaluating phase) 기술은 클라이언트와 서비스 전달체계, 실천의 효과성을 검토하는 데 활용되는 실천기술이며, 지금까지의 진행 과정에 관한 최종 평가와 앞으로의 방향에 관한 논의를 하는 단계이다.
- 종결 단계(ending phase)에서는 클라이언트와 종결 소감을 공유하는 것과 종결을 기록하는 것이 중요하다.

## 3. 원조 기술

Perlman(1957)은 사회복지사의 역할에 대해 클라이언트가 문제 해결에 참여하도록 이끈 후 그의 능력(workability)을 평가하여 자아의 힘을 지지하고, 가능케 함으로써 클라이언트가 원하는 방향으로 그의 힘과 능력을 동원할 수 있도록 도와주는 것을 핵심으로 보았다. 또한 Perlman(1957)은 사회복지실천이란 욕구와 문제(problem)를 가진 사람(person)을 대상으로 전문지식과 기술 그리고 가치로 뒷받침된 사회복지사에 의해 사회복지 서비스가 이루어지는 기관(place)에서 일정한 기간 전문적 서비스 과정(process)을 통해 이루어지는 것이라고 하였다. 이에 사회복지실천은 사회복지사와 클라이언트의 직접적인 만남과 신뢰 관계 형성을 기반으로 이루어지는 문제 해결 과정이기 때문에 사회복지사 자신을 활용한 관여를 통해 원조가 이루어지는 휴먼 서비스 성격을 갖는다. 이를 위해 사회복지사가 필수적으로 갖추어야 할 기본 실천기술은 원조 관계 형성 기술, 관여 기술, 관찰 기술, 의사소통 기술, 자아인식 및 자기 노출 기술, 그리고 상담 기술이라고 할 수 있으며, 이를 통칭한 것이 원조 기술이다.

### 1) 원조 관계 형성 기술

원조 관계 형성 기술(helping relationship skill)은 원조 관계로 이루어지는 원조 과정에서 요구된다. 원조 관계에서 상호 발전되는 결속을 라포(rapport)라고 한다. 라포는 클라이언트의 안녕에 대해 진실하고 확고한 관심과 고통에 대한 공감과 도우려는 열망의 결과이다. 원조 관계를 형성한다는 것은 기본적으로 다음의 네 가지를 지키면서 진실한 의사소통을 발전시켜 가는 것이다.

- 클라이언트를 있는 그대로 수용(accept)하는 것
- 클라이언트 독립적인 개인, 고유한 존재로서 대하는 것
- 클라이언트의 자기결정권(self-determination)을 존중하는 것
- 클라이언트의 고유한 특성과 상황을 기초로 개별화(individualization)하여 활동하는 것

이윤로(2007)는 원조 관계는 일반적 대인관계와 비교하여 다음과 같은 특성이 있다고 하였다.

- 원조 관계 형성에는 초점과 목적이 있다.
- 원조 관계는 문제 해결 수행을 위해 형성하는 것이지 개인적 이유로 형성하는 것이 아니다.
- 원조 관계는 전문적 관계이다.
- 기관의 지침과 법률의 범위 내에서 비밀 보장의 원칙을 지키며, 클라이언트에 관한 정보를 동의 없이 유출할 수 없다.
- 원조 관계는 윤리적이어야 한다. 사회복지사라는 지위를 활용하여 클라이언트를 통제하려 하거나 연인관계로 발전해서는 안 된다.
- 클라이언트와 함께 서비스 계획을 수립해야 한다.
- 수용적인 의사소통을 해야 하며, 보살핌, 온정, 진실성, 감정이입을 전달해야 한다.
- 관계 형성은 사회복지사의 욕구 충족을 위해서가 아니라 클라이언트의 욕구 충족을 위해서이다.
- 관계 형성은 상호 합의된 목표가 이루어지면 종결된다.

## 2) 관여 기술

　　관여는 '관계하여 참여함' '약속 및 계약'이라는 의미가 있다. 관여 기술(engagement skill)은 사회복지사와 클라이언트의 관계를 기반으로 클라이언트의 문제 해결 과정에 함께 참여하는 기술이라고 정의할 수 있다. 이러한 관여 기술을 적절하게 실천하기 위해서는 다음의 지침을 숙지할 필요가 있다.

- 사회복지사의 관여 행동에는 자신의 목표나 역할이 명확히 드러나야 하며, 클라이언트의 목표와 역할 및 위치를 명확하게 구분하여 도움의 과정에 장애물이 없도록 관여해야 한다.
- 사회복지사는 클라이언트의 모든 사소한 면에 관한 이해와 배려를 하고, 그들의 저항이 최소화되도록 관여하는 기술이 요구된다.

−사회복지사는 계약(contract)을 형성하기 위해 부정적 요소들을 제거하고 개방적 자세를 가지려 노력하며, 정직하고 비심판적(non-judgemental)이며 현실적이고 신뢰성 있게 관여해야 한다.

## 3) 관찰 기술

클라이언트와 원조 관계를 형성하고 문제 해결 과정에 관여하려면 의사소통이 매우 중요하다. 의사소통이 관찰, 경청, 반응과 같은 요소를 가지고 있다는 면에서 관찰 기술(observation skill)이 의사소통 기술에 해당하겠지만 관찰의 중요성을 고려하여 분리하여 제시하였다.

−관찰 기술은 단순히 보는 것(seeing)이 아니다. 즉, 클라이언트가 이야기하는 것과 동시에 이야기하지 않는 것, 침묵의 이해와 활용, 클라이언트의 이야기에 숨겨진 의미도 해석해 보아야 한다.
−클라이언트의 신체적 표현과 외모, 즉 몸의 긴장, 얼굴의 변화, 화장의 정도, 땀을 흘리는 것, 흥분하는 모습, 낙담하는 모습, 눈 맞춤, 앉아 있는 모습 등 보이는 것을 통한 관찰과 술이나 담배, 비위생적인 냄새 등 냄새를 통한 관찰, 말의 톤과 속도, 명확성, 크기, 웃음 또는 울음소리 등 소리를 듣는 것을 통한 관찰, 사회복지사와 가까이 혹은 멀리 있고 싶어 하는가와 같은 거리감 유지나 접촉에 대한 관찰 등 비언어적 요소에 대한 관찰이 이루어져야 한다.
−어떤 눈으로 보는가에 따라 알고 있는 만큼 보인다는 말이 있다. 그러므로 관찰할 때 사회복지사가 가지고 있는 선입견이나 편견과 같은 렌즈를 통해서 선지식을 타당화하는 쪽으로 관찰할 수 있음을 유의하고 객관적으로 관찰하여야 한다.
−관찰 기술은 무엇을 볼 것인가를 선택하는 것도 포함하며, 항상 목표 지향적이어야 한다.

한편, 관찰에 있어 사회복지사만 클라이언트를 관찰하는 것이 아니라 클라이언트도 사회복지사를 관찰하고 있음을 인식해야 한다. 그러므로 클라이언트와의 신뢰 형성에 영향을 미칠 것을 고려하여 사회복지사 자신의 비언어적 태도를 잘 관리하는 것이 중요하다. Hepworth와 Larsen(1997)은 사회복지사의 바람직한 태도와 바람직하지 않은 태도를 〈표 9-2〉와 같이 제시하였다.

**표 9-2** 사회복지사의 비언어적 태도

| 구분 | 바람직한 태도 | 바람직하지 않은 태도 |
|---|---|---|
| 얼굴 표정 | 따뜻하고 배려하는 표정, 적절하게 다양하며 생기 있는 표정, 자연스럽고 여유 있는 입 모양, 간간이 짓는 적절한 미소 | 눈썹 치켜뜨기, 하품, 기지개 펴기, 입술을 깨물거나 꼭 다문 입, 부적절한 희미한 미소, 지나친 머리 끄덕임 |
| 자세 | 팔과 손을 자연스럽게 놓고 상황에 따른 적절한 자세, 클라이언트를 향해 약간 기울인 자세, 관심을 보이며 편안한 자세 | 팔짱 끼기, 다리 꼬기, 클라이언트로부터 비껴 앉는 자세, 계속 손을 움직이거나 의자에서 몸을 흔드는 태도, 몸을 앞으로 수그리는 자세, 입에 손이나 손가락을 대거나 손가락으로 지적하는 행위 |
| 눈맞춤 | 직접적인 눈 맞춤은 문화를 고려하여 적절히, 클라이언트와 같은 눈높이에서 적절한 시선 움직임 | 눈맞춤을 피하는 것, 클라이언트보다 높거나 혹은 낮은 눈높이, 시선을 한곳에 고정하는 것 |
| 어조 | 크지 않으나 분명한 목소리, 온화한 목소리, 클라이언트의 느낌과 정서에 반응하는 어조, 적절한 말의 속도 | 우물대거나 너무 작은 목소리, 단조로운 어조, 주저하는 어조, 너무 잦은 문법적 실수, 너무 긴 침묵, 들뜬 것 같거나 너무 높은 목소리, 너무 빠르거나 느린 목소리, 신경질적인 웃음, 비웃는 웃음, 잦은 헛기침, 큰 소리로 말하기 |
| 신체 거리 | 신체 거리 의자 사이는 1~2.5미터 | 지나치게 가깝거나 먼 거리 |
| 차림, 외양 | 기관의 특성, 클라이언트의 특성에 맞춘 차림, 보통 단정하고 점잖은 옷차림 | 너무 끼거나 짧은 옷차림, 시위나 사회적 행동을 취하는 것처럼 보이는 차림새 |

출처: Hepworth & Larsen (1997).

## 4) 의사소통 기술

의사소통의 목적은 자기 생각과 감정을 타인에게 정확히 전달하고 타인이 표현하는 생각과 감정을 정확하게 받아들이는 것에 있다. 이에 의사소통 기술(communication skill)에는 메시지 전달(송신)과 메시지 수신의 요소가 있다. 또한 메시지의 송신과 수신에는 언어적인 것뿐 아니라 비언어적인 요소가 더 영향을 미친다.

의사소통 이론가들은 비언어적 요소가 70%에 가깝게 소통된다고 한다. 많은 경우 의사소통의 문제는 메시지 송신과 수신 과정에서 발생한다. 표현과 수용의 미숙함, 부적절 또는 표현 기회의 박탈이나 수용 과정의 잘못된 해석 등이 문제가 되거나 정확한 송신과 수신을 방해하는 환경적 요인 때문에 발생하는 경우가 일반적이다.

사회복지사는 클라이언트와의 생각, 정보, 감정 등을 전달하고 돕는 상황에서 의사소통을 가장 중요한 도구로 활용하기 때문에 명확한 의사소통을 위한 기술 활용이 중요하다. 의사소통 기술은 관찰 기술, 경청 기술, 반응 기술, 질문 기술, 표현 기술 등이 결합한 종합적인 기술이며, 이를 전문적인 사회복지실천 서비스에 이용하면 상담기술이 되는 것이다. 클라이언트와의 문제 해결 과정에서 사회복지사가 활용하는 의사소통 기술은 클라이언트에게 학습 효과가 있으며, 실천 목적에 맞게 클라이언트와 소통하기 위해 효과적인 의사소통 기술을 교육하는 것도 도움이 된다.

−의사소통 기술은 언어적이고 비언어적인 방법들로 이루어진다. 특히 비언어적인 의사소통의 방법은 중요한 정보뿐 아니라, 말로 표현할 수 없는 감정도 전달되므로 이를 잘 활용하여야 한다. 이를 위해 사회복지사에게는 제3의 귀와 제3의 눈이 있어야 한다. 즉, 보이는 것과 들리는 것만이 아닌 행동과 행동 사이, 말과 행동 사이, 상황과 말 그리고 행동 사이를 적극적으로 보고, 듣는 것이 중요하다.

−의사소통의 정확성을 높이려면 메시지 전달자는 정확하게 전달하는 것이 목적이므로 명확하고 단순하게 말하고, 적절한 속도와 적절한 눈 맞춤을 활용하고, 몸짓은 메시지 내용과 일치하며, 한 번에 너무 많은 정보를 주어 수신자를 압도하면 안 되며, 길고 복잡한 내용은 몇 개의 부분으로 나누어 쉽게 이해할 수 있게 하는 것이 좋다. 무엇보다도 수신자의 눈높이에서 수용되고 있는지 확인하며 전달하는 것이 좋다. 메시지 수신자는 잘 듣는 것이 목적이므로 잘 듣기 위해서 말을 멈추고 끼어들지 않아야 하며, 전달자에게 주의 집중하여 듣고 싶어 한다는 것을 보여 주어야 전달자가 편안하게 말할 수 있다. 말하는 사람을 참을성 있게 대하고 기다리며, 말을 끊지 않고, 감정을 통제하고, 비판이나 논쟁을 피해야 충분히 들을 수 있다.

−Sheafer, Horejsi, 그리고 Horejsi(1991)는 사회복지사의 의사소통 기술로 잘못된 소통을 최소화하기 위한 준비로 클라이언트의 말을 있는 그대로 듣기 위해 자신

의 방어기제를 낮추려는 의지와 주의 깊은 경청, 클라이언트의 표현을 촉진하기 위한 적극적인 경청, 자기 생각을 표현할 때 잘 가다듬어 효율적으로 표현하고자 노력할 필요가 있다고 하였다.

- Hepworth와 Larsen(1997)은 "그것은 바람직한 행동이 아니지요." "당신은 독립하기에 너무 어린 나이입니다."와 같은 도덕적이고 규범적인 반응, "지금의 남편과 헤어지는 것이 낫겠어요. 남편은 변하지 않을 것입니다."와 같은 성급한 조언과 해결책의 제시, "이 문제에는 당신의 책임도 있다는 것을 잊지 마세요."와 같은 논리적 설득과 논쟁, "그 점에서 당신이 틀렸군요."와 같은 비판적 반응, "당신은 어린 시절의 상처 때문에 자녀에게 반복하여 상처를 주는 겁니다."와 같은 단정적이고 해석적인 반응, "그렇게 하지 않으면 후회하게 될 거예요."와 같은 위협, 경고 반응 등과 같이 클라이언트의 방어기제만 강화하고 의사소통의 진전을 방해하는 언어적 행동을 피해야 한다고 하였다.

## 5) 자아인식 및 자기노출 기술

사회복지사의 자아인식(self-awareness)은 자신과 자신의 목표에 관하여 깊이 숙고하고 자기 자신을 원조 활동의 중요한 일부분으로 인식하고 관찰하는 능력이다. 사회복지실천에서 사회복지사의 자아인식이 중요한 이유는 다양한 클라이언트의 문제와 성격 특성들에 대한 민감성, 유연성, 적절성, 직관력을 가지고 반응해야 하는 실천적 특성 때문에 그렇다. 또한 자신의 선입견이나 편견, 경험 등을 알고 수용하여, 실천 과정에 이것이 장애가 되지 않도록 해야 하기 때문이다. 자아인식은 또한 사회복지 전문 실천에 관련된 지식과 기술들, 윤리적 판단을 적절히 하기 위해 자신의 경험을 의도적으로 활용하고 업무역량을 향상하는 데 필수적이기 때문이다. 자아인식을 통해 특정 클라이언트에게 필요 이상으로 개입하거나 피하는 것을 막고 전문적 관계를 형성할 수 있으며, 클라이언트와 언어적·비언어적 의사소통을 민감하게 직관력을 가지고 실천할 수 있기 때문이다. 사회복지 전문가로서 자아인식을 향상하기 위해서는 전문적 자아의 성장에 대한 강한 동기가 요구된다. 자신의 욕구를 인지하고 감정을 통제하며, 자신의 능력의 한계를 인지하고 역치를 높이기 위한 노력이 필요하며, 다양한 타인의 성격 유형의 도전과 자신의 반응을 인지하여 수용하고 처리할 수 있는 성숙한 자세가 요구된다.

'조해리의 창'이라고 불리는 자아인식 분석 틀을 활용하여 자신의 개방성이나 폐쇄성, 자기노출과 피드백의 정도를 파악하고 자아인식의 향상을 위한 노력을 하는 것도 좋은 훈련이 될 수 있다. [그림 9-1]에서 보는 바와 같이 공개 영역이 넓은 사람은 자신에 대한 노출과 다른 사람에 대한 피드백을 균형 있게 사용하여 자아인식이 높으며, 상호 신뢰 있는 관계로 발전시키는 유형이다. 반면에, 미지 영역이 넓은 경우는 자기노출도, 피드백의 사용도 하지 않는 고립자의 유형으로 자아인식의 수준이 낮고 의사소통이 비효율적이다. 비밀 영역이 넓은 사람은 자기노출이 없고, 피드백만을 주로 사용하는 폐쇄 유형이며, 맹인영역이 넓은 경우에는 자신의 주장만을 하고 다른 사람의 것을 평가하지 않는 유형이다.

이런 자아인식을 기반으로 개인적 자아를 전문적 자아로 승화시켜 전문적인 가치와 윤리를 내면화하고, 자신을 클라이언트 문제 해결에 활용할 수 있는 것이 자기노출 기술이다. 자기노출이란 사회복지사가 원조 과정에서 자신의 경험을 나누는 것이 클라이언트에게 도움이 된다고 판단할 때 활용하는 기술이다. 이는 클라이언트가 혼자가 아니라는 느낌과 마음을 열 수 있는 동기를 주는 장점이 있다. 하지만 자기노출의 목적은 클라이언트의 표현 촉진에 있으므로 자기노출은 가능한 한 짧게 진실성 있게 활용하는 것이 중요하다.

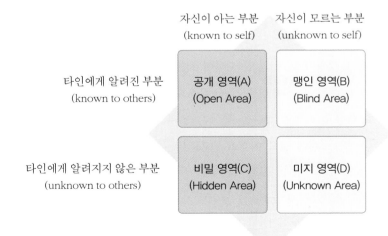

[그림 9-1] 조해리의 창

## 6) 상담 기술

상담 기술(counseling skill)은 원조 관계를 기반으로 관여하는 과정에서 관찰과 의사소통을 활용하여 클라이언트의 문제 해결을 지원하기 위한 일련의 의도적인 면담 기술이다. 즉, 상담은 대면 혹은 전화로 질문과 반응의 연속적 과정을 목적에 맞게 의도적으로 활용하여 클라이언트의 문제 인식과 욕구를 탐색하고, 표현하도록 촉진하며, 대화 과정에서 감정이 정화되도록 돕는 기술이다. 심리사회 모델을 만든 Hollis는 상담기술을 탐색-기술-환기 기법이라고 함축적으로 표현하였다. 사회복지사가 일반적으로 사용하는 상담기술은 격려, 바꿔 말하기와 반영, 명료화와 성찰, 인식의 검토와 초점화, 요약, 해석과 직면, 정보 제공, 계약, 중재 등이 가장 공통적이다. 이 기술이 무엇인지, 어떻게 활용할 수 있는지 사례를 가지고 자세히 살펴본다.

### (1) 격려

격려(encouragement)는 클라이언트가 가진 강점, 잠재적인 능력과 힘을 발견하고 이를 발휘할 수 있도록 돕는 기술이다.

> 클라이언트: 막상 취업을 한다고 생각하니 걱정이 돼요. 제가 잘 해낼 수 있을까요?
> 사회복지사: 어떤 것들이 걱정이지요?
> 클라이언트: 그저… 일반인들과 다르니까요……. 제가 이렇게 취업을 하는 게 처음이거든요.
> 사회복지사: 그동안 재활프로그램에 참여하면서 꾸준히 취업 훈련을 받아 오셨지요?
> 클라이언트: 네, 그렇긴 하지만…….
> 사회복지사: 제 기억으로는 유정 씨가 취업 훈련을 하면서도 처음에는 걱정을 많이 하였지만 걱정했던 것보다 잘했다는 평가를 받은 것으로 알고 있습니다. 게다가 취업 훈련을 받으면서 임시 취업장에 가서서 계약 기간 동안 업무를 잘 해내셨지요. 그래서 전 유정 씨가 이번 취업에서도 잘 감당할 수 있을 것이라 믿어요.

**(2) 반영하기**

반영하기(reflection)는 클라이언트의 생각과 감정을 탐색하고 표현을 촉진하기 위한 기술로, 반영에는 내용(의미)에 대한 반영, 감정에 대한 반영, 감정과 의미의 반영 등이 있다. 유형별로 그 개념과 사례를 제시한다.

**① 내용 반영하기**

메시지의 사실적이거나 정보적인 부분에 대한 상호 이해를 높이기 위해 클라이언트가 말한 내용을 부연(다른 표현으로 말하기)하거나 아니면 클라이언트 이야기의 몇 마디를 요약해서 다시 클라이언트에게 표현하는 것이며, 다음의 형식을 활용하여 내용을 반영할 수 있다.

**형식 1** >>> 당신은 ……을 말하고 있는 것이군요.

> 클라이언트: 저는 몇 년 전에 실직했습니다. 제가 오랫동안 일해 온 회사는 문을 닫았습니다. 대량 해고였습니다. 저와 대부분의 동료는 직장을 떠났습니다. 그 후 제 아내는 시간제 근무로 일을 하면서 생활을 꾸려 왔습니다. 저의 실업수당도 오래전에 바닥이 났고, 지난 6개월간 집세도 못 내고 있습니다. 곧 집이 은행에 저당 잡힐 것입니다.
>
> 사회복지사: 당신은 오랫동안 적당한 수입도 없었고, 곧 집을 잃을 것 같다고 말씀하시는 것 같습니다.

**형식 2** >>> 내가 정확하게 이해하고 있다면 당신은 ……을 의미하는 것인가요?

> 클라이언트: (최근에 이혼한 55세의 남자, K씨와 문제를 탐색하는 과정) 약 3주 전에 이혼하기로 하였습니다. 아내는 나의 계속되는 비난과 비꼬는 듯한 말투에 질려서 나를 떠났다고 말했습니다.
>
> 사회복지사: 제가 정확하게 이해를 했다면 아내가 떠나고 이혼에 이르게 된 것이 당신의 태도와 말투 때문이라는 것인가요?

**형식 3** ▶▶ 당신이 ……라고 말하는 것을 들었습니다.　

> 클라이언트: (가족 간의 긴장과 충돌로 도움을 받고자 하는 일곱 식구로 이루어진 S가
> 　　　　　　족과의 첫 번째 면접) 저는 S씨와 사랑에 빠졌고, 우리가 결혼했을 때 그
> 　　　　　　의 아이들과 저의 아이들이 형제자매처럼 서로를 사랑할 줄 알았어요.
> 　　　　　　그리고 저는 그의 아이들이 내가 내 아이들처럼 그들을 사랑한다는 것을
> 　　　　　　알아주길 원했어요.
> 사회복지사: 당신은 그의 아이들과 당신의 아이들이 한가족처럼 지냈으면 하는 바람
> 　　　　　　이 있었다는 것을 말씀하시는 것으로 들립니다.

② 감정 반영하기

　감정이입적인 적극적 경청 기술의 하나로서 클라이언트가 표현한 감정을 사회복
지사가 이해하고 클라이언트에게 간단하게 반응하는 기술이다. 감정을 표현하는 단
어를 사용하여 다음과 같은 형식으로 간단한 문장을 구성하여 클라이언트의 감정을
반사해 주는 것이다.

**형식 1** ▶▶ 당신은 (적당한 감정 표현 단어를 삽입) ……게 느끼시는군요.　

> 클라이언트: (○○ 씨의 전 아내는 1년 전에 재혼을 했다. 지난달 전 아내와 그녀의 현
> 　　　　　　남편은 클라이언트의 다섯 살 아들을 데리고 떠났다. 그들은 다른 지방으
> 　　　　　　로 이사했다. 클라이언트는 그들이 이사를 하지 못하도록 법원에 소송을
> 　　　　　　제기하였으나 그의 전 아내는 그녀의 아들과 이사할 권리를 얻었다.) 도
> 　　　　　　저히 참을 수가 없습니다. 제 아들이 너무나 보고 싶습니다. 그 아이는 저
> 　　　　　　에 대한 기억을 차차 잊어버릴 것인데 저는 아무것도 할 수가 없습니다.
> 사회복지사: ○○ 씨는 깊은 슬픔과 무능력함을 느끼고 있군요.

**형식 2** >>> 달리 말하면 (적당한 감정 표현 단어를 삽입)
……게 느끼고 계신다는 말씀인가요?

> 클라이언트: 그 사무실의 직원은 매우 무례해요. 제가 그곳에 갈 때마다 어떤 느낌이
> 드는지 아세요? 마치 저를 어린아이 대하듯이 한다니까요.
>
> 사회복지사: 달리 말하면 당신이 사무실에 갔을 때 그 직원이 당신을 무시하는 것 같
> 아서 당황스럽고 좌절감을 느끼도록 했다는 말씀인가요?

### ③ 감정과 의미 반영하기

적극적 경청과 감정이입적 의사소통의 더욱 완벽한 형태로서 메시지의 감정적 측
면뿐 아니라 사실적 부분도 전달하는 기술로 다음과 같은 형식으로 접근할 수 있다.

**형식 1** >>> 당신은 …… 때문에 ……게 느끼고 계시는군요.
그리고 ……게 생각하시나 봐요.

> 클라이언트: (35년간 일한 후 실직한 60세 남자) 저는 이제 직업도, 수입도 아무것도
> 없습니다. 회사를 위해 35년간 고통을 겪고 노력을 했지만 그들은 저를
> 해고했습니다. 저는 겁이 나고 화가 납니다.
>
> 사회복지사: 당신은 수년간 회사를 위해 열심히 일해 왔는데 회사에서 해고당했기 때
> 문에 절망감을 느끼고 계시는군요. 그리고 부당하다고 생각하시나 봐요.

**형식 2** >>> 당신은 ……게 느끼지만 ……게 생각하시는군요.

> 클라이언트: 저는 정신이 몽롱한 상태입니다. 잘 수도, 먹을 수도 없습니다. 어떤 일에
> 집중할 수도 없습니다. 제 머리가 완전히 뒤죽박죽된 것을 알고 있습니다.
>
> 사회복지사: 당신은 최근 정신적으로 많이 달라진 것 같이 느껴져서 뇌에 문제가 생겼
> 다고 생각하시는군요.

### (3) 명료화

명료화(clarification)는 클라이언트가 더욱 명료하게 말하도록 격려하고, 그가 한 말에 대해 사회복지사가 이해하고 있음을 입증하기 위한 질문 기술이다.

**사례 1 >>>** 실업기간이 지연되고 있는 성인 상담

> 클라이언트: 내 인생은 끔찍해요. 어떻게 이 일들을 바로잡아야 할지 모르겠어요.
> 사회복지사: 무슨 말씀인지 알아듣기가 힘드네요. 지금의 상황이 전보다 더 나빠졌다는 뜻인가요?

**사례 2 >>>** 학대피해 아동 상담

> 클라이언트: 난 코끼리가 싫어요. 코끼리는 몸집도 크고, 얼굴도 크고 만날 화만 내고, 소리만 질러요. 화를 내면 얼마나 무서운데요……(얼굴을 찡그린다).
> 사회복지사: 그래? 소연이가 아주 많이 싫어하는 누군가하고 코끼리가 많이 닮았나 보구나. 그러니?
> 클라이언트: ……네, 아빠는 덩치도 크고……. 화를 내고 막 소리지르면 엄마랑 나는 무서워서 막 울어요.

### (4) 초점화

초점화(focusing)는 클라이언트가 보고하는 내용 중 생략되거나 왜곡된 부분, 애매하게 표현된 부분에 관해 관심을 가지고 확인하며 구체적으로 의사소통하도록 돕거나 클라이언트가 특정한 관심사나 주제에 주의집중 하도록 돕는 기술이다.

**사례 1 >>>** 부부 폭력 문제로 갈등하는 아내 상담

> 클라이언트: 잘될 거예요.
> 사회복지사: 무엇이 잘될 거라는 말씀이시지요?
> 클라이언트: 남편이 달라지겠다고 했으니까 모든 것이 잘될 거예요.
> 사회복지사: 남편이 어떻게 달라지겠다고 하셨지요?

**사례 2 >>>** 해고 위기에 있는 성인 상담

> **사회복지사:** 직장의 사장이 당신을 해고하겠다고 했다고요? 그 문제에 초점을 맞추어
> 이야기해 보지요.
> **클라이언트:** 예, 그래야겠지요. 전 직장을 옮기고 싶어요. 최근 경영에 관한 글을 읽었
> 는데…… 우리 회사가 너무 주먹구구인 것 같아요…….
> **사회복지사:** 상관과의 갈등에 관해 이야기하기로 하였지요? 당신은 전에 상사와의 갈
> 등 때문에 직장을 그만둔 적이 있습니다. 당신은 전에 이 직장이 매우 마
> 음에 든다고 하셨지요, 맞죠? 그러므로 직장을 옮기는 데 대한 이야기보다
> 는 상관과의 갈등을 다루는 방법을 알아보는 게 먼저라는 생각이 드네요.

### (5) 직면과 해석

직면(confrontation)은 클라이언트가 변화를 회피하는 것을 도전하는 기술이며, 해석(interpretation)은 변화에 따르는 고통스러운 감정 때문에 생기는 변화를 방해하는 정서적 장벽을 명확히 하여 어떻게 이러한 감정이 생겨서 클라이언트에게 영향을 미치는지 설명하여 주어 클라이언트의 자아인식을 확장할 때 사용하는 기술이다. 두 가지 기술은 클라이언트와 충분히 신뢰 관계를 형성하고 난 다음에 사용해야 하는 공통점이 있다.

**사례 >>>** 이혼 직후 자녀양육 문제를 겪고 있는 어머니 상담

> **클라이언트:** 난 내가 애들을 자주 방문하겠다고 한 것을 알아요. 하지만 지금 너무 바
> 빠요.

**–직면의 예 >>>**

> **사회복지사:** 당신이 열심히 일하느라 바쁘시다는 것을 이해합니다. 하지만 당신은 아
> 이들을 양육하는 방법을 알고 싶다고 도움을 요청해서 상담이 시작되었
> 지요. 그리고 상담을 요청할 때에도 지금처럼 직장 상황이 바쁘기는 하
> 지만 노력하겠다고 하셨습니다.

**-해석의 예 >>>**

> 사회복지사: 당신이 열심히 일하느라 바쁘시다는 것을 이해합니다. 하지만 이혼 때문에 생긴 분노나 죄의식이 아이들을 만나는 데 장애가 되는 것은 아닌가 하는 생각이 듭니다. 이 감정들에 대하여 이야기해 볼 필요가 있을 것 같네요.

### (6) 정보 제공

정보 제공(informing)은 상담 과정에서 클라이언트를 준비시키고 상황에 대한 설명이나 지침을 주기 위해 혹은 클라이언트에게 대안적인 관점을 제시하기 위해 사용되는 기술이다.

**사례 >>>** 남편의 학대로 쉼터에 피신하며 지내는 이혼을 원하는 여성 상담

> 클라이언트: 어떻게 하면 그 사람으로부터 벗어날 수 있을까요? (절망적인 목소리로) 저를 그냥 두지 않을 거예요. 혹시 누가 그러는데 자동이혼이라는 게 있다면서요?
>
> 사회복지사: 자동이혼이요?
>
> 클라이언트: 그냥 숨어서 지내다 보면 어디 있는지 알 수 없어서 자동으로 이혼되지 않나요?
>
> 사회복지사: 자동이혼이란 없습니다. 이혼은 부부가 서로 합의하는 경우와 소송을 하는 경우의 두 가지 방법을 통해서 가능합니다. 오랫동안 행방을 알 수 없는 경우에는 상대방이 이혼소송을 해야만 이혼이 될 수 있습니다.

### (7) 요약

요약(summarizing)은 클라이언트가 말한 몇 가지 메시지의 내용과 감정적인 요소들을 한데 모아 정리하여 사회복지사가 잘 이해하고 있다는 것을 확인하며 클라이언트도 자신이 하고자 하는 말을 일목요연하게 이해할 수 있도록 돕는 기술이다.

**사례 >>> 긴 실업기간으로 힘들어하는 성인 상담**

> 사회복지사: 당신은 지금 여러 가지 말을 하셨습니다. 우선 일자리를 찾으려고 필사적
> 으로 노력하였으나 안 됐고, 그로 인해 분노와 우울을 느꼈습니다. 당신
> 은 직업상담소에도 가 보았지만 거기서도 안 됐습니다. 당신은 자신이 고
> 등학교를 마치지 못한 것에 대해 깊은 후회를 하게 되었습니다. 여기까지
> 가 당신이 하신 말씀을 요약한 것입니다. 제가 정확하게 요약했나요?

### (8) 계약

클라이언트와 사회복지사가 각자의 역할, 책임, 기대 및 수행할 업무의 목적을 공
식화하고 구조화하는 기술이다. 계약(contracting)은 클라이언트의 욕구를 기반으로
하므로 말, 문서, 혹은 편지의 형식을 띠기도 한다. 합의사항은 문서로 보관하는 것이
좋다. 계약을 하는 데 있어 클라이언트와 사회복지사는 상호 간 이해가 필요하며, 계
약 시 분명하고 명확한 언어로 표현하여야 한다. 또한 계약서에는 충분한 정보를 담
고 있어야 한다.

**사례 >>> 초기 상담 계약 사례**

> 사회복지사: 우리가 상담을 하기 위해서는 일종의 약속이 있어야 해요. 그래야 ○○ 님
> 도 생활을 하는 데 불편함을 덜 수 있거든요. ○○ 님과 제가 만나기에 적
> 당한 시간이 언제인가요?
> 클라이언트: 월요일 오후 3시요.
> 사회복지사: 그렇다면 매주 월요일에 6주 정도 만나는 게 어떻겠어요?
> 클라이언트: 네. 그렇게 해요.
> 사회복지사: ○○ 님과 제가 어디에서 만나서 상담을 하는 것이 좋을까요?
> 클라이언트: 아무도 없는 곳이요. 세상 누구의 방해도 받지 않는 곳이라면 좋겠어요.
> 사회복지사: 상담 비용은 매주 3만 원이에요. ○○ 님은 그것에 동의하시나요? 그 밖
> 에 ○○ 님이 원하시는 것이 또 있다면 말해 주시겠어요?
> 클라이언트: 내게 필요한 건 그저 누구의 방해도 받지 않는 것뿐이에요.

사회복지사: ○○ 님과 나눈 얘기들을 기록해 두고 저와 ○○ 님이 하나씩 나누어 가
져도 될까요? 이것은 결코 강압적인 것이 아닙니다.

클라이언트: 그럼, 그렇게 하죠.

사회복지사: ○○ 님이 다음에 오시면 저와 함께 상담을 할 거예요. 그리고 장소는 역
시 이 상담실이 가장 좋을 것 같아요. 만약 급한 일이나 말하고 싶은 것이
생긴다면 1388이나 010-333-1×××를 통해 제게 연락을 주세요. 또 ○○
님이 ○○ 님 자신이나 다른 사람에게 해를 끼치지 않는 한도 내에서는
비밀을 보장해 드릴 거예요. 하지만 ○○ 님이 위험하다고 생각이 되면
저는 언제라도 다른 상담사에게 ○○ 님과 함께한 상담의 내용을 말할 거
고요. 만약 이것을 원치 않는다면 이 계약은 파기될 수 있어요. 여기에 동
의하신다면 우리의 상담관계가 이루어진 것이라고 볼 수 있어요.

클라이언트: 네. 그래요.

사회복지사: 그럼 다음 월요일 오후 3시에 볼 수 있겠군요. 앞으로 ○○ 님과 만날 생
각을 하니 기대가 됩니다.

클라이언트: 네. 이만 가 보도록 하겠습니다.

사회복지사: 네. 그럼 월요일에 뵙도록 합시다.

## (9) 설명

클라이언트에게 특정 사건이나 상황에 대해 분명하게 이해할 수 있도록 설명
(explanation)하는 기술이다.

**사례** >>> 직무 스트레스로 힘들어하는 성인 상담

클라이언트: 저는 지금 ○○회사에 다니는 30대 직장인입니다. 요즘 들어 부쩍 삶의 의
미도 없고, 매일 똑같은 일상의 반복과 산더미만큼 쌓여 있는 일 때문에
회사에 가기 싫습니다.

사회복지사: 회사에 출근하는 것에 스트레스를 받고 있군요. 또 다른 이유는 없나요?

클라이언트: 네. 있습니다. 회사만 가면 머리가 아프고, 숨이 막히고, 소화도 잘 안 되
는 것 같습니다.

사회복지사: 그렇군요. 회사에 대한 스트레스로 인하여 정신적 스트레스가 심하면 그런 증상들이 나타날 수 있습니다. ○○ 님께서 회사 일에 흥미를 느끼지 못하고, 일상의 반복과 많은 업무에 많이 지친 것 같습니다. 잠시 동안 휴식을 취하시는 것은 어떨까요?

클라이언트: 요즘 그런 생각도 들긴 하지만 업무가 많고 바쁘다 보니 그럴 시간이 없어요. 뭐 다른 좋은 방법은 없을까요?

사회복지사: 지금 나타난 스트레스 양상을 보아서는 스트레스 관리를 하셔야 할 것 같습니다. 스트레스 상태가 계속되면 지금 나타난 것처럼 생리적인 괴로움, 심리적인 압박감과 흥미 상실이 나타나지요. 그리고 이를 그대로 참고 지금처럼 쉬지도 못하면 업무 처리 능력이 약해지면서 직장 안에서 상사와의 갈등이나 동료와의 문제들이 생길 수도 있습니다.

클라이언트: 이미 그러기 시작한 것 같아요…….

## (10) 조언

조언(suggestion)이란 클라이언트가 해야 할 것을 추천하거나 제안하는 기술이다.

**사례 >>>** 청소년 자녀 지도에 어려움을 호소하는 아버지 상담

클라이언트: 어제 고등학교 1학년인 아들 녀석이 전화도 없이 밤늦게 술을 마시다가 새벽에 만취한 상태로 들어왔어요. 너무 화가 나서 한 대 때려 주고 한 번만 더 이런 일이 있으면 쫓아내 버리겠다고 했죠. 하지만 제 속마음은 그게 아니었어요. 그 녀석을 어떻게 다뤄야 할지 걱정이에요.

사회복지사: 걱정되시겠어요. 요즘 10대 자녀들을 두신 부모님들을 보면 정말 힘들어하십니다. 하지만 이렇게 아버님이 직접 상담을 신청해 오시는 경우는 흔치 않습니다. 우선 그 점을 높이 칭찬해 드리고 싶습니다. 그런데 아이가 이번 말고도 술에 취해서 들어온 적이 있습니까?

클라이언트: 이렇게 만취해 들어온 건 처음입니다…….

사회복지사: 술이 취한 상태에서는 제대로 판단할 수도 없고, 아버님의 걱정도 잘 이해할 수 없을 것 같으니 그런 상황에서는 우선 몸이 괜찮은지 확인하고 빨리 재운 다음, 그 다음 날 아침에 사정을 물어보고 집에서 얼마나 걱정했는지를

말씀하시고, 다음에는 이런 일이 없도록 하라고 말씀하신다면 어떨까요?

클라이언트: 그렇게 풀어 주면 더 어긋나지 않을까요? 부모가 세게 나가야 정신을 차리죠. 요즘 아이들…… 다 그렇잖아요.

사회복지사: 그럴 가능성도 배제하지 않을 수는 없죠. 하지만 아들 분을 믿어 보시는 것도 좋은 방법이라고 생각해요. 그러면 나중에라도 아버님의 사랑을 알고 깨닫는 것이 있지 않을까요? 제가 아버님이라면 일단 아들과 많은 대화를 시도해 볼 것 같아요.

### (11) 중재

중재(mediation)란 당사자 간의 분쟁에 있어 차이점을 조정하여 합의점을 모색하거나 상호 만족할 만한 합의점에 도달할 수 있도록 돕는 기술이다.

**사례 >>> 이혼 숙려기간 부부 상담**　

사회복지사: 어서 오세요. 반갑습니다. 이혼 결정을 앞두고 아이들을 양육하는 문제로 오셨군요. 먼저 아내 분부터 이 문제에 대해서 어떻게 생각하시는지 말씀해 주시겠어요?

아내: 아이들은 제가 키워야 한다고 생각해요. 어떻게 아이들이 엄마의 따뜻한 손길 없이 살 수 있겠어요?

남편: 아닙니다. 아이들은 제가 키워야 합니다. 제가 저 사람(아내)보다 아이들에게 더 많은 것을 해 줄 수 있습니다.

사회복지사: 네. 아이들에게는 두 분이 말씀하신 것들이 다 필요합니다. 따뜻한 손길이 있어야 하지만 아이들의 필요를 채워 줄 경제력도 있어야 하죠. 아내 분께서는 경제적인 부분을 어떻게 충당하실 생각이신가요?

아내: 지금 작은 옷가게에서 일하고 있어요. 친절한 가게 주인 덕택에 아이들과 같이 살 집도 구해 놨고요. 이만하면 아이들과 행복하게 살 준비가 된 것이 아닌가요?

사회복지사: 네. 많은 준비를 하셨군요. 남편 분은 이 이야기에 대해서 어떻게 생각하시나요?

남편: 겨우 그렇게 작은 옷가게에서 돈을 벌어서 어떻게 두 아이의 필요를 다 채워 줄 수 있겠습니까? 아마 예전에 살던 큰 집과 좋은 음식을 더 그리워하게 될 겁니다.

사회복지사: 아내 분은 남편 분의 말에 대해서 어떻게 생각하시나요?

아내: 물론 아이들이 예전에 풍요롭게 살던 때를 그리워할 수도 있겠죠. 하지만 아이
　　　아빠는 일에 바빠서 아이들이나 저에게 너무 무관심했어요. 우리에게 좋은 집
　　　과 음식을 주었지만 따뜻한 관심이나 사랑은 주지 못했죠.

사회복지사: 아내 분께서 많이 서운하셨겠네요. 남편 분은 일이 많이 바쁘셨나 봐요?

남편: 네. 매일 같이 야근에, 출장에 정신이 없었어요. 아이들과 아내에게 신경 쓸 겨
　　　를이 없었죠. 저도 많이 지치고 피곤했다고요.

사회복지사: 네. 많이 바쁘셨군요. 아내 분은 남편 분이 이렇게 힘들 거라는 것을 생각
　　　해 보셨나요?

아내: 아니요. 전혀 생각하지 못했어요. 그냥 남편의 사랑이 식어서 괜히 일에만 집중
　　　하는 줄 알았죠.

사회복지사: 그렇군요. 그럼 다시 아이를 양육하는 문제로 돌아가죠. 남편 분은 어떻
　　　게 하시길 원하시나요?

남편: 그냥…… 아내가 키웠으면 좋겠어요. 저는 그동안 아이들과 아내에게 너무 무
　　　관심했고…… 아이들에게는 엄마가 더 필요할 것 같다는 생각이 드네요.

## (12) 권익 옹호

권익 옹호(advocacy)란 클라이언트 자신이 할 수 없는 일에 대해 이들을 대표하여
이들의 관심사를 성취할 수 있도록 돕는 기술이다.

**사례** >>> 지체장애를 가진 A씨의 직장 폭력 문제 옹호

1. A씨와 면담을 하던 중 B씨에 의한 폭력이 A씨뿐만 아니라 그 외의 사람들에게도
   정기적으로 발생했다는 사실을 확인함.
2. 심지어 A씨의 부인이 폭행을 목격하여 경고도 한 적이 있다고 함.
3. 경기도장애인인권센터에서는 A씨의 부인에게 가해자에게 민·형사적으로 책임
   을 물을 수 있는 방법을 안내해 주었고, A씨의 부인은 인권센터에서 알려 준 방법
   을 토대로 가해자 및 회사 임원 등에게 공개사과와 금전배상을 요구함. 또한 A씨
   가 일을 하지 못하게 된 것에 대한 책임을 물어 다른 일자리 알선을 요구함.

4. 이후 A씨는 B씨로부터 사과를 받았고 일부 금전배상을 받았음. 추가적으로 A씨
  는 이전에 다니던 회사에서 근무할 수 있게 되어 ○○사업체로 돌아감.

출처: http://www.ggaapd.or.kr/bbs/board.php?bo_table=B154&wr_id=18.

## (13) 재명명

클라이언트가 문제 혹은 이슈를 다른 시각에서 보도록 혹은 다른 방법으로 이해하도록 돕는 기술이다. 재명명(relabeling)은 재구성(reframing) 혹은 재규정(redefining)이라고도 하는데, 주어진 상황에 대해 부정적인 생각이 더 새롭고 긍정적인 시각으로 변화하도록 돕기 위한 것이다. 즉, 특정 문제에 대해 클라이언트가 부여하는 의미를 수정해 줌으로써 클라이언트의 시각을 긍정적인 방향으로 변화시키는 기술이다(김혜란, 홍선미, 공계순, 2001).

**사례 >>>** 부모로부터의 독립과 의존의 문제

클라이언트: 우리 부모님은 항상 나를 통제하려고 해요. 독재자 같아요. 내가 외출할
　　　　　때마다 어디에 가는지, 누구와 가는지 꼬치꼬치 캐물으세요. 우리 집 통
　　　　　금은 10시인데, 1분만 늦게 들어와도 문 앞에서 기다리고 계시다가 왜 늦
　　　　　었는지 물어보세요. 미칠 것만 같아요.
사회복지사: 연희는 부모님 때문에 숨이 막힐 것처럼 느끼는구나. 그런데 내가 보기
　　　　　에는 부모님이 연희를 염려하셔서 그러시는 것 같구나. 만일 부모님이
　　　　　연희에게 정말로 관심이 없다면 연희가 어떻게 행동하든 개의치 않으시
　　　　　겠지. 부모님은 연희를 통제하고 있다고 생각하시기보다는 부모로서 자
　　　　　식을 보호해야 한다고 생각하셔서 그렇게 행동하시는 걸 거야.

## (14) 연계

클라이언트의 문제 해결을 위하여 자원 연계(networking)와 의뢰를 하는 기술이다.

**사례** >>> 노인보호전문기관 사회복지사와 알코올 사회복지시설 사회복지사 등
여러 복지전문가의 사례회의와 연계 서비스

노인보호전문기관 사회복지사: 이 클라이언트의 아드님은 알코올 사회복지시설에 입소
하고 싶어 하십니다. 그리고 또 한 가지 문제는 이 아드님이 노인학대의
가해자라는 점이 심히 염려스럽습니다. 알코올 사회복지시설에서 잘 지
내다가 밖에 나오면 또다시 가해자가 되거나 술을 드시지 않을까 하고요.

알코올 사회복지시설 사회복지사: 그 점에 대해서는 저희가 연구해 보겠습니다. 알코올
중독으로 인해 저희 기관으로 오시는 분 중 노인학대 가해자 분들이 많
습니다. 그분들을 위한 프로그램도 진행 중에 있으니 입소하시기를 결정
하셨다면 하루라도 빨리 입소하는 것이 아드님과 어르신을 위해서 좋은
결정일 듯 싶습니다. 그러나 또 다른 문제는 아드님이 입소해 계시는 두
달 동안 어르신 혼자 적적하게 지내신다는 것인데…… .

사회복지공무원: 그 점은 걱정마시고 저희 기관에 연계하시면 될 것 같습니다. 저희가
노인종합복지관에 연계해서 재가복지사에게 어르신과의 상담도 진행하
도록 할 것이고, 또 자원봉사 프로그램을 이용해서 어르신이 끼니도 거
르시지 않도록 하죠. 그래도 이번엔 방임이 아니라서 다행이라는 생각이
듭니다.

노인보호전문기관 사회복지사: 그럼, 이번 문제는 두 기관의 담당 선생님들께서 수고해
주셔야겠습니다. 우리 최선을 다해 보도록 합시다. 다음 사례회의 때 뵙
도록 하겠습니다.

(몇 주 후)

클라이언트 1: 선생님, 오랜만이구료…….

노인보호전문기관 사회복지사: 어르신, 그동안 별다른 일은 없으셨나요?

클라이언트 1: 감기가 들어 힘들긴 했지만 지금은 많이 괜찮아졌소. 그런데 선생님,
아들 녀석이 이제 새로운 인생을 살겠다고 알코올 사회복지시설에 들어
가겠다고 했다던데…… (갑자기 걱정스러운 표정으로) 그래도 이 집에
아들이 있어 외롭진 않았는데 아들이 없는 두 달 동안 혼자서 어떻게 지
내야 할지?

노인보호전문기관 사회복지사: 저도 사실은 그 점이 걱정되었습니다. 아드님이 입소해
계시는 동안에 저희 기관에서 집 근처에 있는 주간보호시설에 의뢰하여
돌봐드리겠습니다.

클라이언트 1: 그래도 낯선 곳은 걱정이지만…… 이 추운 곳에서 겨울을 나는 것보다 새로운 노인 분들을 만나는 것이 좋겠다고 생각이 드는구려.

노인보호전문기관 사회복지사: 그럼 주간보호시설에 입소하셔도 괜찮으시겠습니까? 저희는 강요하지 않겠습니다. 모든 것은 어르신의 의견이 먼저입니다. 편안하게 생각하세요.

클라이언트 1: 아들이 알코올 사회복지시설에 들어가 있을 동안 나도 새로운 친구를 사귀고 조금 더 행복한 인생을 살아 보고 싶소. 주간보호시설에 갔다가 집에 돌아오면 되는 것이오?

노인보호전문기관 사회복지사: 예. 어르신께서 주간보호시설에서 돌아오시면 저희 센터에서 동네 복지관에 의뢰하여 돌봐드릴 테니 너무 걱정하지 않으셔도 됩니다.

[며칠 뒤 사회복지사와 클라이언트 1, 클라이언트 2(아들)의 작별인사]

클라이언트 2: 어머니, 다녀오겠습니다.

노인보호전문기관 사회복지사: 새로운 인생을 시작하는 의미에서 선생님이 행복한 인생을 사실 수 있도록 도와드리는 것이 기쁘다고 생각합니다.

클라이언트 2: 부족한 나를 이렇게 만든 것은 다 복지사 선생님 덕입니다. 고마워요, 복지사 선생님.

노인보호전문기관 사회복지사: 저 또한 선생님께서 이번엔 술과의 싸움에서 승리하시기를 빌겠습니다.

클라이언트 1: 조심해서 다녀오거라. 그동안 나는 새로운 친구들을 사귀고 있으마.

노인보호전문기관 사회복지사: (웃으며 알코올 사회복지시설 직원과 떠나는 아들을 배웅하는 할머니와 함께함) 잘 다녀오세요.

## (15) 피드백 활용

클라이언트 행동의 결과에 대하여 의도적으로 반응이나 보상을 하여 그 행동을 강화하거나 줄이는 기술이며, 긍정적 피드백과 부정적 피드백이 있다. 하지만 부정적인 피드백일 때 감정이 격해질 수 있고, 마음에 상처를 줄 수 있다. 따라서 사전에 피드백의 목적이 클라이언트의 행동이나 과업 수행에 어떤 판단을 하기 위함이 아니라는 점과 안내, 지지, 도전을 위한 것이라는 점을 분명하게 설명해 주어야 한다.

**사례** >>> 상담 중 담배를 피우는 청소년의 행동 변화를 위한 피드백 활용

사회복지사: ○○야, 우리가 지금까지 총 3번의 상담을 했는데 그때마다 네가 상담 도 중에 담배를 피워서 내가 매우 곤혹스럽구나. 상담실 안에 담배 냄새가 가 득 차서 머리가 아픈데 상담 시간에는 담배를 피우지 않으면 안 되겠니?

클라이언트: 싫어요. 저는 원래 항상 피우던 시간이 있다고요. 그리고 담배가 몸에 나 쁘다느니, 끊으라느니 그런 이야기는 꺼내지도 마세요.

사회복지사: 우리가 상담을 처음 시작할 때, 서로를 존중하기로 약속했잖니. 선생님 은 너의 기분은 존중하지만 지금의 너의 말이 조금 섭섭하게 느껴지는구 나. 좋아, 그렇다면 네가 상담 시간에 담배를 피지 않으면 한 달에 한 번 은 상담을 야외로 나가서 하겠어. 그날은 함께 맛있는 걸 먹으면서 이야 기하는 거야, 어때? 넌 이 상담실이 답답하다고 했잖니?

클라이언트: 정말요? 좋아요. 그럼 상담 시간엔 담배를 피우지 않겠어요.

(한 달 뒤)

사회복지사: ○○야, 약속을 지켰구나. 약속을 지키는 게 쉬운 것 같으면서도 매우 어 려운 일이지. 멋지게 잘해 냈어. 오늘은 함께 야외로 가서 맛있는 점심을 먹자.

클라이언트: 처음엔 지킬 생각이 없었는데 한 시간을 안 피웠더니 몇 번만 더 참으면 된다는 생각이 들었어요. 그렇게 한 주 한 주가 한 달이 되었어요. 저도 안 피운 것이 신기하고, 왜 그랬냐 싶었지만 이렇게 밖에 나오니까 잘했 다는 생각이 들어요.

사회복지사: 그래, 정말 잘했어. 다음에는 금연 교실을 체험해 보지 않을래? 지금보다 더 멋진 너의 모습에 감탄하게 될 거야!

클라이언트: 네? 윽! 그건 싫어요!

사회복지사: 하하하, 그래, 오늘은 지난 달 약속을 지킨 너를 축하하자. 하지만 나중에 라도 생각이 있다면 언제든지 이야기하렴.

## 4. 변화 단계와 실천기술

Prochaska와 Diclemente는 변화 모델(model of change)을 개발했다. 변화 모델은 더 유익한 행동으로의 변화 과정을 기술하는 이론이다. 이 모델은 바람직하지 않은 행동에서 바람직한 행동으로 이동할 때 사람들이 겪는 단계를 설명한다. 이 모델은 사람들이 알코올 중독, 흡연, 심지어 운동과 같은 행동 문제를 어떻게 수정하는지 이해하는 방법으로 개발되었으며, 개인의 의사결정에 중점을 두는 의도적인 변화 단계 모델이다. 이 모델은 사람들이 행동을 신속하고 단호하게 바꾸기 어렵다는 가정을 하고 있다. 특히 습관적인 행동은 변화하려고 해도 주기적 과정을 통해 지속 반복되는 항상성의 경향이 있다.

변화 모델은 사람들이 행동 변화를 겪는 방식을 이해하는 데 효과적이다. 이 모델에서 변화는 점진적으로 발생하며, 재발은 평생 변화를 겪는 과정에서 피할 수 없다. 사람들은 초기 단계에서 변화를 피하거나 반대하는 경우가 많지만, 일정한 단계를 거치면서 능동적으로 변화에 참여한다. 이 단계는 개인마다 다양한 속도로 진행되며, 종종 전 단계로 돌아갔다가 다시 진행하는 등 여러 번 반복하기도 한다. 이에 변화 단계는 선형보다는 순환형으로 더 잘 설명된다. 이 모델은 행동 변화의 성격과 그러한 변화를 촉진하려면 변화 단계를 이해하고, 개인의 변화된 정도의 단계에 따른 개입을 하는 것이 효과적이라고 믿으며, 다음의 가정에 기초한다.

• 행동 변화는 시간이 지남에 따라 진행되는 과정이다.
• 단계는 안정적이고 변화하기 쉽다. 장단점을 고려하여 변화를 유도할 수 있다.
• 현실적인 목표를 설정하도록 돕는 것은 변화 과정을 촉진한다.
• 변화의 특정 과정과 원칙은 발생 단계에서 강조될 필요가 있다.

변화 모델에 따르면 행동 변화는 5단계 과정이다. 즉, 개인은 행동을 채택할 때 여러 단계를 거치며 행동 변화는 변화의 과정에서 발생한다. 변화 단계는 전 숙고 단계, 숙고 단계, 준비 단계, 실행 단계와 유지 단계이다. 재발 및 숙고 단계를 추가하여 6단계로 확장하기도 한다(Prochaska et al. 1994). 변화를 유지하다가도 재발하기 쉬운 행동 습관의 속성 때문이다. 다음과 같이 변화의 단계마다 적절한 개입 전략을 활용하여 클라이언트가 변화의 다음 단계로 이동하면서 이상적인 행동을 실행할 수 있도록 도울 수 있다. (변화의 다음 단계로 이동하는 데 도움이 되는 구체적인 실천기술은 변화 동기를 촉진하는 동기상담이 주로 활용된다. 제8장의 동기강화 모델 참고 바람.)

## 1) 전 숙고 단계

변화의 가장 초기 단계는 사전 단계로, 사람들은 변화를 고려하지 않고 있다. 이 단계에서 자신의 행동이 문제가 아니라는 주장으로 변화를 거부한다. 현재 상태를 체념하거나 행동을 통제할 수 없다고 생각할 수 있다. 어떤 경우에는 자신의 어떤 행동이 타인에게 피해를 주거나, 타인이 이해하기 어려울 수 있다는 것을 이해하지 못한다. 다음의 몇 가지 질문은 숙고 단계로 이행하는 데 도움이 된다. "과거에 행동을 바꾸려고 시도한 적이 있는가?" "문제를 어떻게 인식하는가?" "행동을 문제로 생각하면 어떤 일이 발생할 것인가?" 전 숙고 단계에서는 문제행동과 관련한 상담을 할 때 사회복지사에 대하여 안도감, 신뢰감과 같은 감정을 경험하는 것이 필요하다.

## 2) 숙고 단계

숙고 단계에서 사람들은 변화를 통해 얻을 수 있는 잠재적 혜택에 대해 인식하게 되지만 혜택보다 비용이 더 크다고 느낀다. 이러한 갈등은 변화에 대한 강한 상반되는 양가감정을 형성한다. 이러한 불확실성으로 인하여 숙고 단계는 수개월 또는 수년이 지속될 수 있다. 사실 많은 사람에게 변화는 정서적, 정신적 또는 신체적 혜택을 얻는 수단이라기보다 뭔가를 포기하는 과정이다. 숙고 단계에서 필요한 중요한 질문들은 다음과 같다. "왜 변화하고 싶은가?" "변화를 방해하는 것이 있는가?" "변화를 도울 수 있는 것은 무엇인가?" 이러한 질문들은 문제를 인식하고 변화를 심각하게 생각하도록 돕는다. 이때 행동에 대한 자신의 감정을 평가하는 자기재평가가 필요하다.

## 3) 준비 단계

숙고 후 변화해야겠다는 동기가 생기면 실행을 위한 준비가 필요하다. 준비 단계에서는 큰 변화를 위해 작은 변화를 시작할 수 있다. 예를 들면, 체중 감량이 목표라면 저지방 식품으로 전환할 수 있다. 목표가 금연이라면 매일 흡연을 조금씩 줄일 수 있다. 사회복지사와 상담하거나 헬스클럽에 가입하거나 관련 서적을 읽는 것과 같은 일종의 직접 행동을 취할 수도 있다. 준비 단계에 있는 경우 삶의 변화를 성공적으로 이루기 위해 우선 변하고 싶은 것이 무엇인지, 그를 위해 할 수 있는 게 무엇이고 어떻게 해야 효과적인지에 대해 가능한 한 많은 정보를 수집한다. 동기 부여 목록을 준비하고 목표를 적어 둔다. 조언과 격려를 받을 수 있는 지원집단으로 사회복지사, 멘토, 친구들과 같은 외부 자원이 도움이 된다. 문제를 인식하고 행동을 변화하고, 변화할 수 있다는 믿음을 강화하는 지지와 격려, 재확인이 필요하다.

## 4) 실행 단계

실행 단계에서 목표를 달성하기 위해 직접 행동을 시작한다. 이전 단계에 생각이나 시간이 부족하여 해결에 실패하는 경우가 있다. 예를 들면, 많은 사람이 새해에 체중 감량을 결심하고 즉시 새로운 운동요법과 건강한 식단을 시작하고 간식을 줄인다. 이러한 최종 단계는 성공에 필수적이지만 이전 단계를 간과하면 이러한 노력은 수주일 만에 포기될 수 있다. 현재 목표 달성을 위해 조처하고 있다면 긍정적인 조처를 축하하고 격려한다. 강화와 지원은 변화에 대한 긍정적인 조처를 유지하는 데 매우 중요하다. 동기 부여, 자원 및 진도를 주기적으로 검토하여 변화에 대한 몰입과 신념을 개선할 수 있는 시간을 갖는다.

## 5) 유지 단계

유지 단계에는 이전의 문제행동을 성공적으로 피하고 변화된 새로운 행동을 유지하는 것이 포함된다. 사람들은 변화를 계속할 수 있다는 확신이 생긴다. 새로운 행동을 유지하는 경우 유혹을 피할 수 있는 방법을 찾는다. 오래된 습관을 보다 긍정적인 행동으로 대체한다. 재발을 성공적으로 피할 수 있을 때 자신에게 보상한다. 이전 행동으로 되돌아갔더라도 포기하지 않는다. 단지 사소한 좌절이었음을 상기한다. 재발은 일반적이며 평생 변화 과정의 일부이다.

어떤 개인이 실행 단계에서 유지 단계로 이동하려 한다면 자극 통제와 역조건화가 중요하다. 어떤 행동은 특정한 자극이 있을 때 나타나지만, 자극이 존재하지 않으면 일어나지 않는다. 이처럼 특정한 상황이 발생할 수 있는 자극을 제거하는 것을 자극 통제(stimulus control)라고 한다. 예를 들면, 쇼핑 중독이 홈 쇼핑 시청이면 홈 쇼핑 채널을 제거한다. 역조건화(counter-conditioning)는 상반되는 반응을 초래하는 자극을 연결하여 그 자극에 대한 원래의 반응을 약화하는 것을 의미한다. 즉, 부정적 반응을 초래하는 조건자극과 긍정 반응을 초래하는 무조건자극을 연합하는 것이다. 어떤 행동을 약화하려면 그 행동과 상반되는 행동을 강화한다. 예를 들면, 쇼핑 욕구가 생길 때마다 음악을 듣거나 게임을 한다.

## 6) 재발 및 숙고 단계

어떤 행동 변화에서도 재발은 흔히 일어난다. 재발을 경험하면 좌절이나 실망을 느낄 수 있다. 성공의 열쇠는 이러한 좌절이 자신감을 손상하지 않도록 하는 것이다. 이전 행동으로 환원되면 왜 돌아갔는지 살펴본다. 변화는 어려운 것임을 인정하되, 그만큼 가치가 있는 것임을 재확인한다. 재발을 유발한 원인은 무엇인가? 이러한 유발 요인을 피하려면 무엇을 해야 하는가? 재발은 관리하기 어려울 수 있지만, 최상의 해결책은 행동 변화의 준비, 행동 또는 유지 단계를 다시 시작하는 것이다. 동기 부여, 행동 계획 및 목표 달성을 재확인한다. 또한 미래의 유혹에 대처할 계획을 세운다. 적절한 준비와 조치가 취해지지 않으면 실패한다.

## 5. 어려운 클라이언트와의 실천기술

사회복지실천의 가장 기본이 되는 도구는 사회복지사 자신이며, 사회복지사 원조 활동의 성패는 사회복지사 자신을 이용하여 클라이언트와 맺는 관계의 질에 달려 있다. 사회복지사는 도움을 받으러 온 클라이언트의 감정 상태를 이해하도록 노력하는 동시에 클라이언트와 만남에 대한 자기 자신의 감정을 검토하고 클라이언트가 원조를 긍정적으로 받아들일 수 있도록 만남을 주의 깊게 준비해야 한다. 사회복지사의 따뜻하고 인간적이며, 전문적인 자세와 상대방에게 도움이 되고자 하는 진심 어린 태도가 클라이언트와 사회복지사 간 관계의 기본이다. 이렇게 되기 위해서는 사회복지사 자신도 끊임없는 자기인식과 성찰을 통해 전문가로서 자신을 연마할 필요가 있다.

문제 해결 과정에 있어 클라이언트가 문제를 인정하고 해결하기 위한 의지를 갖는 것은 매우 중요하다. 그러나 클라이언트가 문제 해결 과정에 대하여 거부하는 태도를 보일 때, 이것은 변화 과정에 장애 요소로 작용하고 사회복지사는 어려움을 경험한다. 이러한 거부적 태도를 저항이라고 한다. 저항은 원조를 요청하는 사람들의 변화에 대한 두려움이나 불편함에 대한 방어이며, 문제 해결 과정에 내재한 불편한 감정을 회피하는 행동이라고 할 수 있다. 저항은 비자발적 클라이언트에게서 흔히 볼수 있고 또는 도움이 필요해서 찾아온 사람들에게서조차 나타날 수 있다. 일반적으로 저항을 나타내는 경우는, 첫째, 낯선 사람과 낯선 상황에 개입되는 것을 불편해하는 경우, 둘째, 자신에게 문제가 있어서 타인의 도움을 받아야 함을 인정하기 어렵게 생각하는 문화적 규범을 가지고 있는 경우, 셋째, 클라이언트가 문제로부터 뭔가 이득을 얻고 있는 경우 등이다.

가정폭력이나 학교폭력 등으로 법적 명령에 의해 강제적으로 의뢰된 비자발적 클라이언트의 초기 과정에서 저항은 매우 강하다. 이 과정에서 사회복지사는 클라이언트의 부정적 반응에 잘 대처하고 원조 관계를 형성하기 위하여 다음과 같은 실천기술을 활용하면 도움이 될 것이다.

## 1) 클라이언트의 부정적 감정 다루기

수강명령, 교육명령 등 사법적 문제로 보호관찰소 등에서 강제로 의뢰되거나, 학교나 가족에 의해 의뢰된 비자발적 클라이언트는 자신을 강제적으로 참여시킨 배우자나 부모, 이웃, 기관을 향하여 분노가 있을 수 있다. 이 분노는 사회복지사에게 전치되어 표출될 수 있다. 사회복지사는 이러한 클라이언트의 분노를 사회복지사 개인을 향한 감정이 아니라 클라이언트의 좌절감을 나타내는 것으로 받아들이는 것이 중요하다. 사회복지사는 자신의 감정을 잘 점검하여 클라이언트로부터 받는 공격적 반응을 자신에 대한 비난적 반응으로 받아들이지 않도록 하는 것이 필요하다. 클라이언트의 부정적 감정과 분노는 자신이 부당하게 비난받고 있다는 인식과 자신의 문제를 성찰하지 않는 데서 기인할 수 있다. 다음을 고려할 필요가 있다.

① 법원의 판결로 의뢰된 클라이언트는 범법자라는 낙인감으로 자존감이 극도로 손상될 수 있다.
② 가족으로부터 신고되어 강제 의뢰를 받은 클라이언트는 중요한 타인으로부터 버림받거나 제대로 이해받지 못하고 있다는 인식을 하기도 한다.
③ 이런 클라이언트들은 좌절감에서 오는 분노를 표출하거나 방어적 태도를 보이는 일이 많다. 아동과 청소년의 경우에는 처벌에 대한 두려움을 갖고 있어서 자기개방을 꺼리거나 지나치게 순응적인 태도를 보여 자율성이 침해된 행동을 보이기도 한다.
④ 방어적이고 부정적 태도에 가장 효과적으로 접근하여 관계를 형성하는 방법은 다음과 같다.

　-사회복지사가 이해심이 깊은 공감적 반응을 해 줌으로써 클라이언트의 부정적 감정을 표출시켜 정서적으로 정화될 수 있도록 해 준다.
　-사회복지사는 돕고자 하는 진실한 태도로 수용적이고 공감적 반응을 보인다.
　-사회복지사는 의뢰해 온 법 집행기관의 요구 조건을 클라이언트와 명확히 한다.
　-기타 개입에 필요한 부분에 있어서는 가능한 클라이언트의 자기결정권과 자율성을 가능한 존중하면서 여러 가지 선택의 여지를 허용해 준다.

이로써 사회복지사와 클라이언트의 긍정적 관계를 형성하게 되고, 클라이언트의 저항은 훨씬 감소할 것이다. 사회복지사와 관계가 긍정적으로 형성되면 클라이언트는 사회복지사의 현실적 평가를 점점 받아들여서 자신의 변화 목표를 위해 사회복지사와 계약을 하게 된다.

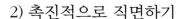

## 2) 촉진적으로 직면하기

비자발적 클라이언트의 저항을 감소시키고 사회복지사의 개입을 원활히 하기 위해서는 권위로 밀어붙이기보다는 촉진적 관계를 형성하면서 직면의 기술을 활용하는 것이 중요하다.

① 클라이언트의 자기결정권을 최대화하면서도 클라이언트에게 양보할 수 없는 필수적 조건에 대하여 강조한다.
② 사회복지사의 돕고자 하는 의도를 지혜롭게 전달한다.
③ 사회복지사는 중립적 태도에서 클라이언트가 실행하지 않았을 때 받게 되는 법정 제재와 같은 자기패배적 결과를 얻게 되는 것에 논의한다.
④ 직면할 때 사회복지사가 양보할 수 없는 기준을 확고한 태도로 전달하면서 클라이언트의 부정적 감정에는 공감적 반응을 보인다.
⑤ 클라이언트의 저항을 감소시키면서 클라이언트가 개입 절차에 동의하고 사회복지사의 원조에 협조적으로 참여하도록 해 준다.

## 3) 가능한 계약을 협상하기

변화에 대한 동기가 낮은 비자발적 클라이언트를 도울 때 사회복지사는 클라이언트가 자신의 문제를 인정함으로써 변화 목표를 확인하고, 변화에 대한 의지를 확인하는 데 1차 목표를 두어야 한다. 다음과 같은 전략으로 변화에 대한 숙고를 할 수 있도록 돕는다.

① 사회복지사는 치료적 동맹을 형성하기 어렵더라도 개입을 가능하게 하기 위한 협력적 관계는 만들어야 한다.
② 전략적으로 사회복지사와 클라이언트의 견해 차이를 연결 지을 공통의 기반을 찾는다.
③ 클라이언트는 물론 의뢰처의 관심을 함께 만족시킬 수 있는 적절한 방식으로 재구조화하고 협력적인 관계를 구축하도록 해 준다.

④ 문제에 대한 정의를 유보하면서 무엇이 문제인지를 클라이언트와 함께 탐색해
보기를 제안하고, 위협적이지 않은 태도로 임하는 것이 중요하다.

## 4) 양가감정 다루기

비자발적 클라이언트를 포함하여 스스로 도움을 요청한 사람들도 원조 과정에 대
하여 강한 양가감정을 경험한다. 양가감정은 대체로 다음과 같은 상황에서 발생한다.

- 과거의 경험에서 오는 사회복지사에 대한 회의적 태도
- 자신의 사적인 생활을 노출하는 데 대한 저항감
- 원조 과정에 대한 오해
- 자신에 대한 부정적인 면이 드러날까 봐 두려움
- 사회복지사로부터 비판, 비난, 통제를 받을까 봐 두려움
- 변화에 대한 자신의 욕구에 관한 불확실함
- 클라이언트와 사회복지사의 인종적 · 문화적 차이

사회복지사는 클라이언트의 양가감정을 인식하면 원조 과정에 오게 된 클라이언
트의 감정을 표현하도록 진실한 태도로 격려한다. 클라이언트가 내면에 있는 부정적
인 감정을 내어놓고 표현하도록 돕는 것은 자신의 부정적 태도와 두려움을 합리적으
로 분석하고 해결하도록 해 줌으로써 원조 과정에 적극적으로 참여할 동기를 갖게 하
는 강력한 에너지가 될 수 있다.

## 5) 희망감 부여

원조 과정에서 희망은 동기 부여의 필수적인 요소이다. 희망을 심어 주기 위해 사
회복지사는 클라이언트에게 그들의 대처 능력을 강화하고, 그들의 잠재능력을 충분
히 발휘할 수 있도록 해 줄 수 있다는 신념을 가지고 있어야 한다. 이것을 바로 사회
복지사의 자기효능감 또는 직무효능감이라고 할 수 있는데, 클라이언트 자신도 자기
효능감이 필요하다. 클라이언트를 격려하는 가장 효과적인 방법은 원조 과정에서 그

들의 역할 수행에 대한 자기효능감을 향상해 주는 것이다. 희망감을 부여하기 위해서는 강점 관점의 접근과 인지 재구조화 과정이 필요하다.

## 6) 강점 관점의 접근

많은 클라이언트는 인생 경험에서 자신의 약점과 결점, 그리고 실패에 대한 경험만을 선택적으로 인식하고 자신의 강점과 성공에 대하여 간과하는 경향이 있다. 사회복지사는 진실한 태도로 그들의 감정에 공감하고 클라이언트의 강점과 자원에 관련된 사건을 탐색하고 구체적으로 찾아서 알려 주도록 한다.

사회복지사는 클라이언트가 이전에 했던 대처 노력에서 성공적인 결과를 찾아내어 문제가 아닌 예외적인 상황을 조망하도록 해 줌으로써 회복력(resilience)을 발견하고 희망에 대한 현실적 기반을 얻도록 해 준다.

## 7) 인지 재구조화

대체로 클라이언트의 무력감은 그들이 가지고 있는 부정적인 인지 과정에 있다. 어떤 클라이언트는 자신의 어려움을 운명의 탓으로 돌리고, 자신의 통제에서 벗어난 것으로 인식하기도 한다. 이런 경우 동기와 희망을 심어 주기 위해 사회복지사는 클라이언트의 무력감에 대항하여 변화는 자신에 달려 있으며, 자신이 상황을 개선할 수 있음을 인식하도록 도와주어야 한다.

클라이언트의 부정적 인지 구조를 변화시키기 위해서 할 수 있는 방법은 문제 상황을 재구조화하여 인식을 달리하면 변화할 수 있음을 알게 해 주는 것이다. 클라이언트가 변화할 수 없다고 믿는 상황에 대해서 인식을 달리하여 다르게 보며, 다르게 의미를 부여할 수 있는 것은 자신이라는 신념을 갖게 해 주는 것이다. 재구조화나 재정의는 클라이언트에게 자신의 문제에 대한 신선한 관점을 제공하여 문제를 해결하기 위한 건설적 행동을 제시해 준다. 현재의 문제 상황을 변화와 성장을 위한 전환점으로 인식하도록 돕는 것은 자기패배적 사고를 하는 클라이언트에게 자신의 문제를 새롭고 긍정적으로 바라볼 수 있도록 돕는 재정의 접근 방법이다.

## 6. 복합적 욕구를 가진 클라이언트와의 실천기술

사회적 돌봄이 필요한 복합적인 욕구를 가진 클라이언트(노인, 장애인, 정신장애인, 요보호아동 등)가 증가하고 있다. 하지만 현재의 재가(在家) 서비스 또한 공급기관별, 사업별로 단편적, 분절적으로 제공되어 이들이 필요한 다양한 서비스가 연계, 통합되지 못하는 문제가 있다. 노인, 장애인, 정신장애인 등에 대한 돌봄 부담이 사회문제화되면서 간병살인(간병 및 보호 부담에 지친 가족원에 의한 살인)이나 사회적 입원(돌봄을 제공할 가족 혹은 지역 주거 자원 부재로 요양병원이나 정신병원, 요양시설에 장기입원) 등이 나타나고 있다. 노인의 요양병원 입소 거부[57.6%가 증가하고 있으며, '거동이 불편해도 살던 곳에서 여생을 마치고 싶다'라고 응답(2017 노인실태조사)], 취약한 1인 가구, 신체적 장애인과 정신적 장애인 당사자의 탈시설 운동이 증가하고 있다. 이처럼 지역사회 안에는 주거, 의료 · 요양 · 돌봄 서비스의 복합적인 욕구를 가진 클라이언트가 증가하고 있으며 이들의 지역사회 통합 돌봄서비스(community care 커뮤니티 케어) 욕구가 절실하다. 복합적인 욕구를 가진 클라이언트와 실천하려면 그 욕구에 부응하는 지역사회 서비스체계가 구축되어 있어야 하고, 그 서비스들을 연계하여 통합적으로 지원하고 관리하는 통합사례관리 기술이 요구된다.

이러한 필요에 대해 보건복지부는 2018년 초 '커뮤니티 케어 추진계획'을 발표하였다. 커뮤니티 케어를 추진하기 위하여 노인 의료, 노인 돌봄, 장애인 탈시설, 지역사회 건강관리, 전달체계, 사회서비스, 아동복지 등의 분야와 협력하여 맞춤형 주거 지원 인프라 구축, 찾아가는 방문 건강 및 방문 의료 서비스, 재가 장기요양 및 돌봄서비스 확충, 사람 중심의 민관 서비스 연계 및 통합 제공의 4대 핵심 중점 과제 추진을 시작하였다.

2019년 5월 8개 지자체부터 시작되었던 지역사회 통합돌봄 선도사업은 2019년 하반기에 노인 대상 선도사업에 8개 지역이 추가 참여하면서 2021년 기준, 16개 지자체에서 노인, 장애인, 정신질환자 대상으로 지역사회 통합돌봄 운영 모델을 개발하기 위한 선도사업을 실행하였다. 지역사회 통합돌봄 선도사업에 참여한 지자체는 본청 내 지역사회 통합돌봄 추진단을 설치하고, 선도사업 지역 내 읍면동 주민센터에 통합돌봄 안내 창구 설치 및 인력 배치, 서비스 개발 및 구성, 지역케어 운영회의 운영을 위한 기반 마련 등을 시작하였다(유애정, 박현경, 2022). 2019년 9월부터 본격적으로 대상자 발굴 및 서비스 연계작업이 이루어지면서 선도사업의 전반적인 운영과정이 작동되기 시작했고, 지역이 통합돌봄 서비스를 제공할 수 있는 법적 기반인 '지역사회 통합돌봄 기본법' 제정을 추진 중이다. 정부는 법적·제도적 기반 마련과 함께 다양한 방문형 서비스와 제공 인프라 확충을 통해 지역이 지역 주민의 요구와 특성에 맞는 통합돌봄 서비스를 제공해 나갈 수 있도록 지원할 계획이다(대한민국 정책브리핑, www.korea.kr).

2023년 읍·면·동 찾아가는 보건복지 서비스 매뉴얼(행정안전부, 보건복지부)에서는 복지위기 가구 발굴과 신속한 복지자원연계를 위해 복지인프라와 긴급복지지원을 강화하였다. 이를 위해 스마트복지 안전공동체를 추진한다고 한다. IT 기술 및 지역사회 인적 자원, 네트워크 활성화로 읍면동과 주민 간 소통 및 서비스 제공방식을 효율화함으로써 복지·안전 등 주민 실생활에 직결되는 행정 서비스 역량 강화, 유관 부처와 협업을 통해 선도사례 형성·확산 및 전문가 컨설팅 등 읍면동의 스마트복지 안전공동체로의 전환을 지원한다고 한다. 스마트복지 안전공동체는 지역사회 기반 촘촘한 주민 서비스, 특히 복지·안전 등 주민밀착 서비스 전달체계 구축을 위한 IT 기술과 데이터 공개·공유를 기반으로 읍면동 단위 지역사회 공동체 활성화를 통해 「행정과 지역사회를 포괄하는 종합적 읍면동 혁신 모델이며 2023년부터 도입하여 2026년에 정착할 예정이라고 한다. 복합적인 요구를 가진 다양한 클라이언트에게 지역사회 통합돌봄을 실시하면 어떻게 달라질 수 있는지 설명한 예(보건복지부, 2018)를 보면 통합적 사례관리 대상과 문제, 실천 방향 이해에 도움이 될 것이다.

### '재활난민', 회복기 재활수요 약 3만 5,000명

A씨는 60대 중반의 독거 남성으로 집 화장실에서 넘어져 뇌출혈과 다리 골절로 5주간 입원치료를 마치고 더 이상 입원치료가 필요하지 않지만 후유증으로 일상생활 능력이 저하되어 퇴원 후 혼자 이동하거나 생활하는 것이 어렵다. 집으로 돌아가고 싶으나 퇴원 시 바로 장기요양인정 신청이 어려운 등 형편이 여의치 않아 결국에는 요양병원을 전전하고 있다. 하지만 퇴원 이후 환자의 건강 상태와 위기 상황에 따라 필요한 케어 자원을 안내해 주고 연계해 줄 '중간자(코디네이터)'가 없다. 몸이 아파 거동하기도 쉽지 않은 환자가 주민센터, 복지관 등에 문의하여 연계 자원을 알아보고, 본인의 어

려움을 입증할 서류를 제출하고 신청을 직접 하는 것이 현실적으로 어려운 실정이다.

- 커뮤니티케어를 제공하면
  - (A씨의 삶) 입원 초기부터 병원에 설치된 '지역연계실(사회복지팀)'에서 퇴원계획 수립을 시작 입원치료를 마치고 퇴원을 할 때가 되자 읍면동 케어안내창구에서 장기요양인정 및 서비스 신청을 대행, 퇴원 전에 평소 살던 집의 문턱 제거 등 집 수리를 마쳐 하지 골절로 인한 생활 불편을 최소화·사물인터넷(IoT) 등을 통해 안전알람시스템(스마트 홈) 미리 구축
  - 환자는 장기요양인정 신청 후 등급 판정 전이라도 퇴원과 동시에 재가서비스를 제공
  - 장기요양등급을 받은 후에는 방문요양, 방문간호, 방문목욕 등의 통합재가서비스 이용이 가능해짐
  - 입원 병원에서 퇴원 전에 수립해 둔 방문의료계획에 따라 생활하는 집에서 방문의료를 정기적으로 제공받음

### '간병실직', 치매환자 보호자의 47%가 일을 그만두거나 근로 시간 단축

40대 중반의 B씨는 어머니가 뇌경색 후 알츠하이머성 치매에 걸리고, 아버지마저 간암으로 사망하자 회사를 그만두고 수년째 간병 중이다. 경제적 궁핍함과 함께 언제 끝날지 모를 간병에 삶은 무너지고, 극단적 선택을 할 생각도 수차례 한다('간병살인').

- 커뮤니티케어를 제공하면
  - (B씨의 삶) 집 근처 읍면동 케어안내창구를 방문하였고, 담당자와 상담 담당자는 어머니가 받을 수 있는 다양한 서비스와 제공기관에 대한 내용을 '케어통합 이용안내서'로 작성해서 안내
  - 치매가 의심되는 초기부터 케어안내창구에서 연계해 준 보건소에서 치매선별검사 등으로 치매 진단. 치매를 지연하는 약을 먹기 시작. 치매 진단을 받아 노인 장기요양 등급을 받고, 재가요양기관을 통해서 방문요양, 간호, 목욕, 주야간보 호 등의 서비스를 통합하여 제공받음. 한 번씩 병원에 외래갈 때마다 이동 지원 서비스 지원. 집 근처 주민건강센터에서 방문간호사가 분기마다 집을 방문하여 어머니의 당뇨와 고혈압 증상도 관리해 주기 시작

## 👥 복합욕구, 관계적 빈곤

C씨는 70대 독거노인으로 정신질환과 고혈압, 신기능장애 등 복합 만성질환이 있으나 병원도 가지 않고 약도 먹지 않으며, 멀리 사는 조카 외에는 연락하는 친척이 없고 이웃과 왕래도 거부하고 있다. 사는 집에는 쓰레기가 쌓여 냄새가 심해지자 이웃이 시청에 몇 차례 신고하였으나 사회복지사를 쫓아내어 소용이 없고, 조카가 지역의 의사에게 진료 예약을 해 주어도 노인이 진료를 거부하고 있는 상황이다.

- 커뮤니티케어를 제공하면
  - (C씨의 삶) 이웃의 신고를 받은 케어안내창구 담당자는 노인의 집을 방문해서 상황을 파악하고 지역케어회의에 해결을 의뢰함. 지역케어회의 담당자가 다시 C씨의 집을 방문하여 그동안 쌓였던 민원, 이웃의 이야기를 듣고 종합적인 상황 평가를 함. 문제 해결에 필요한 수단과 자원을 보유한 다양한 기관 및 전문가에게 연락을 하여 지역케어회의를 개최함. 멀리 사는 조카, 이웃, 경찰, 보건소, 지역의사회, 정신건강복지센터, 사회복지관, 자원봉사자 등이 참석. 조카와 경찰, 지역케어회의 담당자가 C씨를 설득. 시군구 담당자와 자원봉사자가 집에 쌓인 쓰레기를 청소하고, 사물인터넷(IoT) 등의 기술을 활용한 안부확인시스템을 구축하고 집을 수리해 줌. 지역의 방문의료 실시기관에서 방문의료서비스를 제공하여 건강이 더 이상 악화되지 않도록 관리함. 정신건강복지센터에서 정신과적 문제에 대해 맞춤형 사례관리를 해 줌

## 👥 '사회적 입원', 의료급여 요양병원 180일 이상 입원환자 5만 명

D씨는 60대 중반의 독거 여성으로 파킨슨 질환으로 5년간 외래 경과관찰 중 일상생활수행능력 저하로 입원하였다. 이후 재활치료로 호전되어 약간의 도움만 있다면 본인의 집에서 살 수 있음에도 불구하고, 자녀가 돌봄을 제공할 수 없는 형편에 있어 자녀가 거주하는 지역 주변의 요양병원으로 전원하게 되었고, 요양병원 전원을 수년 째 거듭하면서 오히려 일상생활 수행능력은 저하되고 우울감이 생겨 힘들어하고 있다.

- 커뮤니티케어를 제공하면
  - (D씨의 삶) 요양병원 지역연계실(사회복지팀)에서 퇴원계획 수립. 이 과정에서 의료급여관리사(시군구)가 '지역연계실'과 협력하여 의료급여 입원환자의 퇴원

후 필요서비스 조사 및 연계 지원. 퇴원 후 3개월 동안 장기요양시설 내에 설치된 전문요양실에서 전문적인 간호, 재활, 기능 회복 훈련 등을 받고 집으로 복귀하여 일상생활을 영위할 수 있는 준비가 되었음. 이후 집으로 돌아와 재가의료급여를 통해 방문의료, 간병, 돌봄, 영양, 이동 지원 등의 통합서비스를 제공받음

#### 🧑‍🦳 '노노 부양 가구', 20만 가구(2017)

90대 중반의 치매 어머니를 모시는 60대 중반의 아들 E씨는 심장수술을 받고는 체력적 한계를 느껴 다른 형제들과 어머니를 누가, 어떻게 모실지 상의하였으나 어쩔 수 없이 요양병원에 모시게 되었다. 집에선 잘 돌아다녔던 어머니는 요양병원 입소 후 3주 만에 걷는 법을 잊어버리게 되었다. 운동 없이 앉아만 있어 혈액 순환이 되지 않는 탓인 듯하다. 어머니는 일주일에 한 번씩 문병을 오는 아들에게 집에 데려가 달라고 울음을 터뜨리지만 뾰족한 방법이 없어 답답한 상황이다.

• 커뮤니티케어를 제공하면
  - (E씨의 삶) E씨가 종합재가센터 또는 읍면동 케어안내창구를 방문하여 담당자와 상담 이후 어머니는 케어안내창구에서 연계해 준 재가요양기관을 통해 방문요양, 간호, 목욕, 주야간보호 등의 서비스를 통합하여 제공받음. 한 번씩 병원에 외래갈 때마다 이동 지원서비스까지 지원
  - 사물인터넷(IoT) 등을 통해 안부확인시스템을 집(스마트 홈)에 구축하여 E씨가 어머니를 두고 외출하여도 어머니가 잘 계신지 확인할 수 있게 됨. E씨도 집 근처 주민건강센터에서 방문간호사가 분기마다 집을 방문하여 심장수술로 인한 합병증이나 다른 만성질환이 발생하지 않도록 건강 관리를 해 줌

## 7. 디지털 실천기술

2019년부터 시작된 코로나19는 인간 역사에서 손꼽을 팬데믹의 하나로 전 세계 사람들의 삶 전반에 엄청난 피해와 변화를 가져왔다. 사회복지 현장은 코로나19로 인

해 서비스 내용과 방식에서 상당한 혁신을 요구받으며, 비대면 비접촉 서비스를 개발하는 등 디지털 기술과 사회복지의 융합이 도입되었다. 구체적으로 사회적 거리두기로 제한된 클라이언트 생활에 활력과 여가를 제공하기 위한 운동, 요리, 놀이, 그림, 원예 등을 교육하는 유튜브 채널 운영, 스마트폰을 활용한 일대일 화상통화 사례관리 등 사회복지실천에서도 다양한 디지털 온라인 사회복지서비스가 이루어지고 있다. 사회복지 분야에서도 '디지털 전환(digital transformation)'이 시작된 것이다. 향후 4차 산업혁명의 고도화된 다양한 기술에 대한 사회복지 현장에서의 적용이 증가할 것이고, 클라이언트의 삶의 질 향상에 도움을 줄 수 있을 것이다. 이는 4차 산업혁명 시대의 스마트 디지털 환경의 발달과 접목하여 더 강화되고 있다. 6절에서 소개한 IT 기술 및 지역사회 인적 자원, 네트워크 활성화로 읍 · 면 · 동과 주민 간 소통 및 서비스 제공 방식을 효율화하기 위한 스마트복지 안전공동체 구축이 현장에서 도입되고 있다.

4차 산업혁명이라는 용어는 독일의 Industry 4.0 개념에서 출발하였다. 2016년 1월 세계경제포럼(World Economic Forum: WEF)이 4차 산업혁명의 이해를 주제로 대회를 개최한 이후 세계적으로 확산하였다. 세계경제포럼에 4차 산업혁명의 도래를 강조했던 클라우스 슈바프는 1차 산업혁명은 철도 건설과 증기기관의 발명을 바탕으로 한 생산을, 2차 산업혁명은 전기와 생산 조립공정의 출현으로 대량생산이 가능한 시기로 규정하고 있다. 3차 산업혁명은 반도체와 메인프레임 컴퓨팅, 인터넷 발달이 주도하였고, 컴퓨터 혁명 또는 디지털 혁명을 말한다. 3차 산업혁명 토대 위에 유비쿼터스 모바일 인터넷, 더 작고 강력해진 센터, 인공지능과 기계학습이 4차 산업혁명의 특징이다(석말숙, 김정진, 2022 재인용).

4차 산업혁명은 과거의 전통, 상식, 가치를 뒤바꿀만한 파급력으로, 전 세계에 큰 변혁을 가져오고 있다. 과거 1~3차 산업혁명에서도 일자리뿐만 아니라 사회, 경제, 문화, 복지 등 사회 전반에 큰 변화를 가져오며, 새로운 표준(New Normal)을 설정하였듯이 4차 산업혁명도 삶의 디지털화로 뉴노멀을 제시하고 있다. 이에 우리나라도 2016년 다보스포럼에서 제4차 산업혁명 담론이 확산한 직후 2017년 대통령 직속 4차 산업혁명 위원회를 신설하고, 21개 부처 합동으로 '혁신성장을 위한 사람 중심의 4차 산업혁명 대응계획(I-KOREA 4.0)'을 발표했다. 이 계획의 핵심 내용에는 지속 가능한 스마트시티 모델 구현, 자율제어 기반 지능형 스마트 홈 확산, 진료 정보 전자 교류 전국 확대, 맞춤형 정밀진단 · 치료 확산, AI 기반 신약 개발 혁신 등이 포함됐다.

복지서비스와 관련해서는 간병·간호 지원 로봇 도입, 치매 노인 생활 보조 혁신 등의 내용이 들어가 있다. 구체적으로 '내 삶을 바꾸는 2021년 한국판 뉴딜 추진계획'의 2021년도 사업에는 '스마트 의료 및 돌봄 인프라 구축'이 포함되었다. 이에 건강 취약계층을 위한 IoT·AI 활용 디지털 돌봄 시범사업이 추진되고 있다. 또한 어르신·장애인을 위한 돌봄 로봇 4종 개발 사업이 추진되고 있다. 현재 돌봄 사회서비스 분야에서 디지털 기술과 관련성이 많고 도입이 이루어지고 있는 영역은 장애인복지와 노인복지 분야이다. 복지급여로 제공되는 장애인 보조기구나 노인 복지용구가 모두 첨단 기술 제품들은 아니지만, 인공지능 스피커, 동작 감지 센서, 반려 로봇 등 다양한 디지털 기기들이 접목되고 있다. 구체적으로 국내 사회서비스 분야의 디지털 기반 서비스 모델을 살펴보면 공공부문과 민간부문 모두에서 늘어나는 추세이다.

한국 사회보장정보원은 복지포털 '복지로'와 사회보장정보시스템 '행복e음'을 운영하고 있다. 보건복지부는 2009년 유비쿼터스 기반 공공서비스 촉진 사업의 하나로 '독거노인 U−Care 시스템 구축 사업'을 추진한 이후 지방자치단체와 협력해 지속해서 서비스를 확대하고, ICT 기반의 '독거노인·중증장애인 응급 안전 서비스' 인프라를 구축했다. 지방자치단체들은 자체 예산을 활용하거나 스마트도시 사업과 연계해 독거노인을 위한 돌봄 로봇과 안전 확인 서비스를 포함한 응급 지원시스템을 구축하고 있다. 보건소에서도 취약 집단 중심으로 혈압이나 체온을 측정하는 디지털 기기를 보급하고 있으며 스마트 건강관리 서비스를 제공하고 있다. 한편, 기업들은 사회공헌사업 차원에서 지역사회 취약 노인들에게 인공지능 스피커를 보급하거나 ICT 복합공간 등을 조성해 고령자들의 디지털 격차 문제 해소에 기여하고 있다(http://www.bokjitimes.com).

대통령 직속 4차 산업 위원회에서는 사회보장 부분에서 사회적·경제적 불평등 심화 원인으로 정보격차의 문제에 대응하고자 빅데이터를 활용한 개인 맞춤형 복지제공을 대안으로 내세우고 있으며, 로봇과 복지를 결합한 국가적인 지원으로 격차를 줄일 필요성에 대해 언급하였다. 이에 2019년부터 빅데이터를 활용하여 건강관리가 필요한 노인, 장애인을 발굴하고, 맞춤형 건강관리 서비스를 제공하는 지역사회 통합돌봄(커뮤니티케어) 선도사업을 시행하고 있다.

이러한 대전환의 시대에서 4차 산업혁명 기술과 사회복지서비스의 연계성이 증가하는 환경에 대응하기 위해서는 사회복지실천 현장에서 스마트 기기 활용을 적극적으로 도입하여 클라이언트의 서비스 욕구에 적절하게 부응하는 디지털 실천기술이 중요해졌다. 인공지능 로봇 활용 및 사물 지능 기술, 유튜브 제작, 빅데이터 활용 및 분석 등 복지정보교육과 스마트 기기 활용 기술을 향상시키는 것이 필요하다. 미국사회복지교육협의회(CSWE)에서는 2022 교과과정인정기준(Educational Policy and Accreditation Standards: EPAS)의 우선 고려사항으로 기술과 정보이해 및 운영 능력, 다양성 · 공평 · 포용, 데이터 기반 표준, 현장 교육 및 변화하는 실천맥락, 고등교육의 변화와 과제 등을 제시하였다. 4차 산업혁명 시대의 핵심 기술인 가상현실을 기반으로 타인과 소통할 수 있는 가상현실(Virtual Reality: VR) 기술을 활용한 사회복지실천과 교육이 코로나19 이후 확대되면서 추가되었다. 사회복지 현장에서는 정보 기술 및 디지털 기술을 활용하여 변화에 대응하는 개별 및 소규모 맞춤형 대면 · 비대면 프로그램과 서비스 개발, 대면 · 비대면 관계 형성 및 사회적 네트워킹 등의 디지털 실천기술이 중요해졌다. 즉, 융합적 기술과 접목한 서비스 사정과 개입 과정에서 대상자의 특성과 상황에 대한 개별화가 필수적이며, 공간의 제약을 넘어서는 서비스가 확대될 것이다(석말숙, 김정진, 2022).

이처럼 4차 산업혁명은 사회복지실천에서 효율성을 높이는 도구를 제공할 수 있지만, 윤리와 가치에 위반될 수 있는 여러 문제와 화두를 제기할 수 있다. 인간의 편리와 보호, 삶의 질 향상을 위한 '희망'을 줄 수 있는 반면에 기술과 기계, 인공지능이 인간을 지배하거나 인공지능을 가진 기계에 대한 인간의 처우, 생존에 대한 여러 위험이 우리에게 '위기'로 다가올 수 있다. 사회복지는 인간을 다루기 때문에 과학과의 연계가 긍정적일 수만은 없다. 영리가 개입되는 기술과 기계, 또는 인간의 감정과 정서를 대신해 줄 수 없는 인공지능의 개입은 기존과는 다른 사회복지실천 윤리를 요구할 수 있다. 기계와 휴먼 서비스 종사자들의 근본적인 차이는 클라이언트의 여러 심리, 정서, 신체, 가정, 환경 등 다양한 부분에 대한 개별화된 종합적 고려를 토대로 인간 존중을 통한 감정이입의 따뜻한 마음과 윤리적 사고이다. 이는 기계가 대신할 수 없는 영역이다(석말숙, 김정진, 2022 재인용).

가상현실과 3D, 로봇, 인공지능과 다양한 웨어러블, 포스트 보디(각종 첨단 장애인 보장구나 시각 보조 슈퍼히어로 렌즈 등과 같은 인간의 몸에 첨단 기술들이 결합한 신체) 등 4차 산업혁명의 여러 도구가 사회복지실천에서도 상용된다면 이를 이용하고자 하는 클라이언트의 자기결정권과 제한된 자원의 분배와 관련된 많은 윤리적 딜레마를 경험할 것이다. 로봇이나 IoT를 활용한 돌봄 서비스가 확대되면 언제든 서비스를 이용할 수

있는 접근성과 유용성도 있지만, 기계의 오작동이나 오류에 의한 문제나 데이터 축적
과정의 비밀보장 문제, 사생활 보호, 공감적 대응의 한계에 의한 인간 존엄성에 대한
윤리적 보호 문제도 일어날 수 있다. 이에 미국사회복지교육협의회는 2022년 교육
정책 및 인증 표준에 사회복지사는 디지털 기술을 활용할 때 윤리적으로 활용하는 기
술을 이해해야 한다는 지침을 추가하였다.

한편, 정보화가 진전될수록 사회복지사가 전통적으로 수행해 오던 가치 판단은 컴
퓨터 시스템의 분석으로 대체될 수 있다. 정부는 수급자 판정과 업무를 사회복지공
무원의 "경험이나 지식에 의존하기보다 '편리하고 똑똑한 시스템'이 자동 판정하고
사용자는 이상 유무만 점검"하는 소위 '자동 의사결정 지원 기능'을 차세대 시스템에
도입할 예정이라고 한다. 공공 영역의 사회복지공무원에게 정확한 자산조사와 관리
업무로서 컴퓨터 분석과 인공지능, 빅데이터 등이 유용한 측면이 있으나, 사회복지대
상자와 직접 상호 교류와 소통 및 전문적 판단에 의한 유동적인 서비스가 제공되어야
하는 사회복지 고유의 전문적 가치와 상충할 것이다(석말숙, 김정진, 2022). 이처럼 디
지털 기술 활용 능력은 사회복지사에게 필수적인 역량이 되고 있으므로 그 능력을 갖
추기 위한 도전과 노력은 지속하되, 윤리적 민감성과 윤리적 실천을 위한 역량 향상
을 위한 노력도 함께 이루어져야 할 것이다.

## 8. 어려운 클라이언트 사례

알코올 중독자 박 모 씨(43세)는 한 가정의 가장으로, 자녀 두 명과 아내를 둔 평범
한 회사원이었다. 그러나 3년 전 회사의 구조조정으로 실직을 당하였고, 설상가상으
로 실직을 당하기 이전에 친한 친구의 보증을 섰다가 친구가 도망가 버리는 바람에
박 씨는 한순간에 빚더미에 앉게 되었다. 이렇게 한꺼번에 어려움을 겪은 박 씨는 술
을 자주 마셔 알코올 중독에 걸리게 되었고, 술을 마시면 아내와 두 아이를 상습적으
로 폭행하였다. 박 씨의 상습적인 구타에 아내는 참지 못하고 집을 나가 집에는 어린
두 아이만 남게 되었지만, 박 씨는 여전히 구타를 멈추지 않았다. 박 씨가 어린 두 아
이를 구타하는 장면을 본 이웃이 박 씨를 아동학대로 신고하였고, 이렇게 해서 박 씨
는 기관에 가해자로 의뢰됐지만, 침묵과 무력함으로 저항을 보인다.

사회복지사: 안녕하세요? 처음 뵙겠습니다. 저는 ○○○ 사회복지사입니다.

클라이언트: ……. (침묵)

사회복지사: 음, 제가 보기에 선생님께서는 여기에 계시는 것이 좀 혼란스럽고 불편하신 것처럼 보이는데, 그에 대해서 같이 얘기해 볼까요?

클라이언트: 말해 봤자 뭐해요. 당신이 해결해 줄 것도 아니고…….

사회복지사: 제가 선생님의 문제를 지금 당장 해결해 줄 수는 없지만 선생님이 조금이나마 편해질 수 있도록 도움을 드리고 싶습니다.

클라이언트: ……. (한숨)

사회복지사: 이 상황을 너무 어렵게 생각하지 마시고, 저에게 편하게 말씀해 주세요.

클라이언트: 내가 당신에게 말하면 당신이 어떻게 해 줄 거요?

사회복지사: 제가 선생님의 상황을 정확하게 알아야 도움을 줄 수 있는데 제가 알고 있는 건 선생님 상황의 일부일 뿐입니다.

클라이언트: …….

사회복지사: 선생님께서 이 자리에 오게 되었다고 부담을 가지실 필요는 없습니다. 이곳은 선생님의 잘잘못을 따지는 곳이 아니라 누구나 와서 도움을 받을 수 있는 곳입니다.

클라이언트: 솔직히 내가 하는 일도 없는 무능력한 사람이고, 이런 나의 상황을 책상 머리에 앉아 펜이나 굴리고 있는 당신이 알겠어?

사회복지사: 너무 부정적으로 생각하지 마시고, 제가 알기로는 선생님께서는 몇 년 전까지만 해도 번듯한 회사에 다니고 있었다고 알고 있습니다. 그것은 충분히 능력이 있다는 증거입니다.

클라이언트: 당신 말대로 내가 능력이 있는 사람이라면 왜 회사에서 잘리고 보증으로 인해 빚더미에 앉았겠어?

사회복지사: 그것은 선생님 개인의 잘못이 아니라 회사 구조조정으로 인한 어쩔 수 없는 상황이었고, 선생님뿐만 아니라 다른 사람들도 함께 실직당하셨지요. 보증으로 인한 피해는 선생님의 무능력함이 아닌 선생님이 친구를 믿음으로 인해 생긴 문제이기 때문에 무능력과는 상관이 없습니다.

클라이언트: 실직이나 빚 덩어리에 앉은 것은 그렇다 치고 앞으로 어떻게 살아가야 할지 답답한 이런 내 마음을 당신이 어떻게 알겠습니까?

사회복지사: 선생님과 같은 상황에 처한 사람들을 여태껏 많이 봐 와서 간접적으로나마 선생님의 상황을 이해할 수 있어요. 그리고 이런 상황에 처한 다른 사람들이 변화하는 모습을 많이 봤고, 선생님 또한 이런 상황을 극복할 수 있다고 말씀드리고 싶습니다.

클라이언트: 그럼 내가 이 나이에 무슨 일을 할 수 있겠습니까? 내 나이 40이 넘었는데 어디서 받아 주는 데도 없고 취업을 쉽게 할 수 있는 것도 아니고…….

사회복지사: 늦었다고 생각할 때가 가장 빠르다는 말이 있듯이 긍정적인 마음을 가지고 하겠다는 의지를 가지신다면 저희 기관에서 자활후견센터나 직업알선을 연계해 드리겠습니다.

클라이언트: 그럼 복지사님을 믿어 보겠는데 지금 아이들을 만나서 이야기하고 싶은데 만날 수는 없을까요?

사회복지사: 그건 선생님께서 아직 법적 제재를 받고 있는 상태라서 제가 그 부분에 대해 도움을 드릴 수 있는 상태는 아닙니다. 그렇지만 선생님께서 적극적인 참여를 하시고 알코올 중독 치료를 꾸준히 받으신다면 제가 도움을 드릴 수 있는 구체적인 방안을 마련해 드리겠습니다.

클라이언트: 알겠습니다. 그럼 언제부터 치료를 시작하나요?

사회복지사: 이 점에 대해서는 앞으로 두세 번 정도 만나서 함께 논의해 보면 좋겠습니다. 선생님께서 편하신 시간과 장소를 정해서 말씀해 주시면 그때 다시 만나서 이야기해 보지요.

**워크숍: 토론**

1. 2인 1조로 짝을 이루어 상담 기술 15가지를 익히고 연습해 보자.
2. 2인 1조로 짝을 이루어 조해리의 창을 활용하여 자아인식과 자기노출에 대하여 토의해 보자.
3. 디지털 실천 사례에 관해 찾아보고 디지털 실천기술의 중요성과 윤리적 이슈를 주제로 토의해 보자.

# 집단 사회복지실천

The Social Work Practice Intervention Skills: Workbook with Cases

인간은 최초의 집단인 가족에서 태어나 가족 혹은 가족과 유사한 집단 환경 속에서 깊은 정서적 유대를 경험하며 사랑을 받고 주며, 상처를 받고 주며, 좌절하고 극복하며 성장한다. 이러한 정서적 유대와 사회화의 경험은 또래 관계라는 집단, 학교와 직장, 동호회와 클럽, 종교기관 등 다양한 장으로 확장되며 여러 유형의 집단 경험을 하게 된다. 인간의 이러한 본래의 사회적 속성으로 인해 인간은 관계를 떠나 살 수 없다. 일찍이 대상관계 이론은 인간이 본래 관계를 추구하는 존재라고 하였다. 이러한 인간의 다양한 집단 편재와 그 안에서의 존재의 불가피성은 Maslow가 인간은 집단에 소속하고 기여하고 인정받으며 자아개념을 발전시켜 가고, 그 안에서 자아실현을 꾀하려는 사회적 욕구를 가진 존재라고 한 것과 일치한다.

그러나 이러한 인간의 사회적 욕구는 집단의 속성과 환경 및 자신의 기질 또는 대처 방법에 따라 좌절되기도 하고, 집단 안에서 심각한 외상적 경험을 하기도 함으로써 폐쇄적이고 고립된 생활을 하거나 주위 사람들과 잦은 충돌을 하기도 한다. 이러한 문제를 해결하기 위해 전문가의 도움이 필요하기도 하는데, 집단은 이러한 인간의 사회적 속성 때문에 개별 치료보다 치료적 효과가 높은 경우가 많다. 지도자의 전문적인 개입을 통해 이루어지는 이해와 수용을 기반으로 한 친밀한 집단 경험은 자아를 재발견하고, 자긍심을 고취하는 기회가 되며, 이타적인 경험과 자발적 참여 경험을 통해 사회적 기술과 문제 해결 기술을 습득하는 기회를 준다. 그러므로 인간을 돕는 전문직으로서 사회적 환경의 맥락 속에서 인간을 이해하고 삶의 질 향상과 적응을 위해 필요한 자원을 개발하고 연계하며 인간의 사회적 기능 향상을 목표로 하는 고유한 지식과 실천 기반을 갖는 사회복지사는 집단의 속성과 장점을 잘 알고 집단을 하나의 개입 단위로 활용할 수 있는 능력을 갖추는 것이 중요하다. 이에 집단 대상 실천 능력을 갖추는데 필요한 집단 속성의 이해에 필수적인 집단 이론과 개입 과정 및 단계별 개입 기술을 살펴보고, 적용 사례를 통해 이해를 돕고자 한다(김정진, 임은희, 권진숙, 2007).

제10장

# 집단 대상 실천이론

## 1. 집단의 개념

　정서적 결속이나 상호작용이 전혀 없는 사람들의 단순한 모임은 군집(aggregate)이다. 한 집단에 소속되어 있다는 집단의식과 공통의 관심사나 목적이 있으며 목적 성취에 있어 상호 의존적이고 합의된 행동을 하는 사람들의 모임을 집단(group)이라고한다. 그러므로 집단은 2~3명 이상의 집합체, 성원 간의 연대 및 소속감, 공통의 목적과 관심사, 정서적 결속과 상호 의존성, 상호작용이 있는 체계로서의 특성이 있다.

## 2. 집단 이론

　집단을 변화 매개의 단위로 활용하려면 집단의 속성과 힘을 이해하는 것이 중요하다. 왜냐하면 집단에는 집단을 구성하는 다양한 생활 경험과 행동 양식 및 가치관을 가진 개인, 그 개인들 간의 상호작용이 빚어내는 집단 전체의 양상이 다시 구성원 개인에게 영향을 미치는 순환적인 관계 구조가 내포되어 있기 때문이다. 또한 집단 내부적인 순환성뿐만 아니라 그 집단이 속한 기관, 기관이 속한 지역사회가 상위체계로서 집단과 각 구성원에게 영향을 미치는 상호 교류의 과정에서 집단이 존재하므로 집단은 체계적 특성을 갖는다.

집단의 속성을 이해하는 데 도움이 되는 집단 이론에는 장이론, 집단 역학 이론, 사회 교환 이론, 집단 성격 이론이 있다. 이러한 이론의 공통점은 집단이라는 장(場) 또는 환경 속에서 나타나는 개인의 행동과 이에 대한 타인의 영향과 상호작용 그리고 집단 전체에 미치는 영향과 그 속에서의 개인의 경험에 관한 것을 설명한다는 것이다. 그러므로 집단을 변화 매개로 활용하려면 집단을 어떤 사람들로 어떻게 구성하는가가 집단의 발달 과정과 목표 성취에 중대한 변수가 된다. 이에 집단 구성에 관한 이론으로 응집력 이론, 사회적 소우주 이론, 불일치 이론이 있다. 한편, 집단은 하나의 체계로서 시작과 종결까지의 발달 과정이 있으며, 이를 이해하고 단계마다 집단을 점검하고 개입하는 것이 집단지도자의 중요한 역할이다. 이에 집단발달에 관한 이론을 활용하는 것 또한 중요하다. 집단을 단위로 하는 실천은 개인이나 가족에 대한 실천과는 다른 독특한 치료적 힘을 가지게 되는데, 집단이 갖는 이러한 치료적 힘을 잘 알고 활용하는 능력 또한 요구된다. 이러한 집단의 속성과 힘을 충분히 활용하기 위한 집단지도자의 전문성과 지도력을 중심으로 한 집단지도력에 관한 이론이 있다(김정진, 임은희, 권진숙, 2007).

## 1) 집단 속성에 관한 이론

### (1) 장이론

집단 이론 중에서 가장 많이 알려진 이론이며, 사회심리학자인 Kurt Lewin에 의해 개발되었다. Lewin은 집단이란 개개인의 총합이 아니라 하나의 생활공간이요, 장(場, field)으로서 인간의 행동에 영향을 미치는 상호 의존적이고 공동 운명체로서의 공존적인 심리적 총체로서의 속성을 갖는다고 하였다. 즉, 집단은 집단에 속한 개개인에게 영향력이 있어 개인을 집단에 묶어 두고 집단에 충성하게 하는 힘이 있다. 그러므로 집단을 매개로 개인을 돕기 위해서는 개개인에게 초점을 두기보다 집단의 목적에 맞게 유대감을 형성하고 집단 전체의 환경을 활용하여 개인을 변화시키기가 더 쉽다고 보았다. 지금-여기의 개인이 집단에서의 활동을 통해 경험하는 심리적 경험이 개인의 과거 경험보다 더 중요한 영향력을 갖는다고 본다(김정진 외, 2007).

  장이론에서는 집단에서 작용하는 힘을 설명하기 위해 구성원의 역할, 규범, 응집력, 의견일치를 주요 개념으로 한다. 우선 역할은 집단 성원의 지위, 권한, 의무 등을 의미하며, 규범은 집단 성원의 행동을 서로 통제하는 기반이 된다. 응집력은 집단과 성원 각자에 대해 느끼는 매력으로, 이것이 성원을 집단에 붙들어 두는 힘이라고 하였다. 의견일치는 집단의 목적과 집단의 운영방식에 대한 성원의 동의 정도를 의미한다(김경호, 2005).

### (2) 집단 역학 이론

  집단을 심리학적인 힘의 장(場)으로 보고, 개개 사상(事象)을 집단의 구조와의 관계에서 포착하려는 장이론(場理論)을 도입한 Lewin은 고전 역학적 개념 체계를 발전시켜 집단 역학(group dynamics)의 기초 이론을 마련하였다. 또 다양한 실험적 연구를 통해 얻은 법칙 적 지식을 이용하여 현실적으로 가족과 인종 관계에서 나타나는 갈등을 해결하고 공장, 사회, 학급 등에서 생산성을 향상하게 시키기 위해 적용하는 응용과학적인 사회공학의 가능성을 주장하기도 했다.

  집단 역학은 함께 학습하거나 일하는 개인들 간의 상호작용으로서, 즉 집단의 기능과 그 구성원의 행동에 영향을 주는 제 조건으로서 그 집단에 작용하는 힘이라고 정의할 수 있다. 그러므로 집단 역학은 집단행동을 설명하고 이를 응용하여 기능적 행동을 증가시키는 방법으로 활용될 수 있다. 이에 집단 역학은 임상 행동 과학에서 적극적으로 활용되고 있으며 집단 규범, 집단 목표, 집단 응집력, 집단 내 상호작용과 의사 결정, 집단 갈등 해결 등이 그 요소로 작용한다. 이처럼 집단 역학은 집단에 대한 정(靜)적인 설명을 탈피하여 동(動)적으로 상호작용하는 집단의 특성을 설명하고, 집단행동의 유효성을 높이는 데 유용한 개념이다. 그 요소를 자세히 살펴보면 다음과 같다.

  - 집단 구조: 계획적이고, 체계적이며, 시간 제한적인 개입으로 정시의 시작과 종결, 명료한 목표와 의제, 집단의 초점 유지에 기반이 된다.
  - 의사소통 유형: 의사소통은 정보, 감정, 태도 그리고 메시지를 받고 보내고 해석하고 반응하는 복잡한 사회적 과정이다. 이것은 명백한 언어로 표현되기도 하며 비언어적으로 전달되기도 한다. 의사소통이 개방된 집단은 의사소통의 유형이 쌍

방적이고 순환적이며, 집단 성원이 자신의 문제와 집단의 문제를 직면하고 해결하는 기회를 제공한다. 그러므로 집단 성원 간의 의사소통 형태와 상호작용 빈도, 전체 성원의 참여 기회 배분, 하위 집단의 존재와 역할, 기능 등을 점검하여 의사소통 유형을 파악하는 것이 중요하다.

– **목적**: 집단의 목적은 집단 성원의 선별과 발달, 집단의 규범, 집단 활동 그리고 의사소통 유형 및 집단 성원과 집단의 평가 기준에 영향을 미친다.

– **대인관계**: 개인 성원은 다른 성원들과의 상호작용에서 흥미를 느낄 수 있으며 서로 관심을 가질 수 있어야 한다.

– **지위와 역할**: 지위란 한 개인이 속한 집단 내의 위계 체계 안에서 다른 사람과 관련하여서 한 개인이 차지하고 있는 위치를 뜻한다. 역할은 사회에서 특정한 위치를 차지하고 있는 개인에게 기대되는 활동, 특정 상황에서 행동해야 하는 방식 등을 말한다. 집단 성원의 역할에는 지도자 역할, 과제 중심 역할, 집단 유지 역할, 자기만족 추구 역할, 희생양 역할, 고립자 역할, 광대 역할, 수문장 역할 등 개별 행동 목록의 발달에 따라 그 역할이 나타난다. 집단 경험을 통해 기능적 역할을 수행하면서 기능적 행동이 증가할 수 있도록 지원하는 것이 지도자의 중요한 역할이다(〈표 10-1〉 참조).

**표 10-1** 집단 성원의 역할과 행동

**집단 성원의 역할 이해**
집단 성원은 상이한 신체적 특성, 가족력, 가치관, 방어기제, 스트레스에 대한 대처 양식으로 집단의 역동성에 영향을 미친다. 즉, 집단 성원은 집단 경험을 통하여 다양한 역할을 수행하는데, 여기에는 집단 과업 역할, 집단 형성 및 유지 역할, 자기중심적 역할의 세 가지 범주로 나눌 수 있다.

• **집단 과업 역할**: 집단이 소기의 목표를 성취할 수 있도록 돕는 일정한 역할로서 의견을 제안하는 발기자, 정보 탐구자, 정보 제공자, 여론 탐구자, 여론 제공자, 명료자, 조정자, 진단자, 방향 지시자, 활력 제공자, 진행보조자, 기록자, 평가자 등의 역할

• **집단 형성 및 유지 역할**: 집단의 응집력을 바탕으로 정체성에 관련된 심리적 측면의 문제를 다루는 것으로 집단 의사소통의 관계 차원에 초점을 두는 역할로서 지지자, 조화자, 긴장 감소자, 타협자, 인도자, 감정 표현자, 기준 설정자, 추종자 등의 역할

- **자기중심적 역할:** 집단에 대한 기여보다는 개인적 욕구를 충족하는 데 초점을 두는 역할로서 방해자, 공격자, 무관심자, 지배자, 인정 추구자, 고백자, 광대, 특별 관심사 탄원자 등의 역할. 지도자는 이러한 역할 수행이 집단 내에서 고정화되거나 강화되지 않도록 특별한 관심을 기울여야 함

### 집단 내의 기능적 행동과 역기능적 행동

이와 같이 분류할 수 있는 집단 성원의 역할 수행은 집단 내에서 기능적 또는 역기능적으로 나타나게 되는데, 다음과 같은 성원의 행동 양상을 통해서 파악할 수 있다.

| 기능적 행동 | 역기능적 행동 |
|---|---|
| • 집단 문제의 직시와 조정<br>• 개별 성원의 자기노출에 긍정적<br>• 타 성원의 욕구와 문제에 관심, 민감, 상호 지지적 · 건설적 피드백<br>• 합의에 의한 의사결정<br>• 집단 상호작용을 독점하거나 집단 목표 달성에 방해가 되는 행동에 대한 견제<br>• 행동에 대한 책임<br>• 집단이 정한 지침 준수 | • 방해, 다른 사람을 대변, 다른 사람의 생각을 거부<br>• 과소평가, 비판<br>• 논쟁, 비난, 공격<br>• 미성숙한 충고<br>• 혐오감, 반대의사를 비언어적 방법으로 표현<br>• 혼자서 독점<br>• 무관심, 회피<br>• 하위 집단 형성으로 집단 진행 방해<br>• 다른 성원에 대한 평가적 태도와 발언 |

출처: 김혜란, 홍선미, 공계순(2001: 217-219)의 내용을 재구성.

　−**가치와 규범:** 집단 내의 규범은 집단이 목표 성취를 위한 방향으로 발전하고 개개 성원이 이를 성취하는 데 필요한 성원의 역할, 행동의 범주에 대한 사회적 통제 장치로 기능한다. 규범은 집단에서 중요시하는 문제에 대한 행동의 표준을 일반화한 것이며 가치판단으로 구체화한다. 규범은 집단 내에서 주요한 통제 수단이며, 적합한 행동을 하도록 압력을 가한다. 그러므로 집단의 가치와 규범은 그 집단만의 문화를 형성하게 된다. 기능적인 규범은 집단의 유지와 발달에 매우 중요한 요소가 된다. 집단의 규범이 기능적으로 작용하는지 파악하려면 금기 주제의 존재 여부, 감정 표현의 허용 수준과 내용, 문제 해결과 목표 성취에 대한 집단의 태도, 지도자에 대한 집단의 의견, 피드백에 대한 집단의 태도, 개별 성원의 기여에 대한 집단의 의견 등을 점검해 볼 필요가 있다. 기능적 규범과 역기능적 규범

**표 10-2** 기능적 규범과 역기능적 규범

| 기능적 규범 | 역기능적 규범 |
|---|---|
| 자발적 자기표출 | 자기표출 회피, 피상적 수준 유지 |
| 집단 지도자에 대한 수용, 존경 | 집단 지도자에 대한 불평, 불만, 비난 |
| 문제 해결 노력에 초점 유지 | 문제에 대한 불평만 표출 |
| 모든 성원이 집단 경험의 기회를 갖도록 공평한 기회를 가짐 | 공격적 성원의 집단 지배 허용 |
| 개별 성원이 자신에 대해 어떤 주제로 이야기를 하든 자유로움 | 감정적으로 강렬하거나 미묘한 주제 회피 |
| 성원 간 직접적 의사소통 | 지도자와만 의사소통 |
| 집단 목적 성취에 장애가 되는 것에 대해 표현 허용 | 집단 목적 성취에 장애가 되는 것을 무시, 집단 문제 거론 회피 |

출처: Hepworth & Larson (1997: 339).

을 구분하는 데 도움이 되는 지표는 〈표 10-2〉와 같다.

-갈등 관리: 집단 성원 간에는 초기 단계부터 다양한 형태의 긴장 및 갈등 관계가 형성될 수 있다. 특히 과제를 추진하거나 상호작용을 통해 성원 간의 대인관계가 형성되고, 자신들의 욕구 충족을 위해 다른 성원들과 상호작용을 할 때 그리고 다른 성원에 대해 오해가 발생하거나 집단 성원 간에 다른 목표, 가치, 규범을 가지고 있을 때 긴장과 갈등은 발생하기 마련이다. 이러한 긴장과 갈등을 초기 단계에 잘 조정하고 해결해야 집단이 안정감을 느끼고 발달하게 되며 집단 성원이 지도자와 집단을 신뢰하고 계속 참여한다.

-**집단 응집력**: 집단 응집력(group cohesion)은 소속감과 집단의 흡인력으로 인해 집단 성원 간에 친밀감과 동류의식(we feeling)으로 나타나는 일종의 집단 특성이다. 이러한 힘이 각 성원을 집단에 붙들어 두고 함께 성취해 내는 것에 가치를 부여하게 하며, 집단의 정체성에 자신의 정체성을 연계시켜 기여하고 헌신하게 한다.

-하위 집단: 집단 성원이 상호 간에 공통점을 발견하거나 매력이 생기면 하위 집단(sub group)이 형성된다. 적게는 두 명에서, 많게는 다수의 성원이 집단의 하위 집단을 형성하여 서로 경쟁하거나 반목하거나 협력하는 관계가 설정된다. 이렇게 집단에서 상호 간에 나타나는 호감과 관심을 서술하고 측정하는 방법으로 정신

연극의 창시자인 Moreno와 Jennigo가 소시오메트리(sociometry)를 처음 개발하였다. 이는 집단이 발달해 가면서 점차 나타나는 복잡한 대인관계의 관계망을 파악하는 데 유용한 개념이자 도구이다.

### (3) 사회 교환 이론

장이론은 전체로서의 집단을 강조하지만, 사회 교환 이론은 집단의 존재 여부는 구성원의 만족과 참여 정도에 달려 있다고 본다. 이 이론은 Kelly에 의해 게임 이론과 경제 분석 이론 등의 영향을 받아 도출되었다. 이는 보상과 대가라는 교환 조건에 의해 행동이 결정되는 것으로 설명한다. 즉, 인간은 사회 집단에서 자신의 참여 정도와 행동을 결정하기 위해 그 행동이 가져올 보상과 대가를 비교하여 보상이 따르는 행동은 반복하고, 보상보다 대가를 높게 치르는 행동은 반복하지 않는 경향이 있다는 것이다. 즉, 집단 성원은 보상을 최대화하고 자신이 치를 대가는 최소화하는 방식으로 행동한다는 것이다(김경호, 2005).

### (4) 집단 성격 이론

집단 성격 이론(group syntality theory)은 전체로서의 집단의 속성을 강조하면서 장이론과 맥을 같이한다. 이는 Cattel에 의해 발전된 이론으로 집단 내의 상호작용을 강조하고, 시너지(synergy, 합병 에너지)라는 개념으로 집단의 성격을 설명한다. 즉, 전체로서의 집단은 부분의 합보다 크며, 전체로서의 집단이 보유하고 있는 에너지의 총합은 구성원의 수, 태도, 능력, 자원, 참여 동기 등에 의해 결정된다. 그러므로 집단 성원의 역할과 지위, 크기, 인구학적 특성, 의사소통 유형, 지도력 등에 따라 집단의 조직 유형, 내적인 구조, 분위기 등이 다른 독특한 집단 성격을 가지게 된다고 본다.

## 2) 집단 구성에 관한 이론

집단 활동의 체험적 · 경험적 특성에 의하여 집단 경험을 통한 성장, 교육, 지지, 치료의 효과를 보려면 집단을 어떻게 구성하는가가 중요하다. 집단의 목적에 따라 구성에 대한 고려도 달라질 것이나, 집단 구성 관련 이론은 다음과 같다(김정진 외, 2007).

### (1) 응집력 이론

집단에 대한 매력을 집단 구성의 결정적 변수로 보며, 특히 소집단 연구를 통해 집단의 발달과 목적 성취에 대한 응집력의 영향력이 입증되었다. 즉, 응집력이 높은 집단일수록 성원의 참여도가 높고, 적대감의 표현이 적으며, 다른 사람에게 영향을 주기 위해 노력하고, 갈등을 잘 견디며 생산적인 작업이 가능하다는 것이다. 특히 치료집단에서는 친밀감의 발전과 자기 노출 및 개방적인 피드백이 중요하므로 집단 성패의 일차적 지침이 응집력이라고 입증되었다. 그러므로 집단을 구성할 때 성원 간의 응집력을 강화할 수 있는 매력의 요인으로서 친밀감의 기반이 되는 동질성을 고려하는 것이 중요하다는 이론이다.

### (2) 사회적 소우주 이론

집단은 축소된 소우주라는 견해를 갖는 이론이다. 집단은 하나의 소우주로서 집단성원이 집단 안에서 집단에 적응하는 새로운 행동 양식을 개발하게 된다는 가정을 갖고 지금-여기에서의 학습 기회를 최대화하여 다양한 경험을 하는 것이 중요하다는 이론이다.

집단이 하나의 소우주가 된다는 것은 집단 안에서의 피드백, 카타르시스, 자기 개방, 사회화 경험 등을 통해 성원 간의 사회적 소우주가 출현하고 집단의식이 발달하면서 집단이 활기를 띠면 성원은 더욱 집단에 적극적으로 참여하게 되는 기전이 작용한다는 것이다. 이처럼 집단이 소우주로서 기능하려면 다양한 지금-여기에서의 경험이 강조되고, 이는 집단을 다양한 경험의 장으로 발전되는 것을 전제로 한다. 그러므로 집단을 구성하는 데 성원 간의 다양한 경험을 예측할 수 있는 이질성을 고려하는 것이 중요하다는 이론이다.

### (3) 불일치 이론

불일치 이론은 다양한 집단 성원의 구성을 중시하는데, 이는 집단 성원이 상호 간에 다양한 갈등 영역을 경험하고 그에 따른 다양한 대안 모색과 대처 방법을 경험하는 것이 집단 경험의 중요한 장점이라고 보기 때문이다. 즉, 일반적인 인간 사회에는 다양한 갈등과 차이가 존재하고 이에 따라 각 개인은 갈등 해결 및 문제 해결 기술을 발달시켜야 하므로 집단을 통해서 자신을 입장이나 인식이 다른 갈등적 대인 유형에 노출하고 해결하는 경험을 하는 것이 중요하다는 것이다. 일반적으로 집단 경험을 통해 개인은 갈등은 매우 일반적이고 기본적이라는 것을 인식하게 된다. 갈등은 개인이 대인적 상황에서 자신의 기대와 다른 행동 양식에서 불일치를 경험하면서 나타나게 된다. 불일치는 개인에게 심리적 불안을 유발하고, 기본적으로 일치와 조화를 추구하여 평정심을 찾고자 하는 인간은 이를 줄이기 위한 노력으로 자신 행동의 변화를 추구하게 된다는 것이다. 그러므로 불일치 이론에서는 집단을 구성하는 데 다양한 대인적 성향과 갈등을 가진 성원이 포함되어야 한다고 주장한다.

이처럼 집단 구성에 관한 이론을 종합해 볼 때 집단을 구성하기 위해서는 구성원의 동질성과 이질성이라는 두 가지 성격의 균형을 고려하여 구성하는 것이 중요하다. 즉, 동질성은 성원 간의 관계를 증진하여 집단의 결속력을 높이나 성원이 서로 잘 알기 때문에 서로 자극하거나 반론을 제기하지 않아 현실을 검증할 기회가 적을 수 있다. 이질성은 성원에게 다양한 관점과 견해를 제공하고 개인의 문제를 해결하는 데 자극이 될 수 있다. 반면, 너무 이질적이면 서로 공통점이 없다 보니 자신의 문제를 표출하고 유대를 형성하는 데 시간이 오래 걸리고, 특히 초기에는 방어와 저항이 있을 수 있어 탈락하는 성원이 많을 수 있다. 그러므로 집단을 준비하는 사회복지사는 구성원이 가지고 있는 다양성과 공통성 사이에서 균형을 이루어야 한다. 이때 고슴도치의 원칙(가시가 많은 고슴도치가 눈보라 치는 숲속에서 체온을 유지하기 위해서는 서로 밀착해야 하지만 너무 밀착하면 가시에 찔린다는 의미로, 유사성이 필요하지만 너무 유사하면 집단 유지에 문제가 있다는 비유)과 노아 방주의 원칙(노아가 방주에 동물을 태울 때 각기 두 마리씩 선택한 것처럼 특정 인종, 성, 생활 스타일 등에서 각 한 사람씩만 선택하지 않도록 유의하여야 한다는 것, 타 성원과 구별되는 특징을 가진 한 사람은 희생양이나 고립자가 될 가능성이 크기 때문이다)을 염두에 둘 필요가 있다(윤현숙 외, 2002).

동시에 집단의 크기도 함께 고려할 필요가 있는데, 동질성과 이질성을 고루 갖춘 충분한 경험과 도전을 할 수 있는 집단이 되려면 그 크기는 너무 커도, 적어도 어려움이 있기 때문이다. 일반적으로 집단을 변화 매개로 활용하여 구성원의 변화와 치료를 꾀하려면 8~10명이 이상적인 집단 크기인 것으로 알려져 있다. 구성원이 너무 적으면 사회복지사의 접근성이 좋으나 지도자 의존도가 높아질 수 있고, 너무 크면 친밀성 정도가 떨어지고 사회복지사의 접근성이 떨어져 공식적 집단이 될 수 있기 때문이다.

## 3) 집단발달 단계에 관한 이론

집단발달 단계란 집단의 성장이나 발달 과정에서 서로 구분되는 기간 또는 구분되는 정도를 말하며, 각 단계의 기간이 명확하게 구분되기보다는 서로 중복되는 경우가 있다. 때로는 오히려 이전 단계로 역행하기도 하고, 또는 한 발달 단계에 정체하거나 한 회기에서 신속하게 발달하기도 한다. 이처럼 모든 집단이 똑같이 순차적으로 발달 단계를 따르는 것은 아니다. 그렇기는 하지만 인간의 발달 과정상 욕구와 결핍의 문제를 이해하기 위해 발달 이론이 도움이 되듯이, 집단의 발달 이론은 집단이 하나의 체계로서 생성하여 종결할 때까지 일반적인 집단의 발달 과정을 앎으로써 점검과 지원을 할 수 있는 기준이 된다는 점에서 유용하다. 이에 따라 많은 집단 이론가는 초기 단계, 중기 단계, 종결 단계에 나타나는 전형적인 성원의 반응을 중심으로 그 특성을 정리하여 집단지도자의 개입 과제를 제시하고 있다. 대표적인 집단발달 주기를 제시하면 〈표 10-3〉과 같다.

**표 10-3** 집단발달 단계

| 발달 단계 | 초기 | 중기 | 말기 |
|---|---|---|---|
| Bales (1950) | 오리엔테이션 | 평가 | 의사결정 |
| Tuckman (1963) | 집단 형성 | 갈등 단계<br>규범 설정 단계<br>수행 단계 | 종결 단계 |
| Northen (1969) | 계획 및 오리엔테이션 | 탐색과 시험<br>문제 해결 | 종결 단계 |
| Hartford (1971) | 전 집단 계획 단계<br>소집 단계: 최초 대면 접촉<br>집단 형성 단계 | 와해 및 갈등(분열) 단계<br>집단 기능 유지 단계<br>(재통합 1, 재통합 2) | 전 종결 단계<br>종결 단계 |
| Klein (1972) | 오리엔테이션<br>저항 단계 | 협상 단계<br>친밀 단계 | 종결 단계 |
| Trecker (1972) | 초기 단계<br>집단 감정의 출현 | 유대 · 목적 · 응집력 단계<br>강한 집단 의식 단계<br>집단 의식 감소 단계 | 종결 단계 |

| Sarri & Galinskey (1985) | 시초 단계<br>형성 단계 | 중간 1단계<br>중간 2단계<br>중간 3단계 | 종결 단계 |
|---|---|---|---|
| Yalom (1985) | 오리엔테이션 | 갈등 · 지배 · 저항 단계<br>응집력 발달 단계<br>친근과 소원 단계<br>성숙 단계 | 종결 단계 |
| Garland, Jones & Kolodney (1976) | 회원 가입 단계<br>권력과 통제의 단계 | 친밀 단계<br>차별화 단계(변별) | 이별(분리)<br>단계 |
| Henry (1992) | 착수 단계<br>소집 단계 | 갈등 단계<br>유지 단계 | 종결 단계 |
| Toseland & Rivas (1995) | 계획 단계<br>초기 단계<br>사정 단계 | 작업 단계<br>평가 단계 | 종결 단계 |

출처: Toseland & Rivas (1995: 86-87).

이상의 집단발달 이론은 대체로 폐쇄 집단을 기반으로 하고 있는데, 성원의 가입 시기를 통제하여 종결까지 함께하는 폐쇄 집단은 발달 단계를 구분하고 예측할 수 있으나, 이를 통제하지 않는 개방 집단은 성원의 교체가 잦아서 발달 단계의 예측이 상대적으로 어렵기 때문이다.

## 4) 집단의 치료적 힘에 관한 이론

집단 수준의 개입은 집단 자체와 집단의 역동성을 변화 매개체로 하여 집단 성원의 문제 해결이나 갈등을 해결하고 자기 성장과 변화를 도모한다. 이러한 맥락에서 Malekoff는 집단을 활용하는 집단 대상 실천의 장점을 다음과 같이 아홉 가지로 설명하였는데, 이는 집단의 치료 요인과 깊은 관련이 있다(김정진 외, 2007 재인용).

-**상호 지지**: 성원 간 상호 지지로 서로 돕는 경험이 집단의 응집력을 높이고 집단과 개인의 목표 성취를 가능하게 함.
-**일반화**: 자신의 문제가 혼자만의 문제가 아님을 집단의 다른 성원을 통해서 알게

되고 안도를 경험하며, 공통 관심사에 대해 일반화하면서 다른 사람의 경험을 경청하고 가능한 해결 대안의 학습 준비에 도움이 됨.

−희망 증진: 집단에 참여하여 경험하는 어려움을 함께 해결하면서 문제 해결에 대한 자신감을 경험하고, 자신의 능력에 대해 인정하면서 자신과 환경에 대해 긍정적인 사고를 경험하게 됨.

−이타성 향상: 자기중심적 사고에서 벗어나 타인에 관한 관심과 배려를 경험하고, 상호 의존적인 삶의 태도를 배울 수 있음.

−새로운 지식과 기술 습득: 집단 참여를 통해 다양한 과제를 수행하고, 성원과 정보를 공유하면서 새로운 지식과 기술을 습득할 수 있음.

−집단의 통제감 및 소속감: 집단의 규범을 통해 상호 규칙을 지키면서 공평한 기회와 기여를 통해 집단이 발달하고 성장하고, 그러한 집단의 발달이 자신에게도 도움이 된다는 경험을 하게 됨.

−정화의 기능: 성원 자신의 문제에 대한 불안, 걱정, 두려움, 희망 등 감정을 노출하면서 그 노출에 대해 수용받고 수용하는 경험을 하면서 감정이 정화되는 경험을 하게 됨. 이를 카타르시스 효과라고 하기도 함.

−재경험의 기회 제공: 가족과 자신이 속해 있거나 속했던 중요한 집단에서 가졌던 부정적인 경험과 역동성을 현재의 집단에서 유사하게 경험하면서 보다 기능적인 방향으로 대처하는 경험을 통해 긍정적인 문제 해결 경험을 가지게 됨.

−현실 감각의 테스트 효과: 집단 성원 간 피드백과 상호작용을 통해 지나치게 자기중심적인 생각이나 태도를 점검하고 교정하는 기회를 얻는 효과가 있음.

이상과 같은 집단의 치료적 힘내지는 치료적 매개체로서 가지는 장점에 대해 Yalom(1975)도 열한 가지로 설명하고 있다. 유사하지만 의미를 다르게 부여한 항목도 있어 Malekoff의 설명과 비교해 보면 〈표 10−4〉와 같다.

**표 10-4** Malekoff와 Yalom의 치료적 힘

| Malekoff | Yalom |
|---|---|
| 희망 증진 | 희망의 고취: Malekoff와 표현은 다르나 일치하는 장점으로, Yalom은 희망 그 자체가 치료적 힘이 있음을 강조함 |
| 일반화 | 보편성: 일반화와 같은 의미 |
| 상호 지지 | 대인관계 학습: 다양한 상호작용과 지지의 경험 속에서 대인관계 방식에 대한 통찰을 가지게 되고, 대인관계의 새로운 방식을 습득하게 되는 효과에 강조를 둠 |
| 이타성 향상 | 이타심: 이타적인 활동 경험으로 자존감이 향상되는 효과 강조 |
| 새로운 지식과 기술 습득 | 정보 전달: 표현은 다르나 Malekoff와 일치하는 장점 |
| 집단의 통제감 및 소속감 | 집단 응집력: 집단 내에서 인정받고, 수용되는 경험이 소속감으로 발전하여 집단 성원으로서 집단에 긍정적인 역할을 수행하여 집단이 발달됨. Malekoff와 표현은 다르나 성원이 집단발달에 기여하고 집단이 성원에게 도움이 되는 효과의 측면에서 일치함 |
| 정화의 기능 | 정화: Malekoff와 일치함 |
| 재경험의 기회 제공 | 일차 가족 집단의 교정적 재경험: Malekoff는 가족 외의 다른 집단 경험을 포함시켰고, Yalom은 일차적인 가족 집단으로 좁혔을 뿐 집단의 치료적 힘의 의미 부여는 동일함 |
| 현실 감각의 테스트 효과 | 사회 기술의 발달: Malekoff가 표현한 이 효과의 결과로서 사회 기술이 발달된다고 볼 때 두 이론가의 설명이 초점만 다를 뿐 일치하는 효과라고 할 수 있음<br>모방 행동: 집단 성원과 지도자가 역할 모델이 되어 새로운 행동을 배우게 됨. 동일시의 효과라고 할 수 있음<br>실존적 요인: 집단 경험을 통한 공유와 공존의 의미가 매우 크지만, 자기 자신의 인생에 대해서는 궁극적으로 스스로에게 책임이 있다는 것을 인지하게 되는 효과임 |

출처: 김정진 외(2007: 154).

　이러한 장점으로 인해 집단은 사회복지실천의 한 방법으로 널리 활용되고 있다. 그러므로 집단을 대상으로 실천하는 사회복지사는 집단 개입을 하면서 집단이 가지고 있는 이러한 장점이 집단 성원과 집단에서 작용하는지를 점검하고 이 효과를 극대화하기 위한 의도적인 노력을 하여야 한다.

## 5) 집단지도력 이론

### (1) 집단지도력에 영향을 주는 요인

집단지도력은 개인 자신의 자질만이 아니라 다음과 같은 여러 변수에 의해 영향을 받게 된다. 집단지도력은 지도자 개인의 역량과 기관에서의 위치, 집단 성원의 구성과 역량, 집단의 목표와 집단이 속한 기관의 환경과 자원 등 다양한 요인에 의해 결정되는 상호 결정론적 요소를 갖는다. 지도력에 영향을 미치는 다양한 변수는 다음과 같다(남세진, 조홍식, 1999).

### ① 성원의 지도력에 대한 기대

이는 집단 성원이 지도자의 역할에 대하여 갖는 기대와 관련이 있다. 강력하게 이끌어 주고 해결 대안을 제시해 주는 지도력을 원하는 성원이 있는가 하면, 성원에게 많은 권한을 위임하는 촉진적이고 허용적인 지도력을 원하는 성원도 있다.

### ② 지도력의 획득 방식

이는 지도자가 집단 내부에서 선출되었는가, 집단 외부에서 위임되었는가, 집단이 진행되는 동안 지도자가 교체되어 임시로 배치되었는가 등의 지도력 획득 방식에 따라 집단 안에서의 지도자의 영향력이 다르다.

### ③ 지명된 지도자와 집단발달에 따라 출현한 지도자 사이의 경쟁 여부

이는 지도자로서 지명된 집단의 지도자가 집단이 발달하면서 내부적으로 성원으로부터 인정을 받아 힘을 가진 내부 지도자를 수용하고 활용하느냐, 아니면 인정하지 않고 지도자의 역할을 부여하지 않으려 하며 무의식적으로 경쟁하느냐 하는 문제이다. 일반적으로 집단 성원의 내부 지도자로 수용하고 인정하는 경우가 있다.

### ④ 전체로서의 집단의 목표, 과제, 요구

집단이 추구하는 목표와 이를 성취하기에 필요한 과제 수행에 대한 전문적 지식을 갖춘 지도자는 집단 안에서 지도력을 인정받는다.

### ⑤ 성원의 과제와 사회 정서적 기술

집단 성원이 과제를 수행하고 완수하는 데 필요한 정보와 기술을 가지고 있고, 집단 과정에서 다른 성원을 격려하고 지지하며 함께 수행하려는 사회 정서적인 기술을 가지고 있다면 집단 지도자는 집단을 이끌어 가면서 목표를 성취하기가 쉽다. 그만큼 지도력의 부담이 덜하다.

### ⑥ 집단 내외에 존재하는 권위의 본질

집단지도자가 가지고 있는 역량과 기관에서의 위치는 집단의 내부와 외부에서 지도자가 갖는 영향력에 영향을 미치게 된다.

### ⑦ 집단과 지도력에 대한 환경적 요구

기관에서 역점을 두고 있는 프로젝트 사업이거나 외부 지원을 받아 이루어지는 대표적인 사업의 하나로 이루어진 집단이라면 그 집단과 지도력에 대해 기관이 가지고 있는 기대와 요구가 매우 크다. 이러면 지도자는 자신의 에너지와 능력 그리고 기관의 자원을 집단에 투입할 수 있는 여건이므로 지도력을 발휘하도록 도전받게 된다.

### (2) 지도력 이론

집단지도력에 관한 이론은 초기에는 지도자 개인의 자질에 초점을 두었으나 최근에는 체계 이론의 영향을 받아 다양한 변수에 의해 지도력이 영향을 받으므로 지도자 자신과 기관, 집단 전체를 고려한 지도력 이론을 일반적으로 받아들이고 있다. 지도력 이론의 유형들을 소개하면 다음과 같다(남세진, 조흥식, 1999).

### ① 개인 특성 이론

지도자 개인이 가지고 있는 자질이 지도력에 가장 중요한 변수라고 보는 견해이다. 즉, 카리스마를 가진 지도자로 인격, 외모, 태도, 실력, 열정 등을 갖추어 타인과는 구별되는 지도력을 갖춘다는 이론이다.

### ② 지위 접근 이론

지도자가 집단이 이루어진 기관과 조직에서 어떤 지위를 가지고 있느냐가 집단을 지도할 때 이미 지도력을 인정받게 된다는 이론이다.

### ③ 지도 유형 이론

고전적인 지도력 이론의 하나로 지도자의 스타일이 지도력에 영향을 미친다는 견해이다. 지도자의 스타일은 권위적 지도자, 민주적 지도자, 방임적 지도자의 세 가지로 분류된다. 권위적 지도자는 집단에 대해 권위주의적으로 장악하고 통제하는 지도력 유형이며, 민주적 지도자는 집단 성원의 합의와 평등, 자율성을 중시하는 지도력 유형이고, 방임적 지도자는 모든 권한을 집단 성원에게 위임하고 관여하지 않는 지도력 유형이다. 일반적으로 집단 지도에서 가장 선호되는 스타일은 민주적 지도자 유형이다.

### ④ 기능적 접근 이론

지도자는 누구든지 될 수 있으며, 지도자의 역할을 부여받고 그 기능을 수행하기 위해 훈련과 경험을 쌓으면 지도자 역할을 수행할 수 있다는 이론이다.

### ⑤ 상호작용적 집단지도력

체계 이론에 영향을 받아 집단이 이루어지는 상황은 매우 다양한 체계의 상호 교류로 이루어지므로 집단지도력은 집단과 관련된 다양한 변수의 상호작용으로 결정된다는 이론이다.

### (3) 집단지도자의 영향력

집단지도자의 집단 성원에 대한 영향력의 원천은 지도자가 가지고 있는 강화와 처벌을 할 수 있는 권한으로부터 나오는 보상적 힘, 집단 참여에 참여와 탈락을 결정하는 권한에서 나오는 강제적 힘, 지도자의 위치에서 통제의 권한을 가지는 데에서 나오는 합법적 힘, 집단지도자로서 성원이 존경하고 동일시하고 싶어 하는 데에서 나오는 준거적 힘, 집단 과제의 수행에 필요한 전문적 역량에 대해 성원이 존경하는 데에서 나오는 전문가적 힘의 다섯 가지가 있다. 이 중 집단 성원에게 오래 지속되면서 성원의 행동 변화에 가장 많은 영향을 끼치는 집단지도자의 영향력 원천은 준거적 힘이라고 한다.

## (4) 집단지도력의 향상 방법

집단지도력에 관한 이론을 토대로 볼 때 집단지도자는 훈련과 자기성찰을 통해 지도력을 향상할 수 있다. 지도력을 향상하는 데 도움이 되는 방법은 일반적으로 다음과 같다(남세진, 조흥식, 1999; 엄명용, 노충래, 김용석, 2005).

### ① 회합의 준비

준비는 지도력을 확고히 하는 데 매우 중요한 덕목이다. 매회 집단에 들어가기 전에 지도자는 그날 회기의 목적을 명확히 하고, 현재까지의 회기 동안에 나타난 성원의 쟁점과 관심 이해를 위해 정보 수집을 하며, 의제를 구성하고, 집단 운영에 대한 점검을 통해 드러난 문제점을 해결하려는 구체적인 대안을 모색하는 등의 현실적인 준비 노력이 필요하다.

### ② 집단 활동 구조화

집단의 지도력은 집단 활동에 대한 구조화를 토대로 구체적인 계획과 명확한 목표 설정 및 대안적 활동과 프로그램 계획 등을 철저하게 하는 것에서 나온다.

### ③ 창조적이고 비판적인 사고의 자극

집단지도력은 집단 성원의 창조적 사고를 자극하고 다양한 의견과 특성을 수용하며, 규범적 사고의 틀에서 벗어나 다른 사람의 생각을 경청하는 자세에서 나온다. 이를 기반으로 성원의 생각을 전개하도록 격려하고, 쟁점들을 부분으로 나누어 깊이 있는 사색과 탐색을 할 수 있도록 격려하며, 브레인스토밍과 같은 다양한 대안의 표현을 격려하는 수용적 자세가 요구된다. 이러한 맥락에서 비판적 사고를 촉진하여 정보를 평가하는 자세, 즉 '이것이 옳다고 생각하는가?' '이 정보를 문제에 어떻게 적용할까?' '정보의 출처는?' '통계적 자료인가?' '사례 정보인가?' 등을 고려하여 지식을 일상생활에 적용하도록 성원을 자극하는 자세가 요구된다.

### ④ 갈등 관리

집단 과정에서 갈등의 출현을 필연적인 것으로 인식하고 이를 성원과 함께 해결해 가는 능력이 요구된다.

⑤ 응집력 강화와 향상

집단발달에 필수적인 응집력을 강화하고 향상하는 지도력이 요구된다. 이는 집단 성원에게 힘을 부여하게 되는 과정으로서 스스로 문제를 해결하고 과제를 성취하는 경험을 하는 성원은 자존감이 높아지고 지도력에 대한 존중이 높아진다.

## 3. 집단 대상 실천 모델

사회복지 분야에서 집단 대상 실천은 오랜 역사를 갖고 있다. 그 기원은 1900년대 초의 인보관 운동에서 찾을 수 있다. 인보관 운동은 빈곤의 문제를 개인의 문제로 보지 않고 개혁과 생활 방식의 변화 및 지역 개발을 통한 문제를 환경 변화가 이루어져야 하는 구조적 문제로 보고 지역 중심으로 문제를 해결하고자 한 움직임이었다. 이에 다양한 주제의 주민교육을 통한 의식 개혁과 주체적 참여자로 계발하는 사회 행동 접근으로 발전하여 집단을 단위로 하는 실천이 주로 활용되었다. 1920년대의 기독교계의 활발한 사회 참여는 청년 기독운동연합(YMCA), 여 청년 기독운동연합(YWCA) 등으로 이어졌고 여기에 사회복지사들이 고용되어 활동을 전개하였다. 이들의 활동은 주로 교육적이고 성장 지향적인 다양한 집단 활동으로, 건강하고 성숙한 시민의식을 함양하고자 계획된 캠프 활동, 청소년 지도력 함양 교육, 동아리 활동 지원 등이었다. 이처럼 건강하고 성숙한 시민의식 함양, 사회적 책임과 협동 의식 증진을 목표로 진행되는 집단 대상 실천 모델이 사회 목표 모델이다.

1940년대 제2차 세계대전 이후 사회복지 서비스가 정신 의료 분야를 중심으로 전문화되면서 사회복지사에 의한 집단 대상 실천도 개인의 치료를 위해 집단을 매개체로 활용하는 것을 중심으로 활발히 전개되었다. 이 모델에서 집단지도자인 사회복지사는 상담자로서 전문적 권위를 가지고 개인의 변화와 치료를 위해 주도적인 역할을 하게 되었으며, 이러한 집단 대상 실천 모델은 치료 모델로 분류하였다.

1970년대 이후 사회복지 분야에 사회제도와 지역사회의 변화를 위한 거시적(macro) 개입과 개인 및 가족과 소집단의 변화를 위한 미시적(micro) 개입 그리고 이를 매개하는 사회복지 조직과 행정의 전문화를 위한 중간적(mezzo) 개입 모두를 강조하는 통합적 방법론이 강조되면서 이를 집단 대상에서도 실천할 수 있는 모델로서 개인과 사회를 중재하고 연결하는 데 초점을 둔 상호작용 모델이 등장하게 되었다.

　이처럼 집단 대상 실천 모델은 전반적인 사회복지실천의 초점과 시각의 변화 및 사회적 요구의 변화에 따라 변화 · 발전되어 온 것으로 말할 수 있다. 하지만 복잡하고 다양한 욕구를 가진 영유아부터 노인까지, 태아기부터 죽음 이후까지 발생하는 다양한 인간의 이슈를 대상으로 하는 사회복지실천에서 이 세 가지 모델은 지금도 복합적으로 활용되고 있다. 이 세 가지 모델을 〈표 10-5〉에서 사회복지의 주요 과제, 초점, 목적과 목표, 적용하는 기관, 지도자 역할, 대상, 가능한 집단 활동과 대표적 집단 이론가들을 중심으로 요약 · 분류하였다(김정진 외, 2007).

**표 10-5** 집단 대상 실천 모델

| 특징 | 사회 목표 모델<br>(social goal model) | 치료 모델<br>(remedial model) | 상호작용 모델<br>(reciprocal model) |
|---|---|---|---|
| 사회복지의<br>주요 과제 | 사회적 건강성 증진과 자원 개발 | 사회적 사고 및 위험으로부터 개인의 회복과 재활 | 문제 해결을 위한 상호원조 체계의 개발 |
| 초점 | 사회 의식과 사회 책임 강조 | 개인의 치료를 위한 도구로 집단을 활용 | 집단 성원 간의 공생적이며 상호적인 결속력 및 문제해결력 증진을 통해 집단 성원의 문제 해결 및 대 사회적 요구 해결 |
| 목적 | 더 나은 민주사회 건설: 사회에 대한 개인의 적응, 즉 집단의 선 강조 | 개개인의 사회 적응 향상: 개인의 목표 성취로 개인의 선 강조 | 개인과 사회의 조화: 집단과 개인의 양자의 선 강조 |
| 목표 | 1. 소속감의 증대, 민주적 참여 훈련<br>2. 초기에는 전문가 중심으로 운영하다가 점차 성원 중심으로 운영의 변화 | 1. 집단 상호작용을 활용한 개인의 역기능적 행동 치료<br>2. 세부적 집단 목표를 사전에 지도자가 결정 | 1. 적정 수준의 적응과 사회화를 성취하기 위해 상호원조 체계 형성, 대인관계 향상<br>2. 집단 목표의 설정을 전문가와 회원이 공유 |
| 적용<br>기관 | 사회복지관(지역사회환경지킴이, 자발적 주민방범대), YMCA(소비자 보호 활동, 유해환경 고발 활동) | 임상 서비스 기관<br>알코올 중독자 회복 집단, 정신치료 집단 | 중재 모델, 인본주의 모델, 상호 모델 등 다양한 용어로 발전됨.<br>예) 가정폭력 피해자 집단, 에이즈 클라이언트 집단 |

| 지도자 역할 | 바람직한 역할 모델, 촉진자, 교육자 | 전문적인 변화 매개인 | 중재자, 지지가, 자문가, 중개자 |
|---|---|---|---|
| 대상 | 시민, 지역주민 | 문제 해결을 위해 도움이 필요한 자 | 공동 관심사의 성취를 위해 협력하는 구성원 |
| 집단 활동 | 토론, 참여, 합의, 집단 과제 개발 및 수행 | 행동 변화를 위한 구조화된 개입 | 관심사 토론, 상호 원조관계 형성, 상호 이익이 되는 결속된 사회 체계 형성 |
| 대표 학자 | Ryland, Wilson, Coyle, Klein | Vinter, Sarri, Glasser, Redi | Schwartz, Lewin, Tropp, Bion |

## 4. 집단 실천 원칙

집단을 통해 참여자 개인과 집단의 공동 목표를 성취하여 의도한 변화가 나타나기를 기대한다면 집단지도자인 사회복지사는 적어도 다음의 원칙(윤현숙 외, 2002)을 지키려는 의도적인 노력을 하여야 한다.

### ① 개별화 원칙

집단 전체의 욕구와 목표에 관한 관심과 사정뿐 아니라 집단 성원 개개인의 존재의식과 집단의 일원으로서의 자각을 돕는다. 즉, 집단 개개인의 개성에 대해 파악하고 존중하며, 동시에 집단 성원 간의 관계를 파악하고 존중해야 한다.

### ② 수용의 원칙

집단 성원을 있는 그대로 인정하고 받아들인다. 개인이 표현하는 태도나 언어, 감정을 수용할 뿐 아니라 개개 성원을 전체 속에서 이해하고 수용해야 한다.

### ③ 참가의 원칙

집단 활동에의 참여가 가장 기본이므로 참가 동기와 요인을 파악하고 이것이 계속 유지될 수 있도록 격려한다.

#### ④ 체험의 원칙

집단 과정을 통한 문제 해결 경험이 성장의 기회이자, 사회생활의 기본 태도를 학습하는 체험의 기회가 되도록 개입한다.

#### ⑤ 갈등 해결의 원칙

집단 과정에서 갈등이 나타나는 것은 자연스러운 것이며, 성원이 이를 개인의 차이로 인정하도록 돕는다. 갈등을 직면했을 때 함께 해결하는 경험을 통해 문제 해결 능력을 습득하도록 개입한다.

#### ⑥ 규범의 원칙

어떤 공동체이든 다양한 성원이 함께 생활하기 위해서는 일정한 규범과 책임과 권한에 대한 제한적 통제장치가 있기 마련이다. 변화 목적을 가지고 제한되었던 동안에만 만나는 의도적인 집단에서도 마찬가지이다. 규범을 통한 제한과 통제가 집단에 대한 성원의 책임과 의무 및 역할 수행을 다 하게 하고, 이를 통해 사회적 기능을 습득하며, 민주적 의사 결정 과정을 통해 결과를 공유하는 체험을 하도록 개입한다.

#### ⑦ 계속 평가의 원칙

개인의 성장과 집단의 성장을 가져오게 하기 위해서는 과정에 대한 계속 분석과 평가로 개인과 집단의 성취도를 높이도록 개입한다.

---

### 워크숍: 토론

1. 집단 대상 실천 이론을 이해하고 적용하는 것이 왜 중요한지 토의해 보자.
2. 집단 역학 이론의 구성 요소와 그 중요성에 대하여 토의해 보자. 자신의 집단 경험을 토대로 집단 내 역할과 규범, 문화 등 집단 역학 요소의 영향에 대하여 토의해 보자.
3. 집단지도력에 대하여 어떤 지도력 스타일이 좋은지, 좋은 지도자가 되기 위해서는 무엇이 필요한지 토의해 보자.
4. 집단의 치료적 힘이 무엇인지 토의해 보자.

제11장

# 집단 대상 · 집단 유형별 실천기술

## 1. 집단 대상 실천기술

집단을 대상으로 실천하는 사회복지사는 집단 전체와 개별 성원이 동시에 목적을 달성할 수 있도록 원조하는 지도자이다. 그러므로 집단을 대상으로 실천하는 사회복지사는 집단 전체를 고려하면서 집단 개별 성원의 반응과 상호 관계 및 영향을 파악하며 동시에 집단을 둘러싸고 있는 환경의 세 가지 차원에 대해 의식적으로 사정하고 점검하며 개입할 수 있어야 한다. 즉, 집단 내부에서 지도자는 집단 전체의 역동성을 변화시키기 위하여 개입하고 집단 성원의 변화를 원조한다. 집단 외부에 대해서는 기관의 정책이나 집단 활동에 필요한 자원을 확보하는 등 집단이 기능하고 환경에 영향을 미치기 위해서 개입한다. 이를 위해 집단 지도자로서 사회복지사는 집단을 하나의 체계로 개입하기 위해 단계별 실천기술과 집단 전체를 운영하는 기술을 필요로 한다.

### 1) 집단 단계별 실천기술

Toseland와 Rivas(1995)는 집단사회복지사 실무에서 활용할 수 있는 기술로서 집단 과정의 단계에 따라 집단 과정 촉진 기술, 자료 수집 및 사정 기술, 행동 기술의 세 가지 범주가 있다고 하였다(김정진, 임은희, 권진숙, 2007).

### (1) 집단 과정(참여) 촉진 기술

집단의 초기 단계에서는 성원 간, 성원과 지도자 간에 이해가 부족하고, 집단에 대한 전반적인 과정을 잘 알고 있는 지도자에게 의존하게 된다. 이때 지도자에게는 집단 성원이 집단 과정에 참여하도록 성원 한 명 한 명에게 주의집중하고, 관심을 표현하며, 적절히 반응하는 기술이 요구된다. 또한 다양한 성원 이해의 정도와 주의집중의 차이를 고려하여 집단 의사소통의 초점을 유지하고, 집단 과정을 명료화하며, 내용을 명료화하고, 집단 상호작용을 끌어내려고 일부러 개입하여 집단참여율을 촉진하는 기술이 필요하다.

### (2) 자료 수집 및 사정 기술

집단 성원으로부터 사실에 근거한 명확한 자료를 수집하여야 이를 토대로 정확한 사정이 가능하다. 이에 집단 지도자에게는 정보를 요청하는 질문 기술과 이야기를 끌어내는 탐색 기술, 질문에 대한 성원의 반응을 확인하고 묘사하여 명확히 하는 데 필요한 명료화 및 요약·세분화하는 기술, 수집된 자료를 통합하고 분석함으로써 전문적으로 사정하는 기술이 요구된다.

### (3) 행동 기술

본격적인 개입 과정에서 지도자는 성원의 참여 목표와 집단 목표에 따라 변화를 위한 개입 활동을 하게 된다. 이때 지도자에게는 성원의 변화 행동을 끌어내는 데 도움이 되는 실천기술이 요구된다. 변화를 위한 실천기술에는 지지, 재구조화, 성원 간 의사소통의 연계, 지시, 조언, 제안, 교육, 자원 제공, 모델링, 역할 연습, 예행 연습 및 지도, 직면 기술, 갈등 해결 기술 등이 있다.

## 2) 집단 운영 기술

일반적으로 사회복지사가 진행하는 집단은 단기의 구조화된 집단이 많다. 단기집단 대상 실천이 성공적으로 되려면 무엇에 초점(focus)을 두고 집단을 운영해 나갈 것인지를 정하기, 사전 준비와 선발(screening), 집단 응집력과 같은 세 가지 부분의 요소를 성공적으로 수행해야 한다. 그 세부 내용을 살펴보면 다음과 같다(김정진 외, 2007 재인용).

### (1) 초점을 잡고 유지하기

집단상담에서의 '초점(focus)'이라는 것은 중심 주제와 공통 목표라고 할 수 있는데, 집단 내에서 가능한 한 빠르면서도 명료한 초점을 세우는 것은 단기간 내에 밀도 있는 집단을 이끌어 가기 위한 관건이 된다. 집단 성원이 초점을 공유하게 되면 집단 성원은 서로 동질성을 느끼게 되는데, 이 집단의 동질성은 짧은 시간 내에 집단이 움직이도록 하는 근원이라고 할 수 있다. 단기에 다룰 수 있는 초점이라면 어떤 특성을 가져야 할까?

첫째, 현실적인 주제여야 하며 그 수준은 집단 성원에게 적절해야 한다. 예를 들어, 학업 성취를 돕기 위한 목적으로 집단이 구성된다고 할 때 집단 성원이 성적 우수자들인지 그 반대인지에 따라 구체적인 초점은 상당히 달라져야 할 것이다.

둘째, 발달과업과 관련된 문제가 무난하다. 발달과업과 관련된 문제가 초점이 될 경우, 연령대가 비슷한 동질 집단이라면 집단 성원의 개인차와 관계없이 공통적인 관심사를 설정하기가 쉽다.

셋째, 집단 활동은 대인관계와 관련된 것이 좋다. 문제행동에 초점을 둔 것이 아닌 대인관계와 관련된 활동으로 방향이 잡힐 경우, 집단 성원 간에 서로 도움이 될 가능성이 훨씬 더 크다. 이때 주의할 것은 집단 성원이 자신의 문제 중심으로 집단에 대한 자신의 기대를 진술할 때 지도자는 그것을 대인관계와 관련된 표현으로 바꾸어 정의해 주어야 대인 관계적인 집단으로 방향을 잡아 갈 수 있다.

### (2) 사전 준비 및 선발

특히 단기집단 개입 시 이 부분이 핵심적이다. 사전 준비와 선발을 위해 개별 면접을 할 수도 있고, 예비 집단 모임을 가질 수도 있다. 신청서와 집단 활동 계약서, 구조화를 위한 기록양식 등을 갖추고 이에 따라 진행하면 사전 준비와 선발 과정에서 도움을 받을 수 있다. 어떤 방법과 양식을 취하든 사전 준비와 선발 과정에서 지도자가 해야 할 가장 기본적인 것들은 다음과 같다.

첫째, 집단에 참여할 때 본인에게는 물론 다른 집단 성원에게도 많은 도움을 줄 것으로 판단되는 사람을 선발해야 한다.

둘째, 각 예비 집단 성원에게 집단참여 여부에 대한 최종 결정을 할 수 있도록 충분한 정보를 주되 그들의 판단을 존중해야 한다.

셋째, 각 집단 성원의 문제가 집단의 목표에 맞는지 고려해야 한다.

넷째, 중도 탈락을 최대한 감소시키기 위해 동기를 부여하고, 시간을 꼭 지킬 것과 집단상담이 끝날 때까지 집단에 참여할 것을 분명히 한다.

다섯째, 집단에서 허용되는 적절한 행동 기술을 집단 성원에게 미리 교육한다.

### (3) 집단 응집력

집단 응집력은 집단 성원이 집단 안에 머무르도록 하는 전체적인 힘이다. 이것은 개인 대상 실천에서의 작업 동맹(working alliance)에 해당하는 것으로, 집단 개입의 성공과 실패를 결정짓는 매우 중요한 요소이다. 응집성을 기반으로 집단은 더 안전하게 상호 피드백, 지지, 정보 교환, 충고 수용, 새로운 존재 방식을 시험해 볼 수 있다. 따라서 지도자는 적정 수준의 응집성을 유지해 나가는 기술을 갖추어야 할 필요가 있으며, 집단이 진행되는 동안에 응집성을 잘 관리하는 지도자가 되어야 한다.

### (4) 기타 논의

집단 성원의 특성, 인원수, 집단 회기 수 및 시간을 잘 배합하여 조절하는 것은 집단 개입 성공의 중요한 관건이 된다. 집단 지도자는 한 집단 성원에게 할애될 수 있는 시간의 적정 분량을 고려하여야 집단 개입의 효과가 보장된다는 점에 주목할 필요가 있다.

## 2. 집단 유형별 실천기술

집단은 추구하고자 하는 목적에 따라 구성, 역동성, 원조 과정이 달라진다. 집단의 유형을 크게 치료 집단(treatment group)과 과업 집단(task group)으로 분류할 수 있다

(Toseland & Rivas, 1995). 치료 집단에는 성장 집단, 치료 집단, 교육 집단, 지지 집단과 자조 집단, 사회화 집단의 다섯 가지 유형이 있다. 집단 유형별 특성과 실천기술은 다음과 같다.

## 1) 치료 집단

집단 성원의 교육, 성장, 행동 변화, 사회화에 대한 욕구 충족을 위해 구성된 집단으로, 다음의 다섯 가지 유형이 있다(김정진 외, 2007).

### (1) 성장 집단

성장 집단(growth group)은 집단 참여자의 자기인식(self-awareness)을 증가시켜 행동과 태도의 발달을 가져오고 개인의 잠재력을 최대화하는 데 초점이 있다. Zastrow (1987)는 성장 집단의 발달 단계를 평소 익숙하지 않은 방식으로 자신이 자동으로 반응해 오던 방식에 도전하는 단계인 얼음 깨기 단계, 타인에게서 느끼는 감정에 대한 피드백을 교류하면서 자신의 행동이 타인에게 어떤 영향을 주는지 인식하며 행동과 태도의 변화를 가져오는 변화 단계, 새로운 행동 패턴을 경험하며 효과적 방식으로 타인과 상호작용하는 것을 받아들이게 되는 성장 단계의 3단계가 있다고 하였다. 이 집단의 예로 성장 지향 집단, 참만남 집단, 가치 명료화 집단, 인간관계 훈련 집단, 민감성 훈련 집단, 은퇴 준비 노인 집단 등이 있다.

### (2) 치료 집단

치료 집단(therapy group)의 목적은 개인 정신치료와 같이 클라이언트의 정신적 고통을 덜어 주고, 내재한 갈등을 집단 내의 대인관계 속에서 표현하게 함으로써 새로운 행동의 변화가 일어나게 하고, 통찰을 얻어 사회생활이나 대인관계의 긍정적 개선을 도모하는 데 있다. 집단 내에서는 성원 간의 상호작용을 통해 변화와 성숙을 할 수 있다. 치료자는 여러 가지 이론에서 도출된 기술들을 사용하여 이러한 집단적 행동을 도와주고 통제하는 역할을 한다. 그러므로 치료 집단은 집단을 매개로 개인의 병리적 행동과 정서의 치료 및 기능 회복에 초점이 있다. 이 집단의 예로 집단 정신치료 집단이 있으며, 주로 정신의료기관에서 정신과 의사, 임상심리사, 정신건강 사회복지사가 개별적으로 혹은 공동 치료진으로 함께 운영한다. 그 유형은 다음과 같다(민성길, 2006).

- 표현적 집단치료: 감정을 자유롭게 표현하고 성원 상호 간의 이해와 수용 확대에 중점을 둔 집단치료이다. 임상에서 가장 보편적으로 활용하는 방법인데, 클라이언트 스스로 대화를 이어 가도록 분위기를 만들고 치료자의 권위나 개입은 최소화하는 것이 특징이다.
- 분석적 집단치료: 정신분석의 이론을 도입한 치료로서 주 1~3회 회동하고 1~3년간 지속한다. 현재 및 과거 생활 경험과 집단 내외의 대인관계가 다루어지며 무의식, 전이 현상, 꿈 등을 분석하고 의존, 방어기제, 갈등 등이 다루어지며 인격 역동의 개선이 목적이다. 적용되는 정신의학적 증상은 불안장애, 경계형 상태, 인격장애 등이다.
- 지지적 집단치료: 주 1회 정도 모임을 하고 대개 6개월간 모이며, 분석보다는 현재 기능적인 행동을 유지하도록 격려하는 데 초점이 있다.
- 상호작용 집단치료: 주 1~3회 회동하며, 1~3년간 모인다. 주로 집단 내 대인관계가 토론되고 과거보다 지금 여기가 강조된다.
- 지시적 집단치료: 집단을 이끌어 가는 사회복지사가 권위적 입장에서 충고, 지시, 재교육 및 직접적 토론을 시행하는 방법이다.
- 교육적 집단치료: 불안이나 선입관을 제거하기 위하여 동일 문제를 가진 집단을 대상으로 강의식으로 교육하고 적용하는 방식이다.
- 행동 집단치료: 대개 주 1~3회 모이고, 6개월까지 지속된다. 학습 이론을 근거로 하여 공포증이나 성 문제를 가진 클라이언트들이 모여 원인에 대해서는 고려하지 않고 재강화, 조건화, 능동적 · 직접적 과정을 통해 새로운 방어기제를 획득함으로써 특정 증상을 없애는 데 치료 목표가 있다.

이 외에도 심리극(psychodrama)이 집단 정신치료의 한 유형으로 정신보건 임상에서 활용되고 있고, 다수의 정신건강 사회복지사가 정신과 병동이나 낮 병원 등에서 운영하고 있다. 심리극은 Moreno가 개발한 특수 형태의 집단치료로 클라이언트의 인격 문제, 대인관계, 갈등, 감정 문제 및 정신적 증상과 관련된 문제를 연극적인 방법을 통해 치료한다. 몇 명의 클라이언트와 사회복지사는 함께 준비된 각본 없이 무대에서 연극적 표현 방법으로 연출하여 치료 효과를 얻는다(민성길, 2006). 심리극은 일시적 스트레스의 발산으로부터 역동적 관계까지를 연기하도록 유도하여 통찰을 얻게 하는 데 그 목적이 있다. 갈등 또는 문제를 가지고 있지만, 어느 정도 자발적 표현 능력을 가진 클라이언트를 주인공으로 하여 연극 상황을 선택한다. 연극을 할 상황 내의 인물로서 상대역인 보조자아는 집단 내 다른 클라이언트들이다. 감독은 강력한 지도자로서 클라이언트들이 자발적으로 참여하고 자연스럽게 자신을 표현하도록 격려하는 촉매자 역할을 하며 전체 연극의 방향을 클라이언트들의 필요에 따라 지도해 통찰을 획득하게 한다. 그리고 클라이언트 집단은 관객이 되며 일부는 연극에 참여하기도 한다. 참여자들은 연극에서 일어나는 사건에 대해 동일시함으로써 그리고 그 순간의 생각과 감정을 경험하고, 감정에 대해 가능한 한 진지하게 대화함으로써 치료 효과를 보게 된다. 중요 기법으로 독백, 역할 바꾸기, 다중역할, 투영 기술 등이 있다. 연극으로 표현할 상황은 대개 가정생활, 지역사회 생활, 꿈 등 특정한 기능적 상황이며, 이때 그 상징적 역할, 무의식적 태도, 상상하는 미래의 상황 등에 초점이 맞추어진다. 망상이나 환각도 연기될 수 있다. 연극을 끝낸 후에는 동질적인 문제를 가진 청중들과 토론을 하게 된다. 정신연극에 적합한 문제 영역이나 대상은 가족 내 갈등, 회복기 조현병, 행동장애를 가진 어린이나 청소년 등이다.

### (3) 교육 집단

교육 집단(educational group)은 지도자가 집단 성원의 문제와 욕구를 해결하는 데 필요한 기술과 정보를 제공하는 데 초점이 있는 집단이다. 대표적인 예로 부모교육 집단, 예비부부 집단, 성교육 집단, 약물 및 알코올 남용 예방 교육 집단 등이 있다.

### (4) 지지 집단과 자조 집단

지지 집단(support group)은 비슷한 문제와 욕구를 가진 사람들로 구성하여 동병상련(同病相憐)의 경험을 나누고 해결 대안을 함께 모색한다. 지지 집단에서는 전문가가 의도적으로 집단을 구성하여 정서적 지지와 문제 해결을 지원한다.

자조 집단(self-help group)은 동류의식을 가지는 당사자들이 중심이 되지 기반을 형성하여 공동의 욕구와 그 해결을 위해 함께 이끌어 가는 집단이다. 전문가의 지원으로 시작된 지지 집단이 계기가 되어 집단을 종결한 후 당사자들이 중심이 되어 자조 집단으로 발전하는 사례도 많다. 지지 집단은 종결이 있는 시간 제한적 전문가의 개입으로 이루어진다면, 자조 집단은 시간제한 없이 당사자들이 마련한 규칙과 스스로 마련한 경비에 의해 운영되는 것이 다르다. 물론 종합사회복지관이나 대상별 복지조직에서 당사자의 자조 모임을 활성화하기 위해 당사자의 요청이 있을 시 자문, 장소, 예산의 지원 등을 해 주기도 한다.

전문가가 이끄는 지지 집단으로 부부 사별자 집단, 가정폭력 피해자 집단, 화상 환자 집단, 소아당뇨 청소년 집단, 미혼모 집단, 장애아 부모 집단 등이 있다. 자조 집단으로는 AA(익명의 알코올 중독자 자조 모임), GA(익명의 도박중독자 자조 모임), AMI(정신장애인가족회) 등이 있다.

### (5) 사회화 집단

사회화 집단(socialization group)은 사회적 관계에 어려움을 갖는 클라이언트를 대상으로 사회에서 수용받을 수 있는 태도와 행동을 습득하도록 돕는데 초점이 있는 집단이다. 그 예로는 소년원의 청소년, 정신보건 사회복지시설이나 지역사회 정신보건센터의 정신장애인 등을 대상으로 하는 사회 기술 훈련 집단, 놀이 집단, 지역사회 적응 훈련 집단, 보호관찰 대상을 위한 교육 집단 등이 있다.

이상의 치료 집단 유형별로 그 목표와 진행 방법 및 적용 집단의 예를 살펴보면 〈표 11-1〉과 같다.

표 11-1  치료 집단의 유형과 적용

| 구분 | 성장 집단 | 치료 집단 | 교육 집단 | 지지 집단 | 사회화 집단 |
|---|---|---|---|---|---|
| 목표 | 자기인식의 확대로 행동과 태도의 발달 및 인격의 성숙 | 무의식적 동기와 대인관계적 상호작용에 대한 통찰과 행동 변화 | 적응적 행동의 강화에 초점을 두고 집단을 구조화 | 동질적인 문제를 가진 집단 성원을 대상으로 상호 지지 체계 형성 | 변화의 유지와 사회적응 이슈를 구체적으로 다루어 재활 도모 |

| | | | | |
|---|---|---|---|---|
| **진행 방법** | 다양한 집단 체험으로 평소 익숙하지 않은 방식의 자아도전 경험, 자기노출과 피드백 등의 상호작용으로 타인에 대한 영향 인식, 새로운 행동양식 습득의 과정으로 자기인식과 잠재력을 확대함 | 클라이언트의 애매모호한 호소들을 대인관계적 상호작용의 언어로 교체하여 현재 그리고 여기를 분명히 하면서 해석, 직면 등의 기술을 활용하여 클라이언트가 자기표현을 이해하게 하고 자신의 가치를 이해하고, 자신의 타인에 대한 영향력 이해 도모 | 인지행동적 기술에 대한 교육, 관찰 학습과 동일시 촉진, 집단 후의 사회화 조장, 자기노출의 경험으로 집단의 결속력 강화, 보편성 인식 향상 도모 | 상호 지지 기반 형성, 집단 결속력 강화, 공동의 문제해결, 집단 후 자조모임 격려 | 인지행동적 기술에 대한 교육, 대리적 학습에 의한 학습과 동일시 촉진, 집단 후의 사회화 조장, 보편성 인식 향상, 구체적 문제 해결 능력 증진 |
| **적용 집단의 예** | 참만남 집단 | 지지치료 집단 | 부모교육 집단 | 동질적 지지 집단 (예: 화상환자 집단, 한부모 집단) | 사회 기술, 일상생활 훈련, 상황 대처 훈련 집단 |
| | 민감성 훈련 집단 | 분석적 치료 집단 | 약물 및 알코올 중독 예방교육 | 사별과 재난 피해 집단 | 직업재활 훈련 집단 |
| | 인간관계 훈련 집단 | 교육적 치료 집단 | 가정폭력 가해자 집단 | 가정폭력 피해자 지지 집단 | 산재 재활 집단 |
| | 청소년 가치 명료화 집단 | 행동치료 집단 | 조현병 가족에 대한 심리 교육적 집단 | 동료 지지 집단 | 사회성 향상 집단 |

## 2) 과업 집단

조직 또는 집단의 과업 성취를 위해 구성된 집단으로 각종 위원회, 행정 집단, 협의회 등이 있다. 예를 들어, 사회복지기관에서 프로젝트 유치를 위해 과업 집단을 구성한 후 일정 동안 과업을 공동 수행한다면 이 집단이 과업 집단이다. 사회복지기관 이용자들이 이용수칙이나 규범들을 자체적으로 만들기 위하여 집단을 구성한다면 규정을 만들기까지 일정 동안 모임을 하고 함께 수행해 낸다면 과업 집단에 해당한다. 이처럼 과업 집단은 그 초점이 과업의 성취에 있다. 집단 성원들의 관계가 돈독하다면 그 성취가 높을 것이므로 팀 빌딩을 위한 대화나 게임 등을 할 수 있지만, 이 또한 과업 성취를 더 잘하기 위한 팀워크 향상이 목표이다. 이때 개인적으로 집단 속에서 좋은 동료관계를 발전시키고 싶거나 상사에게 인정받을 기회로 삼으려는 개인적인 욕구가 작용할 수 있지만, 지도자는 개인적인 욕구에 주목하지 않고 팀워크를 통해 팀원의 잠재력을 최대한 끌어내어 과정을 성취하는 것에 주력한다.

## 3. 집단 유형별 실천 사례

### 1) 성장 집단 사례

이 사례는 서혜석, 김정은(2010)이 2009년에 육군 병사의 군 생활 적응을 돕기 위한 자아 성장 집단 프로그램으로, 20명의 병사를 대상으로 10명씩 실험 집단과 통제 집단으로 무선 배정하여 매주 2회 90분씩 6주간 진행한 프로그램이다.

**표 11-2** 성장 집단 사례

| 단계 | 제목 | 회기 | 주제 | 활동 |
|---|---|---|---|---|
| 초기 단계 | 자기이해와 자기 인생관 소개 | 1 | 프로그램 소개 및 인사 나누기 | • 사전검사<br>• 프로그램 목적 및 진행 과정 소개<br>• 친밀감 형성을 위한 신체 활동 |
| | | 2 | Ego그램과 OK그램을 통한 자기이해 | • Ego그램 검사와 OK그램 검사 실시<br>• 해석 및 자기소개 |
| | 대인관계 속의 나의 모습 | 3 | 생활 스트레스 점검하기 | • 자신의 생활 나누기/ 스트레스 목록 작성하기<br>• 관계 유형 이해하기 |
| | | 4 | 내 속에 있는 너, 네 속에 있는 나 | • 가족관계, 건강, 역동 점검하기<br>• 타인과의 관계 속에서 내 모습 이해하기 |

| | | | | |
|---|---|---|---|---|
| 작업<br>단계 | 문제 분석 및<br>행동 이해 | 5 | 나의 자아구조<br>분석 | • 나의 문제 이해 및 분석<br>• 내적/외적, 긍정적/부정적, 단기적/장<br>　기적 연관성 |
| | | 6 | 느낌의 확인과<br>보고 | • 느낌을 표현하거나 부인하지 않고 확<br>　인하여 말로 보고하기 |
| | 문제 분석 및<br>변화 이해 | 7 | 가치명료화 분석 | • 자신의 행동/전체 생활에 영향을 미치<br>　는 중요 가치관 분석<br>• 문제에 대해 이해하기 |
| | | 8 | 자기노출 | • 문제에 대한 행동 말하기<br>• 내면의 자유와 참만남의 경험 및 강화<br>　하기 |
| 종결<br>단계 | 사물과의<br>대화 및<br>사회적 지지 | 9 | 사물과의 대화 | • 사물과의 관계성 발견 및 경험<br>• 관계성 속에서 자기에 대해 넓고 깊은<br>　통찰하기 |
| | | 10 | 사회적 지지 제공 | • 문제 해결 및 대처 전략 모색, 정보 제공<br>• 해결 전략에 대한 정서적 · 평가적 지<br>　지하기 |
| | 새로운 출발<br>을 위하여 | 11 | 마무리(1) | • 자기 자신 정리하기(구체적 행동 계획<br>　수립하기)<br>• 서로의 변화된 모습 지지하기<br>• 감사와 애정 표시하기, 성장을 격려하기 |
| | | 12 | 마무리(2) | • 피드백 및 소감 나누기<br>• 사후검사 |

출처: 서혜석, 김정은(2010: 30).

## 2) 치료 집단 사례

이 사례는 왕영선, 김정민(2012)이 장애인복지관에서 발달장애 아동의 비장애 형제 10명을 대상으로 주 1회 8회기로 실시한 집단인지행동치료 사례이다. 이는 비장애 형제의 발달장애 형제나 부모와 관련된 부적응적 사고와 신념의 변화를 위한 치료 목표를 가지고 운영되었다. 이를 위해 자기 모니터링, 인지적 재구성, 의사소통 훈련, 문제 해결 훈련을 활용하였다. 치료 집단 프로그램은 〈표 11-3〉과 같다.

표 11-3    치료 집단 사례

| 단계 | 회기 | 주제 | 활동 |
|---|---|---|---|
| 초기 | 1 | • 인지행동치료 모델 이해 (생각-감정-행동의 패러다임) <br> • 집단원 간 친밀감 형성 | • 나는 정말 니가 좋아: 친밀감 증진 활동 <br> • 사-생-감: 인지행동치료 모델 배우기 <br> • 생활사건을 인지행동치료 모델로 이해하기 |
| 초기 | 2 | • 자기 모니터링 I: 감정 찾기 · 자동적 사고 찾기 | • 60가지 감정 맞히기: 감정이란 무엇일까? <br> • 오늘 나의 기분은: 내 감정 그려 보기 <br> • 감정 목록과 감정 시간표 <br> • 생각과 감정 연결하기 |
| 전개 | 3 | • 자기 모니터링 II: 감정 찾기, 자동적 사고 찾기, 인지적 오류 찾기 | • 3B를 찾는 감정 탐정 놀이 <br> • 방금 내 마음을 스쳐간 것이 무엇이지? <br> • 인지적 오류통에는 무엇이 들었을까: 인지적 오류에 이름 붙이기 |
| 전개 | 4 | • 자기 모니터링 III: 감정 찾기, 자동적 사고 찾기, 중간 신념 찾기, 인지적 오류 찾기 <br> • 인지적 재구성 I: 자동적 사고 바꾸기, 중간 신념 바꾸기 | • 우리 집 규칙 찾기: 중간 신념 찾기-만약에~ 그러면~ <br> • 자동적 사고의 공통 주제 찾기 <br> • '가장 친한 친구' 역할 연기: 중간 신념 바꾸기 <br> • '생각의 추적자' 도움받기: 핵심 신념 찾기 |
| 전개 | 5 | • 자기 모니터링 IV: 핵심 신념 찾기 <br> • 인지적 재구성 II: 자동적 사고 및 중간 신념 바꾸기 <br> • 의사소통 훈련 I | • 핵심 신념 찾기 <br> • 의사소통을 위한 공감 훈련: 감정 경청 <br> • 60가지 감정 맞히기, 감정 파악하고 이름 붙이기, 감정 수용하기, 감정 수용 전달하기 |
| 전개 | 6 | • 인지적 재구성 III: 핵심 신념 바꾸기 <br> • 의사소통 훈련 II | • 핵심 신념에 도전하기: 강점과 단점, 마치 ~인 것처럼 행동하기 <br> • 새로운 핵심 신념 발전시키기 <br> • 나 메시지 훈련 카드 게임: 의사소통 훈련, 신체 언어, 음성 특성, 대화, 친구 사귀기, 자기주장해 보기 |

| 종결 | 7 | • 인지적 재구성 활용 I<br>• 의사소통 훈련 III<br>• 문제 해결 훈련 I | • 나를 행복하게 하는 생각: 새로운 핵심 신념 발전시키기<br>• 나–메시지 훈련 카드 게임: 의사소통 훈련<br>• 문제 해결 미로 찾기: 문제 해결 훈련<br>• 문제 해결 카드 게임: 문제 해결 훈련 |
|---|---|---|---|
| | 8 | • 인지적 리허설<br>• 종결 준비 | • 재미있는 인지행동치료<br>• 생활 속 의사소통 기술 활용<br>• 생활 속 문제 해결 기술 활용<br>• 피드백 |

출처: 왕영선, 김정민(2012: 43).

## 3) 지지 집단 사례

이 사례는 김혜경(2012)이 조손가족의 조부모가 자신의 삶과 가족사를 통한 자기 성찰적 이해를 통하여 조부모의 내적 힘과 강점을 발견하며, 같은 어려움과 과제를 가진 조부모들의 연대감과 상호 지지를 경험함으로써 자기 성장의 기회를 얻도록 돕기 위해 진행한 사례이다. 이 집단 실천 사례는 총 10회기로, 각 회기는 120분간 다음과 같은 내용으로 운영되었다.

**1회기**  안녕하세요. 만나서 반갑습니다.

| 목표 | 1. 프로그램의 내용 및 목적 소개<br>2. 집단 규칙 정하기, 자기소개, 라포 형성<br>3. 사전검사 실시 | | 비고 |
|---|---|---|---|
| 도입<br>(20분) | 1. 전체 프로그램에 대한 개요 설명<br>　－프로그램의 목적, 실시 배경, 내용 소개<br>　－집단 리더(담당자) 소개, 진행자, 보조진행자 소개<br>2. 10분 강의(우리나라 조손가족의 실태와 욕구) | | 이름표<br>강의안 |
| 전개<br>(60분) | 1. 자기소개(별칭 소개) 및 참여 동기, 기대감 이야기하기<br>2. 집단의 규칙 정하기<br>3. 사전검사지 작성하기(자아통합감, 우울 척도), 프로그램 참여 동의서 작성하기 | | 사전검사지<br>참여 동의서<br>필기도구 |

| 종결 (20분) | 1. 라포 형성 게임(별칭 외우기-안마하기-칭찬하기) 2. 참여 소감 나누기 | |
|---|---|---|
| | 식사 | |

**2회기** 나는 누구인가?

| 목표 | 1. 어린 시절부터 현재에 이르는 동안의 자신의 삶을 돌아보게 한다. 2. 자기의 꿈, 잘하는 것, 좋아하는 것을 생각하게 하고 평가하게 한다. | 비고 |
|---|---|---|
| 도입 (20분) | 1. 인사하기: 별칭으로 불러 보기 2. 10분 강의: 내 안의 나 찾기(동화구연) | 강의안 동화구연강사 |
| 전개 (60분) | 1. 놀이치료 기법을 활용한 자신의 생활 과정 되돌아보기 2. 자기의 꿈, 좋아하는 것, 싫어하는 것, 잘하는 것, 못하는 것, 칭찬을 들은 것, 꾸중이나 놀림받은 것 이야기하기 | 놀이치료용 피겨/인간 발달 곡선표 |
| 종결 (20분) | 1. 집단에서 별칭 지어 주기 2. 서로의 꿈에 대해 긍정적 라벨링하기-격려하기 | |
| | 식사 | |

**3회기** 내가 만난 사람들, 나를 만든 사람들……

| 목표 | 나에게 의미 있는 사람에 대하여 회상하고 새롭게 의미를 부여한다. | 비고 |
|---|---|---|
| 도입 (20분) | 1. 10분 강의: 에릭슨의 8단계설과 성장하면서 의미 있는 사람과의 만남의 중요성을 이야기한다. 2. 영화 〈친정엄마〉의 일부분을 감상한다. | 〈친정엄마〉 비디오 |
| 전개 (60분) | 1. 의미 있는 사람에 대하여 회상하고(부모, 할머니, 남편, 스승, 친구……) 기억을 표현해 본다(상징, 문장, 그림……). 2. 고마운 사람, 은혜 입은 사람, 보고 싶은 사람, 정리하고 싶은 사람 등으로 범주를 나누어 보고, 서로 이야기한다. | 엄마, 아버지, 형제, 남편 등의 이미지 자료 포스트잇 |
| 종결 (20분) | 1. 집단 내에서 이야기한 것들을 정리하여 각가의 범주에 속하는 사람들에게 자기표현을 한다(빈의자 기법, 혹은 둘씩 짝지어서). | 의자 |
| | 식사 | |

**4회기**   우리가 살아온 날들, 내가 겪은 일들

| 목표 | 지난 세월 동안 우리 사회를 움직인 사회적 사건과 개인의 삶의 관계를 이해하고, 자신의 현실을 수용하게 한다. | 비고 |
|---|---|---|
| 도입<br>(20분) | 1. 10분 강의: 격동의 우리 역사에 대한 간략한 요약<br>2. 동영상 자료: 일제강점기 → 6·25 → 4·19 → 5·18 광주민주화<br>　운동 → 88올림픽 → 경제난(IMF) | 동영상 |
| 전개<br>(60분) | 1. 내가 겪은 일들 나누기: 전쟁, 죽음, 병, 실직, 파산<br>2. 집단 내에서 가장 큰 비중을 차지하는 사건에 대한 나눔 → 공감<br>　을 통한 승화 유도 | |
| 종결<br>(20분) | 1. 인생곡선표 그리기<br>2. 서로 보듬어 주기 | 인생곡선표 |
| 식사 | | |

**5회기**   우리가 살아온 날들, 내가 겪은 일들

| 목표 | 성인 자녀에 대한 좌절된 희망을 버리고 관계 회복을 위하여 그들을 이해하는 코드를 찾는다. | 비고 |
|---|---|---|
| 도입<br>(20분) | 1. 역할극: 성인 자녀를 둔 가족의 해체 과정을 표현하는 역할극<br>2. 어르신들이 참여한 사회극으로 연출함 | 자본 |
| 전개<br>(60분) | 1. 자식을 키우면서 느낀 점, 소망과 희망했던 것, 투자한 내용들<br>　－성인 자녀의 추억의 앨범 만들기<br>2. 자식의 불행과 어긋난 삶에 대해 재조명하기<br>　－성인 자녀를 둔 가족의 해체 과정에 대한 해석과 설명 | 앨범 재료<br>문방도구 |
| 종결<br>(20분) | 1. 자식에게 하고 싶은 말, 남기고 싶은 것 | |
| 식사 | | |

**6회기**   조손가족의 조부모와 손자녀는 어떤 관계일까?

| 목표 | 조부모의 심리와 조손가족 손자녀의 심리를 이해한다. | 비고 |
|---|---|---|
| 도입<br>(20분) | 1. 영화 감상: 〈집으로 가는 길〉 | 동영상 |
| 전개<br>(60분) | 1. 나의 할아버지와 할머니 회상하기<br>2. 토론: 〈집으로 가는 길〉에 등장하는 주인공에 대한 이야기(딸/ 손<br>　자/ 할머니)<br>3. 나는 어떤 조부모인가?<br>　어떤 조부모가 될 수 있을까? | |

| 종결<br>(20분) | 1. 조부모 십계명 만들기 | 보드지, 연필 |
|---|---|---|
| | 식사 | |

**7회기** 손자녀 세대를 이해하는 코드 1-대학생과 대학 탐방 경험기

| 목표 | 손자녀 세대를 이해하기 위하여 그들의 생활의 장을 직접 탐방한다. | 비고 |
|---|---|---|
| 체험<br>활동 | 1. 대학교 축제 기간에 방문하여 대학생활 엿보기 | 대학 탐방<br>프로 |
| | 1. 집단 활동 참여: 방향제 만들기, 손마사지<br>2. 대학기관 방문: 강의실 엿보기, 동아리 공연 관람 | |
| | 1. 식사하며 내가 본 대학축제 이야기하기<br>2. 손자녀에 대한 기대감 이야기하기 | |

**8회기** 나의 일과와 나의 삶

| 목표 | 자신의 현재의 삶을 구체적으로 돌아보고, 무엇이 문제이고 어떤 것을 잘<br>하고 있는지 확인한다. | 비고 |
|---|---|---|
| 도입<br>(20분) | 1. 5분 체조와 5분 강의: 손가락 마사지와 나의 하루<br>2. 매일 하는 일, 매주 하는 일 등 정기적 · 비정기적 일을 자유롭게<br>   이야기하고 범주화시켜 본다. | |
| 전개<br>(60분) | 1. 나의 일과표와 생활달력 만들기(집단 활동)<br>2. 각자 자신의 일과표와 주간계획표, 연간계획표를 만들어 본다.<br>3. 다른 사람들과 비교하며 이야기한다. | 생활달력<br>만들기 재료 |
| 종결<br>(20분) | 1. 나의 일과표, 생활달력을 수정하고 느낌을 이야기한다. | |
| | 식사 | |

**9회기** 나와 우리 가족의 강점 찾기

| 목표 | 가족 성원과 가족이 가지고 있는 자원들을 발견하고 강점으로 인정한다. | 비고 |
|---|---|---|
| 도입<br>(20분) | 1. 고무줄 체조<br>2. 10분 강의: 현대 사회에서 가족의 역할과 기능에 대한 강의 | 하드보드지,<br>색지, 칼,<br>사인펜 등<br>가족나무<br>만들기 재료 |
| 전개<br>(60분) | 1. 가족 성원 한 사람 한 사람을 생각하며 장점과 단점을 찾아본다.<br>2. 우리 가족이 갖고 있는 힘과 자원을 찾아본다.<br>3. 가족나무에 찾은 장점과 자원을 열매로 붙인다. | |

| 종결<br>(20분) | 1. 자기 가족나무의 강점 열매들을 보며 이야기한다. | |
|---|---|---|
| 식사 | | |

**10회기**　사랑의 생일 케이크 만들기

| 목표 | 케이크 만들어 자신에게 선물하고 축복한다. | 비고 |
|---|---|---|
| 도입<br>(20분) | 1. 생일 파티에 대한 기억을 서로 이야기한다.<br>2. 생일의 의미를 생각한다. | |
| 전개<br>(60분) | 1. 케이크를 만들고 장식한다.<br>2. 자신과 구성원들에게 주고 싶은 칭찬 선물 상자를 만든다.<br>3. 돌아가며 이야기한다. | |
| 종결<br>(20분) | 1. 견제 프로그램을 통하여 느낀 점을 이야기한다.<br>2. 서로 격려하고 연락처 등을 주고 받는다. | |
| 식사 | | |

출처: 김혜경(2012: 53-57).

## 4) 사회화 집단 사례

이 사례는 성현주(2016)가 공감, 자기주장, 자기조절, 협동의 사회 기술 향상을 목표로 진행한 사회기술훈련 집단이다. 이러한 사회기술은 학교 등 특정 환경에서 아동에게 기대되는 긍정적인 상호작용에 필요한 기술이므로(Gresham, 1981), 학교생활 부적응 아동의 사회화를 위하여 이 기술들을 향상할 수 있는 프로그램들을 고안하였다. 사회기술훈련에 참여한 아동은 총 35명(남아 30명, 여아 5명)으로 교사, 부모 등의 추천을 받아 교육복지전문가 등과의 심층 면담을 통해 선발하였다. 학교별로 4~5명의 소규모 집단으로 나눠 진행하였으며, 총 7개 학교, 8개 집단을 대상으로 총 12회기(주 1회, 60분)에 걸쳐 진행되었다(성현주, 2016).

**표 11-4** 사회화 집단 사례

| 회기 | 활동주제 | 활동명 | 활동내용 | 핵심 주제 |
|---|---|---|---|---|
| 1 | 프로그램 소개 진행자, 관찰자, 아동 소개 | 〈자기 이름 꾸미기〉 | 자신의 특징을 이름 위에 꾸미고 소개해 보기 | |
| 2 | 나의 감정 이해하기 | 〈감정단어 만들기〉 | 주어진 단어카드를 활용하여 다양한 감정 단어를 찾아보기 | 공감 |
| 3 | 타인의 감정 이해 하기 | 〈2인 1조 그림〉 | 2인 1조를 이루어 순서대로 돌아가며 그림을 완성한 후 조원의 의도를 이해하여 이야기해 보기 | 공감 |
| 4 | 경청하기 | 〈듣고 따라 그리기〉 | 진행자 또는 참여 아동이 설명하는 간단한 그림을 듣고 따라 그리기 | 공감 |
| 5 | 공감하기 | 〈초콜릿 공감〉 | 일정량의 초콜릿을 나누어 가진 후 최근 기억에 남았던 경험을 나누고, 이에 공감하는 아동끼리 초콜릿을 주고받기 | 공감 |
| 6 | 부탁하기, 거절하기 | 〈따라 그리기〉 | 아동의 진행 상황에 따라 부탁과 거절을 적절히 활용하여 한정된 색연필을 나눠 쓰며 제시된 그림을 완성하기 | 자기 주장 |
| 7 | 자기주장 | 〈지시 따라하기〉 | 짝을 지어 상대가 지시한 행동을 하고, 불가능한 행동에 대해서 이야기하여 다시 지시하고 따라하기 | 자기 주장 |
| 8 | 대처전략 (1) | 〈좋은 친구, 나쁜 친구〉 | 간단한 상황에 대한 역할극을 통해 다양한 전략을 탐색하고 효율적인 전략을 선택하기 | 자기 조절 |
| 9 | 대처전략 (2) | 〈나쁜 사람 되어 보기〉 | 제시된 갈등 상황에서 아동이 생각하는 나쁜 행동을 해 보고, 옳은 행동을 재탐색해 보기 | 자기 조절 |
| 10 | 결과를 인정하고 받아들이기 | 〈젠가〉 | 참여 아동 모두 보드게임을 하며 게임의 결과를 받아들이기 | 협동 |
| 11 | 협동하여 해결하기 | 〈우리가 만드는 주사위 게임〉 | 진행자가 준비한 뱀주사위 게임의 구체적인 내용과 규칙을 정하여 진행해 보기 | 협동 |
| 12 | 프로그램 마무리 | 〈종결파티〉 | 종결 모임 및 보상 간단한 퀴즈를 통한 전체 프로그램 복기 | |

출처: 성현주(2016: 86-87).

## 5) 교육 집단 사례

이 사례는 이영호, 황경란, 김종호(2005)가 부모 자신의 성격 유형에 따른 양육 행동을 이해하고 바람직한 자녀 양육이 방법을 습득할 수 있도록 부모교육을 시행한 사례이다. 이 프로그램은 회기마다 교육받은 유익한 양육 행동을 연습하고, 다양한 과제 수행을 통해 습득하게 하는 인지행동 모델을 기초로 구성하였다. 각 회기 프로그램은 과제 점검, 목적 제시 및 강의, 활동, 느낌 나누기 순으로 진행하였다.

**표 11-5** 교육 집단 사례

| 회기 | 활동주제 | 활동내용 | 활동목표 |
|---|---|---|---|
| 1 | 출발! 나를 찾아 떠나는 여행 | • 프로그램의 실시 목적과 필요성 설명하기<br>• 한국형 에니어그램 검사지로 각자의 성격 유형 검사 실시 | • 참여자들의 기대와 목적 확인하기<br>• 참여자들 간의 친밀감 및 신뢰감 형성하기 |
| 2 | 힘의 중심별 이해 | • 장 중심의 특징 이해하기<br>• 가슴 중심의 특징 이해하기<br>• 머리 중심의 특징 이해하기 | • 힘의 중심별로 공통점과 차이점 이해하기 |
| 3 | 9가지 성격 유형을 통한 자기발견 및 타인 이해 1 | • 9가지 성격의 주요특징 이해하기 | • 성격 유형별로 공통점과 차이점 이해하기 |
| 4 | 9가지 성격 유형을 통한 자기발견 및 타인 이해 2 | • 9가지 성격 유형에 대해 세부적으로 이해하기 | • 자신의 성격 유형에 대해 깊이 이해하기<br>• 타인의 성격 유형에 대해 깊이 이해하기 |
| 5 | 날개 및 화살표 법칙의 이해 | • 양쪽 날개의 특징 이해하기<br>• 스트레스점(분열)과 안정점(통합)에 대해 이해하기 | • 자신의 성장 전략 작성하기 |
| 6 | 9가지 성격 유형을 통한 자녀 이해하기 | • 자녀가 가지고 있는 9가지 성격 유형적 특성을 이해하기 | • 자신의 성격을 통한 자녀 양육태도 점검해 보기 |
| 7 | 자아의식과 행동방식 이해하기 | • 9가지 자아의식 이해하기<br>• 행동방식 이해하기 | • 자신의 행동방식을 이해함으로써 자녀와의 의사소통의 걸림돌을 찾아보기 |

| 8 | 자아의식과 행동방식에서의 통합 방향 이해하기 | • 9가지 자아의식과 행동방식에서의 통합방향을 이해하고 성장 전략 작성하기<br>• 반영적 경청과 나 전달법에 대해 이해하기 | • 자녀를 이해하고 수용하며, 듣기 방법과 말하기 방법에 대해 학습하기 |

출처: 이영호, 황경란, 김종호(2005: 82).

워크숍· 토론

1. 집단 대상 실천기술로서 집단 단계별 실천기술의 특성을 익혀 보자.
2. 집단 유형에 대하여 토의하고, 유형별 실천 사례를 가지고 적용에 대하여 토의해 보자.

제12장

# 집단 발달 단계별 실천기술

## 1. 준비 단계 실천기술

효과적인 집단을 운영하기 위해서는 집단의 형성과 관련해서 충분한 시간을 갖고 계획하고 준비하여야 한다. 왜 집단을 계획하는지, 집단의 대상은 누구인지, 집단의 목표는 무엇인지, 집단의 크기와 장소, 빈도와 기간, 평가 방법 등에 대해 치밀하게 계획해야 한다. 사전 준비 및 계획 과정이 치밀하고 충분할수록 사회복지사는 집단에 대한 종합계획과 운영에 대한 자신감을 가지고 집단에 임할 수 있다. 특히 중요한 것은 사전 준비를 통해 사회복지사는 집단 성원 개개인의 특성을 파악하고, 집단 전체 그리고 집단을 둘러싸고 있는 주변 환경을 파악하고, 필요한 자원을 확보할 기회를 얻게 된다는 것이다. 이에 집단의 준비 단계에서의 구성 요소와 이를 기초로 점검해야 할 구체적인 내용을 살펴보았다(김정진, 임은희, 권진숙, 2007).

### 1) 준비 단계의 구성 요소

Northern과 Kurland는 집단 대상의 사회복지실천 준비 단계에서 사회복지사가 고려해야 할 집단 구성의 요소로서 다음과 같은 여섯 가지를 제시하였다(엄명용, 노충래,

김용석, 2005 재인용).

① **욕구**: 집단에 참여할 가능성이 있는 집단 성원의 문제나 어려움, 염려하는 부분
은 무엇인가?

② **목적**: 집단 전체가 추구하는 목적과 목표는 무엇인가? 집단 개별 성원의 목표는
무엇인가? 집단 전체의 목적과 목표 그리고 개별 성원의 목표는 어떤 상관성이
있는가?

③ **구성**: 집단에 참여할 집단 성원의 수는 몇 명인가? 집단 성원의 공통점과 차이점
은 무엇인가? 집단을 이끌 사회복지사는 누구인가?

④ **구조**: 집단의 운영을 촉진하는 데 필요한 것은 무엇인가? 특히 집단의 모임 시간
및 장소와 관련해서 고려해야 할 것은 무엇인가?

⑤ **내용**: 집단의 목적을 성취하기 위해 활용될 도구는 무엇인가? 집단 내에서 실제
로 어떤 일들이 벌어질 것인가?

⑥ **사전 접촉**: 집단 참여에 필요한 인원은 몇 명 확보할 것인가? 집단의 참여를 위해
집단 성원을 어떻게 준비시킬 것인가?

사회복지사는 집단을 구성하는 과정에서 이들 여섯 가지 요소를 토대로 기관 전체
의 상황과 요구 및 자원을 고려하면서 집단을 준비하여야 한다.

## 2) 집단 성원의 모집

① 모집 절차를 통하여 적절한 수의 잠재적 성원을 확보한다. 잠재적 성원은 기관
내부, 다른 조직, 지역사회에서 모집한다.

② 성원의 모집 방법은 성원과의 직접적 접촉, 안내문 게시, 인쇄물 배포, 지역 신
문, 인터넷 등을 활용할 수 있다.

## 3) 집단 성원의 욕구와 선별

① 지도자는 성원 개개인의 특성을 파악하기 위해 집단 준비를 위한 선별 사정 단

계에서 개인적 욕구와 집단에 대한 기대, 집단에의 참여 이유, 집단에 참여하게 된 개인적인 목적과 동기, 집단에 대한 느낌, 다른 성원에 대한 수용 여부, 다른 성원의 흥미와 관심도의 차이, 집단이 마음에 들지 않으면 어떻게 할 것인지 등을 질문한다.

② 잠재적 성원의 선별 사정 기준은 집단 과제에 관한 관심 정도, 다른 사람과 공유할 수 있는 사회 정서적 능력과 현실 검증 능력, 의사소통 능력, 인식 능력 등이다. 집단에 적합하지 않은 사람으로 Corey(2003)는 극도의 위기 상태에 있는 사람, 자살 위험성이 높은 사람, 의심이 매우 많은 사람, 타인을 지배하려는 욕구가 너무 강한 사람, 지나치게 적대적이고 공격적인 사람, 매우 자기중심적인 사람, 자아가 지나치게 약하여 상처를 쉽게 받는 사람 등을 들었다. 비자발적인 성원은 집단에 적합하지 않은 것이 아니다. 초기에 집단에 저항하더라도 그들의 이야기에 경청하고 그들의 염려와 두려움에 진실한 관심을 보이고 그들의 생각과 감정을 이해해 주면서 집단 참여를 독려한다.

## 4) 집단의 목표 설정

**① 집단의 목표 설정을 위해 고려해야 할 세 가지 요소는 다음과 같다**

첫째, 집단의 목적에 대한 이해, 집단 성원의 기대, 집단 내에서 목표가 성취될 것이라고 믿는 표현된 욕구나 목적 또는 표현되지 않은 목적까지 고려한다.

둘째, 집단에 대한 사회복지사의 가정과 기대, 각 성원의 욕구와 기능 수준에 대한 사정, 개입 방법에 대한 사회복지사의 기대 등을 고려한다.

셋째, 집단을 이끌어 가는 기관의 논리와 집단 선정의 목적 및 개입 방법이 일반적인 사회적 기대와 목적에 일치되어야 한다.

**② 집단의 목표는 개인의 참여 목표와 어느 정도 일치하여야 한다**

개인의 목표와 집단의 목표 일치도가 높을수록 개인은 집단에 헌신하고 참여하게 되므로 이를 고려하여야 한다. 이를 위해 지도자는 성원의 드러난 집단의 참여 목표뿐 아니라 표현되지 않거나 본인도 의식하지 못하는 복잡한 개인적 목표가 많을 수 있음을 인식하고, 개인의 숨겨진 의제로 인해 집단 과정에 해를 입히는 일이 없도록 개입하여야 한다. 지도자는 항상 개인의 목표와 집단의 목표가 조화되고, 양립될 수 있도록 방안을 모색하는 것이 중요하다. 이를 위해 지도자에게는 개별 성원의 특성을 충분히 파악하고 예측할 수 있는 능력이 요구된다.

③ 집단의 목표 설정을 위해 다음의 사항을 숙지할 필요가 있다
- 집단의 목표가 모호하거나 목적에 대한 의견이 일치하지 않는 경우 집단은 실패한다.
- 집단의 목표는 클라이언트의 욕구가 드러남에 따라 사회복지사나 기관에서 기획하게 되므로 집단을 준비하고 구성하는 단계부터 어느 정도 목표의 범주가 결정된다.
- 집단의 목표에는 집단 모임의 이유, 집단 활동의 내용, 참여자에 대한 기대 등이 포함되어야 한다.
- 집단의 목표 내용은 명료하게 진술되어야 하며, 초기 단계에 집단 지도자와 집단 성원의 토론을 통해 그 내용이 타협, 수정될 수 있다. 흔히 집단 목표 설정 지침으로 SMART를 활용한다. 이는 목표 설정을 구체적으로(Specific), 측정할 수 있게(Measurable), 행동 지향적으로(Action-oriented), 현실성 있게(Realistic), 시간제한(Time limited)을 고려하여 구성하는 것을 말한다.

## 5) 집단의 구조

### (1) 집단의 형태

집단의 형태를 개방형으로 할 것인가, 폐쇄형으로 할 것인가는 그 장단점이 〈표 12-1〉과 같이 다르므로 집단의 목적과 유형에 따라 결정하면 된다. 개방형 집단은 집단이 진행되는 동안 새로운 집단 성원이 참여할 수 있는 집단을 말하며, 폐쇄형 집단은 개방형 집단과는 달리 집단이 진행되는 동안 새로운 성원을 받아들이지 않는 집단이다.

### (2) 집단의 크기

집단을 효과적으로 운영하기 위해서는 집단의 규모도 고려해야 한다. 집단의 규모

는 집단의 목적과 지도자의 역할 및 기능, 기대되는 성원의 역할과 참여 정도에 따라 다르다. 또한 기본적으로 집단은 성원의 참여와 상호작용을 기반으로 변화를 기대하기 때문에 적정한 크기가 되어야 한다. 집단 규모가 작으면 집단 성원 간에 풍부한 상호작용을 기대하기 어렵고, 지도자에 대한 의존도가 높아져 집단의 장점을 상실하게 된다. 반면, 집단의 규모가 너무 크면 지도자의 개입에 한계가 생기고, 하위 집단의 기능이 활성화되어 집단 전체에 대한 통제와 개입이 어렵다.

**표 12-1** 집단 형태에 따른 장단점

| 집단의 유형 | 장점 | 단점 |
|---|---|---|
| 개방형 집단 | −새로운 집단 성원의 참여가 집단과 성원에게 자극이 됨<br>−집단 가입과 탈퇴 조건이 유연함 | −집단 성원의 잦은 교체는 집단 응집력을 약화시킬 수 있음<br>−새로운 집단 성원은 집단에 대한 소속감을 갖는 데 문제가 있음 |
| 폐쇄형 집단 | −집단 성원의 역할과 집단 규범이 안정적임<br>−집단 응집력이 강함 | −다수의 성원이 탈퇴할 경우 나머지 집단 성원에게 미치는 영향이 큼<br>−새로운 정보나 내용이 없을 수 있으므로 지루해함 |

출처: 엄명용 외(2005: 254).

### (3) 모임의 빈도와 시간

모임의 빈도와 시간은 집단 성원의 나이와 집중력에 따라 다르다. 아동이나 청소년은 성인보다 참을성이 적고 산만하여서 가능하면 모임 시간을 짧게, 일주일에 2~3회 정도 자주 가짐으로써 또래 집단으로 형성되도록 하는 것이 좋다. 성인의 경우에는 일주일에 1~2회 정도, 1시간 30분 또는 2시간으로 모임을 계획할 수 있다. 그러나 장애나 질병 등으로 집중력이 낮은 성인을 위해서는 시간이 1시간 30분을 넘지 않되 중간에 쉬는 시간을 배치하는 것이 필요하다.

### (4) 집단의 기간

집단은 의도적인 목적이 있는 시간 제한적 개입이므로 집단의 기간은 그 목적과 유형 등에 따라 횟수가 정해진다. 횟수를 어떻게 배치하는가에 따라 모임의 빈도가 정해지면 기간이 결정된다. 집단의 기간이 지나치게 짧으면 집단 성원이 생산적이고 의미 있는 변화를 이루기 어렵다. 또한 지나치게 길어지면 집단에 대한 의존도가 높아져서 집단이 의미 있는 변화 노력에 장벽이 될 수 있다.

### (5) 집단 모임 장소

집단 모임을 위한 장소는 기관의 물리적 환경에 따라 결정되나, 집단의 목표 달성을 위해 적합한 물리적 환경을 준비하는 것이 중요하다. 이를 위해 너무 자극이 많고 산만한 가구나 물건이 배치된 공간을 피하고 조용하고 아늑하며, 집단 활동에 집중하기 적합한 공간, 의자의 배열, 적당한 밝기의 조명 등을 고려한다.

비밀보장을 위해 집단 성원의 자기노출 내용이 밖으로 노출되지 않는 장소를 선택해야 한다. 집단 모임을 위한 의자의 배치는 일반적으로 집단 성원과 사회복지사 모두 서로를 볼 수 있고 상호작용이 쉬운 원형이 좋다.

### (6) 공동 진행자에 대한 고려

사회복지사는 집단을 운영할 때 집단의 목적, 크기, 성원의 특성에 따라 공동 진행자를 참여시킬 것인지를 결정해야 하며, 공동 진행자는 집단을 운영할 사회복지사와 동등한 위치에서 집단 운영을 참여하게 되는 것으로 보조자나 자원봉사자로 집단에 참여하는 사람들과의 역할과 구분되어야 한다. 집단을 공동 진행하는 것은 집단 성원에 대한 세심한 배려와 보완적인 기능을 하는 장점이 있으며, 이를 위해서는 공동 지도력을 위한 충분한 준비와 역할 분담 및 운영에 대한 토의가 지속될 필요가 있다. 이는 공동 지도자 간의 보이지 않는 경쟁으로 집단 성원을 혼란스럽게 할 수 있어서 더욱 중요한 과정이다.

## 6) 첫 회기 시작 전 준비 지침

- 집단 지도 지침의 마련: 지도력의 분담, 의사결정 절차, 협력적 분위기, 갈등 관리로 패자-승자 접근이 아닌 승자-승자 접근을 통한 문제 해결적 접근 모색, 개방적이고 정직한 의사소통 분위기 만들기 등의 실천 원칙을 세운다.
- 집단을 시작하는 것에 대해 일시, 장소 등을 성원에게 구체적으로 알린다.
- 지도자의 불안은 집단의 효과성을 감소시킬 수 있으므로 집단을 시작하기 전에

자신을 성찰하고 스스로 마음을 편하게 하거나 수퍼바이저에게 자문한다.

–첫 모임의 의제(agenda)를 준비한다. 첫 모임의 과업으로 집단의 목표를 명확히 알려 주고, 집단 성원을 소개하여 관심과 흥미를 반영하며, 집단 사례를 활용하여 성원의 집단과 지도자에 대한 두려움과 염려를 완화한다. 의제가 계획된 대로 진행되지 않을 수도 있음을 고려하여 융통성 있게 대안적 의제를 미리 준비한다. 집단 내 상호 갈등이 출현하면 의제 변화 가능성이 있음을 고려하여 당황하지 않도록 하는 것이 중요하다. 미리 준비한 논리적 순서에 따라 의제를 요약하여 표현하고, 시간 계획을 고려하여서 한 회기에서 다룰 수 있는 의제의 수를 결정하여 약속된 시간 안에 이를 진행하되 진행 속도나 간격을 변화시키고 다양한 변화 방식(휴식, 초청 강사, 비디오, 체조, 2~3인씩 조별 활동 등)을 활용하여 흥미를 유지하도록 준비한다.

–집단에서 사회복지사 자신이 어떤 역할을 할 것인지 스스로 분명하게 한다. 성원에게 자신의 역할을 분명하게 설명할 수 있도록 준비한다.

–집단 지도자는 모임 장소에 미리 도착하여 점검하고 집단 성원을 맞이한다.

## 2. 초기 단계 실천기술

### 1) 초기 단계 집단의 특성

초기 단계 집단의 특성은 성원의 접근 회피가 공존하고, 집단 참여에 대한 양가감정이 나타나는 불안정함에서 찾을 수 있다. 첫 모임에서 성원은 서로 그리고 사회복지사에게 접근하면서 동시에 회피하려는 성향을 같이 갖는다. 이는 성원이 집단에 계속 참여해야 하는지 결정하려는 신중함에서 비롯되는 것이다. 초기에는 몇 회기가 지속되면서 성원은 서로 평가하고, 자신의 역할을 찾아 경쟁하며, 서열을 만들기도 하는데, 이러한 평가, 서열화, 갈등이 초기 단계의 불안정성 요인이 된다. 초기 단계 집단에는 초기에 하위 집단이 형성되기도 하는데, 대개 이미 안면이 있는 집단 성원 중 일부가 정서적으로 결속되어 동맹을 맺으면서 형성된다. 하위 집단은 모든 집단에 존재하는데, 파벌로 나뉠 수도 있고, 2군, 3군이 형성되면서 고립자나 희생양이 나타날 수 있어 지도자의 주의를 요구한다. 또한 집단 내에 하위 집단이 힘을 형성하여 지도자에게 기능적으로 도움이 될 수도 있고, 지도자와 대치하면서 역기능적으로 이바지할 수도 있다. 그러므로 집단 지도자로서 사회복지사는 이러한 집단 전체의 특성과 집단 성원의 특성을 이해하여 이와 같은 불안정한 초기 단계를 잘 극복할 수 있도록 개입하는 역할과 기술이 요구된다. 이를 요약 · 정리하면 〈표 12-2〉와 같다.

표 12-2 초기 단계 집단의 특성

| 집단의 특성 | 집단 성원의 특성 | 사회복지사의 역할 |
| --- | --- | --- |
| -집단, 사회복지사, 집단 성원에 대한 오리엔테이션을 필요로 함.<br>-집단의 규범, 가치, 대화 양식 등에 대해 알고 싶어 함.<br>-집단 성원 간의 공통점 모색<br>-기존 성원 간 관계에 따라 하위 집단 생성과 고립자 및 희생양 출현 | -낯선 사람에 대한 불안과 불신<br>-탐색하면서 거리감을 유지하고 동시에 친해지려고 노력을 보임<br>-집단의 목표, 과정, 성원과 지도자에 대한 정보가 모호할수록 불안과 두려움 증대<br>-접근과 회피, 참여와 불참 등에 대한 양가감정 경험으로 수동적 참여 | -성원 맞을 준비<br>-자신의 소개: 집단 지도자가 성원의 기대를 충족하여 주리라는 확신을 가질 수 있도록 지도자의 경력, 역할에 대해 명확하게 요약 소개<br>-기관에 대한 소개: 기관의 사명, 목적, 행사 등을 소개하며 기관과 사회복지사에 대한 신뢰감 형성과 안심하고 집단에 참여할 수 있도록 동기 고양<br>-집단의 목적 명확히 하기<br>-개별 성원의 목표 설정: 사회복지사가 설정한 집단의 목적과 차이가 가능하므로 논의를 통해 상호 수정<br>-계약: 목표, 절차, 역할, 계획, 구조 등을 포함<br>-참여 동기의 고취 |

출처: 김정진 외(2007: 176).

## 2) 초기 단계 집단의 운영 기술

초기 단계 집단의 운영 기술을 집단의 발달 단계, 응집성을 기반으로 사회복지사의 개입 과제를 살펴보면 다음과 같다.

## (1) 초기 집단발달과 사회복지사의 개입

처음 1, 2회기 정도는 집단의 시작 단계라고 할 수 있다. 첫 회기에서 집단 성원이 모두 모이고 집단이 시작되면 지도자는 어떤 방식으로든 집단의 초점과 목표를 모두 공유하도록 한다. 예를 들어, 20대에서 30대 초반의 미혼 성인들을 대상으로 친밀한 대인관계를 맺도록 돕는다는 목표를 가지고 모인 집단에서 사회복지사는 다음과 같이 시작할 수 있다.

"다 모이셨으니 시작할까요? 우선, 우리 집단의 성격에 대해서 다시 한번 이야기하겠습니다. 우리 집단은 20~30대의 젊은 성인들의 집단입니다. 중심 주제는 '친밀'입니다. 더 친밀한 대인관계를 맺도록 서로 돕는 것이 우리가 할 일이죠. 따라서 우리가 앞으로 집단에서 나눌 이야기는 가능한 한 이 부분에 초점을 두게 될 것입니다. 전에 말씀드려서 모두 아시겠지만 우리는 앞으로 매주 90분씩 열다섯 번 만날 것입니다. 그동안에 피치 못할 사정으로 참가하지 못하시는 분은 반드시 사전에 제게 연락을 주셔야 합니다. 그리고 가능하면 정각에 시작할 수 있도록 5분이나 10분 전에 도착하시면 좋겠습니다.

그리고 어쩌면 아직도 집단을 계속할 것인지 그만둘 것인지 확신이 안 선 분도 계실지 모르겠습니다. 그런 분들께는 이렇게 말씀드리고 싶습니다. '최소한 8회기는 해 보세요!' 절반 정도는 해 보시는 것이 좋겠습니다. 그리고 우리에게는 열다섯 번이라는 시간밖에 없으므로 모든 분이 최대한 집단에 참여하실 것을 바랍니다.

반드시 지켜 주셔야 할 사항 두 가지만 말씀드리겠습니다. 먼저, 집단이 진행되다 보면 집단 밖에서 집단원끼리 친교의 시간을 갖게 되곤 하는데, 그러면 집단에 와서 그런 사실을 이야기해 주시기 바랍니다. 저도 마찬가지이겠죠. 여기 계신 분 중에서 몇몇 분과 제가 집단 밖에서 만나거나 전화 통화를 할 수도 있는데, 이 경우도 저는 집단에 와서 이야기할 것입니다. 다음으로 '비밀유지'에 대한 것입니다. 집단 안에서 어느 집단원이 한 이야기를 그 집단원이 누구인지 신원이 알려지도록 다른 곳에서 이야기하지 않는 것을 원칙으로 합니다. 이것이 보장되어야 진실하고 정직하게 집단 안에서 자신의 이야기를 공개할 수 있어서 이것은 정말로 매우 중요한 것입니다. 꼭 지켜 주시기 바랍니다.

혹시 제 이야기와 관련해서 질문 있으신가요? 없으시면 본격적으로 시작하겠습니다."

출처: 이윤주, 신동미, 선혜연, 김영빈(2000).

집단 개입이 진행되기 시작하면서 집단은 향상 혹은 퇴보의 신호를 보이기 시작한다. 이 시기에 집단발달이 성공적으로 이루어지게 되면 대부분의 집단 성원은 집단이 자신에게 도움이 될 것이라는 희망을 품고 표현하며, 충고나 조언으로 집단에 도움을 주려고 노력하게 된다.

### (2) 초기 집단발달을 위한 초점 유지

사회복지사는 집단 성원 간에 이야기는 많이 하더라도 그저 이야기를 나열하여 치료적 성과가 미약하게 되는 것을 예방하기 위하여 집단의 중심 주제에 접근하는 이야기를 하도록 촉진하는 역할을 하여야 한다. 또한 모든 집단 성원이 고르게 자신의 경험을 공개할 수 있도록 한 성원이 화제를 독점하지 않게 제한하는 개입이 필요하다.

### (3) 초기 집단의 응집력

사회복지사는 집단 성원 간에 비슷한 경험이 있다는 것을 다음의 예와 같이 보여 줌으로써 서로의 유사성을 인지하여 친밀감과 응집력을 높여 나갈 수 있다.

 "지금 천사님이 이야기한 외로움을 여기 있는 모든 사람이 한 번쯤은 경험했을 겁니다."
"해바라기님, 지금 천사님이 이야기한 경험을 해바라기님도 했을 텐데, 천사님의 이야기가 어땠어요?"

이런 식으로 집단 성원이 서로 고민과 관심을 나누고 있음을 깨닫게 해 준다. 이런 과정에서 집단 성원은 서로를 신뢰하고 나아가 서로를 배려하며, 돌보고, 또 지지해 주면서 응집성이 급속히 높아질 수 있다. 또한 사회복지사는 응집성을 지속해서 높이는 방식으로, 즉 지지적이고 서로 유익한 방식으로 상호작용할 수 있는 기술을 가르쳐야 한다. 다음과 같은 예는 서로의 관심을 높이는 방식의 개입이다.

 "해바라기님이 이야기할 때 천사님의 행동(표정)이 어땠지요?"
"오늘 모임에 대해 느낀 것과 생각한 것을 다 같이 돌아가면서 이야기해 볼까요?"

(4) 심각하게 부적절한 집단 성원에 대한 대처

　사전 준비와 선발 작업을 잘하면 집단 성원은 집단 안에서 어떻게 적절히 상호작용 해야 하는지, 그리고 자신과 다른 집단 원의 이익을 위해 집단을 어떻게 활용해야 하는지에 대해 알고 있는 '준비된 집단 성원'이 된다. 또한 지도자는 집단 성원에게 어떻게 하는 것이 가장 적절한지 알면 집단을 시작하는 작업이 쉬워진다. 초기 단계에서 간혹 '성원을 잘못 선발했구나'라고 생각되는, 즉 집단에 부적절한 집단 성원이 눈에 띄기도 한다. 이런 집단 성원이 출현하면 지도자는 신속히 대처해야 하며, 심하게 독점적이거나 혼란된 집단 성원은 집단 전체를 고려하여 집단을 떠나 개별적인 도움을 받도록 의뢰하는 것이 더 나을 경우가 많다. 개인차가 있겠지만 초보 사회복지사의 경우, 한 성원의 집단 참여가 중지되면 후에 다른 집단 성원에게 영향을 주어 다른 집단 성원마저 떠나는 결과로 작용할까 봐 두려워하기도 한다. 그러나 보통 남아 있는 집단 성원도 상황을 파악할 수 있으므로 잘 설명하면 크게 걱정할 필요는 없다. 오히려 집단 성원에 따라서는 지도자가 책임을 지고 집단을 위해 최선의 조처를 했다고 고마워하는 마음을 갖기도 한다. 또한 집단을 하다 보면 때로는 어찌할 수 없는 상황이 있고, 그때는 특정 집단 성원을 집단으로부터 분리하는 것이 모두의 이익을 위해 최선일 수 있다는 사실을 학습하는 것이 집단 성원에게 도움이 될 수도 있음을 기억할 필요가 있다.

　하지만 부적절한 집단 성원이 떠나면 이러한 조치에 대한 시각 차이가 집단의 이슈로 등장할 수 있다. 등장하지 않는다고 하더라도 지도자는 이 문제를 공개적으로 다루는 것이 좋다. 이는 한 집단 성원의 중단 조치에 대해 갖는 집단의 양가감정과 죄책감을 인식하고 다루어야 다음 단계로 집단이 발달할 수 있기 때문이다.

## 3) 초기 단계에 활용할 수 있는 활동 기법

### 활동명: 성원 소개하기 기법

집단 성원을 효과적으로 흥미 있게 소개하는 것은 집단의 매력을 높이는 데 매우 중요한 과업이다. 이때 활용할 수 있는 활동 기법의 예는 다음과 같다.

- 목적

아이스브레이킹(icebreaking)을 하고 집단원이 서로 알도록 돕기

- 준비물

때에 따라서 종이와 필기구

- 방법

구조화되고 위협적이지 않은 방법으로 서로를 알아가기 위한 기법이다.

- **짝지어 소개하기**

둘씩 짝지어 서로에 대해 어느 정도 알게 된 후에 집단에 서로를 소개하는 방법이다. 다른 형태로는 두 팀씩 묶어 각자의 짝을 소개하도록 하는 방법(상대적으로 덜 위협적이다), 지도자가 화제를 제한하는 방법(예: "각자에 대해 짝에게 말해 주되 가족, 일, 학교 같은 것 대신에 자신의 성격, 취미, 가치관과 같은 개인적인 것에 대해서만 말해 주세요.")이 있다.

집단에서 이야기하는 것을 몹시 어색해하고 부담스러워하는 경우, 각자 기자가 되어 서로를 2분씩 인터뷰하고 인터뷰가 끝난 다음 전체 집단에 기자로서 자신이 취재한 것을 보도하도록 한다는 상황 설정을 해 주면 더 편안하게 소개를 할 수 있다. 집단원의 연령이 어린 경우, 필기도구 등을 마이크로 사용하여 마이크를 들고 발표하게 하면 더 재미있고 활발하게 진행할 수 있다.

- **1분 자서전**

네 명씩 짝을 지어 한 사람씩 1분간 자신에 대해 집단 성원에게 이야기해 준다. 이 방법 또한 화제를 제한하여 직업, 학교, 가족에 관해서는 말하지 말고 가치관, 삶의 목표, 태도에 관해 말하기 등으로 제시하여 소개하도록 할 수 있다.

- **더 깊게 알려 주기**

우선 네 명씩 소집단을 만든다. 각 집단원은 5분간의 시간을 할당받는데, 첫 3분간은 '자신이 왜 이 시점에서 이곳에 오게 되었는가'를 다른 집단원에게 말해 주고, 1분간은 '자신이 가장 행복했던 순간'에 대해 기술하고, 마지막 1분은 다른 사람들의 '질문에 답'한다. 먼저 지도자가 시작해 보임으로써 자기공개의 모델이 될 수 있다.

- 굽이치는 긴 길(Life Line)

신문지와 다양한 색깔의 사인펜을 가지고 집단원은 다양한 상징 표시와 줄을 그려가면서 자신의 삶에 대한 그림을 그린다. 현재의 그를 있을 수 있게 한 중요한 발달적 사건이 일어났던 때를 징검다리로 표시한다.

출처: 이윤주 외(2000: 47-48).

## 3. 사정 단계 실천기술

Siporin(1975)에 의하면 일반적으로 사정(assessment)은 원조의 과정(process)이자 산물(product)이다. 과정으로서의 사정은 정보를 수집, 조직하고, 정보에 관해서 판단을 내리는 것을 의미하며, 산물로서의 사정은 개입 계획을 수립하는 데 유용하게 사용되는 집단과 집단 성원의 기능에 관한 진술문을 의미한다.

집단의 사정을 위해서는 집단 성원 개개인, 집단 전체, 집단을 둘러싼 환경 모두에 대한 사정이 통합적으로 이루어져야 한다. 단위별로 사정 내용을 살펴보면 다음과 같다(김정진 외, 2007 재인용).

### 1) 집단 성원의 개별화 사정

집단 성원이란 성장, 학습, 치료의 욕구를 가진 개인이다. 이들 중에는 정서적·사회적 문제를 갖고 있어 재활, 교정, 사회화의 목적으로 집단의 성원이 될 수도 있다. 또한 특정한 문제가 없으나 건전한 발달과 성장, 민주적 생활 방식의 교육 및 훈련을 위해 집단에 참여할 수도 있고, 문제 발생의 예방을 목적으로 집단에 참여할 수도 있다. 또한 자발적으로 참여하는 개인도 있으나, 부모, 의사, 판사, 교사의 강요로 비자발적으로 참여하기도 한다. 가정폭력, 약물 의존, 성폭력, 비행, 청소년 폭력의 증가와 이에 대한 사회적 개입의 증가로 비자발적 성원에 대한 개입이 증가하고 있는 현실이다.

집단을 통한 개인의 변화를 끌어내기 위해 가장 중요한 변수는 집단에 적극적으로 참여하는 것이다. 비자발적인 클라이언트를 자발적인 참여자로 변화시키려면 초기 단계에서의 저항감과 두려움 등 집단에 대한 부정적인 감정을 완화하는 것이 중요하고, 사정 단계에서 개인의 욕구에 대한 파악 및 이해와 수용이 필요하다.

집단에서 개인을 사정하는 데 도움이 되는 것은 집단에 참여하는 태도, 표현되는 말과 집단 성원 간의 관계 및 지도자와의 관계에서 나타나는 양상 관찰을 통해 얻은 자료이다. 그러므로 지도자는 집중하여 경청하고 관찰을 통하여 자료를 수집하고 이를 분석하는 기술과 근거가 되는 지식을 함양할 필요가 있다. 그러나 이는 사회복지사의 주관적인 해석으로 영향을 받을 수 있으므로 객관적인 데이터로서 집단의 목적에 맞는 척도를 활용할 수 있다. 개인 사정을 위해 활용할 수 있는 척도로는 자존감 척도, 대인관계 척도, 자기주장 척도 등 집단의 목적에 맞게 다양하게 활용할 수 있다. 이는 사회복지 척도 집을 참고하면 된다.

## 2) 집단 전체에 대한 사정

집단 전체에 대한 사정을 위해 지도자에게는 다음과 같은 기술이 요구된다.

첫째, 전체로서의 집단의 움직임을 민감하게 알아채는 기술이 요구된다. 이를 위해서는 집단에 대한 지식이 요구된다. 구체적으로 집단의 역할, 규범, 구조, 상호 관계, 지도력, 동질성과 이질성, 응집력, 발달 단계, 집단의 크기, 개방 집단, 폐쇄 집단의 개념이 집단에 미치는 영향 등에 대한 지식이 있어야 한다. 요약하자면, 집단 전체에 대한 사정은 집단 전체의 관계 양상과 역동, 집단의 발달 단계, 집단의 치료적 효과가 드러나는 정도 등을 사정할 수 있는 기술이 필요하며, 이를 알아차리는 데 필요한 지식을 요구한다.

둘째, 집단 성원 전원을 대상으로 소통하는 기술이 요구된다. 이는 한두 사람에게만 집중하는 것이 아니라 전체를 대상으로 차별 없이 골고루 관심을 가지고 주의를 기울이는 것이며, 성원과의 신뢰 관계 구축에 매우 중요한 요소이다.

셋째, 집단 응집력의 발달 정도에 대한 사정이 필요하다. 집단 응집력은 집단발달과 성원의 집단 헌신과 참여를 나타내는 것으로 지도자는 성원의 자발적 참여 정도, 성원 간의 협력 정도를 관찰하여 이를 사정할 수 있으며, 집단 초기에 응집력이 촉진되는 방향으로 개입하는 기술이 요구된다. 여기에는 '우리'라는 용어의 표현, 공통의 관심사를 다루면서 상호 원조가 필요한 과업의 설정, 의사소통 규칙, 대화법 등에 대한 규범을 통해 상호 존중하게 지원하고, 상호 협력 프로그램을 활용하여 서로 다가가고 개방하게 하는 기회를 만든다.

넷째, 집단 전체를 사정하기 위해 다음과 같은 객관적인 척도를 사용하여 집단 내의 상호작용 정도, 하위 집단의 생성, 성원 간 호감도 등을 측정할 수 있다. 대표적인 측정 도구는 소시오그램(sociogram)이다.

소시오그램은 집단 지도자가 집단 성원 간의 상호작용을 관찰하여 앉은 자리를 원으로 표시하고, 성원 간 및 성원과 지도자 간 상호작용의 흐름을 화살표로 나타내어 그림을 그릴 수 있다. 이를 통하여 집단 전체의 관계 양상, 적극적 참여자와 수동적 참여자, 고립자 등을 한눈에 파악할 수 있다. 소시오그램의 예는 [그림 12-1]과 같다.

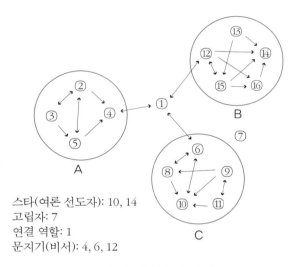

스타(여론 선도자): 10, 14
고립자: 7
연결 역할: 1
문지기(비서): 4, 6, 12

[그림 12-1] 소시오그램의 예

이 외에도 집단 전체의 사정에는 집단이 진행되는 과정에서 늘 관찰과 점검을 통하여 과정적인 사정이 필요하다. 과정적 사정을 통해 그때그때 효과적으로 집단 전체에 대해 개입을 하여 집단이 안정되고 신뢰가 있는 분위기로 조성해 가는 것이 사회복지사의 과업이다. 특히 집단 안에서 나타나는 성원 간 갈등, 상호 무관심과 무기력, 부적절한 의사결정 등은 지도자가 민감하게 파악하여 심화하지 않도록 조기에 관리하는 것이 중요하다. 이에 이러한 문제가 나타나는 집단의 양상과 이유를 민감하게 파악할 수 있도록 다음과 같이 요약하였다.

## 집단 양상 점검과 사정

- 갈등, 싸움의 증상
  - 성원이 어느 한 성원에 대해서 화를 잘 낸다.
  - 어떤 아이디어가 충분히 표현되기도 전에 공격받는다.
  - 타협, 화해를 거절한다.
  - 계획, 제안을 반대한다.
  - 격렬하게 비판한다.
  - 어떤 한 사람을 인신공격한다.
  - 성원이 우리 집단은 지식, 기술, 경험도 없다고, 우린 할 수 없다고, 우린 안 된다고 말한다.
  - 지도자의 제안에 대해서 반대한다.
  - 초점을 이해하지 못하는 어떤 성원에 대해 다른 성원이 비난한다.
  - 다른 성원의 기여를 왜곡하고 비난한다.

☞ 문제의 원인으로 고려해 볼 수 있는 상황
  - 자기들이 할 수 없는 업무를 가졌을 때
  - 각 성원이 집단을 통해서 각자의 욕구 충족을 못할 때
  - 집단 안에서 자신의 위치, 지위를 찾지 못할 때
  - 프로그램을 벅차게 느낄 때

- 무관심, 비참여, 무감동의 증상
  - 하품을 자주 하거나 꾸벅꾸벅 존다.
  - 대화의 초점을 잊어버린다.
  - 참여도가 낮다.
  - 대화를 질질 끈다.
  - 지각, 결석을 자주 한다.
  - 자세나 태도가 불안하다.
  - 지나치게 빨리 결정해 버린다.
  - 결정 사항을 이행하지 않는다.
  - 모임을 연기하거나 쉬려고 한다.

　　－다음 모임을 위한 약속을 하지 않는다.

　　－책임을 더 지기를 꺼린다.

　　－결론이 불명확하여서

　　－집단의 반응이 두려워서

　　－실패에 대한 두려움 때문에


☞ 문제의 원인으로 고려해 볼 수 있는 상황

　　－집단의 중요성에 대한 인식이 부족하다.

　　－자신의 문제가 집단의 문제보다 더 중요하다.

　　－문제 해결에 대해 두려움이 있다.

　　－집단의 해결 방법이 자신과 맞지 않을 때

　　－자신이 무력하고 지쳤다고 느낄 때


• 부적절한 의사결정의 증상

　　－너무 빨리 결정한다.

　　－대충 결정한다.

　　－결정을 내리지 못한다.

　　－결정이 모호하고 초점을 알 수 없다.


☞ 문제의 원인으로 고려해 볼 수 있는 상황

　　－집단이 미성숙하고 능력이 부족해서

　　－결정이 너무 어려운 것이어서

　　－집단의 결속이 약하고 신뢰가 부족해서

　　－결론이 불명확하여서

　　－집단의 반응이 두려워서

　　－실패에 대한 두려움 때문에

## 3) 집단 환경에 대한 사정

집단 대상 사회복지실천이 주로 이루어지는 곳은 사회복지기관이거나 2차 현장인 학교, 법원, 각종 지역사회 센터 등이다. 사회복지기관의 인적·물적 환경과 기관이 위치한 지역사회 환경, 유사한 서비스를 제공하는 기관의 인접성 여부 등은 집단의 운영에 영향을 미친다. 사회복지사는 집단 프로그램을 후원하고 있는 기관의 지원 정도, 기관 간 관계망과 서비스 중복 정도, 집단 서비스 필요성에 대한 지역사회 인식과 집단 참여자에 대한 지역사회의 수용 정도를 사정한다.

## 4. 개입 단계 실천기술

### 1) 개입 단계 집단의 발달

개입 단계는 중간 도입기와 중간 후기로 나누어지는데, 집단발달상 나타날 수 있는 특성과 사회복지사의 과제는 다음과 같다.

#### ⑴ 중간 도입기

이 시기에는 대부분의 집단 성원에게 불확실함과 좌절, 실망이 일반적으로 출현한다. 이런 점 때문에 '집단의 위기(Yalom, 1995)'라고 표현하기도 한다. 집단 성원은 집단이 중간에 이르렀는데도 여전히 많은 문제가 남아 있음을 깨닫고 '뭔가 지금까지보다 더 많이 진행되어야 하는데…….'라는 생각을 하게 되고, 지도자의 효율성에 관한 질문을 제기할 수 있다. 이때 사회복지사는 지도자에 대한 성원의 불만족, 목표 성취의 실패, 낮은 응집성과 같은 문제가 나타날 수 있고, 이를 잘 다룸으로써 집단이 계속 발달할 수 있다는 믿음을 가지고 대처해야 한다. 이러한 위기가 출현했다면 지도자는 중심 주제를 잠시 제쳐 놓고 집단의 위기를 다루어야 한다. 집단의 위기를 다루는 기술로는 무엇보다 지도자가 위기를 인식하고, 인정하면서 위기를 성원과 나누고 함께 다루는 것이 좋다. 위기를 잘 다루고 나면 집단의 분위기와 태도는 금방 달라지고 성원의 집단에 대한 책임감과 참여 의식이 생겨 집단의 발달이 촉진된다. 위기는 곧 기회임을 기억하자.

### ① 위기 인식 단계

위기를 인식하면 지도자는 다음과 같이 표현할 수 있다.

"나는 많은 분이 해바라기님이 말한 것처럼 '우리가 다섯 번이나 만났는데 아직 이 정도밖에 관계가 이루어지지 않았다니…….' 하는 좌절감을 느끼고 있을 수 있다는 생각이 들었어요."

### ② 위기 인정(수용) 단계

위기를 다루려면 인정하고 수용하는 것이 중요한데, 지도자는 다음과 같이 수용을 표현할 수 있다.

"그런 마음이 드는 것이 충분히 이해됩니다. 천사님은 시간이 많이 지났다고 걱정하고 있고, 온달 님은 아직도 자신이 어떻게 하여 여자들의 기분을 상하게 만드는지 잘 모르고 있고, 해바라기님은 지도자가 자신이 알고 싶은 것에 대해 전혀 말해 주지 않았다고 느끼는 것 같아요."

### ③ 위기 다루기 단계

위기로 수용한 후 집단 안에서 성원과 함께 해결 방안을 모색할 수 있도록 격려하고 의미를 부여한다.

"사실 지도자는 여기 있는 누구에게도 문제에 대한 해답을 드리지 않습니다. 줄 수 있는 답을 제가 가지고 있을 수도 있지만 아마도 여러분에게 가장 도움이 되는 방식은 각자의 고민거리나 관심사에 대해 서로 더 직접적이고 솔직하게 나눌 수 있도록 지도자로서 돕는 일일 것입니다. 이 집단 안에는 이미 훌륭한 기술과 지식, 지지, 정보가 있어요. 여러분이 자신과 다른 집단 성원에게 도움이 되도록 그것들을 잘 활용한다면 집단에서 나눈 것들, 경험한 것들이 여러분 모두에게 아주 큰 도움이 될 수 있습니다."

위기를 다루기 위해서는 우선 '위기는 어떻게 다뤄지든 반드시 다루어져야 한다.'는 것이 핵심이다. 종종 위기에 대한 반응이 집단 성원의 문제를 표출하기도 하므로 중심 주제가 위기와 함께 다뤄지기도 한다. 어떠한 경우이든 지도자는 위기를 직면하고 인정하여 함께 적극적으로 다루어야 한다. 응집성은 급속도로 떨어졌다가도 위기가 잘 다스려지면 다시 빠른 속도로 회복된다. 위기를 다루는 과정에서 집단 성원은 '도움의 주 원천은 우리가 서로 돕는 데 있구나.' '지도자만 바라보지 말고 시간도 얼마 안 남았으니 우리 스스로 열심히 해야겠군.' 등의 생각을 갖고 다시 집단 활동에 몰두하게 된다. 중간 도입기가 되면 이제 집단의 발전과 생산적인 활동성을 위해 지도자의 역할보다는 집단 성원의 역할이 더욱 중요시된다. 지도자는 이를 위해 집단 성원의 지도자에 대한 의존심을 차단하고, 집단 성원 간의 상호작용을 격려하고, 지도자 자신의 역할을 의도적으로 축소할 필요가 있다.

### (2) 중간 후기

후기는 집단 활동의 밀도가 강한 시기이다. 이때 집단 성원은 친밀감과 집단에 대한 몰입을 경험한다. 집단 성원은 이전에 집단에서 제기되었던 문제들을 더 새로운 방식으로 다루고, 더 깊이 있게 논의한다. 집단 성원은 집단에서의 시간이 얼마 남지 않았다는 사실에 의해 더욱 동기화된다.

중간 후기는 중심 주제에 대해 가장 깊고 풍부하게 다루는 시기이다. 집단에서 제기된 문제들, 집단 성원의 반응, 집단 성원 간의 상호작용을 중심 주제로 되돌리는 지도자의 개입을 통해 집단 성원은 그러한 기술을 학습하게 된다. 그리고 집단에 제기되는 모든 이야기를 중심 주제로 환원하여 더 깊이 있고 세밀하게 공유할 줄 알게 된다. 문제와 자신, 그리고 다른 집단 성원을 바라보는 새로운 관점이 출현한다.

발달이 성공적으로 이루어진 경우라면 후기 집단은 응집성이 상당히 높다. 이때 지도자는 집단에서의 상호작용이 얼마나 지지적인지 스스로 알 수 있도록 집단 성원을 도와야 한다. 이 시기의 집단은 소위 '황금기'라고 일컬을 정도로 매우 생산적인 경향이 있다. 그러나 집단 회기의 수를 늘리면 더 효과를 볼 것이라는 생각은 잘못이다. 지도자는 이 시기의 학습을 강화하기 위해 높은 응집성을 잘 활용해야 한다. 지도자는 변화의 성과를 유지하고 더 나아가 증폭시키는 데 주력해야 한다. 한편, 이즈음 집단 성원은 '집단이 곧 종결되겠구나.'라는 생각을 하게 되면서 종결을 준비하고 종결에 대한 감정을 드러내기도 한다. 이때 지도자는 종결 시기가 언제인지 예고해 줌으로써 남은 기간을 충실하게 참여하도록 도울 수 있다.

## 2) 개입 단계 집단의 특성과 사회복지사의 역할

중간 단계인 개입 단계에서의 집단 성원과 집단의 특성 및 사회복지사의 역할을 정리하면 〈표 12-3〉과 같다.

표 12-3　중간(개입) 단계의 특성

| 집단 성원의 특성 | 집단의 특성 | 사회복지사의 역할 |
|---|---|---|
| • 집단에 대한 탐색이 점차 감소 <br> • 집단 성원 간에 짝을 이루게 되어 하위 집단 발생 <br> • 자신의 지위 및 역할 모색 <br> • 집단 성원의 독특성 인정, 집단에 대한 공헌 모색 <br> • 집단의 중요성을 내면화 사회복지사에게 덜 의존하게 되고 자신의 의사표현 시작 | • 집단의 문화, 규범, 행동, 갈등이 발생하고 이를 해결 <br> • 집단 성원의 지위, 위계질서, 역할, 지도자가 형성 <br> • 집단 성원 및 지도자를 실험하고 신뢰할 수 있게 됨 <br> • 집단 성원 간의 공통점, 차이점을 인정하고 존중함 → 집단의 응집력 발달 | • 집단의 현 위치를 파악 <br> • 각 성원에 대한 평가 <br> • 집단의 목적, 목표를 재확인하고 성원의 참여 유도 <br> • 집단 성원 간의 공통점 및 차이점 파악 <br> • 집단 지도자에 대한 시험(testing)을 인정 <br> • 집단 성원이 다양한 경험을 할 수 있도록 도움 <br> • 직면 <br> • 집단의 갈등 해소 |

출처: 김정진 외(2007: 187).

## 3) 개입 단계 집단 대상 실천기술

### (1) 집단 응집력 향상 기술

집단 성원이 서로에게 끌리는 정도를 말한다. 응집력이 있는 집단은 집단 성원 간에 소속감과 관련성을 공유하고 협력한다. 집단 응집력을 결정하는 요인과 응집력을 향상하기 위한 원칙은 다음과 같다(Cartwright, 1968).

① 응집력을 결정하는 요인

첫째, 집단 성원이 집단의 참여를 소중하게 느끼고 그들이 사랑받는다고 느끼게 될 때 집단에 매력을 갖는다.

둘째, 집단 응집력은 집단에 참여함으로써 제공되는 자극제와 관련이 있다. 집단 응집력을 높이는 자극제가 되는 것은 새로운 사람들과의 만남, 수준 높은 사람들과의 교류, 집단의 참여를 통해서만 얻게 되는 자원과 이득이다.

셋째, 집단 성원이 집단에 대해서 높은 기대하게 될 때 집단 응집력은 향상한다.

넷째, 이전에 참여했던 집단과 비교했을 때 현재 참여하고 있는 집단에 더 만족하면 집단 성원은 집단에 매력을 갖는다.

② 집단 응집력 향상 원칙

첫째, 집단토의와 프로그램 활동들을 적극적으로 활용하여 집단 성원 간의 상호작용을 촉진하도록 한다.

둘째, 집단 성원이 집단 과정에 적극적으로 참여하고 그들이 목표를 달성하고 변화를 이루어 낼 수 있는 유능한 존재라는 것을 인식할 수 있도록 돕는다. 집단 성원 개개인이 자신을 가치 있고 능력 있는 존재라고 믿게 되면 집단 성원은 집단에 더 적극적으로 참여하게 된다.

셋째, 집단 성원의 욕구가 집단 내에서 충족된 방법들을 파악할 수 있도록 돕는다.

넷째, 집단 성원이 기대하는 바를 명확히 하고 집단 성원의 기대와 집단의 목적을 일치시키도록 한다.

다섯째, 집단 성원이 사회복지사뿐 아니라 집단 성원도 집단의 내용과 방향에 책임이 있다는 것을 인식하도록 한다.

(2) 자기노출 기술

자기노출(self-disclosure)은 집단 과정에서 성원 간에 그리고 성원과 지도자 간에 이해와 수용을 높이는 역할을 한다. 이는 현재의 집단 경험에 대한 자기 생각과 감정이 소재가 될 수 있고, 집단 경험 때문에 연상되는 과거의 경험을 회고하고 고백하는 소재가 될 수도 있다. 자기노출은 성원과 지도자 모두 할 수 있다. 그러므로 자기노출의 소재가 너무 현재의 집단 경험과 동떨어져 있거나, 지나치게 의존적인 성원이 노출에 대한 수위가 조절되지 않아 지나친 자기고백으로 이야기를 독점하면서 다른 성원에게 부담스러운 감정을 유발할 수도 있고, 자기노출 이후 수치감 때문에 집단 참여가 힘들어지는 부정적인 결과도 가져올 수 있다. 또한 현재의 집단 경험에 대한 자신의 감정을 노출하면서 다른 성원에 대한 직접적인 비난 표현이 나올 수도 있다. 성원 외에도 지도자가 관련된 주제에 대한 자신의 문제가 미해결되면 지도자 자신의 노출을 너무 많이 하여 지도자가 아니라 성원의 위치에서 인정과 지지를 받고 싶어 한다면 지도력에 손상이 올 수 있다. 그러므로 자기노출을 잘할 수 있도록 그 방법을 알려 주고, 노출의 소재와 수위에 대한 지도자의 통제와 개입 기술이 필요하다. 자기노출의 형식과 지침은 다음과 같다.

#### ① 자기노출의 표현 형식

현재의 집단 경험을 중심으로 상대방의 행동과 말이 자신에게 어떤 영향을 주었을 때 이에 대한 자기 생각과 감정에 대한 자기노출은 표현 형식에 주의를 필요로 한다. 이때 상대방을 비난하는 느낌을 줄 수 있는 너 중심의 표현(You-message)이 아니라 나 중심의 표현(I-message)이 되어야 한다. 즉, "나는 당신이 ~행동을 했을 때, ~ 느낌이 들었어요."라는 표현을 사용한다.

#### ② 자기노출을 위한 지침

- 자기노출은 집단의 목적과 목표와 관련해야 한다.
- 집단 성원은 자신에 관해 무엇을 그리고 얼마나 많이 노출할 것인지를 결정해야 하고, 자기노출로 인해 동반되는 위험을 어느 정도 감당할 수 있는지를 결정해야 한다.
- 자기노출의 수준은 집단발달 단계와 관련이 있다.

### (3) 피드백 활용 기술

피드백이란 집단 성원에게 그들의 역할 수행 또는 서로를 어떻게 바라보는지에 대해서 명확한 정보를 제공하는 것이다(엄명용, 2005 재인용). 피드백은 클라이언트의 요청이 있을 때, 집단을 마치는 시간에 그날의 활동 내용을 공유하면서 상호 간, 피드백을 제공하도록 이끌 수 있다. 긍정적 피드백은 성원의 기능적 행동이나 학습한 행동을 강화하는 데 효과적이다. 그러나 피드백을 긍정적으로 활용하려면 다음의 원칙을 준수하도록 지침을 제공할 필요가 있다.

- 클라이언트의 요청이 있을 때 피드백을 제공하는 것이 가장 효과적이며, 클라이언트가 사용할 수 있는 만큼만 제공하는 것이 좋다.
- 피드백을 제공할 때 장점에 초점을 두는 것이 좋다.
- 피드백은 구체적이어야 한다.
- 클라이언트에게 지나치게 많은 피드백을 동시에 제공하는 것은 효과적이지 않다.
- 가장 의미 있는 피드백의 유형은 피드백을 제공하는 사람과 사람 간의 관계를 직접적으로 다루는 피드백이다.

## 4) 개입 단계에 활용할 수 있는 활동 기법

### 대인관계 학습/통찰을 활성화하는 기법

① 원 밖에서 경청하기
- 목적
  - 자기를 더욱 공개할 수 있도록 도와주기
  - 저항에 직면하기
- 방법
  집단 내의 한 성원이 어떤 사실이나 정보를 부인하고 도움이 될 만한 개입을 방어적으로 배척하여 집단을 침체시킬 수 있고, 되풀이되는 어떤 이야기 패턴에 의해 다른 성원들이 좌절할 수 있다. 이러한 상황에서 이 기법을 활용할 수 있다.
  - 지도자는 그 집단 성원을 원 밖으로 내보내고, 집단 과정 중 발생한 것에 대해 나머지 집단 성원과 함께 다시 살피면서 평가한다. 이때 밖으로 나간 집단 성원에 대해 말하는 것이 아니라 그 사람에 대해 다른 집단 성원들이 인식한 것(자신의 욕구와 좌절, 기대와 실망, 자신의 감정 등)을 이야기하도록 한다. 이때 이야기는 나 전달법(I-Message)으로 표현하도록 한다.
  - 원 밖으로 나갔던 집단 성원이 다시 원 안으로 돌아와 집단 밖에서 들은 것에 대한 느낌과 생각을 말해 보도록 한다.

－이 기법은 악의 없이 그 집단 성원에 대한 관심을 공유하고 돌보는 과정으로 이해되어야 한다.

② 이야기 사슬
- **목적**
  －집단 내에서의 대인관계 기술을 익히기 위해 공통 주제에 집중하기
  －과제 완수를 위해 책임감 공유하기
  －집단 역동을 더 잘 이해하기 위해 집단의 경험 반영하기
- **준비물**
  그림 복사본 2장, 빈 종이, 펜이나 연필
- **방법**
  －지도자는 집단 성원들에게 집단 프로젝트를 위해 함께 일하는 상황에 대해 어떻게 느끼는지 질문함으로써 이 활동을 준비하게 한다.
  －집단을 두 개의 팀으로 나누고, 각 팀마다 팀장을 뽑는다.
  －각 팀은 사슬 편지 그림과 빈 종이를 받는다.
  －집단 지도자 혹은 팀장은 완성되지 않은 문장 하나를 놓는다. 예를 들면, 다음과 같은 문장 완성하기 형식이다.
    - 그날은 매우 더웠다.
    - 집단 성원 전원은 그날 매우 조용했다. 갑자기 _____.
  －각 팀은 차례대로 덧붙이면서 이야기를 만들고 완성한다.
  －팀장은 완성된 이야기를 다른 집단 성원에게 들려준다. 집단 성원으로 하여금 어떻게 주제에 도달했는지, 이야기가 진행됨에 따라 어떻게 주제가 변해 갔는지에 대해 이야기하도록 한다. 지도자는 이 집단 프로젝트가 개인 프로젝트보다 쉬웠는지, 어려웠는지를 탐색하도록 집단 성원을 돕는다.
  －이 활동의 효과는 집단 성원이 이야기의 전개에 따라 자신의 사적 정보를 드러내고 덧붙이게 될 수 있다는 것과 집단 역동과 각 성원의 역할을 지도자가 좀 더 잘 볼 수 있다는 것이다. 이 연습은 대인관계 기술의 발달을 필요로 하는 경우에 효과적이다.

③ 스트레스 관리(Quieting Response: QR)

- 목적

  스트레스원(stressor)을 대폭 줄이거나 없애기 위한 체계적인 계획을 제공하기

- 준비물

  몸과 마음을 안정시켜 주는 차분한 음악이 준비되면 더욱 좋다.

- 방법

  스트레스 관리(QR)는 집단 성원이 몇 분 이내에 스트레스 반응을 조절할 수 있는 방법을 학습하는 체계적이고 실용적인 기법이다.

  - 다음과 같은 단계를 학습하고 연습한다. 당신이 스트레스 상황에서 보이는 증상(빠른 숨소리, 빠른 심장박동, 답답한 가슴 등)을 인식한다. 발바닥 아래에 숨구멍이 있다고 상상하고 그 숨구멍으로 천천히 숨을 쉰다. 숨을 내쉬고, 턱의 긴장을 풀고, 혀를 밑으로 놓고, 따뜻한 공기가 발 아래에 있는 상상의 구멍을 통해 지나가도록 한다. 숨을 쉴 때마다 따뜻한 공기가 목, 어깨, 팔, 가슴으로 내려오면서 따뜻함과 무거움이 느껴진다고 상상한다.

  - 왜 QR이 스트레스를 감소시키는 효과적인 기법인지, 그리고 어떻게 그것을 일상 경험에 응용할 수 있는지를 다룬다.

  - 긴장 상태와 이완 상태의 느낌을 다양한 근육을 통해 느껴 본다.

④ 쇼핑 바구니

- 목적

  - 물건 선택을 통해서 자기를 드러내기

  - 각자의 소망과 욕구를 들어 봄으로써 타인의 요구를 탐색하기

- 준비물

  각 집단 성원에게 그림 복사본 한 장씩, 사인펜 혹은 크레파스

- 방법

  - 지도자는 집단 성원에게 가게에서 공짜로 물건을 얻는 상상을 해 보도록 한다.

  - 준비물을 나누어 주는 동안 각 집단 성원에게 그들이 가게에서 20분 동안 자유로운 쇼핑을 하는 것처럼 상상해 보라고 한다.

  - 그들은 이 쇼핑에서 자신을 위해 선택한 품목을 그린다.

　　　－각 집단원은 자신의 쇼핑 바구니에 있는 내용물을 설명한다. 그리고 선택한 각
　　　　품목의 중요성을 설명한다. 지도자는 집단 성원들에게 각 사람의 쇼핑 품목을
　　　　보고 그 사람에 대해 무엇을 알 수 있는지를 말하도록 격려한다.
　　　－집단 성원에게 다른 집단원의 쇼핑 바구니에 품목을 추가하고 그 이유를 이야
　　　　기해 보라고 한다. 선택된 품목은 종종 기본적 요구를 드러낸다. 이 활동은 비
　　　　위협적이므로 다양한 수준에서 해석될 수 있고 또한 다양한 집단에게 효과적
　　　　이다.
　　• 응용
　　　성원은 각각 다른 사람의 이름을 선택한다. 그리고 그들이 생각하기에 다른 사람
　　　이 받으면 고마워할 것 같은 품목을 산다. 다른 사람의 요구를 이해하는 데 초점
　　　을 맞추어 토의한다.

⑤ 대토론(大討論)
　　• 목적
　　　－일대일 상호작용을 할 수 있도록 학습하기
　　　－분업하여 과업을 수행하는 역동을 탐색하도록 하기
　　　－다른 관점에 대한 이해와 수용을 증진하기
　　• 준비물
　　　각 집단 성원에게 종이 한 장씩, 연필
　　• 방법
　　　－지도자는 집단 성원에게 토론(논쟁)과 회의의 차이에 대해 토의해 보도록 시
　　　　킨다.
　　　－재료를 나누어 주는 동안, 집단 성원은 대립될 수 있는 주제를 생각해 본다. 예
　　　　를 들어, 입원 클라이언트의 경우에는 병원 내의 통금 제한, 사생활 요구, 구성
　　　　원의 개별 욕실 설치 등이 주제가 될 수 있다.
　　　－집단 성원들을 짝지은 다음 각자 논쟁할 주제를 선택한다.
　　　－각 짝은 누구와 어떤 주제에 대해 논쟁할 것인지를 결정하고, 그들이 사용하는
　　　　단어들에 대해 이유를 기록한다.
　　　－각 짝이 집단 앞에서 그들의 논쟁에 대해 설명을 한다. 다른 집단 성원은 논쟁
　　　　자들에게 질문을 하고, 또 논쟁의 이쪽저쪽 편에서 돕기도 한다.

－논쟁이 만족스럽게 되었다면 집단 성원은 어떤 입장이 보다 타당한지, 그리고 그 이유는 무엇인지 투표를 한다.

－집단 성원은 이 기법에서 요구되는 일대일 상호작용에 대해 어떻게 느꼈는지를 설명한다. 토의를 하면서 지도자는 집단 성원 사이에서 발생 가능한 갈등을 해결하도록 적극적인 입장을 취한다.

－이 기법은 추상적으로 사고할 수 있는 집단 성원으로 구성되고 비교적 잘 통합된 집단에서 활용할 수 있으며, 입원 클라이언트의 적응을 위해 적절히 활용할 수 있을 것이다.

출처: 이윤주 외(2000).

## 5. 종결 단계 실천기술

종결은 완결로서 또 다른 시작을 위한 전환점으로 의미가 크다. 그동안의 집단 경험을 정리함으로써 집단에 대한 헌신과 열정, 성취한 것, 서로에게 도움이 되고 감사했던 것 등을 충분히 나누고 격려하고 표현하는 시간이 되는 것이 중요하다. '인생은 회자정리(會者定離)'라는 말이 있다. 만나고 헤어지는 것은 자연스러운 이치이며, 만남을 충실히 한 만큼 그 만남에 대하여 의미를 부여하고, 이를 기반으로 새로운 만날 수 있는 역량과 기반이 된다는 점에서 종결 단계는 특히 중요하다고 본다. 그러므로 분리를 잘할 수 있어야 새로운 만남도 기대와 신뢰하고 다시 시작할 수 있다.

종결 단계는 지도자와 성원 모두에게 가장 진한 정서적 경험의 시기이며, 그동안의 집단 경험을 완결하는 아주 중요한 시기이다. 지도자와 집단 성원은 집단을 끝내는 것에 대한 강한 아쉬움을 경험한다. 집단 성원에 따라 그동안 이룬 성과를 부인 혹은 무시하거나 종결 날짜를 망각하는 식의 반응을 할 수 있다. 지도자는 집단에서 성취한 것을 집단 성원이 유지하도록 도와야 한다. 또한 섭섭하더라도 집단 및 지도자와 이별할 수 있도록, 집단 없이 살아갈 자신의 미래를 위한 계획을 세우도록 도와야 한다. 이때 일부 집단 성원은 종종 과거의 상실 경험에서 느꼈던 것을 재경험하기도 한다. 이에 집단에서의 종결 경험을 잘 다룸으로써 앞으로의 인생에서 당면할 수많은 상실과 이별 경험에서 더 적응적으로 대처할 수 있는 역량을 갖도록 지도자는 이를 도와야 한다. 이에 종결 단계는 이전 단계보다 더 구조적으로 진행된다. 지도자가 제기한 질문에 대해서 집단 성원이 돌아가면서 이야기하는 식으로 진행되는 경우가 많으나, 주로 집단 없이 앞으로 생활해 나가는 것에 대하여 어떤 느낌이 드는지 나눌 수 있도록 질문함으로써 이를 다룬다.

한편, 집단 성원이 집단을 더 연장하자고 주장할 수도 있는데 지도자는 시간제한을 굳게 지켜야 한다. 지도자는 목표 달성에 있어서 미진한 점이 있더라도 시간제한을 변경하지 말아야 한다. 추수 집단의 기회가 있고, 약간의 시간이 지난 다음에 필요하면 다시 집단 구성을 하는 것이 훨씬 유익하다는 점을 말해 주면서 집단 성원을 설득해야 한다. 지도자에게 다시 연락할 수 있고 다시 만날 기회는 얼마든지 열려 있다고 설명하는 것도 유용하다. 종결의 의미와 이 단계에서의 사회복지사의 과업과 개입 기술을 살펴본다.

## 1) 종결의 의미

상실에 대처하는 경험은 인생의 중요한 부분이며 어떤 의미에서는 비극을 창조하기도 한다. 종말의 불가피성을 당해 보지 않고는 인생의 충분한 의미를 알 수 없을 뿐 아니라 충만한 인생을 살았다고 할 수가 없다. 그러므로 사회복지사는 이러한 종결의 의미를 깊이 이해할 수 있어야 하며, 집단 종결을 통하여 성원이 종결이 갖는 가치를 인정하고 개인과 집단의 경험에 의미를 부여하며, 전환을 위한 준비를 할 수 있는 능력을 증진하는 계기가 되도록 도와야 한다.

한편, 종결 단계는 집단 성원이 집단에서 경험한 것을 집단 밖에서 실행해 봄으로써 배운 것들을 통합하는 단계이다. 사실 이러한 통합 노력을 지도자가 개입 단계에서부터 격려하고 과제와 점검을 통하여 지원하며, 종결 단계에서는 이를 재확인하고 재보증하는 통합의 완결적 의미가 더 크다. 처음부터 종결을 계획하고 그 시기를 공유하여 지도자가 집단을 시작하면서부터 지속해서 기정사실로서 집단 성원에게 상기시켜야 할 부분이다.

## 2) 사회복지사의 과업과 실천기술

효과적인 종결을 위한 지도자의 주요 과업은 종결 감정 다루기, 집단의 영향력 검토하기, 피드백 교환, 미완성 과제의 완수, 배운 것의 수행과 통합, 응집력의 감소, 사후 관리 및 평가, 의례 행위 등이다.

### (1) 종결 감정 다루기

종결 단계에서 지도자는 집단 성원에게 집단의 모임이 얼마 남지 않았음을 상기시킴으로써 집단 성원이 다가오는 종결에 대비하고 집단의 성공적 종결을 준비할 수 있게 하는 것이 중요하다.

### (2) 집단의 영향력 검토하기

지도자는 집단 성원 모두가 집단 경험을 통해 배운 것을 구체적으로 검토할 수 있게 도와야 한다. 집단 성원이 막연히 많이 배웠다, 도움이 많이 되었다고 말하는 경우 지도자는 어떻게, 어떤 점에서 배우고 도움이 되었는지를 질문함으로써 집단 성원이 자신이 배운 것을 구체적으로 알고 이를 실제로 활용할 수 있도록 도와야 한다.

### (3) 피드백 교환

집단 성원은 집단 모임 때마다 자신의 감정과 생각 등을 주고받아 왔지만, 종결 단계에서 집단 성원이 자신에 대해 어떻게 인식하고, 어떤 갈등이 명확해졌고, 무엇이 전환점이었으며, 집단에서 배운 것을 토대로 무엇을 할 계획인지 등을 이야기하게 하는 것은 집단 활동의 의미를 되새기는 데 도움이 된다.

### (4) 미완성 과제의 완수

종결 단계에서는 집단 성원 사이의 상호작용에서 완결되지 않은 과업이나 집단의 목적과 관련하여 해결되지 않은 과제에 관해 이야기하는 시간이 필요하다. 비록 이러한 미해결 과제들을 집단 종결 이전에 해결하기 어려울지라도 집단 내에서 미해결된 부분을 인정하고 남겨 두는 것도 하나의 중요한 마무리 과정으로서 의미가 있다.

## (5) 배운 것의 수행과 통합

집단 내에서 배운 것을 집단 밖으로 확장하고 일반화하는 방법은 여러 가지가 있다. 다른 집단에 새로이 참가할 수도 있고, 개인적으로 관련된 여러 자원 체계와의 관계 속에서 배운 것을 수행해 보고, 필요하면 개인 상담을 계속하는 방법 등을 통해 집단 성원이 자신의 성장을 위해 지속적인 노력할 것을 격려한다.

## (6) 응집력의 감소

단기 집단 개입이 아닌 20~30회 이상의 장기 집단 개입의 경우 종결 단계에서 응집력을 감소시키고 다른 만남을 준비하도록 전환을 돕는 의도적인 응집력 감소 지원 기술이 필요하다. 성원이 적당한 시기에 그룹에 덜 이끌리도록 다른 사람과 접촉하는 빈도를 증가시키는 반면에 모임의 간격을 길게 갖고, 좀 더 짧은 시간 동안 모이게 함으로써 상호작용의 빈도를 감소시킬 수 있다.

## (7) 사후 관리와 평가

### ① 사후 관리

집단을 종결할 때는 집단 종결 후의 경험에 관해 이야기를 할 수 있는 사후 관리 모임을 위한 일시를 결정하는 것이 필요하다. 사후 관리를 위한 집단 모임은 지도자에게는 집단의 성과를 평가할 기회를 제공하고, 집단 성원에게는 집단이 집단 성원 모두에게 미친 영향력을 현실적으로 점검할 기회를 제공한다.

### ② 평가

집단 활동의 평가는 매우 다양한 방법으로 이루어질 수 있다. 집단 활동을 시작하기 전과 집단 활동 종결 후에 검사 도구를 이용하여 결과를 비교할 수도 있고, 집단 성원과 직접 인터뷰를 해서 평가하는 방법도 있다.

## (8) 의례 행위(ritual activity)

졸업 증서나 수료증을 주는 것, 종결 파티와 같은 종결의식을 통하여 성취에 대한 긍정적인 면을 강조하고 격려한다. 이는 집단 성원이 이별이나 불충분함보다는 성취에 대해 긍정적인 의미 부여를 하고 자신을 존중하도록 하는 데 의미가 있는 절차이기도 하다. 아동 집단의 경우에는 이것의 의미가 더욱 크며, 가족이나 친구들을 초청하여 행사를 나누는 것도 좋다.

## 3) 집단 종결 단계에 활용할 수 있는 활동 기법

집단 종결 단계에서는 집단 경험을 통한 성과를 잘 유지하도록 이를 강화하는 것이 중요하므로 이때 활용할 수 있는 활동 기법을 소개하면 다음과 같다.

### 활동명: 최상급 표현

- 목적

  긍정적으로 집단을 종결하기

- 준비물

  모든 집단원의 이름이 적힌 종이(집단원 숫자의 제곱수)와 필기구

- 방법

  −집단을 종결하고자 하는 마지막 회기에 집단원에게 자신을 포함한 모든 집단원의 이름이 적힌 목록을 나누어 준다.

  −각 집단원에게 이 집단 경험을 하고 난 후 그 사람이 성취할 수 있어 보이는 긍정적인 행동을 '가장 ……할 것 같다.'라는 최상급의 표현을 사용하여 적어 준다. 예컨대 '준수는 미루는 버릇을 가장 먼저 없앨 것 같다.' '영미는 가장 먼저 학교를 졸업할 것 같다.' 등으로 쓰도록 한다.

  −모든 집단원이 다 쓴 후에, 이름이 적힌 클라이언트에게 돌려준다.

  −내용을 읽어 보고 느낀 점과 생각한 바를 함께 이야기하고, 이에 대해 피드백한다.

  −이와 같이 긍정적으로 확신을 주는 말과 집단으로부터 피드백을 받음으로써 종결을 맞는 것은 모든 집단 성원에게 매우 긍정적인 효과를 가져올 수 있다.

출처: 이윤주 외(2000).

## 6. 평가 기술

### 1) 집단실천의 평가와 유형

집단실천의 평가는 집단실천의 과정에 대한 평가와 결과에 대한 평가로 이루어진다. 과정에 대한 평가는 집단이 목표한 방향으로 운영되고 있는지, 문제가 있다면 개선해야 할 점은 무엇인지, 투입이 효과적으로 이루어지고 있는지, 집단 성원의 반응은 어떤지, 지도력은 설득력이 있는지를 점검함으로써 보다 나은 결과를 가져오기 위한 목적이 있다. 반면에, 결과에 대한 평가는 집단의 목표가 성취되었는지, 성취되었다면 얼마나 성취되었는지와 같은 집단 개입의 효과성과 투입한 것과 산출된 것을 비교한 효율성의 측정을 위해 이루어진다. 대부분의 효과성 측정은 효과적인 집단 활동을 가능하게 하는 구체적인 요소에 관한 지식과 정보를 추구하는 데 있다. 이에 따라 다음과 같은 질문의 답을 추구하게 된다.

- 집단 활동이 클라이언트의 향상에 영향을 주는가?
- 어떤 성원, 또는 사회복지사의 특성이 집단 과정에 영향을 줄 수 있는가?
- 어떤 개인의 기능이 집단 과정을 통해 가장 향상될 수 있는가?
- 어떤 집단 과정이 개인에게 좋은 영향을 주는가?

출처: 이윤로(2007: 319) 재인용.

### 2) 집단 평가의 설계

집단 평가의 설계는 집단을 계획할 때 이루어진다. 집단 개입을 시작하기 전에 집단실천의 목표를 설정하고, 목표의 성취를 측정할 수 있는 측정 도구를 정한다. 측정 도구는 관찰, 집단 진행 일지, 집단 진행 촬영 비디오, 사정 도구 등이 될 수 있다. 과정 평가와 결과 평가의 방식을 고려하여 도구 활용의 시기와 빈도 등을 미리 계획한다.

일반적으로 집단실천에 대한 평가는 사전 사후 설계 디자인을 사용하며, 통제 집단을 설정하는 것이 결과의 일반화에 좋다. 집단 개입을 시작할 때 집단 개입을 하지 않는 집단의 성원에게도 같은 측정용 도구를 활용하여 측정하고, 사후에도 같은 방식으로 측정하여 사전 사후의 변화량을 비교하는 것이다. 그러나 같은 문제를 가진 클라이언트 집단에 대해 평가를 위해 일정 동안 개입을 하지 않는다는 것이 윤리적 문제를 일으킬 수 있으므로 실천 현장에서는 단일 사례 설계로 반복 관찰을 통해 효과성을 평가하는 경우가 더 많다. 즉, 집단실천 개입 전과 후뿐 아니라 집단 진행 회기마다 행동이나 언어 빈도의 수 관찰이나 자기보고 형식의 측정 도구를 사용해 반복 측정하여 자료를 얻는다. 변화가 목표한 방향으로 일어나고 있는지 그래프를 활용하여 제시하며, 종결 후에 다시 관찰하여 변화 방향이 유지되는지를 확인하여 집단실천 개입의 효과성과 일반화를 위한 근거로 활용한다.

한편, 사전 검사를 하지 못하고 바로 개입하게 되는 경우 집단 개입이 다 끝난 후에 사후 검사를 할 때 집단에 참여하기 전에는 어떠했는지를 회고하도록 하는 회고적 사전 검사를 하기도 한다.

## 3) 집단 평가의 설계 지침

집단 지도자는 집단을 기획하는 단계부터 집단을 어떻게 평가할 것인가를 설계하여야 하는데, 이를 위해 다음의 지침을 고려할 필요가 있다.

첫째, 비교 집단 없이 단일 집단으로 분석하는 경우이다. 이는 내부 타당도의 위협적 요소가 있으나 현실적으로 현장에 있는 사회복지사들이 쉽게 사용할 수 있는 디자인이다.

둘째, 비교 집단을 사용하는 것은 집단 활동의 효과성에 대한 내적 타당도를 높여 줄 수 있으므로 바람직한 접근이지만 현실적으로 무작위 할당이 어려우므로 무작위 할당을 시행하지 않는 유사 실험 설계를 활용하게 된다.

셋째, 실험 설계가 현실적으로 어려운 경우에는 집단 활동 종결 후 설문지를 돌리거나 면접을 통해 클라이언트가 만족스럽게 인식하는 집단 활동이나 집단 과정에 대한 정보를 얻어 프로그램의 효과성이나 보완 및 수정에 대한 의견을 제시할 수 있다.

넷째, 집단 성원이 이질적인 경우의 효과성 평가 방안은 다음과 같다. 현장에서 한 가지 동질적인 문제만을 가진 집단을 구성하는 것이 현실적으로 어렵다. 이질적인 문제를 가지고 온 클라이언트들로 집단이 구성되는 경우가 많다. 이때 각 성원이 자신의 두 가지 문제를 적게 한 후 그중 한 문제만 집단에 노출하고 다른 한 문제는 노출하지 않도록 계약을 맺은 다음 집단 종결 후에 제삼자에게 노출된 문제와 노출되지 않은 문제의 향상 정도를 평가하도록 한다.

다섯째, 집단실천의 평가는 개인의 향상에만 관심을 보여서는 안 되며, 집단이라는 맥락 속에서 개인이 어떻게 향상했는가에 관심을 기울여야 한다. 성원과 집단 그리고 사회복지사 사이에 존재하는 복잡한 상호작용을 고려해야 해서 여러 변수를 고려하는 디자인과 분석 방식이 필요하다. 예를 들어, 집단 경험 중 가장 좋았던 것, 자신에게 영향을 준 것, 자신이 집단이나 타 구성원에게 영향을 준 것 등을 질문하여 분석할 수 있다. 매 회기 집단 경험 공유 시간을 활용할 수 있다. 이 자료들을 과정에서 활용할 수 있고, 종결 후 질적 분석을 통해 평가할 수 있다.

여섯째, 종속변수와 독립변수에 대한 명확한 이해와 설정이 되어야 한다. 집단이나 개인이 성취하고자 하는 치료 목표는 보통 종속변수로 사용된다. 이는 다음의 두 가지 데이터를 사용해 얻을 수 있는데, 하나는 단일 사례 자료로 각 성원의 생활이 시간이 흐름에 따라 어떻게 변하고 있는지에 대한 정보이다. 다른 하나는 집단 전체 성원의 자료로 각 개인의 자기보고 형식의 점수나 관찰을 통해 얻은 합산된 측정치(합산된 점수는 구성원이 일반적으로 어떻게 변화되었는지를 말해 준다)이다. 한편, 독립변수에는 성원의 특성(인구 사회적 배경, 문제 또는 질환에 대한 이전의 경험), 지도자의 특성(어떤 특성을 가지며 어떤 영향을 주는지에 대한 정보), 집단 회합의 기간(어느 정도의 집단 활동이 집단의 기능을 향상하며, 따라서 언제 집단을 종료해야 하는가에 대한 정보), 집단 프로그램 등이 포함된다. 변수 측정을 위한 자료 수집은 표준화된 도구나 그 외 측정 도구를 이용한 사전 및 사후 조사를 통하여 매 회합의 종료 시 클라이언트에 의한 설문지 작성, 훈련받은 관찰자의 집단 성원의 행동에 대한 체계적 관찰, 매 회합의 종료 시 사회복지사에 의한 설문지 작성, 과제물의 완성 정도, 출석률, 자신의 행동과 인지 상태에 대해 클라이언트 스스로 점검하며 기록하기 등이다.

## 4) 집단 평가 설계 시 유의사항

첫째, 단일 사례 디자인을 사용하는 경우 기초선 측정이 필요하다. 기초 선은 어떤 개입이 시행되기 전에 측정되어야 한다. 그러나 대부분은 집단이 이미 형성된 후에야 이 기초 선이 측정된다.

둘째, 통제 집단을 사용하는 경우이다. 통제 집단 디자인은 피실험자들을 무작위로 할당해야 하는데, 이 무작위 할당은 많은 피실험자를 확보해야 하는 등 현실적으로 매우 어렵다.

셋째, 집단 평가 디자인은 여러 변수를 분석 단계에서 고려할 수 있도록 고안되어야 한다는 것이다. 다양한 변수는 상황에 따라 다양하게 영향력을 갖기 때문이다.

## 5) 집단 평가의 자료 수집

### (1) 성원이 하는 집단 평가 자료

사회복지사는 집단을 평가하는 데 사용되어 온 도구와 목적들에 관해 재검토해야 한다. 이를 위해 집단 성원의 목표 달성 정도, 집단 운영 전반, 장단점, 집단 프로그램의 도움 정도, 자신의 집단에 대한 기여와 역할, 장소 등에 대하여 의견을 수렴한다.

### (2) 사회복지사에 대한 성원의 평가 자료

사회복지사가 집단 지도에 대한 피드백을 집단 성원으로부터 받으려면 다음과 같은 질문을 할 수 있다.

- 여러분이 생각하기에 가장 도움이 됐거나 그렇지 못했던 사회복지사의 활동은 무엇이었습니까?
- 스스로 이렇게 했으면 하고 기대했는데 하지 못한 것이 있다면 무엇입니까?
- 도움이 됐거나 되지 않았던 사회복지사의 행동이 있었습니까?
- 당신이 생각하고 느끼는 것을 얼마나 사회복지사가 잘 이해한다고 생각하셨습니까?
- 사회복지사가 당신에게 얼마나 진실하게 대했다고 생각하십니까?
- 사회복지사가 당신을 얼마나 지지하고 배려하였다고 느끼십니까?

이상과 같은 집단실천의 평가를 실천적으로 이해하는 데 도움이 되는 연구가 있다. 박성주, 박재황(2004)이 보고한 「자기 성장 집단상담 진행단계에 따른 수료자 집단과 미수료자 집단 간의 비교분석」을 참고하면 집단실천의 평가 설계와 운영 이해에 도움이 될 것이다.

1. 집단 사정의 특성과 집단 개입의 장점에 대하여 토의해 보자.
2. 준비 단계, 초기 단계, 사정 단계, 개입 단계, 종결 단계에 활용할 수 있는 집단실천의 예를 활용하여 조별로 집단 운영 체험을 해 본 후, 집단 수준 개입에 대해 경험을 나누어 보자.
3. 집단 응집력 향상, 자기노출, 피드백 활용 기술이 집단실천에서 왜 중요한지 토의하고, 어떻게 적용하는지 본문의 사례를 가지고 연습해 보자.

# 가족 사회복지실천

The Social Work Practice Intervention Skills: Workbook with Cases

....................................................................................................

가족은 인간의 성장과 발달에 가장 중요한 환경이다. 우리나라의 가족은 사회 변화에 따라 가족의 구조, 형태, 크기, 기능 면에 많은 변화를 보인다. 산업 구조와 소득의 변화에 따라 가족 구조의 축소, 가족주의 가치관과 개인주의 가치관의 혼재, 성 역할의 변화, 양육이나 돌봄에 대한 전통적 기능과 태도의 변화 등 전통적인 가족 기능이 약화하고 있다(김승권, 2012). 가족의 형태나 구조로 가족 기능이 약해진다고 하기는 어렵지만, 가족의 내외적 환경의 변화에 의한 문제에 대응하는 데 취약해져서 기능수행의 어려움을 갖는 위기 가족이 증가하고 있다. 또한 질병, 사고 등이 발생할 때 사회경제적으로 자원이 부족하면 그 취약성도 높아질 수밖에 없는데, 현재 우리나라 가족의 변화 방향은 가족 내 자원이 취약한 방향으로 이루어지고 있어 위험 가족도 증가하고 있다(김승권, 2012). 이에 우리나라는 양육과 돌봄의 기능이 사회 제도적으로 보완되는 등 이미 가족 정책의 변화가 시작되었고, 그만큼 가족복지 실천에 대한 사회적 요구도 증가하였다고 하겠다.

제13장

# 가족의 이해와 실천

## 1. 가족의 개념

### 1) 가족의 정의

가족은 "상호작용하는 인성의 통합체(a unity of interaction personalities)"라는 Burgess의 정의를 시작으로(박민선, 1995: 6: 양옥경, 2000 재인용), "부부와 그들의 자녀로 구성된 기본적인 사회 집단으로서 이들은 이익 관계를 초월한 애정적인 혈연 집단이며, 같은 장소에 기거하고 취사하는 동거 집단이고, 그 가족만의 고유한 가풍을 갖는 문화 집단이며, 양육과 사회화를 통하여 인격 형성이 이루어지는 인간 발달의 근원적 집단"(한국 가족학연구회, 1993)으로 정의되고 있다. 그러나 가족은 "시간을 따라 계속해서 움직이는 사회 변화에 민감한 체계"(Carter & McGoldrick, 1999)이므로 변화하는 가족에게 부합하는 새로운 개념의 정의가 요구된다. 가족의 기능이 종족 보존, 혈통 유지, 가계 계승 등의 제도적 기능에서 사랑과 애정을 나누는 협동체로서의 정서적 기능으로 변화하고 있기 때문이다(양옥경, 2000).

가족사회학 입장에서는 한국 사회의 근대화 과정에서 가족을 사회복지와 재생산의 기지로 환원하여 부부 자녀 중심 핵가족 모델을 정형화하고, 가족을 단순히 사회

구성의 기초 단위로 보는 기능주의적 관점에서 인식하여 가족의 문제를 역기능적 가족이나 결손 가족으로 병리화하였다고 본다. 1970~1980년대 산업화 시대, 정부의 강력한 인구 통제 정책 아래 핵가족 모델은 노동력과 인구를 사회 근간에서 지탱해 주는 기본 단위였다. 그러나 21세기 초반, 신자유주의적 세계화와 노동시장의 유연화라는 새로운 정치경제적 사회조건 속에 핵가족 모델의 지배력은 그 힘을 잃고 있다. 개인주의의 발달과 양성평등 추구 등의 새로운 가치들이 확산되면서, 공동체 문화와 가부장제의 논리로 작동하던 기존의 가족 모델을 둘러싼 갈등이 심화되고 있다(류도향, 2021). 최근에는 가족을 외부적으로 사회에 재생산의 기지로서 기여하고, 그를 위해 내부적으로 그 성원들에게 특정된 역할을 부과하는 고정된 실체로 보지 말아야 한다는 견해가 늘고 있다. 즉, 가족의 다양성과 유동성을 고려할 때 특정한 행동들이 실천될 때마다 매번 새로워지는 관계들의 망으로서 관찰하면서, 전통이나 사회가 부과하는 의무가 아니라, 그 행동을 선택하고 수행하는 개인이 주체적으로 가족관계를 구성하는 것을 사회적으로 인정하자는 견해이다. 〈표 13-1〉의 가족사회학자 Morgan이나 Finch의 가족 정의는 가족이라는 용어의 습관화된 표상체계와 고정관념을 탈피해서 구체적인 가족 현실에 접근하도록 도와준다. 실제로 동성 부부라든가, 한부모가정뿐 아니라 혈연이나 결혼 외의 관계(가족 같은 친구, 공동생활 가정, 양육시설 가족 등) 등 주변화되고 비전형적이며 소수자적인 가족이 존재하고 있다. 우리나라에도 이러한 대안적 가족의 인정을 위한 '가족을 구성할 권리'를 옹호하고 연구하는 조직도 있다(가족구성권연구소, https://familyequalityrights.org). 대표적인 가족학자들을 중심으로 가족의 개념을 정리하면 〈표 13-1〉과 같다. 대표적인 가족학자들을 중심으로 가족의 개념을 정리하면 〈표 13-1〉과 같다.

표 13-1 가족의 개념 변화

| 학자 | 개념 정의 |
| --- | --- |
| Murdock (1949) | 부부와 출산자녀 혹은 입양자녀로 구성된 형태로, 주거를 함께하고 자녀 재생산 및 공동 가계를 이루는 경제적 협력을 하는 사회 집단 |
| Levy—Strauss (1969) | 결혼에 의해 출발하고, 부부와 자녀 그리고 다른 근친자로 구성되었으며, 법적 유대, 경제적 및 성적 의무와 권리, 존경 및 애정 등과 같은 다양한 심리적 감정을 공유하는 집단 |

| Giddens (1992) | 정서적이고 물질적인 지지에 기반을 둔 둘 또는 그 이상의 사람이 상호 간에 기제를 갖고 그들의 삶의 유형과 관계없이 상호 책임감, 친밀감과 계속적인 보호(care)를 주고받는 구성체 |
|---|---|
| Morgan (1996) | 가족이란 관련 실행자 또는 행위자가 그와 같이 인식하고 규정하는 실행(practice)임. 실행은 가족 관계가 "A는 부모, B는 자식" 같은 명명에 의한 명사적 접근이 아니라, A와 B라는 서로 다른 두 개인이 부모로서, 자식으로서, 혹은 부부로서 그에 걸맞은 행동을 수행하면서, 부모-자식 관계 혹은 부부관계를 계속 맺어 나가는 동사적 행함을 의미함 |
| Finch (2007) | Morgan의 실천 개념을 확장하여 가족은 타인에게 보여 지고 가족으로 인정받는 과정인 시연(displaying)이라고 정의하고 시연은 그 가족의 주변 인물들이 가족의 행동을 보고 "이들은 한 가족"이라고 인정할 때 가족이라는 의미임 |

출처: 권진숙, 신혜령, 김정진, 김성경, 박지영(2006: 15) 재구성.

## 2) 가족의 기능

Murdock은 가족의 주요 기능을 성적 기능, 경제적 기능, 출산 기능, 그리고 교육 기능으로 보았으며(권진숙 외, 2006 재인용), 함인희(1993)는 이 같은 기본 기능에 여성학적 견해에 입각한 몇 가지 기능을 첨가하여 경제 공동체, 성행위와 출산 통제, 자녀 양육과 사회화, 사회보장, 정서적 유대 및 여가, 지위 계승, 가사 노동, 그리고 성 역할 사회화로 정리하였다. 반면, 사회복지학에서는 아동의 사회화와 가족 성원 개인의 만족과 신체적·정신적으로 건강할 수 있는 환경을 제공하는 것을 가족의 최대 기능(Fraser, 2004)으로 들고 있다. Walsh(2003)는 정서적 교류를 하는 공동체로서의 가족의 기능을 강조하였다. 가족 성원 간에 상호 지지적이고 관심을 보이는 하나의 공동체로서 서로 연결하고 관여하는 기능, 가족 성원 간의 자율과 욕구를 존중하고 세대성원의 성장과 복지를 조장하는 기능, 부부간에 상호 존경하고 지지하며 책임과 권한을 균등히 공유하는 기능, 아동이나 취약한 성원을 양육·보호·사회화하는 기능 등을 나열하고 있으며, 큰 사회 체계 안에서 기본적인 경제 보장과 심리·사회적 지지를 가족원에게 자원으로 제공하는 지지적 기능을 가장 적합한 기능으로 꼽았다.

이처럼 가족 기능은 가족 체계가 유지되기 위해 반드시 수행되어야 하며, 개인의 성장과 발달 방향, 삶의 만족도를 결정짓는 요소이다. 가족은 부부간 애정과 자녀의 생

산, 애정 어린 보살핌과 양육, 가정 경제의 공유, 가족 간의 인정과 사랑, 돌봄, 문화와
전통의 계승과 같은 전통적 기능을 한다. 가족 성원은 가족 안에서 인간으로서 기본
욕구를 충족하고 가족 상호 간에 기능과 각자의 역할을 수행하여 가족 전체의 안녕을
도모한다. 건강한 가족은 문제가 없는 가족이 아니라 살면서 당면하는 다양한 문제와
위기 상황에 함께 대처하는 문제 해결 능력이 있는 가족이다. 그러므로 기능적인 가
족은 가족의 응집성과 적응성, 문제 해결력이 높은 가족이다(Beavers & Voeller, 1983).

## 3) 가족의 형태와 다양성

1994년 UN이 정한 가족의 해 이후 우리 사회에서 가족의 다양성 담론이 확산했다.
그동안 비정상(결손 또는 문제) 가족으로 범주화되었던 가족들을 일탈로 보거나 차별
하지 않고 '다양성의 이름으로' 수용하고자 하는 노력이 있었다. 그러나 이러한 노력
은 진정한 다양성(variety)의 수용이기보다는 정상가족을 기준으로 한 변이(variant) 현
상으로 보는 관점이었다(Scanzoni, 2001). 다양한 가족은 형태에 따라 다음과 같이 구
분된다.

- 핵가족: 한 쌍의 부부와 미혼의 자녀로 구성된 기본적인 사회 단위
- 확대가족: 여러 세대에 걸쳐 양부모의 원 가족을 포함하는 확대된 가족 형태
- 수정확대가족: 핵가족과 확대가족이 현대화된 가족 형태로, 결혼한 자녀가 부모
  와 같은 장소에서 살지 않고, 부모님 주위에서 한 가정을 이루어 생활하는 것
- 노인가족: 산업화에 따른 사회 구조와 가치관의 변화에 따라 노인만으로 구성된
  가족
- 한부모가족: 부모 중 한 명과 그 자녀로 구성된 가족, 이혼과 배우자의 사망으로
  인해 점차 증가
- 계부모 가족: 재혼으로 서로 다른 가족원이 함께 살게 된 1차 집단
- 혼합가족: 인척이나 혹은 인척이 아닌 사람들이 함께 동거하면서 전통적인 가족
  역할을 수행하는 형태의 가족
- 위탁 가족: 일정 동안 다른 사람의 자녀를 양육하는 가족 형태
- 동거가족(비혼동거): 노르웨이, 스칸디나비아 등의 북유럽에서 동거는 생애 과정

에서 단기간이든 장기간이든 경험되는 관계 형태로 보편화되어 있으며, 이는 결혼을 중심으로 한 가족관계 변화의 특징임(Syltevik, 2010), 우리나라, 중국, 일본 등의 동아시아에서는 결혼을 대체하는 대체 동거는 소수이고, 결혼의 전조로 보는 예비동거, 비혼의 뜻을 같이하는 편의 동거 등의 형태로 이루어진 소수 가족 형태임(전체 가구의 2%), 초혼보다는 재혼에서 증가하고 있는 부부 형태임(김원정, 김순남, 2018 재인용).

「건강가정기본법」 제21조 4항에서는 한부모가정, 노인단독가정, 장애인가정, 미혼모가정, 공동생활가정, 자활공동체로 가족을 나누고 있으며, 변화순, 조은희(2003: 5)는 이혼, 재혼, 사실혼, 미혼모, 인공수정, 동성애, 국제결혼을 다양한 가족으로 포함했다. 그러나 '다양성'의 수사가 가족 범위의 규정(「민법」 개정안)이나 건강함과 건강하지 못한 가족이라는 이분법과 결합하면 이미 다양성은 담보되기 어렵다. 남자다움과 여자다움이라는 성별 이분법, 이성애와 동성애라는 성적 지향(sexual orientation)의 이분법, 진보와 보수라는 이념적 지향의 이분법 등 이분법의 논리에서는 두 가지 외에는 존재할 수 없다.

최근 혈연관계로 이루어지지 않은 대안 가족이 등장하기도 하였다. 하지만 '가족'의 본질적인 의미는 변하지 않으며, 오히려 가족애를 지키는 방편으로 대안 가족의 모델이 나타나고 있다. 대안 가족은 왜 생기는 것일까? 전문가들은 우리 사회의 다양화와 핵가족이 갖는 가족 성원의 소외에서 그 원인을 찾는다. 여성들의 권리의식 신장에 따라 남성 중심의 가족 형태에 대한 변화를 모색하는 그것도 한몫하고 있다. 학계 일부에서는 이러한 대안 가족을 넓은 의미의 신 가족(new family)으로 분류하기도 한다(Donga.com, 2009. 9. 26.).

다양한 가족(가구)의 형태를 수용하기 위해서는 법적 근거도 하나의 단일한 집단으로서 가족의 범위를 규정하기보다는 가족 성원 간의 관계적 결합을 중심으로 가족(가구)의 경계를 설정하는 것이 바람직하다. 이것은 가족의 혈연성과 안정성을 중시하는 전통적인 가족 개념과는 다른 것으로, 가족 변화에 대응할 수 있는 개방적이고 융통성 있는 방안이 될 수 있다. 기본소득당 용혜인 의원은 2023년 5월 「생활동반자관계에 관한 법률안」(「생활동반자법」)을 대표 발의하였다. 이는 성인 두 사람 이상이 상호 합의에 따라 생활을 공유하며 돌보는 관계를 생활동반자 관계로 규정하고 이들에게 혼인에 준하는 권리와 의무를 부여하는 법이다. 이 법안은 아직 논의 중에 있다. 독일, 프랑스, 덴마크, 일본 등에서는 이미 비슷한 제도가 시행 중이다.

## 4) 가족의 구성과 크기

2020년 기준 전체 가구 중 1인 가구의 비중이 약 30.4%로 2015년보다 비율이 9.1%포인트 상승했다. 부부와 미혼자녀로 구성된 가구 비율은 지난해 31.7%로 2015년보다 12.5%포인트 하락했다(통계청, 2020). 김승권(2012)은 우리나라 총인구는 2030년을 정점으로 점차 감소할 전망이지만 가구 분화 및 가족 해체로, 가구 수는 증가할 것이라고 보았다. 가족 변화는 1인 가구, 부부가구 등의 형태로 가족 평균 가구원 수는 2010년에는 2.71명에서 2035년에는 2.17명으로 감소할 것으로 보았다. 1인 가구의 혼인 상태는 미혼, 사별, 이혼 등의 순이다. 현재 1인 가구주의 나이는 30대, 40대가 주를 이루지만 2035년에는 기대수명의 증가로 70대 이상의 독거노인 비중이 더 높아질 것으로 예상한다. 이러한 가족 규모의 축소는 가족 기능의 변화를 가져와 취약한 개인이 증가할 것이며, 가족복지의 이슈가 커질 것이다.

## 2. 가족 이론

### 1) 가족체계 이론

가족체계 이론은 가족 환경을 개념화함에 있어 가족 전체가 하나의 기능적 단위인 가족을 하나의 체계라고 본다(Haley, 1971; Minuchin, 1974). 가족체계 이론에서는 가족을 개별 성원의 특성이나 일대일의 관계로 설명하기보다는 가족 전체가 살아 있는 유기체로서 상호 영향을 주고받는 역동적인 하나의 체계로 설명한다. 또한 각 개인은 가족 전체의 일부분으로서 일방적으로 영향을 받는 피동적인 존재가 아니라 그 가족의 성격과 특성에 영향을 주기도 하는 능동적인 존재임을 강조한다. 그러므로 부적응한 개인이나 가족 내 갈등의 문제를 개별적으로 다루기보다는 역기능적인 가족체계의 차원에서 가족 단위에서 이해하고 다루어야 한다고 본다. 그러므로 가족을

이해하려면 체계 이론을 가족에 접목한 다음과 같은 가족체계의 특성을 이해하여야
한다.

### (1) 가족항상성

체계로서의 가족이 구조와 기능에 있어서 균형을 유지하려는 속성으로, 가족에게
어떤 위기나 도전이 닥치면 흔들리고 변하는 것 같지만 일정한 시간이 지나면 다시
본래의 모습을 찾는 역동적인 균형을 통해 체계의 특성을 유지하고자 하는 경향성을
말한다. 이러한 특성이 한 가족을 지속하게 하고 다른 가족과는 구별되는 정체성을
갖게 한다.

### (2) 순환 인과관계(순환적 인과성)

가족 내 한 성원의 변화는 다른 성원에게 자극이 되고, 이 자극은 다른 가족 성원에
게 영향을 주고, 다시 이것은 처음 변화를 유발한 성원에게 영향을 주게 되는 순환성
을 말한다.

### (3) 가족 규칙

가족 집단 내에서 적절한 행동이라고 간주하는 것을 구체화한 규칙으로, 가족항상
성을 유지하는 데 기능한다. 가족 내부에서 변화가 요구될 때 개방된 의사소통을 하
는 가족 체계라면 이를 수용하여 가족의 합의로 변화할 수 있다. 그러나 폐쇄적인 일
방적인 의사소통을 하는 가족체계라면 변화가 어렵다.

### (4) 경계

가족 내 체계 간의 구분이나 가족체계와 외부 체계를 구분해 주는 선이 경계이다.
반투과적 경계가 건강한 가족 경계인데, 외부와 지나치게 경직된 가족체계는 외부로
부터 가족의 고립을 가져올 수 있고, 외부와 지나치게 경계가 약한 가족은 투입에 대
한 경계망이 없어 가족의 정체성이 형성되지 않고 안정감이 없다. 경계는 가족 외부
와의 구분선일 뿐 아니라 가족 내부의 체계 간에도 존재한다. 가족 안에서 성원 간
에 지나치게 경직된 체계는 상호에 대해 지나친 독립성을 추구하여 가족의 친밀감
과 응집력이 약하여 가족이 체계로서 조직화가 안 되는 문제가 있다. Minuchin은 이

를 유리가족(disengaged family)이라고 하였다. 한편, 가족원 간에 경계가 너무 약한 경우에는 상호 구분 없이 얽혀 지내면서 가족 성원의 개별성이 존중되지 않는다. 이럴 때 가족원 간에 지나친 밀착으로 상호 분리독립이 이루어지지 않는 병리적 공생 관계가 될 수 있는데, Minuchin은 이를 밀착가족(enmeshed family)이라고 하였다. Minuchin(1974)은 가족은 발달 단계에 따라 조직을 결합 또는 유리시키는 방향으로 기능한다고 하였는데, 이는 자녀가 어릴 때는 밀착하여 돌보다가 자녀가 성장하면서 분리독립을 추구하게 됨에 따라 가족이 유리되는 방향으로 나아간다고 하였다. 이는 가족의 궁극적인 기능이면서 목표가 자녀가 성장하면서 부모에게서 벗어나 독립성과 자율성을 획득하게 도와주는 것이기 때문이다. 그러므로 가족 내외부의 경계 유지는 가족원의 욕구 변화에 따라 융통성 있게 작동하는 반 투과적 경계가 건강한 경계이다.

### (5) 상위 체계와 하위 체계

가족은 상위 체계인 동시에 하위 체계이다. 가족을 둘러싼 가족과 지속적인 영향을 주고받는 대표적인 상위 체계로 확대가족, 즉 친가와 외가가 있다. 그 외 부모의 직장, 자녀의 학교, 가족의 종교기관, 친척, 친지 등이 있다. 한편, 가족의 하위체계는 가족 안에 존재하는 부부체계, 부모체계, 자녀체계, 형제자매 체계가 있다. 체계로서의 가족은 하위 체계 및 상위 체계와 상호 의존하면서 유지 · 발전하며 가족원이 성장 · 발달하는 기능을 하게 된다.

이상과 같은 체계적 관점에서 건강한 가족은 기능적 가족이고, 건강하지 않은 가족은 역기능적 가족이라고 하는데, 그 체계적 특성을 살펴보면 다음과 같다.

| 기능적 가족 | 역기능적 가족 |
| --- | --- |
| • 분명한 경계, 자율성 | • 외부와 폐쇄적 |
| • 융통성 있는 가족규칙 | • 경직된 가족규칙 |
| • 깊은 신뢰감 | • 성원 간 집착 또는 무관심 |
| • 부모의 연합된 권력 획득 | • 한쪽 부모에게 권력이 집중 |
| • 분명하고 개방적인 의사소통 | • 모호하고 수직적인 의사소통 |

## 2) 가족생활주기 이론

가족생활주기는 개인의 발달과 마찬가지로 시간과 더불어 변화하는 가족생활의 변화 과정을 가족 성원의 변화와 성장에 따라 발생하는 보편적 발달 단계로 개념화한 것이다. 모든 인간이 생활주기를 거치듯, 모든 가족도 생활주기를 따라 단계적으로 발달하고 변화한다는 기본 전제하고 있다. 그러므로 가족생활주기 관점에서 가족 문제는 가족이 각 생활주기 단계의 적응 과정에서, 많은 스트레스를 경험하게 되는데, 이것을 가족 문제의 원인이 된다고 본다. 전략적 가족 치료자인 Haley는 가족 문제는 가족이 가족생활주기상에서 이 단계에서 다음 단계로 전환하면서 생기는 어려움이라고 하였다. 가족생활주기 이론은 가족 문제를 일반적인 현상으로 정상화하는 데 많은 도움을 주고, 문제나 현상에 대해서도 전통적이고 단선적인 인과론적 관점을 순환적 사고로 전환하는 가교 구실을 한다.

### (1) 가족생활주기 유형

가족생활주기는 부모 자녀의 2대 중심인가, 조부모 세대를 포함하는 3대 중심인가에 따라 가족이 속한 사회문화에 따라 가족의 생활주기와 그에 따른 가족 발달과업이 다르다. 〈표 13-2〉를 통해 이를 정리하였다.

**표 13-2** 2대 핵가족 중심 생활주기

| 가족생활주기 단계 | 가족 내 지위 | 가족 발달 단계에 따른 과업 |
|---|---|---|
| 결혼 전기 | 아내<br>남편 | 상호 만족적 결혼: 임신에의 적응과 부모 됨에 대한 희망 |
| 신혼기 | 아내-어머니<br>남편-아버지<br>유아(딸, 아들) | 아이를 낳고 아이에 적응하고 아이의 발달을 고무: 부모와 아이에게 모두 만족스러운 가족을 꾸미는 것 |
| 자녀아동기 | 아내-어머니<br>남편-아버지<br>딸-자매, 아들-형제 | 학령 전 아동의 욕구와 관심을 성장 지향적으로 적응하도록 하는 것: 부모 역할로 인한 에너지 소모와 프라이버시가 없어짐에 대해 대처 |

| | | |
|---|---|---|
| 자녀학동기 | 아내-어머니<br>남편-아버지<br>딸-자매, 아들들-형제 | 건설적 방법으로 학령기 아동을 가진 가족 집단에 적응: 아동의 교육적 성취를 고무 |
| 자녀청소년기 | 아내-어머니<br>남편-아버지<br>딸-자매, 아들들-형제 | 10대의 성숙을 위해 책임과 자유의 균형을 이루도록 하고 스스로를 해방시키도록 한다: 나이 들어 가는 부모로서의 관심과 경력을 설정함 |
| 자녀독립기 | 아내들-어머니들-할머니<br>남편들-아버지들-할아버지<br>딸들-자매들-이모<br>아들들-형제들-삼촌 | 성인이 된 자녀를 직장, 군대, 대학, 결혼 등으로 내보내되 적절한 격식과 도움을 준다: 지지적 가정 유지 |
| 중년기 | 아내들-어머니들-할머니<br>남편들-아버지들-할아버지 | 결혼관계 재정립: 젊은 세대와의 유대 유지 |
| 노년기 | 과부/홀아비<br>아내들-어머니들-할머니<br>남편들-아버지들-할아버지 | 유족 및 홀로되는 것에 대한 대처: 가정을 마감하고 노화에 적응하는 것, 은퇴에 대한 적응 |

출처: Duvall (1977).

**표 13-3** 3대 이상의 대가족 생활주기

| 가족생활주기<br>단계 | 각 단계의 정서적 과정 | 다음 단계로의 이행에 필요한 가족 상태의 변화 |
|---|---|---|
| 결혼 전기 | • 부모-자녀 간에 분리를 받아들이는 것 | -원가족과 관련된 자아의 분화<br>-친밀한 동년배 관계의 발전<br>-직업에서의 자아 설정 |
| 신혼기 | • 새로운 체계에 관여하고 헌신 | -결혼 체계의 형성<br>-배우자의 확대가족 및 친구와의 관계 정립 |
| 자녀아동기 | • 새 멤버를 가족체계로 받아들이는 것 | -자녀를 위한 공간을 만들 수 있게 결혼 체계에 적응<br>-부모 역할을 수행하는 것<br>-부모 역할 및 조부모 역할을 포함한 확대가족과의 관계를 정립하는 것 |
| 자녀 학동기 및 청소년기 | • 가족 경계의 융통성을 증가시키는 것 | -청소년이 가족 체계의 안과 밖을 넘나들 수 있도록 부모-자녀관계를 변화시키는 것<br>-중년의 결혼 이슈에 초점을 두는 것<br>-노년기에 대해 관심을 갖기 시작하는 것 |

| 자녀독립기 | • 가족체계에서 나가고 들어오는 것을 수용하기 | −2인 결혼체계에 대한 재협상<br>−부모−자녀 관계를 성인관계로 발전<br>−시부모와 손자녀와의 관계 설정<br>−부모(조부모)의 장애와 죽음에 대처 |
|---|---|---|
| 노년기 | • 세대 간 역할의 변화를 받아들이기 | −신체적 노쇠 앞에서 자신과 배우자의 기능 및 관심을 유지: 새로운 친밀관계 및 사회적 역할 탐구<br>−중년 세대가 중심 역할을 하도록 지원<br>−노년기의 지혜와 경험으로 가족체계 내에 여유 만들기: 노년 세대에 대한 과잉기대 없이 노년 세대를 지지하기<br>−배우자, 형제, 친구의 상실에 대한 대처 및 죽음에 대한 준비: 생에 대한 재검토 및 통합 |

출처: Holman (1983).

표 13–4  한국형 가족생활주기

| 단계 | 가족 과업 |
|---|---|
| 결혼과 가족 형성 | −관계에 헌신하고 신뢰를 지키기<br>−부부 체계 형성에 따른 역할과 규칙을 형성하기<br>−원가족에게서 분리하면서 부부로서 차별화하되 양가와의 관계 설정 (결혼은 부부의 결혼이 아닌 양 가족의 결혼임을 인정)<br>−결혼 전과 후의 차이, 성장 배경에 따른 문화와 생활 양식의 차이를 인정하고 존중화면서 부부 체계의 생활규칙 형성하기<br>−부부 체계와 개인 체계의 조화로 분화와 동화의 범위 정하기<br>−가족 경제 운영 계획 |
| 학령 전 자녀 가족 | −자녀의 출산과 양육에 대한 부부 협력 증진<br>−부모 역할 교육과 협의를 통해 자녀 양육 환경과 가족규칙 만들기<br>−양 원가족의 문제 관여 혹은 자녀 양육 도움 받기에 대한 부부 협의<br>−자녀 양육에 따른 다양한 도전에 대한 부부 중심 해결<br>−직장과 가족생활의 관계, 병행에 따른 역할 과중 등 부부 협의 |
| 학령기 자녀 가족 | −자녀의 독립심 허용과 관련된 가족규칙의 변화<br>−부부 중심 가족체계를 유지하면서 자녀 성장에 따른 자녀의 의견 수용, 응집력과 문제 해결 향상<br>−가족 경제 계획 재수립<br>−역할 변화를 이해하고 수용하기 |

| 십대 자녀 가족 | −경계를 조정하여 십대의 독립에 대처하기<br>−가족원의 자율성 추구와 역할 변화 수용<br>−규칙 변화와 한계 재설정<br>−원가족의 문제와 요구에 대한 부부 협의<br>−가족 경제 계획 재수립 |
|---|---|
| 자녀진수기의<br>가족 | −자녀의 독립 생활 준비 및 청년 자녀의 독립 수용<br>−부부체계 중심으로의 전환 준비<br>−원가족의 문제와 요구에 대한 부부 협의 |
| 중년기 부모 | −빈 둥지 적응하기<br>−사회 참여 및 노후 준비 |
| 노년기 가족 | −손자녀 지원<br>−노화 문제 대처하기 |

출처: Carter & McGoldrick (1989), Duvall (1977)을 우리 가족 문화에 맞게 재구성함 .

### (2) 다양한 가족생활주기

현대 사회는 출생률 저조, 생명의 연장, 여성의 역할 변화, 이혼율과 재혼율의 증가 등으로 가족생활주기가 다양해졌다. 특히 2000년 이후부터 급격히 이혼이 증가하면서 이에 따른 가족의 적응 문제가 제기되고 있다. 재혼도 증가하여 혼인신고를 하는 가정의 20%가 재혼 가구라도 한다(통계청, 2020). 이혼 · 재혼 가족의 경우에는 전통적인 가족생활주기와는 다른 단계들을 경험하게 되므로 새로운 발달 과정과 그에 따른 과업들이 요구된다. Carter와 McGoldrick은 이혼 · 재혼 가족의 생활주기별 특성과 과업을 다음과 같이 제시하였다.

### ① 이혼가족의 생활주기

이혼은 부부가 헤어지는 것으로 끝나는 것이 아니라 일련의 과정을 겪게 된다. 즉, 이혼의 결정과 해체 계획 및 별거, 이혼, 이혼 후의 적응 단계와 같은 이혼의 전반적인 과정을 가족 모두가 경험하게 된다. 한 가족으로서 이혼에 따른 중요한 정서적인 과제와 관계들이 존재하기 때문에 여러 정서적 문제를 적절하게 해결하지 않으면 자녀의 성장에 위해를 가져오는 중대한 위기를 경험할 수 있다. Carter와 McGoldrick은 이혼 과정에 따른 가족의 생활주기별 특성과 과업을 〈표 13-5〉와 같이 제시하였다.

표 13-5　이혼가족의 발달 단계와 과업

| 단계 | | 전환의 정서적 과정: 태도 | 발달상의 과업 |
|---|---|---|---|
| 이혼 결정 | | • 부부 간의 긴장이 관계를 지속함으로써 충분히 해결할 수 없음을 수용한다. | −결혼 실패를 초래한 자신의 잘못을 수용한다. |
| 가족 해체 계획 | | • 체계의 모든 부분을 위해서 실행할 수 있는 준비를 한다. | −자녀 양육권, 방문, 경제 문제에 대하여 협력한다.<br>−확대가족과 이혼 문제를 다룬다. |
| 별거 | | • 협조적인 공동부모관계를 지속하고 아동에 대한 재정 원조를 함께한다.<br>• 배우자에 대한 애정을 해결하기 위해 노력한다. | −함께 살아온 가족 성원의 상실을 슬퍼한다.<br>−부부관계와 부모−자녀 관계 및 재정 문제를 재구조화하고 별거에 적응한다.<br>−본인의 확대가족과의 관계, 배우자의 확대가족과의 관계를 재조정, 재정립한다. |
| 이혼 | | • 정서적 이혼을 위해 더 노력하고, 상처, 분노, 죄의식을 극복한다. | −원가족 상실을 슬퍼하고 재결합에 대한 환상을 버린다.<br>−결혼에 대한 희망, 꿈, 기대를 회복한다.<br>−확대가족과 관계를 유지한다. |
| 이혼 후 | 한부모 (자녀 양육) | • 재정적 책임감의 유지, 전 배우자 및 그 가족과 지지적 접촉을 한다. | −전 배우자 및 그의 가족의 방문을 융통성 있게 허용한다.<br>−자신의 재원을 재구축한다.<br>−자신의 사회적 관계망을 재구축한다. |
| | 한부모 | • 전 배우자와 부모적인 접촉을 유지, 자녀에 대해 보호적인 부모관계를 유지하려는 의지를 갖는다. | −자녀와 효과적인 부모관계를 지속하는 방법을 찾는다.<br>−전 배우자와 자녀에 대한 재정적인 책임감을 유지한다.<br>−자신의 사회적 관계망을 재구축한다. |

　하지만 이혼이 반드시 부정적인 영향만을 끼치는 것은 아니다. 이혼한 부모와 자녀의 관계가 더는 부모의 갈등에 영향을 받지 않게 되면서 오히려 개선되는 경우도 많고, 이혼 후 부모들의 반 이상은 우호적인 협력관계를 형성하며, 비공식적인 친족 관계를 형성한다(Ahrons & Miller, 1993; Walsh, Jacob, & Simons, 1995). 부모의 이혼 후 자녀의 성공적인 적응은 양쪽 부모와 관계를 유지하고 그들이 양육과 재정 문제에 최

대한 협력할 때 가능하다(Whiteside, 1998). 하지만 이를 달성하기 위해서는 이혼한 부모 간의 높은 수준의 의사소통, 상호 신뢰, 협력관계 등을 형성하기 위한 노력이 수반되어야 한다.

### ② 재혼가족의 생활주기

재혼가족은 구조, 기능, 가족관계, 정서적 측면에서 초혼 가족과는 다른 특징과 발달 단계를 가진다. 이러한 복잡한 특징은 재혼가족을 위협하는 요인이 될 수 있으며, 재혼가족 내의 갈등을 일으켜서 가정 해체의 위기를 가져오기도 한다. 자녀는 친부모 사이에서 충성심의 갈등을 겪거나 친부모와 단절될 때, 또는 계부모와의 관계로 빨리 대체하도록 강요받을 때 역기능적인 위기를 경험한다. 전 부인이 낳은 자녀와 단절된 아버지도 때로 새로운 자녀와 관계를 형성하는 데에서 어려움을 겪는다. 이에 재혼가족이 경험하는 특별한 생활주기와 이에 따른 발달과업이 고유할 수밖에 없다. 특히 재혼가족이 새로운 유대를 촉진하고 상호 수용하기 위해서는 상실감, 죄책감, 그리고 다시 관계를 맺지 못할 것이라는 두려움을 극복하는 데 시간이 필요하며, 이를 위한 부부의 노력이 요구된다. Carter와 McGoldrick은 재혼가족의 발달 단계와 과업을 〈표 13-6〉과 같이 제시하였다.

**표 13-6** 재혼가족의 발달 단계와 과업

| 단계 | 요구되는 태도 | 발달상의 과업 |
|---|---|---|
| 새로운 관계의 시작 | • 첫 번째 결혼의 상실을 회복한다(적절한 정서적 이혼). | -결혼과 가족을 형성하기 위해서 재헌신하며, 이를 위해서 복잡성, 모호성 등을 다룰 준비를 한다. |
| 새로운 결혼생활과 가족에 대한 개념화와 계획 | • 자신의 두려움 및 재혼과 복합가족을 형성하는 것에 대한 새 배우자 및 자녀의 두려움을 수용, 다음의 세 가지 점에서 복잡성과 불명확성에 적응하기 위한 시간과 인내가 필요하다는 것을 수용한다.<br>-새롭고 다양한 역할<br>-경계: 공간, 시간, 멤버십, 권위<br>-정서적 문제: 죄의식, 부모에 대한 충절과 관련된 갈등, 상호관계에 대한 바람, 미해결된 과거의 상처 | -새로운 관계에서 개방적인 태도로 가식적 관계를 피한다.<br>-전 배우자와 협력적인 재정 및 공동 부모 관계를 유지하기 위한 계획을 수립한다.<br>-두 개의 가족 체계 내에서 겪는 두려움, 충성심에 대한 갈등, 멤버십을 다룬다.<br>-새 배우자와 자녀를 포함한 확대가족과의 관계를 재조정한다.<br>-전 배우자의 확대가족과 자녀와의 접촉을 유지하기 위한 계획을 수립한다. |

| | | |
|---|---|---|
| 재혼과<br>가족의 재구성 | • 전 배우자와 이상적인 '완전한' 가족에 대한 애착을 최종적으로 정리한다.<br>• 침투 가능한 경계를 가진 다양한 가족 모델을 수용한다. | −새 배우자와 계부모를 포함할 수 있는 가족의 경계선을 재구성한다.<br>−몇 개의 체계를 혼합하기 위하여 하위 체계를 통한 관계와 재정적 조정을 재편성한다.<br>−친부모(비양육 부모), 조부모, 다른 확대가족과 자녀와의 관계를 위한 공간을 마련한다.<br>−재혼하기 이전 가족(이혼 또는 사별로 분리된 가족원)의 통합을 증진시키기 위하여 추억이나 역사를 공유한다. |

재혼한 배우자는 친부모와의 관계를 유지하고자 하는 자녀의 욕구를 이해하고, 전 배우자와 자녀 간의 좋은 관계를 질투하거나 위협하지 않는 것이 바람직하다. Walsh(1998)는 재혼가족에서 계부모와 자녀의 신뢰 관계 형성은 상호 경계가 개방적으로 유지되고 다양한 관계가 용인될 때 견고해진다고 주장하였다.

### (3) 가족생활주기를 이용한 가족 개입
가족생활주기를 이용한 가족 대상 실천은 다음과 같은 과정으로 할 수 있다.

−가족생활주기의 유형을 숙지하고 유용성을 인식한다.
−먼저 클라이언트의 현재 가족생활주기를 파악한다.
−현재 가족생활주기에 대한 가족 성원의 인식 정도를 파악한다.
−가족 발달 단계에서 성취해야 하는 가족 과업에 대한 가족원의 변화 능력을 파악한다.
−가족생활주기의 전반적인 내용과 관련된 가족 문제를 파악한다.
−가족의 동의와 함께 가족생활 주기상 요구되는 과업 수행을 위한 개입 계획을 세운다.
−가족체계의 변화를 위한 계획을 실행한다.

## 3) 가족 레질리언스 이론

### (1) 가족 레질리언스 개념

가족 레질리언스(resilience)는 기능적 단위로서의 가족 안에서 경험하는 대처와 적응의 과정을 의미한다. 체계적 관점은 가족이 경험하는 과정이 어떻게 스트레스를 중재하고 위기를 극복하며 오래된 역경을 견딜 수 있게 하는지를 이해할 수 있게 해 준다. 가족이 교류하는 다양한 수준의 체계들과의 상호작용에서 직면하게 되는 위기에 따르는 스트레스를 어떻게 완충시키고 관리하며, 효과적으로 해결해 가는지, 또 어떻게 앞으로 삶을 살아갈 것인가 하는 것은 가족 체계가 가지고 있는 힘이다. 이는 모든 가족원과 그 가족 단위의 생존 및 안녕을 위한 적응에 즉각적이면서도 장기적인 영향을 미치는데, 이를 가족 레질리언스라고 한다. 따라서 레질리언스를 찾아내어 이를 활용하도록 돕는 강점 중심의 접근을 하는 것이 최근 가족 개입의 새로운 경향이며, 이는 가족의 생활주기와 발달적 관점을 생태체계적 관점으로 잘 통합한 하나의 접근으로 간주할 수 있다. 그러므로 가족 레질리언스는 가족 문제에 대한 기존의 관점을 다음과 같이 변화시켰다(Walsh, 2003).

### ① 가족 결함 관점에서 가족 도전 관점으로

정신건강 분야 대부분의 임상 이론, 훈련, 실천 및 연구는 결함 중심적인 시각을 가지고 있었고, 이러한 관점의 연장선에서 가족은 개인의 기능 문제에 주원인으로 작용하거나 지속시키는 요인으로서 인식됐다. 한 예로 파괴적인 모성 관계에 대한 초기 정신분석적 가정하에서 어머니는 조현병을 일으키는 요인으로 보았다. 심지어 초기 가족 체계의 공식화는 1980년대 중반까지 역기능적 가족 과정에 주로 초점이 맞춰졌다(Walsh, 2003). 보다 최근에 이른바 '생존자' 또는 '역기능적 가족의 성인 자녀'에 대한 대중적 관심은 어떤 가족도 실패와 책망에 대한 비난을 면할 수 없게 하였다.

이른바 건강한 가족(normal family)에 대한 관점은 대개 보는 이의 입장에서 전문가 가치, 개인적 가족 경험, 그리고 문화적 기준에 의해서 여과되기 마련이다. 건강한 가족에 대한 다음의 두 가지 잘못된 신화는 가족을 올바로 인식하지 못 하게 하는 데 이바지하여 왔다.

첫 번째 신화는 가족의 기능적 측면으로 '건강한 가족은 문제가 없다는 신념'이다.

그러므로 임상적으로 의료 영역에서 건강은 문제의 부재로 정의됐고, 문제는 역기능적 가족의 증상이라고 정의됐다. 이 신념은 일반적으로 가족의 삶에서 당연히 경험하는 스트레스와 고통스러운 변화에 대처하기 위한 가족의 시도를 병리적으로 보게 하는 경향이 있다.

두 번째 신화는 형태와 역할의 측면으로 '양쪽 부모와 자녀로 구성되고, 아버지는 생계를 담당하며 어머니는 가사와 자녀 양육을 전담하는 전통적 가족만이 건강한 가족의 유일한 모델'이라는 신념이다. 대부분 전통적인 가족은 1950년대의 백인 가족으로서 경제적으로 풍족하고, 가장인 아버지는 생계 담당자이며 전업주부인 어머니는 가사와 자녀 양육을 완벽하게 전담하는 모습으로 그려졌다. 이러한 낭만적 가족(family romance)은 영화 산업의 발달과 함께 전 세계로 보급되면서 핵가족에 대한 보편적 가치로서 영향을 끼쳤다. 이처럼 사회과학과 정신의학의 초기 이론과 연구에서는 양부모-자녀 핵가족 형태를 건강한 가족의 보편적 형태로 규정하고자 하였으며, 건강한 아동 발달의 필수적인 요소로서 전통적 성 역할을 강조하는 완전한 핵가족 모델을 구체화하였다. 따라서 그러한 형태를 갖추지 않는 가족은 결손가족으로 분류되었다.

그러나 가족 레질리언스 관점에서 모든 가족은 변화를 경험하는 유기체이며, 내외적 요인의 상호작용으로 문제를 경험하고 해결하며, 역동적으로 생존하다가 일정한 시기에 소멸하는 하나의 체계이다. 중요한 것은 가족의 형태가 아니라 가족의 과정이며, 건강한 가족을 구분하는 것은 문제의 유무가 아니라 가족의 문제 대처 능력과 해결 능력에 있다. 그러므로 현재 가족이 가진 문제는 가족의 결함이 아니라 가족이 함께 도전받고 해결해 나갈 수 있는 과제일 뿐이다.

② 가족 강점 관점

오랫동안 임상 영역을 주도해 온 가족 문제를 역기능으로 보던 관점이 최근 체계이론에 기반을 둔 강점 지향 패러다임으로 초점을 이동하게 되었다. 이런 변화에 기초한 가족 레질리언스 접근은 가족 건강을 단지 신화적인 이상적 모델에서만 찾으려 하거나 문제가 있는 가족을 가족 결함으로 가정하던 부정적 관점을 수정하였다. 이 접근은 가족원이 과도한 스트레스로부터 어떻게 벗어나고 재건할 수 있는가를 탐색하면서 위기와 도전으로부터 자기회복과 성장을 이루어 내는 가족의 잠재력을 확인하는 데 초점을 둔다.

레질리언스는 가족에 대한 스트레스 사건의 직접적 영향을 완화하는 연쇄적인 상호작용을 통해 촉진된다. 즉, 긴장은 가족의 대처 노력이 비효과적일 때 심화하고 이는 더 복잡한 문제를 일으킬 위험이 커진다. 그러나 긍정적 대처 전략을 사용하면 스트레스가 감소하면서 균형 상태를 복원시킨다. 가족의 레질리언스는 즉각적인 위기에 대한 반응이나 적응이라기보다 오랜 기간에 걸쳐 반복된 다양한 상호작용의 결과이다. 여기에는 힘든 과도기를 관리하는 능력을 통해 위협적 상황에 접근하는 것으로부터 즉각적이고 장기적인 여파로 나타나는 스트레스에 대처하는 다양한 전략에 이르기까지 모두가 포함된다. 모든 가족은 나름대로 가지고 있는 자원과 기회, 능력, 전(前) 세대로부터 학습한 방식 등으로 주어진 위기에 대처하는 전략들을 가지고 있게 마련이다.

### (2) 가족 스트레스와 레질리언스

중요한 사건이나 고통스러운 변화에 대한 반응으로 가족은 즉각적인 재구조화를 통해 대처하지만, 위기가 지연되면 가족은 장기적 적응 양상으로 인해 가족 신념 체계에 중요한 변화를 겪을 수 있다. 또한 스트레스 상황에 대한 가족의 관점은 원가족, 즉 각자의 조부모 세대 및 부모 세대와의 생활 경험 때문에 영향을 받게 되는데, 이는 어려서부터 경험한 가족의 위기에 대한 반응과 의미 부여 방식에 의해 학습된 것이다 (Cater & McGoldrick, 1989).

스트레스 사건의 영향은 가족의 환경, 시기, 그리고 의미 부여에 따라 가족마다 다르게 도전이 된다. 또한 가족폭력과 같은 반복적인 스트레스 요인은 만성적이기 쉬우며, 가족에 심각한 동요를 불러일으키며 외상 경험이 된다. 이 같은 외상 경험은 상황이 나아지거나 성장한 후에도 지속적인 적응 문제를 일으키게 된다. 가족 중 한 명이 만성적인 적응장애를 갖게 되면 가족은 악 순환적인 문제에 직면하게 되고, 재적응해야 하는 과업에 도전받게 된다. 따라서 가족은 재적응을 위해 대처할 수 있는 가족 자원들을 개발해야 한다. 이때 사회복지사는 체계적 접근을 통해 가족이 삶 속에서 경험을 통합시키고, 계속 전진하도록 도와줌으로써 치료, 회복, 그리고 레질리언스를 키우기 위한 주요한 상호작용 과정들을 강화한다(Walsh, 2003).

## (3) 가족 레질리언스의 주요 요소

| 가족 신념 체계(family belief systems): 레질리언스의 본질과 정신 |
|---|

- 역경에 대한 의미 부여(making meaning of adversity)
  - ―협력의 가치: 관계에 기초한 레질리언스
  - ―공유된 도전으로서의 위기
  - ―신뢰의 기초
  - ―가족생활주기의 방향
  - ―역경과 고통의 개념화 및 정상화
  - ―결속감
  - ―의미 있고, 이해할 수 있고, 관리할 만한 도전으로서의 위기
  - ―위기, 고통, 회복의 평가: 개방 대 억압
  - ―인과적이고 설명적인 신념들
  - ―미래의 기대들

- 긍정적 태도(positive outlook)
  - ―적극적인 주도성과 인내
  - ―용기와 격려하기
  - ―희망과 낙관적 관점의 유지: 불평등을 극복하는 자신감
  - ―강점과 잠재력에 초점 두기
  - ―가능한 것은 정복하고, 변화될 수 없는 것은 수용하기

- 초월과 영성(transcendence and spirituality)
  - ―보다 큰 가치와 목적
  - ―영성: 믿음, 친교, 의식들
  - ―영감: 새로운 가능성 계획
  - ―창조성
  - ―역할 모델과 영웅
  - ―전환: 위기로부터 배우기와 성장
  - ―다른 사람을 돕는 데 헌신하는 사회적 책임감

| 조직 유형(organizational patterns): 가족 충격에 대한 완충 장치 |
|---|

- 융통성(flexibility)
  - ―안정성과 변화의 균형
  - ―시간의 경과에 따른 도전에 적합하도록 복귀, 재조직, 적응
  - ―혼란 중의 지속성, 의존성

- 연결성(connectedness)
  - 상호 지지, 협력, 책임을 통한 강점
  - 개인적 욕구, 경계의 존중
  - 강력한 리더십: 아동과 상처 입기 쉬운 가족 성원에 대한 양육, 보호, 안내
  - 다양한 가족 형태: 협동적 양육/가구 내(內)/가구를 넘어서는 협동적 보호 제공
  - 부부/공동 부모관계: 동등한 파트너
  - 재결합, 고통스러운 관계의 화해 탐색
  - 용서와 회상

- 사회 및 경제적 자원(social and economic resources)
  - 확대된 친지와 사회적 지지의 동원: 모델과 멘토들
  - 중요한 지역사회망 확립
  - 재정 보장 확립: 일과 가족 긴장의 조화

## 의사소통 과정: 가족 기능의 촉진

- 명료성(clarity)
  - 명확하고 지속적인 메시지(말과 행동들)
  - 애매한 정보의 명료화: 진실 찾기/진실 말하기

- 개방적인 정서 표현(open emotional expression)
  - 광범위한 감정 공유(기쁨과 고통, 희망과 공포)
  - 상호 감정이입: 차이에 대한 관용
  - 자신의 감정, 행동에 대한 책임: 비난하지 않기
  - 유쾌한 상호작용: 유머

- 상호협력적 문제 해결(collaborative problem solving)
  - 문제, 스트레스 요인, 대안 및 장애물 규명하기
  - 창조적인 브레인스토밍: 풍부한 자원
  - 의사결정 공유: 협상, 공정성, 상호 보완
  - 갈등 해결
  - 목적에 초점 두기: 구체적인 단계 밝히기
  - 성공 쌓기: 실패로부터 배우기
  - 전진적인 자세: 문제 예방, 위기 전환, 다가올 도전에 대한 준비

| 레질리언스 강화의 핵심적 원칙 |
| --- |

- 위험 요인의 감소
  - 환경의 위협에 대한 예상과 준비
  - 과도한 스트레스에 노출되는 기회 감소
  - 정보의 제공과 부정적인 신념 대체

- 충격의 지연과 지속되는 위기에 대한 위험을 증폭시키는 부정적 연결고리 차단
  - 스트레스 요인 완충, 충격 완화, 장애물 극복
  - 부적응적인 대응 전략 변화
  - 충격 여파나 긴장의 지연을 피하고 재정비 지원

- 보호적인 가족 자원 강화와 취약성 약화
  - 가족 강점 강화: 성공에 대한 기회와 능력의 증진
  - 회복과 지배력을 위한 자원과 버팀목의 가동
  - 위기 이후의 재건, 재조직, 재설정
  - 새로운 도전의 가능성에 대한 예상과 준비

- 성공적인 문제 해결을 통한 가족과 가족원의 자기존중감 및 자기효능감 증진
  - 협력적 노력을 통한 능력, 신뢰, 연결성의 획득
  - 도전을 관리하는 과정을 통해 속박당하는 상황을 통제하는 능력 유지

## 3. 가족 대상 실천 사회복지사의 전문성

### 1) 가치관

가족 대상 실천 사회복지사의 전문적 자질은 가치관과 지식 그리고 기술이라는 측면에서 논의될 수 있다. 사회복지사가 일반적으로 갖추어야 하는 가치관과 윤리관 이외에 가족 대상 실천 사회복지사는 무엇보다 가족을 존중하고, 가족의 다양한 대처 양식을 이해하며, 가족의 강점과 변화 능력을 인식하고 격려해야 한다(김혜란, 홍선미, 공계순, 2001).

특히 강조할 것은 자신이 이상적으로 생각하는 가족관이 편견으로 작용해서는 안 된다는 점이다. 예를 들어, 가족에 대해 보수적 가치관을 가진 사회복지사는 부모와 자녀로 이루어진 핵가족이라는 이 시대의 주류적 가족 유형에서 벗어나는 가족 형태

자체를 가족 해체 혹은 가족 구조의 결손 문제로 볼 수 있다. 따라서 한부모가족, 이혼가족, 1인 가구 등을 비정상적이라고 보는 관점을 갖고 가족을 대하게 됨으로써 낙인화할 가능성이 있다. 이러한 점에서 사회복지사는 자신의 가족과 다른 유형의 가족들과 일할 때는 어떤 오류가 일어날 수 있을까를 질문해 보면서 반성하는 고찰을 할 필요가 있다.

또한 가족을 체계로 보고 가족의 전체성에 초점을 두고 접근하면 자칫하면 가족 집단의 상호작용과 전체적 특성 때문에 개인의 욕구와 문제를 간과할 가능성이 있다. 예를 들어, 가정을 위해 기꺼이 희생하는 어머니로 인해 가정이 평화롭고 어머니 외에 다른 가족은 만족한다면, 어머니가 주장하지 않는 한 그 희생은 당연시될 수 있다. 또한 자기표현이 취약한 아동의 의견이 당연히 무시되어야 하게 여겨질 수도 있다. 이러한 가족과 일하면서 사회복지사 자신도 유사한 경험하고 있어 문제의식이 없다면 가족 전체를 대상으로 일을 하되 가족 개개인의 욕구와 상호작용의 맥락을 동시에 고려해야 하는 의무를 간과할 수 있다. 따라서 가족 대상 실천 사회복지사는 생태 체계적 관점에 근거하여 가족에 접근하지만, 대다수의 우리 가족 안에 가부장주의와 성인 중심주의적 문화에 의해 희생양이 있다는 것을 인지할 필요가 있다.

## 2) 전문적 지식

가족 대상 실천 사회복지사가 전문성을 확보하고 질적인 서비스를 제공하기 위해서는 다음과 같은 전문지식을 갖춘 역량이 요구된다.

첫째, 가족 대상 실천 사회복지사는 그 시대의 가족의 특성과 가족 변화에 민감하게 대처할 수 있어야 한다. 예를 들어, 급증하는 이혼 문제와 가족 해체 문제, 맞벌이의 보편화에 따른 자녀 양육이 문제와 노부모 부양 부담, 재혼가족의 증가에 따른 혼합가족의 가족 통합 이슈, 1인 가구의 증가에 따른 고립 문제 등에 대한 한국의 가족복지정책의 대응과 문제에 대한 인식과 같은 거시적인 시각을 가질 필요가 있다.

둘째, 가족을 대상으로 실천하는 사회복지사는 가족을 공간(사회 체계)과 시간(생애주기)의 관점에서 이해할 필요가 있다(김혜란 외, 2001: 155). 가족을 하나의 체계로써 이해하기 위해 관련된 체계 이론, 가족치료 이론과 그에 따른 개념을 명확하게 알고, 가족 전체를 분석할 수 있어야 한다. 또한 시간적 관점에서 가족을 이해하기 위해서 가족생활주기와 그에 따른 가족의 과업과 위기에 대한 지식을 가지고 있어야 한다.

셋째, 가족에 개입하다 보면 나이 어린 아동에게 개입할 경우가 생기게 된다. 아동 상담은 사회복지사가 일반적으로 알고 있는 면접의 성격과는 다른 요인들이 추가되어야 한다. 따라서 가족 사회복지사는 기본적으로 아동과 면접할 수 있는 아동 상담에 대한 지식을 갖추고 있어야 한다. 또한 부모의 자녀에 대한 양육 태도가 주요한 논쟁거리가 될 수 있으므로 자녀교육에 대한 부모 역할을 지원하기 위한 관련 지식을 갖추고 있어야 한다.

넷째, 가족을 대상으로 실천하려면 가족의 다양한 위기와 그에 따른 외상적 문제를 접하게 되므로 위기 개입 이론과 외상 회복을 지원하는 데 도움이 되는 애도 상담에 대한 지식, 가족이 당면한 문제를 해결하는 데 도움이 되는 지역사회의 전문적 자원에 대한 지식 등을 갖추고 있어야 한다.

다섯째, 가족을 대상으로 실천하는 사회복지사는 가족의 중심 체계인 부부 체계의 갈등과 폭력 문제에 접할 가능성이 크다. 이때 사회복지사가 보수적인 시각을 가지고 임한다면 권력을 가진 한쪽 배우자에게 치우쳐 균형감각을 잃을 수 있으므로 성인지적 관점에 대한 지식을 가지고 균형적인 접근을 하기 위한 노력을 해야 한다.

여섯째, 사회복지기관에 종사하는 사회복지사가 가족 대상 실천을 하려면 가정방문을 기반으로 해야 할 때가 많다. 따라서 가정방문의 전후에서 고려해야 할 기술을 습득해야 한다.

## 3) 가족 개입 목표와 전문가 역할

Collins는 사회복지사가 가족을 대상으로 실천할 때 다음과 같은 개입 목표를 갖는다고 하였다(이화여자대학교 사회복지학연구회 역, 2001).

- 가족원이 일상 활동과 상호작용을 더 효과적으로 관리하도록 돕는 것
- 가족이 더 효과적인 문제 해결 기술을 습득하여 문제가 일어나는 횟수 또는 위기를 줄이고, 피할 수 없는 위기를 보다 능력 있게 관리할 수 있도록 돕는 것
- 부모가 자녀의 고유한 욕구에 따라 아동 관리 기술을 발달시키고, 부모-자녀나 부모-부모 관계의 개선에 이바지하도록 돕는 것

　　　－스트레스와 의견이 일치되지 않는 피할 수 없는 순간들을 건설적이고 성장을 도
　　　　모하도록 태도를 지원함으로써 가족이 효과적으로 갈등을 해결할 수 있는 기술
　　　　을 배우도록 돕는 것
　　　－가족원 간의 고통, 상처, 실망의 감정뿐만 아니라 개인이 원하는 것, 욕구, 소망을
　　　　명료하게 직접적으로 그리고 정직하게 전달할 수 있도록 도와 파괴적인 가족 상
　　　　호작용보다는 지지적으로 기능할 수 있도록 돕는 것
　　　－스트레스 동안 개인, 가족 그리고 지역사회 간의 연계망을 넓혀서 가족이 구체적
　　　　인 사회자원에 접근하도록 돕는 것. 문제 해결을 위한 기술을 개발하도록 돕는 것
　　　－가족이 각 성원의 고유한 가치와 잠재력에 대해 인정하도록 도와서 성장과 발달
　　　　의 기회가 확대되도록 돕는 것

　　이러한 가족 개입의 목표를 갖고 가족과 함께 일하는 사회복지사의 중요한 기능은
가족이 사회 기능을 더 잘 수행할 수 있도록 돕는 것이다. 이러한 기능을 잘 수행하기
위해 사회복지사는 감정이입적 지지자, 교사/훈련자, 자문자, 가능하게 하는 자, 동원
자, 중재자, 옹호자의 역할을 수행할 수 있어야 한다. 또한 가족이 보다 사회 기능을
잘하도록 돕기 위해 실천하는 사회복지사는 가족을 대상으로 직접적으로 돕는 것뿐
아니라 가족을 둘러싼 환경의 제약들에도 활발히 개입할 것이 요구된다.

## 4) 전문적 기술

　　가족을 대상으로 전문적 역할을 수행하기 위해 사회복지사는 가족에 개입할 때 다
음과 같은 질문을 하고 이에 합당한 기술을 갖추고 있어야 한다(김성천, 2005).

　　　－나는 가족 성원 모두와 동시에 어떻게 일할 수 있다.
　　　－나는 가족 성원 모두의 나이 특성에 맞게 의사소통할 수 있다.
　　　－가족 성원이 협조하지 않을 때 대처할 수 있다.
　　　－가족 문제의 우선순위를 가족 전체와 함께 정할 수 있다.
　　　－가정방문 시 유의사항을 알고 있고, 사회복지사의 안전을 위한 지침을 숙지하였다.
　　　－나는 가족을 실질적으로 도울 수 있는 충분한 정보를 가지고 있다.

이러한 기술을 갖추기 위해 사회복지사는 가족을 만났을 때 기본적으로 활용할 수 있는 질문법, 가계도와 생태도 등의 사정 도구를 활용하는 방법 그리고 효과적인 개입 기법 등을 숙지하고 있어야 한다. 예를 들어, 가족 상담의 질문에서는 단선적 질문보다 순환적 질문을 채택해야 하며, 어떠한 가족원의 개별적인 욕구가 다른 성원의 욕구에 우선하지 않아야 한다는 점 등이 중시되어야 한다. 이외에 가족 상담 과정에서 부딪힐 수 있는 실제적인 문제(예: 가족원의 잡담, 무응답)와 행동 변화를 위한 기법 그리고 가족의 슬픔과 같이 상담 과정 중에 특별히 처리해야 할 문제들에 대한 기법들도 숙지하고 있어야 한다(김유숙, 2004: 289-310).

## 4. 가족 대상 실천 과정

### 1) 접수

가족 대상 실천사회복지사는 전화 면담을 통하여 첫 회의 면담에 누가 참여하는지를 명확히 하면서 개입의 방향과 구조를 확립시켜 나간다(김유숙, 2004: 279). 전화상담 시 면담자와 지나친 동일시를 지양하고, 가능한 한 이른 시일 안에 첫 상담 약속을 하는 것이 바람직하다. 접수 면접에서는 가족원 모두, 일부 가족 성원 또는 한 가족 성원만이 참석할 수 있다. 흔히 자녀의 문제로 전화하는 어머니는 자기 혼자 먼저 와서 면담하기를 원하는 경우가 많다. 가족 사회복지사가 이를 수락하면 남편이나 자녀는 사회복지사와 어머니 사이의 연합이 이미 형성되었다는 선입견을 품게 하는 위험이 따른다. 따라서 사회복지사는 가족 개입에는 가족의 신뢰가 중요하기 때문에 가능한 한 첫 상담에는 이른 시일 안에 가족원 모두가 참여하는 것이 중요하다는 점을 알려 준다.

접수 단계에서는 무엇보다 가족이나 가족 성원의 욕구와 문제를 일차적으로 사정하여 문제의 성격과 가족 개입의 필요성, 그리고 담당 사회복지사를 결정하여야 한다. 가족 개입이 필요할 경우, 가족 개입이 필요한 이유를 설명해 주고 가족 사회사업과 가족치료의 구조 및 과정을 간략하게 설명해 줄 필요가 있다. 가족 성원은 문제를 보이는 특정 성원만 개입의 대상이 되어야 한다고 생각하기 때문에 전체 가족을 대상으로 하는 가족사회복지 개입이나 가족 상담의 필요성을 설명하고 이해시킬 필요가 있다. 또한 이들은 가족 상담이 어떻게 진행되는지를 모르기 때문에 이에 대해 교육을 할 필요가 있다(엄명용 외, 2001: 336-340).

접수 단계에서는 간단한 가계도와 생태도의 작성을 통한 사정이 포함된 인테이크 양식의 마련이 필요하다. 이 단계에서는 가족이 개입을 원하는 욕구, 가족 성원 중에서 이러한 욕구를 가진 성원에 대한 파악, 다양한 가족 성원의 문제 규정, 학교와 이웃 등의 다른 체계들이 보는 이 가족의 문제 규정, 사회복지사의 첫인상 등이 파악될 필요가 있다.

이 단계에서 가족과 계약을 맺으면 특별히 고려되어야 할 점들은 다음과 같다. 첫째, 문제를 정의할 때는 가족원 모두가 그 문제에 대해 어떻게 지각하고 있는지를 고려해야 한다. 둘째, 목표를 설정하고 개입 과정을 명확히 한다. 셋째, 가족원 모두와 계약을 맺어야 한다(이화여자대학교 사회복지학연구회 역, 2001).

## 2) 관계 형성

가족을 대상으로 개입하려면 가족과의 관계 형성이 필수적이다. 이를 위해서는 가족이 있는 곳에 합류(joining)할 필요가 있다. 가족과 합류한다는 것은 가족을 수용하고 가족에게 적응함으로써 가족의 신뢰를 얻는 것을 의미하며, 무엇보다 가족 성원의 이야기를 경청하는 것이 중요하다. 가족이 자신들의 목표를 찾아내고 목표를 달성하기 위한 노력과 책임을 기울이도록 지원하는 사람이 되어야 한다. 사회복지사가 가족의 문제를 해결해 주는 전문가는 아니지만 필요한 경우 가족 혹은 주변 환경을 변화시키기 위해 적극적인 역할을 수행하기도 한다. 가족과의 관계 형성을 위한 필수적인 합류 기법은 다음과 같다.

### • 합류 기법

치료의 초기 단계에서 가족과 관계를 형성하는 기법으로, 클라이언트의 가족과 일할 위치를 찾고 새로운 치료적 체계를 형성한다. 가족과 하나가 되고, 가족과 섞이는 방법으로 가족의 스타일에 맞추고 가족의 주제나 신화를 발견하며 희생자의 아픔을 느끼고 직관적으로 가족 구조를 파악하는 기법이다. 합류(joining)는 치료의 초기 과정을 단축하고 치료를 촉진하는 방법으로 유지(maintenance), 모방(mimic), 추적 (tracking)의 기술이 있는데, 그 구체적인 내용은 다음과 같다(권진숙 외, 2006: 102).

- 유지: 사회복지사가 가족 구조를 이해하고 분석하며 계획된 지지를 하는 기술이다. 사회복지사가 가족원의 상호작용을 파악하고 가족 구조를 있는 그대로 유지하면서 가족원과 접촉하는 것이며, 가족 하위 체계의 특정한 상호거래 유형에 접근하는 것이다. 즉, 하위 체계를 확인하고 지지하며, 각 가족원의 장점과 잠재 능력을 확인하고 지지하고 혹은 가족원의 위치를 강화한다. 사회복지사가 약한 부분을 지지하고 유지하면 강한 부분이 재구조화를 하게 된다.
- 모방: 사회복지사가 가족의 의사소통 방법이나 내용을 모방(예: 나도 성격이 급해요, 우리 집에도 비슷한 일이 있어요)함으로써 가족에게 합류하는 것이다. 가족의 의사소통하는 속도, 행동적인 방법, 말하는 태도, 몸짓에 적응함으로써 가족 성원과 비슷하게 될 수 있다. 가족과 비슷한 경험을 하고 추적하며, 의사소통 유형이나 행동을 모방함으로써 가족에 합류하게 되고, 가족 성원이 사회복지사에게 동일시하도록 돕는 자기노출의 형태를 취하는 것이다. 이것의 목표는 모방으로 특정한 하위 체계의 권위를 높여 줌으로써 가족 구조를 변화시키는 것이다.
- 추적: 사회복지사가 가족의 의사소통과 행동의 내용을 추적하고는 계속하도록 권장하는 기술이다. 추적은 질문을 명확히 하고 의견을 수용하게 하며 초점을 확대하는 것이다. 사회복지사는 말하는 것에 대해 도전하거나 강요하지 않으며 계속해서 이야기하도록 의사소통의 방향을 조정한다. 이 기술은 가족 구조를 파악하는 데 유용하고, 의사소통 유형, 생활 근거, 생활 역사, 가족의 가치, 가족 성원의 속성 등을 파악하는 데 유용하며, 재구조화하는 데 사용되는 전략이다. 간략히 말하면 추적이란 의문점을 분명히 하기 위하여 질문하고 인정하는 설명하고 필요한 면은 확대하는 것을 의미한다. 사회복지사는 단지 흥미롭게 듣는 사람의 견해를 밝히는 방법이다. 가족의 의사소통, 행동을 따라가며 그것을 계속하도록 격려해서 마치 돌아가는 레코드판 위의 바늘과 같다고 하여 추적이라는 표현을 사용한다.

## 3) 사정

### (1) 가족 사정 원칙

가족의 욕구와 문제를 파악하고 가족의 강점과 자원을 활용함으로써 가족의 목표를 달성하고 문제 해결을 지원하기 위해서 행해지는 필수적인 과정이다. 개별 실천과 달리 가족복지 실천에서의 사정의 특징은 문제를 개인의 문제로 보지 않고 가족성원 간의 상호작용 문제 그리고 가족과 환경 간 상호작용의 문제로 보는 것이다. 엄예선은 가족치료에서의 사정 원칙을 다음과 같이 제시하였다(김성천, 2005 재인용).

① 첫 상담에서는 깊은 질문을 피한다.
② 가족이 어떤 면의 문제를 특히 조심스럽게 다루거나 피하는지를 관찰한다.
③ 문제가 무엇인지 물어볼 때 사건이나 상황을 재현시키도록 구체적으로 묻는다.
④ 한 주제에 대한 가족원의 반응을 순차적으로 모두에게 질문하여 한 주제를 시작한 가족원에게 그 영향이 되돌아오는 가족 전체의 순환성을 이해할 수 있도록 순환적인 질문을 한다.
⑤ 위기의 상황이 아니면 현재 문제에서 시작하여 광범위하게 질문한다.
⑥ 문제를 체계적인 관점에서 이해하고 외부 체계(학교, 직장)가 문제에 개입되어 있을 것이라고 가정한다.
⑦ 증상적인 행동을 일차적으로는 가족 체계 내의 규칙과 가족 체계의 상호 관계성의 특성에 비추어 보고 이해해야 하나 때로는 관계성의 차원에서 벗어나 개인의 병리 차원에서 이해해야 하는 때도 있고, 때로는 두 가지 차원에서 동시에 진단해야 하는 때도 있다.

### (2) 가족 사정의 요소

① Sandau-Beckler(김성천, 2005 재인용)
  -가족의 강점에 대한 사정
  -가족의 스트레스와 회복력에 대한 사정
  -문제 해결과 해결책 발견에서의 가족의 능력 및 과거의 성공 경험에 대한 사정

－가족의 변화에 대한 준비성에 대한 사정

－가족의 안정에 대한 사정

－세대 간 양상의 사정

－자원 체계에 대한 사정


② Collins(김성천, 2005 재인용)

• **가족의 내부 기능**

－가족의 문제 해결 능력은? 위기가 발생했을 때뿐만 아니라 일상생활에서 사용하는 심리적·사회적 자원은 무엇인가?

－가족원은 가족과 가족 성원 간의 관계를 어떻게 기술하고 있는가? 가족의 상호작용 패턴, 관계의 성격, 문제 유지의 상호작용 패턴은?

－가족의 위계관계, 누가 권력을 갖고 있는가? 권력은 어떻게 사용되고 있는가?

－문제 해결을 위한 가족과 개인의 강점과 자원은 무엇인가?

－가족의 의사소통 방법: 반복되는 상호작용 패턴의 사용－의사소통은 개방적이고 직접적이며 솔직한가?

－가족의 공식적·비공식적 역할은 무엇인가?

－하위 체계 간의 경계는 어떠한가?

－가족 성원 간의 결속 관계, 핵심 문제의 관련성이 있는가?


• **가족생활주기**

－가족의 역사(가족원의 도움으로 가계도 완성)

－가족생활 주기상의 위치, 가족은 그 가족원의 발달 욕구를 얼마나 충족시키는가?

－가족원은 자신의 발달 욕구와 과업을 얼마나 잘 수행하고 있는가?

－발달 주기에서 위기를 해결하는 이 가족의 독특한 방법은 무엇인가?


• **환경**

－환경과 가족 간의 관계, 성격, 환경은 가족 기능의 성장을 돕는가? 아니면 방해

하는가?

- 가족과 외부 체계 관계의 범위와 질 그리고 가족에게 미치는 외부 요인들의 영향
- 사회적 환경과 가족의 상호작용의 질
- 가족의 기초 욕구 충족 방법. 충족되는 욕구와 충족되지 않는 욕구
- 욕구 발생 시 가족은 누구에게 의존하는가? 가족 외부의 지지자들과의 관계는 어떠한가?
- 외부 자원과 관련하여 가족은 얼마나 독립적이고 자기충족적인가?
- 가족은 친구, 친척, 선생님, 동료, 교회 사람, 의료인 등의 중요한 사람들과 어떻게 관계하는가?
- 가족의 종교와 가치는 무엇이고, 어떤 영향을 주는가?
- 가족의 문화유산은 강점으로 작용하는가 아니면 방해가 되는가?

### ③ 김혜란 등(2001)

Hartman과 Laird의 가족 사정의 범주인 가족이 제시하는 문제나 욕구, 공간 속의 가족, 시간 속의 가족, 가족 내부에 기초하여 사정을 위해 수집되어야 할 자료의 4차원을 다음과 같이 제시하였다.

- 가족이 제시하는 문제: 가족이 제시하는 문제와 욕구, 이에 대한 성원 간의 차이, 환경 체계들은 가족 문제를 무엇으로 보는가?
- 생태학적 사정: 가족 욕구의 충족 여부, 가족 성원 간 그리고 가족과 환경 체계 간 경계, 즉 보건, 의료, 교육, 경제, 종교, 사회복지 기관 등 공식적 자원 체계 및 친지, 이웃 등 비공식적 자원 체계와의 관계 및 상호교류 상황
- 세대 간 사정: 확대가족과의 관계, 여러 세대에서 반복되는 가족의 유형, 관계, 문제 등
- 가족 내부에 대한 사정: 가족의 구조와 기능, 의사소통, 가치와 신념 체계

### (3) 사정 도구

가족 사정 도구는 크게 세 가지 유형으로 나누어 볼 수 있는데, 구체적인 내용은 다음과 같다.

### ① 그림을 통한 사정

#### • 가계도(genogram)

가계도는 Bowen 이론에 근거한 사정 도구이며, 이를 통해 가족은 가족 전체에 대한 이해와 통찰력의 증가를 꾀할 수 있다. 여러 세대에 걸친 가족의 정서 체계를 도식화하는 방법 혹은 도구로 이전 세대로부터의 주제, 신화, 규칙, 정서적으로 부과된 문제 등에 관해 질문하면서 반복되는 유형을 명백히 밝히는 것이다.

가계도는 상담 초기에 이루어지는 과제로, 사회복지사는 모든 가족 성원이 참석하도록 격려해야 한다. 이를 위해 사회복지사는 재치를 발휘하여 가족이 가계도를 그리는 경험이 부담스럽지 않도록 해야 하고, 가계도를 그린 후 가족에 대한 각자의 견해와 느낌을 서로 나누도록 도와야 한다.

가계도 작성법은 가족 구조를 도식화하고, 가족 성원에 관한 정보를 기록하며, 가족관계를 표현하는 것이다. 가계도에 포함되어야 하는 주요 내용으로는 가족의 기본 구도를 나타내는 기호, 가족의 상호작용 유형, 병역 관련 정보, 기타 중요한 자료들(종교나 종교적 변화, 학력, 직업이나 실업, 군대 경력, 은퇴, 법적 문제, 신체적 학대나 근친상간, 비만, 술 혹은 약물 중독, 흡연, 질병, 사망 원인, 별거 연도, 가족원의 현 거주지, 이민이나 인종 등)이며, [그림 13-1]과 같이 작성한다.

가계도를 활용하면 가족 내에서의 자신의 위치, 뿌리에 대한 인식 및 기대, 시간이 지나면서 변화되어 온 형태, 가족의 정서적 관계, 가족 삼각관계(한쪽 갈등 삼각관계, 양쪽 갈등 삼각관계, 여러 종류의 삼각관계, 일차/이차 삼각관계 등) 등을 분석할 수 있다(Balaguer, Mary, & Levitt, 2003).

가족명: _____

기재 연월일: _____

기재자: _____

가족의 주소: _____

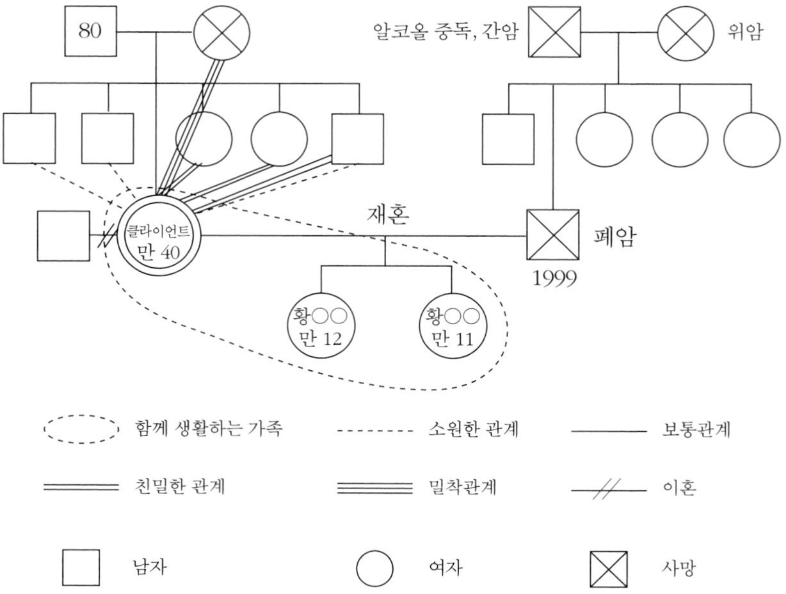

[그림 13-1] 가계도의 예

## • 생태도(eco-map)

생태도는 일반적으로 지난 3개월을 기준으로 작성하도록 요청한다. 작성 방법은 우선 중앙에 있는 원을 중심으로 클라이언트 환경 속의 사람들을 원으로 그린다. 이때 클라이언트 원을 중심으로 하여 크기 및 거리를 조절한다. 그 환경 속에 있는 인물 혹은 체계 등에 대해 전반적으로 대화한다. 각 체계에 대한 클라이언트의 경험에 관해 대화한다. 이때 관계의 종류를 다음과 같은 부호를 활용하여 표기한다. 완성된 그림을 확인하고, 클라이언트가 전체적인 인상에 대해 평가하게 하고, 차후 노력할 부분을 논의한다(Hartman, 1995).

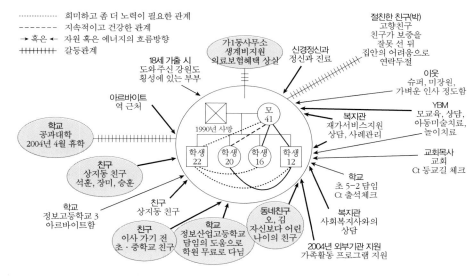

[그림 13-2] 생태도의 예

출처: http://blog.daum.net/krenown/11301834.

## • 사회망 그리드(social support network grid)

사회망 그리드는 사회적 지지 유형을 구분하고, 지지망의 크기와 기능 정도를 평가
할 수 있어 가족 환경과 필요 자원을 파악하는 데 유용하다.

| | 응답자 이름: | 생활 영역 | 물질적 지지 | 정서적 지지 | 정보/조언 | 비판 | 원조 방향 | 친밀도 | 만나는 빈도 | 알고 지낸 기간 |
|---|---|---|---|---|---|---|---|---|---|---|
| | | 1. 가구원<br>2. 다른 가족<br>3. 직장/학교<br>4. 조직<br>5. 다른 친구<br>6. 이웃<br>7. 전문가<br>8. 기타 | 1. 거의 없다<br>2. 가끔씩<br>3. 거의 항상 | 1. 거의 없다<br>2. 가끔씩<br>3. 거의 항상 | 1. 거의 없다<br>2. 가끔씩<br>3. 거의 항상 | 1. 거의 없다<br>2. 가끔씩<br>3. 거의 항상 | 1. 양방향<br>2. 그들에게만<br>3. 그들이<br> 당신에게만 | 1. 거의 친하지<br> 않음<br>2. 가까운 정도<br>3. 매우 가까움 | 1. 1년에 몇 번<br>2. 한 달에 몇 번<br>3. 주마다 몇 번<br>4. 매일 | 1. 1년 이하<br>2. 1~5년<br>3. 5년 이상 |
| 1 | | | | | | | | | | |
| 2 | | | | | | | | | | |
| 3 | | | | | | | | | | |
| 4 | | | | | | | | | | |

[그림 13-3] 사회망 그리드의 예

## ② 관찰을 통한 사정

### • 실연

구조적 사회복지사인 Minuchin이 사용한 대표적인 기법이다. 실연(enactment)은 주로 면담 초기 10분 안에 이루어지며, 사회복지사가 가족이 하는 행동, 말씨를 꼭 같이 하는 것을 말한다. 가족은 사회복지사의 요구대로 그들의 행동과 말씨를 보여 주어야 하며, 후반부에 가서는 그것이 실연이었다고 말하고 면담 과정 내에서 특정 행동의 변화를 완수하도록 격려한다. 변화되었을 때 그것을 가족 재구조화라고 볼 수 있다. 실연의 단계는 다음과 같다.

첫째, 가족의 교류(transaction)를 관찰하여 구체적인 역기능 부분에 초점을 맞춘다. 둘째, 역기능적 교류를 둘러싼 상호작용을 분명히 밝힌다. 셋째, 현재까지 가족이 사용한 방법과 다른 교류를 실연시킨다. 이 기법의 장점은 사회복지사에게 가족의 의미 있는 자료를 제공해 주고, 치료적 관계 성립을 돕고, 가족 스스로가 가족의 체계적 맥락 속의 순환적 관계를 발견함으로써 문제 중심의 종래의 방법이 절대적 진실이 아니라는 것을 깨달을 가능성이 커지며, 이를 통해 가족의 구조 개선을 위한 움직임이 가족 스스로에게서 생겨날 가능성을 높인다는 점이다.

### • 가족 조각

한 사람 혹은 가족 모두에게 자신의 몸을 이용하여 가족관계를 신체적으로 표현하도록 요청하는 진단적이고 치료 기법이다. 가족 성원의 친밀도나 상호작용 등의 관계를 나타내기도 하는데, 조각에 동작을 포함하면 가족 조각(family sculpture)은 스트레스를 표현하는 수단이 된다. 이 기법은 표현이 미숙한 아동이나 청소년이 있는 가족을 사정할 때 주로 사용된다.

### • 가족 지도

Minuchin(1974)은 초기에 가족의 교류 유형과 사회복지사와의 관계를 파악하는 데 비중을 두었다. 이는 관찰을 토대로 가족의 구조를 부호로 표현한 가족 지도(family map)로 표현되었는데, 주로 가족 내 의사소통, 정서와 세력화 등이 관찰의 대상이 된다. 가계도와는 달리 관심 영역을 중심으로 가족원의 위치를 표시하며, 치료 목표를 세울 때 이 지도가 도움이 된다([그림 14-2] 참조).

### ③ 측정 도구 및 척도 사용을 통한 사정

사회복지계에서 평가의 중요성은 날로 강조되고 있다. 일반적으로 개입 활동에 대한 객관적 평가를 획득하기 위한 사정 방법은 클라이언트와 가족의 목표 성취나 문제 해결 여부를 활용하여 사전ㆍ사후 변화를 비교ㆍ분석하는 것이다. 물론 가족의 주관적인 평가도 중요한 평가의 방법이지만 객관성을 담보하는 데 필요한 방식이다. 이를 인식하고 있는 대다수 사회복지사는 척도의 활용을 늘리고 있다.

## 4) 개입

가족 대상 실천을 위해 개입하려면 가족을 시간적ㆍ공간적 차원에서 통합적으로 도와야 하고 이를 위해 구체적으로 환경적 개입과 가족의 내부적 기능에 대해 개입을 해야 한다.

### (1) 환경적 개입

가족이 주변 환경 체계들과의 상호작용을 통해 필요한 자원과 지지를 확보하지 못하는 경우, 사회복지사는 가족의 사회 환경을 변화하기 위한 환경적 개입을 계획한다. 환경적 개입에서는 존재하지 않는 자원들과 지지를 개발하고, 존재하지만 작용하지 않는 자원들과 지지를 활성화하며, 가볍게 작용하는 자원들과 지지를 강화하는 데 초점을 맞춘다.

가족 옹호(family advocacy)의 목적은 공공/민간 기관이 가족을 위한 기존의 서비스를 강화하거나, 서비스 전달을 향상하거나, 새로운 혹은 변화된 형태의 서비스를 개발하도록 하는 것이다. 가족치료 모델에서 가족 옹호를 자세히 소개하였다.

### (2) 가족의 내부적 기능에 대한 개입

가족 내 가족 성원 간의 상호작용을 변화시키기 위한 기법들은 특히 가족치료에서 발달하였다고 볼 수 있다. 가족치료 모델은 가족의 세대 간 관계 혹은 가족 내부의 문제에 개입하기 위한 다양한 기술과 기법에 대한 것이다. 다음의 가족치료 모델에서

Bowen의 다세대 모델 가족치료, Minuchin의 구조적 가족치료, Satir의 의사소통적 가족치료, Haley의 전략적 가족치료, 이야기 치료의 기법들을 소개하였다. 이들 가족 치료 모델의 주요 개념과 개입 과정, 개입 기법을 소개함으로써 가족의 내부 변화를 위한 개입에 활용할 수 있을 것이다.

## 5) 종결

치료를 받는 가족에게 종결은 특별한 의미가 있다. 종결에 대한 사회복지사의 세심한 치료적 배려가 필요하다.

**• 종결에 대한 계약**
면담이 한정된 계약이라면 가족은 치료를 시작하는 시점부터 종결을 준비하는 셈이다.

**• 종결 지표**
　　－치료 초기에 설정한 목표가 달성되었을 경우
　　－최초에 설정한 특정 목표 충분히 달성되지는 않았지만, 치료가 이제는 필요하지 않다고 판단될 정도로 가족 기능에 변화가 있는 경우
　　－이제는 외부로부터 자원이 필요하지 않다고 판단되는 경우
　　－사회복지사가 공정한 시도를 해 왔음에도 불구하고 치료 효과가 없다는 것을 알았을 때
　　－가족이 치료에 대한 동기를 상실했거나 없었을 때

**• 종결 방법**
종결을 위한 과정을 단계적으로 나누면 도입 단계, 요약 단계, 장기적 목표 나누기 단계, 추후 면담의 단계를 둘 수 있다.

　　－도입 단계: 사회복지사가 왜 종결의 문제를 꺼냈는지를 설명한다.
　　－요약 단계: 면담 중에 일어난 것을 정리함으로써 치료에 관계된 모든 사람의 성

취 변화와 가족 현상을 되돌아볼 기회를 준다.

- 장기적 목표 나누기 단계: 가족이 목표에 도달했는지를 어떻게 알 수 있는지를 이야기해야 한다. 가족이 앞으로 직면할지 모르는 어려움을 예상해 본다.
- 추후 면담의 단계: 치료 효과의 지속성을 확인하는 것이다. 마지막 면담에서는 가족이 계속하여 이용할 수 있는 자원을 남기는 것이 도움이 된다.

정기적으로 또는 중요한 결정을 내릴 때는 가족회의를 통해 서로 의논한다는 것을 계획하는 직접적인 과제를 실행해 보도록 한다. 때로 사회복지사는 종결을 결정하면서 수주일 또는 수개월이 지난 후에 진전이 유지되고 있는지를 전화나 면담을 통하여 확인하고 싶은 유혹이 생긴다. 그러나 이것은 가족에게 사회복지사가 아직 도움을 줄 수 있다는 여지를 남기게 되는 한편, 가족에게 자신들에게 아직 여러 가지 문제가 남아 있다는 메시지로도 작용할 위험이 있다.

## 6) 가족 대상 실천 과정의 실제적 문제와 대처

가족 대상 실천에 있어 만나게 되는 실제적인 문제로 면담 과정의 의사소통 문제와 특별한 이슈를 가진 가족의 문제, 기타 문제 상황에 대처하는 방법은 다음과 같다(권진숙 외, 2006).

### (1) 면담 과정의 의사소통 문제와 대처 기술

#### ① 잡담하는 경우

잡담을 지나치게 많이 하면 "그런데 이번 한 주는 어떻게 지내셨어요?" "제가 여러분을 어떻게 도와드릴 수 있을까요?" "어떤 어려움을 겪고 계시는가요?" "가정생활에서 어떤 변화를 원하시나요?" 등과 같은 질문으로 적절한 시점에 잡담의 종료를 알려 준다.

### ② 모든 가족 성원이 동시에 말하는 경우

사회복지사는 가족 각자의 의견을 존중하면서도 체계적으로 듣기 위해 이와 같은 방안을 모색할 수 있다.

- 특정 가족 성원을 지정해서 질문하는 방법이다.
- 사회복지사가 가족 성원을 대변해서 말하면 이것이 실패한다면, 즉 동시에 말하는 것에 대해 변화를 줄 수 없다면 이 가족 체계에서는 이러한 방해 행동이 항상성을 유지하기 위한 수단이라고 가정할 수 있다(재구성).
- 이때 모자나 막대기 같은 소도구를 사용하여 발언할 사람을 정하는 규칙을 설정한다(단, 규정을 설명해 준다).
- 모든 시도가 아무런 효력을 발휘하지 못하면 면담을 중단한다.

### ③ 아무도 발언하지 않는 경우

침묵의 원인을 추론하여 대처한다.

- 무엇을 해야 할지 모르기 때문에 침묵하는 것인가?
- 대화의 기술이 부족한 것인가?
- 항상성 유지를 위한 방편인가?

원인 추론 결과, 부모의 기능 수준이 전반적으로 낮아 자녀가 고립되어 있다면, 대인관계 기술을 가르쳐 주는 것이 바람직하다. 첫 면담을 통해 얻게 된 정보를 바탕으로 가족 성원의 생각과 감정을 추정해 내고 이를 공개적으로 표현함으로써 침묵이라는 가족 규칙을 깨뜨린다.

### ④ 두서 없이 떠드는 경우

- 합법적으로 사회복지사가 끼어들어 가족에 관한 관심과 사랑을 전달한다. 비언어적 · 언어적 방법으로 주의를 끈 뒤 가족의 생각이나 감정을 요약한다.
- 사회복지사가 선택한 화제로 대화를 재조정한다.

### ⑤ 어떤 가족 성원이 다른 가족을 대신하여 말할 경우

누구도 다른 사람을 대신해서 이야기해서는 안 된다는 규칙을 만들어 놓는 것이 효과적이다.

"나는 영란이가 제 생각이 무엇인지를 말했으면 좋겠어요."

"영란이가 어떻게 생각하는지를 파악하기 어렵네요. 영란이가 자신의 방식으로 설명했으면 좋겠어요."

### ⑥ 가족 성원이 사회복지사에게만 말을 하는 경우

사회복지사가 청취자의 역할을 계속하다 보면 삼각관계를 형성하게 된다. 이것은 가족 간의 신뢰와 친밀감을 둔화시키며, 사회복지사와의 관계에서 역동만을 발전시킨다.

"당신이 그것에 대해 어떻게 반응했는지 영호에게 이야기해 보세요."라고 말한 후 발언자와의 눈 맞춤을 중단하고 다른 가족을 바라본다.

—때로는 의자 배치를 다시 한다.

나란히 앉아 있던 두 사람을 마주 보도록 앉힌다.

### ⑦ 다른 가족 성원을 비난하는 경우

강한 비난, 직면, 공격과 방어 등이 포함된다. 이런 경우 조처해 이러한 행동을 소거시켜 준다. 사회복지사는 언제나 가족치료의 목적을 상기한다. 즉, 가족 체계의 기능과 항상성을 변화시켜 새로운 행동을 만들어 내는 데 있다는 것을 명심한다.

-사회복지사는 비난을 제지하는 말을 하거나 손이나 팔을 흔드는 행동을 통하여 비난하는 상호작용을 즉시 멈추도록 한다.
-어떤 가족 성원을 비난하는 사람에게 건설적인 방법으로 자신의 감정과 생각을 다시 이야기하도록 개입하고, 의사소통 과정에서 공격적 행동이 왜 해로운지를 설명해 준다.

### ⑧ 가족 성원이 문제를 분명하게 정의하지 못하는 경우

가족이 잘못 사용하고 있는 용어나 증상에 대하여 주의 깊게 듣고 그 정의를 분명히 한다. 가족이 혼란을 느끼거나 무엇을 의미하는지 알지 못할 때는 용어나 증상을 정의해 보는 시간을 갖는 것이 바람직하다.

### (2) 특별한 이슈를 가진 가족과 대처 방법

가족의 슬픔에 대한 처리가 필요한 가족에 대한 배려가 필요한데, 해결되지 않은 슬픔은 성장의 저해 요소가 되기 때문이다. 가족의 슬픔에는 대표적으로 상실이 있다. 접수 면담 시, 지난 1년간 경험한 중요한 상실이나 실망을 파악한다. 현재 문제는 특정 시기의 상실과 관련될 가능성이 있다.

 물리적인 죽음, 학구적인 아들 기대 → 운동선수가 됨, 이혼 등 인간관계의 상실, 승진 실패, 학업 성취 실패, 원치 않는 사람과의 자녀 결혼 등

① 상실에 대해 반복적, 직접적으로 질문한다. 이는 가족의 상실을 의도적으로 드러내서 역기능적인 규칙을 변화시키려는 것이다. 언어적 표현에도 직접적 단어를 사용한다.

 사라지다 → 죽다

② 감정이입을 사용하여 상실이 짐작될 만한 민감한 주제를 어떻게 이야기해 나가
는가를 가족에게 보여 준다.

③ 가족이 상실을 공유하는 경험을 통해 현재 존재하거나 앞으로 나타나게 될 상실
을 다루는 데 있어서 가족이 서로 어떻게 도움을 줄 수 있는가를 깨닫게 해 준다.

### (3) 기타 문제 상황의 대처 방법

#### ① 가족 성원이 제멋대로 면담 장소를 떠날 때

감정의 강도라는 관점에서 사회복지사가 그런 일에 지나치게 당황해서는 안 된다.
이러한 일들을 잘 분석한 후 가족 상호작용을 관찰하여 새로운 자료로 활용한다. 행
동 표출에 있어서 누가 가장 영향을 주었는가? 남아 있는 가족이 어떤 반응을 보였는
가? 이와 같은 상황에 구체적으로 누가 행동하는가?

정기적으로 또는 중요한 결정을 내릴 때는 가족회의를 통해 서로 의논한다는 것을 계획하는
직접적인 과제를 실행해 보도록 한다. 때로 사회복지사는 종결을 결정하면서 수주일 또는 수
개월이 지난 후에 진전이 유지되고 있는지를 전화나 면담을 통하여 확인하고 싶은 유혹이 생
긴다. 그러나 이것은 가족에게 사회복지사가 아직 도움을 줄 수 있다는 여지를 남기게 되는 한
편, 가족에게 자신들에게 아직 여러 가지 문제가 남아 있다는 메시지로도 작용할 위험이 있다.

아들이 화를 내고 면담 도중에 나가 버리면 사회복지사는 누가 자리에서 일어나 아
들을 달래러 나가는지, 편안한 분위기를 어떻게 조성할지에 대해 남아 있는 가족과
의논할 수도 있다. 모든 순간이 가치가 있다. 사회복지사는 당황하지 말고 무엇인가
유익한 일을 하고 싶다는 충동을 억제해야 한다.

#### ② 치료 동기의 저하

치료 동기를 부여하는 방법은 다음과 같다.

−사회복지사가 낙관적인 태도를 보이면서 치료가 성공리에 종결되면 사태가 어떻게 될 것인가를 설명하거나 그러한 상황을 확신하는 언어를 면담 도중에 언급한다.

−직접적 방법이 설득력이 없을 때는 은유적 방법을 사용한다.

정기적으로 또는 중요한 결정을 내릴 때는 가족회의를 통해 서로 의논한다는 것을 계획하는 직접적인 과제를 실행해 보도록 한다. 때로 사회복지사는 종결을 결정하면서 수주일 또는 수개월이 지난 후에 진전이 유지되고 있는지를 전화나 면담을 통하여 확인하고 싶은 유혹이 생긴다. 그러나 이것은 가족에게 사회복지사가 아직 도움을 줄 수 있다는 여지를 남기게 되는 한편, 가족에게 자신들에게 아직 여러 가지 문제가 남아 있다는 메시지로도 작용할 위험이 있다.

치료에 계속 참여할 것인지 아닌지의 갈림길은 고속도로의 분기점에 선 사람과 같다는 은유를 사용한다. 고속도로의 분기점에서 옆길로 나가거나 우회하여 갈 수도 있으나 최종 목적지를 향해 계속 달리면 시간을 단축할 수 있다는 것을 시사하며 선택을 하도록 돕는다.

−역설적인 방법을 사용한다.

가족이 희망하고 있는 변화는 가능성이 있지만, 그러한 변화를 가족이 진정으로 원하고 있는지가 불분명하므로 치료를 계속하는 것이 망설여진다고 가족에게 말한다. 때로 그래서 당분간 현재의 상태를 그대로 유지하는 것이 좋겠다고 충고한다.

(4) 가족치료 적용의 판단 지표

① 가족치료 권유 지표(Walrond−Skinner, 1978)
−증상이 역기능적 가족 체계 속에 얽혀 있다고 판단될 경우

부부관계, 부모–자녀 관계, 형제간의 갈등 호소

-도움을 구하고 있는 사람의 호소가 특정 가족 성원 개인의 문제보다도 가족관
　계의 변화에 있다고 판단될 경우
-가족이 서로 분리되기에 어려움을 겪는 경우

청소년 자녀의 문제행동에 대해 서로 비난하는 부부, 병약한 자녀를 집중 챙기느라 남편이나
건강한 자녀와의 갈등 호소하는 아내

② **가족치료 미권유 지표**
　-가족의 중요한 가족 성원이 물리적인 이유나 가족치료에 대한 동기가 없어서
　　참석하지 못하는 경우
　-사회복지사 자신이 가족치료 개입에 대한 적절한 훈련을 받은 경험이 없어서
　　가족이 필요로 하는 것을 제공하지 못한다고 판단되는 경우
　-어려움을 겪고 있는 시기가 지나치게 길어서 어떤 장애의 말기에 있다고 판단
　　되는 경우
　-가족이 정서적으로 지나치게 불안정하다고 판단되는 경우

이혼을 결심한 사람

-사회복지사에 따라서는 가족 성원 중에 우울 또는 중대한 정서적 박탈을 보이는
　경우
-가족이 가정법원이나 학교와 같은 공공기관의 의뢰를 받고 왔을 때는 가족치료를
　신중하게 해야 한다는 주장도 있다. 이유인즉, 관심의 방향이 다르기 때문이다.

워크숍·토론

1. 가족생활주기를 토대로 자신 가족의 해당 주기와 발달과업에 대해 토의해 보자.

2. 가족 레질리언스 이론에 비추어 자신 가족의 강점과 회복력을 찾아보자.

제14장

# 가족 대상 실천 모델과 실천기술

## 1. 다세대 가족치료

어른이 되었지만 성숙하지 못한 사람들이 많다. 이러한 미성숙한 사람들은 사회에서 성폭력과 가정폭력을 행하고, 자기중심주의에 매몰되어 있으며, 공동체에 고통을 준다. Bowen은 역기능적인 가족의 원인을 가족 성원의 미분화 때문이라고 보았다. Bowen은 조현병의 원인에 관한 가설로 어머니-자녀의 미분화된 모자 공생(symbiosis)관계 개념을 소개하였다. Bowen은 정신 역동적 접근에서 가족 체계적 접근으로 관점을 확장하는 데 가교 구실을 한 것으로 평가받는다. Bowen은 가족 체계를 정서적 단위, 상호 관련된 관계망, 가족의 역사를 분석하기 위한 기초가 되는 체계로 보았다.

### 1) 주요 개념

#### (1) 자기분화

Bowen은 핵심적인 개념인 자기분화(differentiation of self)에는 두 개의 힘이 작용한다고 하였다. 하나는 가족 안에서 연합하고자 하는 힘인 연합성이고, 다른 하나는 서로 분리하고자 하는 힘인 개별성이다. 개별성은 생물학적으로 유기체를 자신의 의지, 즉 독립적이고 분리된 존재로 나아가게 하는 생명력에 뿌리를 둔다. 연합성은 유기체를 상대의 의지, 즉 의존적이고 분리되지 않는 개체로 나아가게 하는 생물학적 생명력에 뿌리를 둔다. 두 힘은 가족과 개인의 관계에서 모두 중요하므로 균형을 유지하면 이상적이고 건강하며, '분화'가 잘 이루어진 것이다.

하지만 연합성과 개별성의 불균형은 '융합(fusion)'이나 '미분화(undifferentiation)'의 정서적 문제가 나타난다. Bowen은 정서적 융합이 심하면 자신의 주체성을 잃을까 봐 두렵고, 불안이 가중되는 정서적 긴장 상태를 견디기 힘들어 부모로부터의 격리, 위축, 부모로부터 멀리 달아나기, 부모가 중요시하는 것을 부정 혹은 거부하는 정서적 단절(cutoff)이 일어난다고 하였다.

### (2) 삼각관계

삼각관계(triangles)는 상호 대인적 체계의 요소이다. 정서 체계의 기본 요소로, 가장 작고 안정된 관계 단위이다. Bowen은 자아의 통합 정도와 자신이나 타인과의 관계에서 일어나는 불안이나 정서적 긴장에 관심을 두고 연구하면서 두 사람 관계 체계에서 발생하는 스트레스나 상충한 욕구가 있을 때 균형을 유지하려고 시도하는 데에서 삼각관계가 형성된다고 보았다. 가족구조 내 두 사람 간의 스트레스를 해결하는 방법으로 다른 가족 성원을 두 사람의 상호작용 체계로 끌어들여 삼각관계를 형성하는 것이다. 가족 내에서는 주로 부부관계가 긴장되고 불안이 증가하면 자녀를 끌어들여 자기 편으로 연합하는 삼각관계가 자주 발생한다.

### (3) 핵가족 정서체계

핵가족 정서체계(nuclear family emotional system)는 가족이 감정적으로 연결된 정도를 나타내는 가족 내의 정서적 기능에 대한 것이다. 가족 성원 사이의 기본적인 정서적 기능의 형태는 과거 세대의 반복되는 과정을 통하여 전달된 것이며, 다음 세대에도 반복될 가능성이 크다. 이는 사람들이 자기 자신의 분화 수준과 비슷한 수준의 배우자를 선택하면서 반복된다. 각 개인은 분화 수준에 따라 배우자를 선택하고 정서적 관계를 형성한다.

### (4) 가족 투사과정

분화 수준이 낮은 가정일수록 가족 내 투사 경향이 심하다. 부모가 자신의 미분화를 자녀에게 전달하는 과정이며, 부부간의 낮은 자기분화 수준에서 오는 미분화된 불안이 밀착된 공생관계를 형성하고, 미분화된 자기 문제를 자녀에게 투사하는 것을 가족 투사과정(family projection process)이라고 한다. 가족 투사과정의 강도는 두 가지 요인과 관련되어 있는데, 한 가지는 부모의 미분화 정도이고, 다른 한 가지는 가족이 경험하는 스트레스나 불안의 수준이다. 정서적으로 단절된 부부는 심한 거리감을 느끼고 온통 자녀에게 관심을 쏟으며 그들에게 애착하게 된다. 이렇게 함으로써 정서적 융합이 일어나며 의존적 유대관계로 나타나게 된다. 이런 유대는 불안감을 주고 자녀를 과잉 관여하게 하고, 부부간의 거리감을 더욱 심화시키고, 자신의 불안 때문에 자녀에게 더욱 매달리게 되고, 자신의 불안을 자녀에게 돌림으로써 자녀에게 정서적 장애를 일으키기도 한다. 가족 투사과정은 어머니-아버지-자녀의 삼각관계 안에서 작용한다.

### (5) 다세대 전수과정

다세대 전수과정(multi generational transmission process)은 가족 투사과정을 통해서 일어난다. 역기능적 가정에서 자라난 사람은 성인이 되어서도 자신과 비슷한 수준의 분화를 가진 상대를 배우자로 선택하고, 부모의 낮은 분화 수준은 부모의 정서 유형에 민감한 특정 자녀에게 전수된다는 가족 투사과정에 의해 자녀 세대로 전수되는 것이다. 다세대 전수과정은 정서 체계에 근간을 두고 있으며, 한 세대에서 다음 세대로 계승된 정서, 감정, 그리고 주관적으로 결정된 태도, 가치, 신념을 포함한다.

### (6) 형제 순위

Bowen은 가족 내 형제 순위(sibling position profiles)를 기초로 자녀의 성격이 일관되게 발달하므로 형제 순위에 따라 어느 정도 고정된 인성적 특성을 발달시킨다고 하였다. 형제 순위별로 성격 특성이 다른 것은 가족의 투사과정이나 자아 분화의 정도 때문인데, 특정 위치의 자녀가 가족 투사과정에서 대상으로 선택되는 것과 관련이 있다고 보았다.

## 2) 치료 목표

Bowen의 치료 목표는 궁극적으로 분화 수준을 높이는 데 있다. 가족치료의 형태는 가족 구성원을 한 사람씩 개인치료 하는 경우, 부부를 대상으로 하는 경우, 부모와 증상을 나타낸 자녀를 대상으로 하는 경우, 확대가족 전원을 대상으로 하는 경우, 그리고 복수의 가족을 대상으로 하는 경우(다중가족 치료) 등 다양하게 시도된다. 어떤 형태를 취하더라도 가족 체계 치료라고 할 수 있는데, 각각의 형태는 각각의 기법과 마찬가지로 이론을 적절히 응용하려는 방법이다. 따라서 한 가족을 대상으로 한 가족 체계 치료의 과정에서는 때로는 가족치료 형태 또는 부모를 대상으로 한 개인치료 형태가 자연스럽게 행해진다.

## 3) 치료 과정

Bowen의 가족체계치료는 크게 두 단계로 나눌 수 있다. 제1단계는 가족체계 내의 스트레스와 불안 해소이고, 제2단계는 가족 성원의 개별적인 기본적 분화 수준 향상이다.

### (1) 제1단계

불안 수준을 감소시키는 것은 기능적 분화 수준을 향상하는 것이다. 기능적 분화 수준의 향상은 스트레스에 견디는 능력을 증가시켜 불안이 경감되며, 그 결과 증상이 없어진다. 여기서 가족 체계 이론의 기능적 분화와 마찬가지로 중요한 것은 불안의 감소가 가족 또는 가족 성원의 기본적 분화 수준의 향상으로 이끄는 제2단계의 기초가 된다는 것이다.

Bowen은 비록 자식이 증상을 나타내더라도 기본적 문제는 부모에게 있다고 인식하여 부부치료 또는 부부 각자의 개인치료를 취하는 경우가 많았다. 실제로 Bowen은 문제의 증상을 나타내고 있는 자녀와 한 번도 만나지 않고 부모에게 자녀 지도의 역할을 시키는 경우가 많았다.

가족에 따라서는 증상의 개선이라는 제1단계 목표를 달성한 후에 가족치료를 중지하는 예도 있다. 이런 경우 가족이 더 깊은 의미에서의 기본적 분화 수준 향상에 대한 동기가 있는 경우에 가족 체계 치료의 제2단계에 들어간다.

### (2) 제2단계

가족체계치료의 독특한 과정이다. 여기서는 수년의 세월에 걸쳐 기본적인 분화 수준의 개선을 목적으로 한다. 물론 제1단계와 제2단계는 중복되는 면이 있지만 제2단계에서는 증상의 개선과 직접 관계가 있다고 생각되는 핵가족의 정서체계를 이해하는 것에 덧붙여 다세대 전달 과정의 이해를 중시한다. Bowen의 다세대 가족치료는 부부와의 대화가 중심이고, 그것을 관찰하는 부부는 주로 관찰을 통한 학습이 이루어지도록 고안되었다. 즉, 사회복지사와의 대화에서 자신의 원가족과의 융합성, 정서적 단절, 핵가족의 정서체계 등을 이해해 나가는 배우자를 관찰함으로써 다른 한쪽 배우자도 자신의 과정을 더 잘 이해하게 된다. 이외에도 부부 중 개인을 대상으로 다세대 전달 과정, 원가족으로부터의 정서적 단절 등 정서체계를 이성적으로 이해함으로써 개인이 자신의 분화 수준을 높이도록 하는 지도를 병행한다.

## 4) 치료 기법

### (1) 가계도

가계도의 주요 기능은 평가 단계에서 자료를 조직하고, 치료 과정에서 관계 과정과 중요한 삼각관계를 추적하는 것이다. 가계도는 단순한 핵가족에 대한 간결한 도식적 설명 이상으로, 각 배우자 원가족의 정서 형태를 제공함으로써 확대가족 간의 융합 정도에 대한 정보를 보여 주기도 한다. 가계도는 여러 세대를 통한 가족관계 형태에 대한 막연한 개념을 Bowen이 최초로 구체화하였다. 가계도의 예는 [그림 14-1]과 같다.

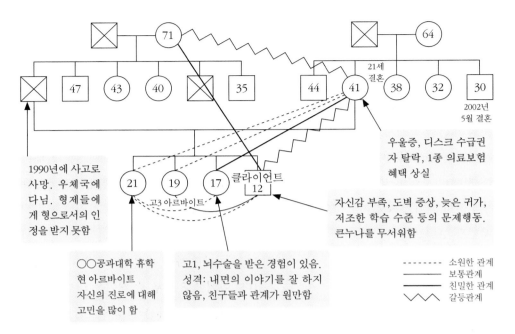

1990년에 사고로
사망. 우체국에
다님. 형제들에
게 형으로서의 인
정을 받지 못함

○○공과대학 휴학
현 아르바이트
자신의 진로에 대해
고민을 많이 함

고1, 뇌수술을 받은 경험이 있음.
성격: 내면의 이야기를 잘 하지
않음, 친구들과 관계가 원만함

우울증, 디스크 수급권
자 탈락, 1종 의료보험
혜택 상실

자신감 부족, 도벽 증상, 늦은 귀가,
저조한 학습 수준 등의 문제행동.
큰누나를 무서워함

- - - - - - - 소원한 관계
———— 보통관계
▬▬▬▬ 친밀한 관계
〉〈〉〈〉 갈등관계

[그림 14-1] 가계도의 예

### (2) 치료적 삼각관계

Bowen은 가능하다면 부모나 부부를 면담했다. 사회복지사가 부부에게 합류할 때
치료적 삼각관계(the therapy triangle)가 형성된다. 이 기법의 기본 전제는 두 사람 간에
정서적 긴장이 그들 사이에 정서적 쟁점으로, 제삼자인 사회복지사를 끌어들여 삼각
관계에 사회복지사를 포함하려 한다는 것이다. 성공적인 치료를 위해 사회복지사는
가족이 형성하는 삼각관계에 말려들지 않고 부부와 의미 있는 관계를 맺어야 한다.

### (3) 관계 경험

관계 경험(relationship experiments)은 핵심적인 삼각관계를 구조적으로 변화시키
기 위한 것이다. 궁극적인 목적은 가족 성원이 체계 과정을 알도록 하고, 체계 과정에
서 자신의 역할을 인식하도록 돕는 것이다. 이러한 관계 경험은 정서적으로 가까워
지기를 추구하는 사람과 냉담한 사람들을 치료하기 위해 만든 것이다.

### (4) 코칭

코칭(coaching)은 사회복지사가 클라이언트에게 개방적이고 직접적으로 접근하여

가족 문제에 대처하도록 돕는 것이다. 이 기법은 사회복지사가 더욱 개인적이고 정서적으로 개입되는 역할을 하는 것이다. 사회복지사는 코치로 작용함으로써 클라이언트 편을 들거나 가족의 삼각관계에 말려들게 되는 것을 피할 수 있다. 코칭은 클라이언트들에게 할 일을 설명하려는 것이 아니고, 가족의 정서 과정과 그 안에서 자신의 역할을 명확하게 알도록 돕는 것을 의미한다.

### (5) 나-입장을 취하도록 함

나-입장(the I-position) 기법은 상대방에게 책임을 추궁하는 것이 아니고 자신의 현재 감정 상태를 표현하는 것이다. 나 전달법(I-message)과 같은 이 기법은 말하는 사람의 상태를 이해하게 되며, 반응적이고 악 순환적인 대화에서 벗어나도록 해 준다.

### (6) 다중가족치료

Bowen은 부부들에게 접근할 때, 모든 참여자 개개인에게로 관심을 옮기는 방식을 통해서 그들 간의 상호작용을 최소화했다. 이렇게 한 사람이 다른 사람을 관찰함으로써 자신의 정서에 몰입하지 않고 정서적 과정을 더 많이 배우게 된다.

### (7) 치환 이야기

치환 이야기(displacement stories)는 비슷한 문제를 가진 다른 가족의 예를 들어 이야기를 들려주거나 클라이언트에게 치료 장면을 녹화한 비디오테이프를 보여 줌으로써 클라이언트가 자신이 문제 발생에 이바지한 것을 통찰하도록 한다.

### (8) 탈삼각화 기법: 세대 간 개입

삼각관계(triangles)는 두 사람 사이에 긴장이 야기될 때, 주위 또는 가족 내에서 제삼자를 끌어들이는 방법이다. 주로 부부 갈등 시 자녀를 끌어들여서 자녀를 통해 소통하거나 자녀를 자기 편으로 만들어 대응하는 방식이다. 원가족과 분화가 이루어지지 않은 가족일수록 부부간 불안 수준이 높아지면 다른 성원을 끌어들여 삼각관계를 형성하게 된다. 탈삼각화(detriangulation)란 두 성원의 감정 영역에서 제3의 성원을 분리하는 과정을 말한다. 정도의 차이는 있으나 정서적으로 밀착된 가족의 집단 자아에 종속되며, 가족 내 스트레스나 긴장이 높아질수록 가족원의 미분화된

(undifferentiated) 자아가 증가한다. Bowen의 초점은 가족에 대한 감정적인 반응을 조절하도록 하고, 자신과 가족을 객관적으로 관찰하도록 함으로써 궁극적으로는 가족으로부터 탈삼각화하고 자신의 의견을 갖도록 돕는 데 있다. 다세대적 영향을 많이 받는 부부의 경우 탈삼각화를 통하여 원가족의 영향에서 벗어나도록 돕는다. 우리나라 가족의 경우 자녀가 결혼한 이후에도 손자녀 양육이나 가사노동에 원가족이 깊이 개입하면서 시어머니-며느리 간의 갈등, 장모-사위 간의 갈등이 노출되는 경우가 많다. 부부간의 갈등을 부부 사이에서 해결하지 못하고 원가족이 개입하여 양쪽 집안의 갈등으로 발전되는 경우도 많다. 이럴 때 삼각관계의 문제가 세대를 이어 반복되는 것은 아닌지 확인이 필요하다.

## 2. 구조적 가족치료

Minuchin의 가족체계 이론은 구조라는 명칭이 나타내듯이 가족체계의 구조에 초점을 맞춘다. 구조적 가족치료는 상당히 역동적이어서 면접 과정에서 가족의 문제점, 가족 특유의 양식을 파악하여 가족의 구조를 변화시킴으로써 가족 문제를 해결하는 매력을 지니고 있다. 구조적 가족치료 개입을 하는 사회복지사는 개인을 사회적 존재로 파악하여 개인을 둘러싼 관계 구조에 관심을 둔다. 가족의 구조가 변하면 동시에 가족 성원의 지위가 달라져서 결국 각 개인의 경험도 변할 수밖에 없다고 본다. 구조적 가족치료의 이론은 구조주의의 이론적 전제를 기반으로 한다. 체계 전체와 부분은 부분간의 관계를 통해서만 적절하게 설명할 수 있다(송성자, 2000).

### 1) 기본 개념

#### (1) 경계선

경계선(boundary)이란 가족 성원의 누가 어떠한 방법으로 상호 관여할 수 있을까에 대한 하위 체계 간 경계의 규칙을 나타내는 선이다. 경계선은 애매한 것(diffused boundary), 명료한 것(clear boundary), 경직된 것(rigid boundary)의 세 가지 형태로 구별된다. 주로 명료한 경계선을 가지는 가족은 정상적인 가족이다. 애매한 경계선을 가지는 가족은 가족 체계로 참가하는 규칙이 애매하여서 성원 모두가 모든 문제에 관해서 중첩되어 있어 필요 이상으로 서로 관여한다. 이와 같은 가족을 밀착 가족 (enmeshed family)이라고 한다. 반대로, 경계선이 경직되었으면 구성원이 서로 떨어져 있으며, 이와 같은 가족을 유리 가족(disengaged family)이라고 한다. 일반적으로 가족 내에 세 종류의 경계선이 혼재하며, 성원 간에는 밀착 상태와 유리 상태를 볼 수 있다.

### (2) 제휴

제휴(alignment)란 가족 상호작용의 과정으로, 가족 체계의 일원이 다른 사람과 협력관계 또는 대립 관계를 하는 것이다. 제휴에는 연합(coalition)과 동맹(alliance)의 두 종류를 생각할 수 있다.

연합은 두 사람이 제삼자와 대항해서 제휴하는 경우이다. 예를 들어, 남편과 갈등관계가 심각한 아내가 아들과 연합하여 남편을 소외시키고 단절시키는 경우가 이에 해당한다. 동맹은 두 사람이 제삼자와 다른 공동의 목적을 위해 제휴하는 것으로, 제삼자와의 적대적 관계는 포함하지 않는다. 예를 들어, 자녀가 서로 동맹하여 부모에게 용돈을 올려 달라고 하거나 귀가 시간을 연장하도록 하는 경우이다. 가족의 경계와 제휴를 나타내는 Minuchin식의 가족 지도 기호는 [그림 14-2]와 같다.

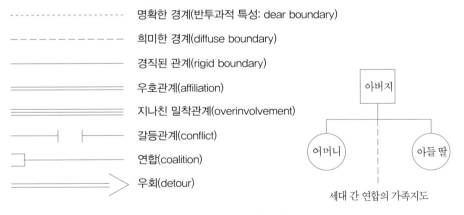

[그림 14-2] Minuchin의 가족지도

(3) 권력

권력(power)이란 각 개인의 가족 성원이 상호작용 과정을 통해 다른 사람에게 주는 영향력이다. 가족구조에서 권력은 가족이 기능하기 위한 기동력과 같은 것이다. 그와 같은 기능적 권력은 경계선과 상관관계를 근거로 기능성을 발휘한다. 가족구조의 기능성을 이해하는 것은 임상 현장에서 평가하여 목표를 설정하고 치료적으로 개입하기 위한 기초가 된다.

## 2) 치료 목표

가족구조를 변화시켜 일반적으로 증상이라 불리는 문제를 해결하는 것이다. 가족의 인과관계, 구조, 기능의 관계에서도 알 수 있듯이 문제 또는 증상은 가족을 포함하는 환경체계에 문제가 있어서 유지된다. 문제는 실제로 치료해서 바꿀 수 있는 행동의 정도로 정의된다. 문제에 관련된 환경체계는 세 종류로 분류할 수 있다. 1차적 환경은 문제를 일으키며, 특히 그것을 지속시킨다고 생각되는 체계 구조를 의미한다. 1차적 환경은 문제를 가진 자와 직접 관계를 맺은 자, 즉 문제의 지속에 직접 관여하고 있다고 생각되는 구성원으로, 핵가족을 의미한다. 2차적 환경은 문제의 발생과 유지를 지지한다고 생각되는 환경체계를 가리킨다. 말하자면 1차적 환경과 직접 관계한 환경으로 확대가족이 해당한다. 3차적 환경은 외부인이며, 1차적 환경에 간접적으로 영향을 미치는 이웃, 지역 환경 등을 말한다. Minuchin의 구조적 가족치료는 1차 환경인 가족체계 구조 변화에 그 목표가 있다. Minuchin에 이은 구조적 가족 치료자인 Aponte는 생태체계적 관점으로 확대하여 2 · 3차 환경의 영향을 평가하고 변화를 위한 개입도 강조하였다.

## 3) 치료 과정

구조적 가족치료에서는 치료 목표를 향해 치료적 개입이 행해지고, 그 결과는 다시 가족구조를 평가하기 위한 자료로서 피드백되는 과정을 통한다. 평가 → 목표 설정 → 치료적 개입은 일련의 순환적 과정이다. 여기서 평가와 목표 설정을 취급하는 것은 설명의 편의를 위한 것이다. 실제로 사회복지사는 전체의 과정을 염두에 두고 치료적 개입을 시도한다.

## 4) 치료 기법

구조적 가족치료 과정은 세 단계로 진술된다. 첫째로 사회복지사는 지도자의 위치에서 가족과 합류하고, 둘째는 그 가족구조의 진단을 위해 가족구조를 도표화하며, 마지막으로 그 구조를 변형시키기 위한 개입을 한다.

가족구조는 가족 성원의 상호작용 방식에서 나타난다. 구조적 가족치료 개입을 하는 사회복지사는 실연과 자연적 결과라는 두 종류의 상호작용으로 작업한다. 가족원 간에 몇 사람을 골라서 서로 기대되는 상대의 역할을 하게 한다. 그들은 맡은 역할을 표현하기 위해서 무엇을 해야 할까를 사회복지사한테서 듣는다. 이때 구체적인 사안을 지적해 주는 것이 효과적이다. 실연이 시작되면 사회복지사는 가족의 구조에 대하여 많은 것을 발견하게 된다. 가족이 상호작용하기 시작하면 문제의 상호 교류가 자연히 나타난다. 누가 누구에게 어떤 방식으로 말하는가에 의하여 가족의 구조와 도표화(가족 지도)가 가능하다. 개입은 상호작용 패턴을 수정하는 것이다. 이러한 상호작용 패턴의 수정을 위해 다음과 같은 기법이 활용된다.

### (1) 경계 만들기(boundary making)

가족 내 하위 체계 간의 경계가 지나치게 유리되거나 밀착되었으면 유리된 경계는 더욱 가깝게 하며, 밀착된 경계는 어느 정도 거리를 두도록 개입하는 것이다.

가족원 각자가 체계 내에서 적절한 위치에 있도록 하고, 조부모, 부모, 자녀의 가족 내 세대 간의 경계를 분명히 유지할 수 있도록 돕는 기법이다. 세대 간의 분명한 경계는 가족원 각자의 역할과 책임감을 분명히 해 주고 부부, 부모-자녀 간의 상호작용을 적절하게 한다.

### (2) 균형 깨뜨리기(unbalancing)

가족 내 하위 체계 간의 역기능적 균형을 깨뜨리기 위한 기법이다. 예를 들어, 딸과 밀착된 경계를 유지하며 연합하여 남편과 대항하던 균형을 깨뜨리기 위해 남편과 아내가 직접적인 소통을 하도록 요구하고 자녀를 분리한다.

## 3. 경험적 가족치료

Satir는 교육학과 사회복지학을 공부한 후 가족치료를 공부하였으며, 행동 이론보다 현상학 이론의 영향을 많이 받았다. 이론적 배경은 자아 심리학, 행동 이론, 학습이론, 의사소통 이론, 일반 체계 이론에 기초를 두고 있으며, 가치 체계와 자기 확신, 신념 및 철학을 중요시하였다. Satir의 직관적이고 인도주의적인 경험적 가족치료는 가족 내 의사소통의 명확화를 강조한다. Satir는 문제가 있는 가정의 의사소통은 모호하고 간접적이라고 지적하면서 이는 가족원의 낮은 자존감에 의한 것이라고 보았다. 낮은 자존감을 가진 사람은 배우자가 결핍된 욕구를 채워 줄 것이라 기대하지만 결혼생활을 하면서 그 환상은 깨지고 만다. 이로 인한 불화를 간접적인 방법으로, 자신이 원하는 방식으로 조정하기 위해 모호한 의사소통을 고수하면서 제삼자인 자녀를 사이에 둔 대화를 하기도 한다(양옥경, 김정진, 서미경, 김미옥, 김소희, 2010).

### 1) 기본 개념

#### (1) 의사소통 유형
가족 내의 의사소통 유형에서 언어적인 표현과 비언어적인 표현이 일치하면 건강한 소통이지만, 그렇지 않으면 오해의 소지가 증가하면서 역기능적 소통을 하게 된다. Satir는 기능적 의사소통 유형을 일치형으로, 역기능적 의사소통 유형을 회유 형, 비난형, 계산형, 혼란 형으로 나누어 자존심과 연관을 지어 설명하였다(양옥경 외, 2010 재인용).

#### ① 회유형
상대방으로부터 인정을 받기 위해 비난받지 않도록 전전긍긍하는 유형으로, 자존감이 낮은 수준이다.

#### ② 비난형
상대방이 자신을 두려워하게 만들거나 자신을 강하게 보이게 하려면 타인의 결정을 주목하고 비난한다. 자존감 수준이 낮아 타인의 복종을 통해 자신의 존재를 느끼려 한다.

### ③ 계산형

자신의 나약한 모습을 보이지 않기 위해 항상 지나치게 계산적이고 이성적이다. 기계 같은 느낌을 주는 유형으로 역시 자존감이 낮은 수준이다.

### ④ 혼란형

자신은 상황을 잘 모르고 있다는 것처럼 행동하고, 현실을 인식하지 않으려 초점이 없고 산만한, 적절하지 못한 반응으로 소통한다. 역시 낮은 자존감을 가지고 있는 유형이다.

### ⑤ 일치형

기능적 의사소통 유형으로 치료 목표가 된다. 클라이언트가 치료 과정을 통해 일치형을 경험할 수 있도록 접근한다. 일치형은 언어적·비언어적 표현이 일치하고, 자신과 타인, 상황 모두를 존중하며 신뢰한다. 개인의 특성을 존중하고, 자신의 내적·외적 자원을 사용하여 소통하며 개방적이다.

### (2) 이중구속

이중구속(double bind)은 역설적 의사소통의 대표적 유형으로, 한 사람이 다른 사람에게 일치하지 않는 두 가지 메시지를 동시에 주는 것이다. 이는 언어적·비언어적 표현을 전달하는 데 상반된다. 상호 모순된 메시지에 반응할 수 없는 가족은 혼란된 상황이 지속되면 적응 문제를 일으킬 수 있다.

### (3) 메타커뮤니케이션

메타커뮤니케이션(meta-communication)이란 의사소통이 이루어지는 방법과 상황에 의한 의사소통을 말한다. 예를 들면, "분명하게 말해 보세요."라고 하면서 말을 중단시킬 것 같은 위압적인 눈짓과 억양, 차가운 미소와 표정, 큰소리, 고압적 자세 등으로 의미를 강화하거나 약화하는 비언어적 메시지를 통해 "말해 봤자 소용없다."

"난 이미 결론 내리고 있다."를 전달하는 커뮤니케이션을 하는 것이다.

## 2) 치료 목표

① 새로운 희망에 찰 수 있도록 하거나, 과거의 꿈을 자각하도록 하거나, 새로운 꿈을 형성하도록 한다.
② 각 가족 성원에게 새로운 방법으로 상황을 보고 다루도록 가르침으로써 각 가족 성원이 어려움에 대처하는 극복 능력을 강화하고 발전하도록 한다.
③ 자기가치 및 자기존중감을 향상한다.
④ 각 가족 성원은 자신과 다른 사람의 유일성, 차이점, 유사점을 인정하고, 의사소통함으로써 의사결정 과정에서 본인이 탐색과 협상을 통하여 의사결정을 하도록 한다.
⑤ 적합한 의사소통을 할 수 있는 능력과 가족 성원 간의 조화 능력을 향상한다. 즉, 다른 사람이 있는 데에서 자신과 다른 사람에 대하여 보고, 듣고, 느끼고, 생각한 것을 적절하고 분명하게 말할 수 있다.
⑥ 가족 규칙을 분명히 하며, 지나치게 얽매었던 가족 규칙과 부모의 규제를 융통성 있게 그리고 독립적으로 받아들이도록 한다.
⑦ 원가족에서 학습한 역기능적 의사소통 형태에서 벗어나게 한다.
⑧ 의식적으로 의사결정을 하고 선택함으로써 행동에 책임을 지도록 한다.
⑨ 가족의 내적·외적 자원을 새로운 차원에서 형성하고 활용하도록 한다.

## 3) 치료 과정

치료의 규칙은 의사소통을 변화시킴으로써 행동을 변화시키는 것이다. 특히 감춰진 메시지를 끌어내어 개방시키고, 잘못되었거나 역설적인 의사소통을 지배하는 규칙을 변화시키는 것이다. 치료적 관계가 이 과정의 중심이 되며, 중요한 치료 전략으로는 역설적 명령과 치료적 이중구속을 들 수 있다. 문제에 접근하고 다루는 데에는 네 단계가 있다.

① 문제를 분명하고 구체적인 용어로 정의한다.

② 과거에 시도되었던 모든 문제 해결책을 조사한다.

③ 이루고자 하는 변화를 분명하고 구체적인 용어로 정의한다.

④ 변화 전략을 명확하게 말하고 실행한다.

## 4) 치료 기법

### (1) 가족 재구성

가족 재구성(family reconstruction)은 '인간적 상황을 제공하는 하나의 여행'이다. 가족 재구성 기법은 클라이언트 원가족의 심리적·상황적·역사적 맥락을 재현시켜서 클라이언트가 과거에 구성했던 지각과 감정, 그리고 이루지 못한 기대와 열망을 다룬다. 재구성의 중심인물은 인간으로의 부모와 자아로의 분리에 관한 왜곡된 사고가 어디서부터 시작되었는지를 찾게 한다.

### (2) 은유

은유(metaphor)란 한 사물이나 상황이 다른 사물이나 상황과 유사하거나 다를 때 또는 둘 간의 의미관계가 모호할 때 사용함으로써 어떤 방어감이나 적대감을 주지 않고 이들을 연결해 의미를 추론할 수 있게 한다. 언어는 제한적인 한 요인에 지나지 않으므로 특수한 의미를 전달하고자 할 때 은유를 사용한다. 은유는 클라이언트가 이미 갖고 있거나 혹은 알고 있는 것을 일반적으로 이해시킬 목적으로 사용한다. 지각하고 있는 위협을 완화하기 위해, 사고의 새로운 수준을 끌어내기 위해, 익숙하지 않은 것을 익숙하게 만들기 위해, 그리고 대안을 확장하기 위해 은유를 사용한다.

### (3) 원가족 도표

원가족 도표(family of origin map)는 자신의 기억이나 경험, 그리고 가족의 역사를 잘 아는 식구와의 면담을 기초로 작성하는데, 가족의 역동성과 대인관계를 이해하고 평가해 준다. 구체적으로 이 도표를 통하여 가족 성원의 성격, 자존감의 정도, 의사소통의 유형, 가족 규칙, 가족의 역동성, 가족 내의 상호 대인관계, 세대 간의 유사점과 차이점, 사회와의 연계성 수준 등을 파악할 수 있다.

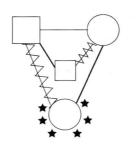

ⓐ 출생장소
ⓑ 인종
ⓒ 종교
ⓓ 학력
ⓔ 직업
ⓕ 취미
ⓖ 성격
ⓗ 질병이나 건강 문제
ⓘ 사망 원인

* 클라이언트는 ★로 표시
* ⓐ부터 ⓘ까지 해당 사항을 가족 성원 옆에 기록

[그림 14-3] Satir의 원가족 도표 그리기

Satir의 원가족 도표의 예는 [그림 14-3]과 같다.

### (4) 가족 조각

조각이란 어느 시점을 선택하여 그 시점에서의 인간관계, 타인에 대한 느낌과 감정을 동작과 공간을 사용하여 표현하는 비언어적인 기법을 말한다. 가족 조각(family sculpture)은 한 가족 성원이 다른 가족 성원에 대해 느끼는 내적 정서 상태를 자세와 동작 및 소도구를 사용하여 공간적, 행동적으로 나타내는 것이다. 이러한 체험적 가족관계 표현을 통해 언어적으로 표현하는 한계를 극복하고, 가족이 함께 각 성원의 경험을 느껴 볼 수 있다는 강점이 있다.

### (5) 밧줄

Satir는 치료 도구로 밧줄을 사용하였는데, 밧줄은 '상호작용, 연결 또는 관계'를 상징하며, 내면적 과정을 시각화하며 외현화시키는 도구를 사용하였다.

### (6) 재정의

재정의(reframing)는 증상의 긍정적인 측면을 강조하는데, 부정적인 의미를 긍정적인 것으로 변화시키기 위하여 사용하는 기법이다. 이미 벌어진 상황에 대하여 다른 언어를 사용하여 이에 대한 이해와 느낌, 생각이 바뀌도록 도와 가족을 변화시키는 방법이다.

# 4. 전략적 가족치료

전략적 가족 치료 모델은 클라이언트의 현재 문제 해결에 초점을 두고 치료 목표 및 계획 수립을 위한 전략을 고안하고 실행하는 단기 치료 모델이다. 이에 전략적 가족 치료 모델에서 변화는 전략에 의해 고안되고 논점화된 지시의 활용과 클라이언트의 수행을 통해 일어나는 것이지 치료자의 통찰력 때문은 아니라고 가정한다. Haley는 의사소통 이론과 역할 이론의 영향을 받아 의사소통을 통해 이루어지는 문제 성격 규명에 관심을 가졌다. Haley는 모든 상호관계적 의사소통에는 상호관계 설정을 조절하기 위한 전략이 내포되어 있다고 주장하였다. 그러므로 증상 행동이란 상대방을 조절하기 위한 전략이며, 치료자는 치료관계에서 이에 대한 통제력을 유지해야 한다는 것이다.

## 1) 기본 개념

가족 내에서 나타나는 증상은 가족의 관계망과 깊이 연결되어 있고, 가족 간의 중요한 목적과 부합되어 있으므로 증상은 가족 체계의 역기능을 반영하는 현상으로 본다. 즉, 증상을 가족의 역기능적 상호작용의 적응 방법으로 보기 때문에 증상은 개인의 책임이 아니라 오히려 가족을 유지하는 기능을 한다고 보았다. 따라서 이러한 체계를 수정함으로써 치료가 잘된다고 믿는다. 그러나 전략적 가족 치료 모델은 가족 체계에 있어서 클라이언트의 증상을 중요한 측면으로 여기지 않았으며, 문제를 지속시키는 행동의 연쇄 과정에 관심을 둔다. 전략적 가족 치료 모델은 가족이 가지는 문제행동을 지속시키는 연쇄 과정을 변화시킴으로써 증상을 제거하고 체계를 변화시킬 수 있다고 가정한다.

## 2) 치료 목표

Haley는 현재 문제나 증상 자체를 제거하는 데 일차적인 치료 목적을 두었지만, 증상 자체를 해결하기 위하여 개입하는 것이 아니라 가족 조직의 변화를 통하여 현재 문제를 해결하려고 하였다. 그것은 증상이 가족의 역기능적 상호작용의 산물이며, 특히 혼란스럽거나 불명확한 위계질서의 결과로 보기 때문이다. 따라서 치료 목적은 가족의 위계질서를 어지럽히고, 불명확하게 만드는 역기능적 상호작용의 연쇄 과정을 변화시켜 가족 내에 단일 위계질서를 회복시킴으로써 가족 조직의 변화를 일으키고 이를 통하여 지목된 클라이언트(Identified Patient: IP)의 현재 문제를 해결하는 데 있다.

## 3) 치료 과정

Haley는 현재 문제의 변화는 단계적으로 이루어져야 한다고 생각했다. 따라서 치료자는 먼저 문제를 유지하고 있는 상호 관련된 연쇄 과정을 파악하여야 함을 강조하고 문제 유형별 개입 단계를 제시하였다.

### (1) 문제 규명 단계

가족의 문제를 규명하기 위하여 가족의 조직적 문제와 가족 외부와의 관계에서 나타나는 상호작용의 연쇄 과정을 관찰하여 가족의 위계질서를 분석한다.

① **사회적 단계(social stage)**에서는 가족을 맞이하고 안락한 분위기를 조성하여 가족의 상호작용을 관찰하고 참여한 가족 성원을 파악한다. 가족이 처음에 치료를 받으러 올 때 대부분 불편한 마음 상태이고 방어적이므로 Haley는 모든 사람이 긴장을 풀도록 돕기 위해 첫 면접을 활용하였다. 치료자는 정중한 태도로 가족 모두가 환영받는다고 느끼게 하고 편안함을 느낄 수 있게 해야 한다. 그리고 가족원 각자가 어떻게 행동하고 어떻게 상호작용하며 가족의 분위기는 어떠한지 관찰한다.

② **문제 단계(problem stage)**에서는 먼저 치료자가 자신과 자신의 역할을 소개하고, 자신이 가족에 대해 알고 있는 것과 가족 모두를 오게 한 이유를 설명한다. 그후 치료자는 가족이 치료 장소에 오게 된 이유와 문제의 특성을 질문한다. 이때 첫 번째 질문을 누구에게 하는가가 중요하다. 가족치료에 관심이 적거나 가장 영향력이 큰 사람에게 먼저 질문을 한다. 그리고 문제 아동에게는 나중에 질문

을 하는 것이 좋다. 보통 어머니가 아버지보다 가정에서 더 중심적이고 아버지는 덜 참여하기 때문에 Haley는 치료자가 아버지의 관심과 참여를 늘리기 위하여 아버지에게 처음 말을 꺼내는 것을 제안했다.

③ **상호작용 단계**(interaction stage)는 가족원이 문제에 대해 서로 의견을 나누도록 격려하고 가족 성원의 관계를 촉진하는 단계이다. 이때 치료자는 토론에 참여하지 않으며, 가족원을 대화에 참여하도록 격려하고 관찰할 수 있다. 가족원이 개방적으로 토론하는 동안 치료자와 관찰자는 역기능적인 의사소통의 순서, 연합관계, 권력, 그리고 미래의 치료적 개입에 대한 단서를 제공하는 관찰을 한다.

④ **목표 수립 단계**(goal-setting stage)에서는 치료자와 가족 모두가 이전에 나타났던 문제 중 그들이 해결하거나 경감시키기를 원하는 문제를 결정하기 위하여 함께 할 기회를 얻는다.

## (2) 치료 전략의 수립 및 개입 단계

문제가 명확하게 규정되고, 문제를 유지하는 상호작용의 연쇄 과정을 파악하고 난 후에 치료자는 이러한 과정을 변화시킬 수 있는 개입전략을 수립한다. 개입전략은 직접적 지시와 역설적 개입으로 구성된다.

## (3) 분리 단계

전 단계의 치료적 개입을 통하여 현재 문제와 가족의 역기능적인 상호작용의 연쇄 과정이 변하게 되면 가족이 변화를 유지할 수 있는 능력이 생기므로 치료자는 가족체계에서 분리되어 나온다.

# 4) 치료 기법

## (1) 지시 기법

지시와 치료실 밖에서 수행되는 과제는 전략적 가족치료에서 중요한 역할을 한다.

## ① 직접적 지시

현재의 문제를 해결할 목적으로 치료자가 사용하는 직접적 지시로는 충고, 제안,

코칭(감독), 시련 행동의 부과 등이 있다. 이러한 직접적 지시는 언어적 의사소통을 통하여 줄 수도 있고, 억양, 몸짓, 침묵 등 비언어적 의사소통을 통하여 줄 수도 있다.

#### ② 은유적 과제

자신의 문제를 밝히는 것을 부끄럽게 생각하거나 언급하기를 원하지 않을 때 많이 사용하는 기법이다. 은유적 과제(metaphoric task)에서는 치료자가 가족의 행동 변화를 목적으로 변화되기를 원하는 행동과 유사한 행동 중에서 가족이 좀 더 하기 쉬운 행동을 선택한다. 그런 다음 선택된 행동에 대한 가족의 견해와 가족원 간의 상호작용을 파악하고 그와 관련된 행동 변화를 위한 지시를 한다.

### (2) 역설적 개입

역설적 개입은 가족이 치료자의 지시에 저항하도록 하여 변화를 일으키는 방법이다.

#### ① 재정의(reframing)

특정한 사건의 속성을 변화시키는 것이 아니라 이미 경험한 사실에 대한 관점, 감정, 태도를 좀 더 구체화하고 긍정적으로 재규정함으로써 사건과 관련된 감정, 의미, 가치 판단을 변화시키는 것을 말한다.

 분노는 사랑으로, 고통은 자기희생으로, 거리감은 친근감의 필요로 재명명한다.

#### ② 처방(prescribing)

증상을 없애기 위하여 증상을 지속하게 하거나 증상을 과장하게 함으로써 스스로 증상을 통제할 수 있도록 하는 역설적 개입전략이다. 증상을 처방할 때 치료자는 문제와 관련된 가족의 행동 체계를 정확히 파악해야 한다. 그렇게 하면 가족 성원은 역기능적인 행동 체계의 속성을 인식하게 됨으로써 증상을 계속하라는 지시를 받았다고 하더라도 증상 행동을 포기하고 다른 행동 유형을 탐색하게 된다.

### ③ 제지(restraining)

체계의 항상성 균형, 즉 행동의 개선이 너무 빨리 일어나서 위험해 보일 때 사용되는 전략이다. 역설적 기법에서는 치료의 효과를 증진하기 위하여 재발을 예측하여 경고하거나, 변화의 속도가 지나치게 빠르다고 지적하여 변화의 속도를 통제한다.

### (3) 가장(pretending)

긴장 상황을 조성하고 반항심을 유발하는 대신에 놀이하는 기분으로 저항을 우회시킨다. 전략은 IP에게는 증상을 가지고 있는 것처럼 행동하게 하고, 가족에게는 IP를 보호하고 원조하는 것처럼 행동하게 하는 기법이다.

### (4) 시련 기법(ordeal techniques)

변화를 원하는 사람에게 증상보다 더 고된 체험을 하도록 과제를 주어 증상을 포기하도록 하는 기법이다. 시련 기법에 근거한 과제는 증상으로 인한 고통보다 좀 더 괴로운 것이어야 한다. 만일 시련 과제가 증상을 감소시키거나 제거하기에 충분하지 않으면 증상이 제거될 때까지 시련의 정도를 증가시켜야 한다. 이 시련 기법은 클라이언트들이 하기를 원하지 않으나 그들에게 이득이 있고, 그들의 건강이나 관계를 개선하는 일이어야 한다.

## 5. 가족 옹호

옹호의 기법을 가족에 적용한 것이 가족 옹호(family advocacy)이다. 우선 옹호의 정의와 목적, 개입 방법을 살펴본다.

### 1) 옹호의 정의

『사회복지대백과사전』 3판에서는 옹호를 "사회정의를 확보·유지하기 위한 목적에서 하나 이상의 개인이나 집단, 가족 또는 지역사회를 대변하여 방어, 개입, 지지, 추천하는 행위"라고 정의하고 있다(Mickelson, 1995).

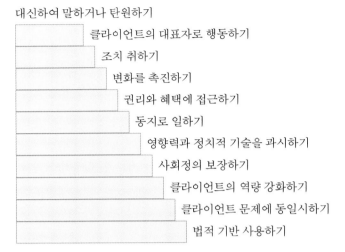

대신하여 말하거나 탄원하기
클라이언트의 대표자로 행동하기
조치 취하기
변화를 촉진하기
권리와 혜택에 접근하기
동지로 일하기
영향력과 정치적 기술을 과시하기
사회정의 보장하기
클라이언트의 역량 강화하기
클라이언트 문제에 동일시하기
법적 기반 사용하기

[그림 14-4] 사회복지 옹호의 정의

[그림 14-4]는 많은 연구 문헌에서 발견된 90가지 이상의 옹호 개념을 분석하여 만든 사회복지 옹호의 정의이다. 그림에서 볼 수 있듯이 '옹호'라는 용어는 대신하여 말하거나 탄원하기, 클라이언트의 대표자로 행동하기, 조치 취하기, 변화를 촉진하기, 권리와 혜택에 접근하기, 동지(partisan)로 일하기, 영향력과 정치적 기술을 과시하기, 사회정의 보장하기, 클라이언트의 역량 강화하기, 클라이언트 문제에 동일시하기, 법적 기반 사용하기 등 열한 가지 차원으로 구분할 수 있다(전선영, 2004: 10 재인용).

## 2) 옹호의 목적

Mickelson은 옹호의 목적을 사회정의 목표를 달성하기 위해 클라이언트가 자신의 환경을 개선할 수 있는 능력을 향상하는 데 있다고 하였다. 이러한 임파워먼트의 과정에서는 자원분배의 균등성 향상 목표와 클라이언트와의 동등한 관계 수립, 자존감, 자신감, 지식, 관련 기술 등을 통해 클라이언트가 창의적인 능력을 달성할 수 있도록 하는 두 가지 목표를 지향한다(전선영, 2004 재인용).

## 3) 옹호적 개입

Mickelson(1995)은 옹호 개입의 종류를 사례 옹호(case advocacy)와 계층 옹호(class advocacy)로 나누어 설명하였다. 사례 옹호는 개별 옹호라고도 하고, 계층 옹호는 명분 옹호(social policy advocacy)의 개념이 강조된다. 우선 사례 옹호는 단일사례, 즉 개인 또는 가족, 소집단을 위한 옹호 활동을 의미한다. 이는 클라이언트를 위한 옹호자적인 입장에서 접근하며, 이때 옹호자는 클라이언트의 욕구와 권익을 대변하는 역할을 수행한다. 사례 옹호는 특정 기관으로부터 서비스 수혜의 자격이 있는 클라이언트가 서비스를 받지 못하는 경우 이러한 갈등을 해결하는 노력이라고 볼 수 있다. 효과적인 사례 옹호를 위해서는 몇 가지 유형의 지식이 필요하다. 즉, ① 기관의 정책, 규정, 그리고 행정적 구조에 대한 지식, ② 기관의 탄원 절차에 관한 지식, ③ 가용한 법적 개선의 대책들에 대한 지식, ④ 기관의 공식 및 비공식적 권력 구조에 대한 지식, ⑤ 기관이 반응해야 하는 외적 압력들에 대한 지식, 그리고 ⑥ 클라이언트 또는 사람들에게 영향을 줄 수 있는 새롭게 드러나는 이슈들에 대한 지식 등이다(Kadushin & Kadushin, 1997). 사회 내에서 가장 취약한 인구 집단들을 먼저 도와야 한다는 전문적 사명의 하나로 사회복지사들은 우리 주위에 반드시 이러한 도움이 필요한 사람들이 존재할 것이라는 사실을 믿어야 한다. 고립된 클라이언트들, 장애가 있는 사람들, 시설에서 퇴거당한 클라이언트들과 아동 등이 대표적인 사례로, 옹호해야 하는 전형적 대상이 된다. 즉, 클라이언트가 바람직한 서비스를 받을 수 있도록 그들의 욕구와 권익을 대변하고, 그들의 갈등을 해결해 주는 일련의 원조 활동을 말한다(전선영, 2004).

한편, 계층 옹호는 특정 클라이언트 집단에 불리한 영향을 미치는 이슈들을 다루는 옹호 활동을 의미한다. 명분(cause)에 대한 강조는 이러한 옹호 활동이 특정 클라이언트 또는 잠재적 클라이언트의 집단들에게 전체적으로 영향을 주는 것을 의미하며, 때로는 계층 대신에 명분이라는 용어를 사용하기도 한다. 계층 옹호에서는 해당 집단의 사람들은 일정한 공통 특성을 공유하고 있다고 가정한다. 장애 아동들을 위한 교육, 노인 계층을 위한 의료보험 대책의 확대 등이 계층 옹호 대상의 예가 될 수 있다. 계층 옹호 활동의 필요성은 유사한 특징을 가진 사례들이 반복적으로 발생할 때 명분을 얻게 된다. 한 기관 차원에서의 계층 옹호는 사회복지사 한 사람의 주도로 이루어질 수 있겠지만, 기관의 수준을 넘어서 이루어지는 옹호는 노력의 결집을 요구하기 때문에 다른 사회복지사들과 다른 기관들까지 연합을 이루어 실행되어야 한다. 거시적 실천 또는 지역사회 실천은 특별히 계층 옹호에 관여하는 경우가 대부분인데, 이는 클라이언트들이 자신들을 위한 옹호를 전개하는 데 필요한 능력, 즉 재원, 재능 또는 기술이 부족한 집단의 사람들을 위해서 노력하는 옹호이다(전선영, 2004). 이러한 계층 옹호는 정책 옹호의 형태로 의회, 기관, 지역사회 차원에서 새로운 정책을 수립하거나 기존의 정책을 개선함으로써 무기력하기 쉬운 집단(예: 여성, 아동, 빈민, 장애인)이 향상된 자원과 기회를 가질 수 있도록 실천하는 개입이 필요하다.

## 4) 가족 옹호

이와 같은 옹호적 개입은 가족 단위의 실천에서도 사례 옹호로서의 가족 옹호와 계층 또는 정책 옹호로서의 가족 옹호 모두가 요구된다. 여기서는 사례 옹호로서 가족 옹호의 구체적 전략인 가족 강화 모델을 제시하고자 한다. 가족 강화 모델(family empowerment model)은 가족 스스로 새로운 지식과 기술을 획득하고 선택하는 연습을 함으로써 가족의 기능을 강화하고 문제 해결을 위한 가족의 능력을 강화하기 위해 가족이 적극적으로 동참하는 것을 의미한다. 가족 강화 모델은 모든 사람에게는 유능해질 수 있는 강점이나 능력이 있다는 것에 초점을 맞추고 있다. 강점을 형성하게 되면 사람은 인생의 어려운 사건을 해결하는 데뿐만 아니라 성장에 기초한 목표를 성취하는 데에서도 더 적응적으로 되어 가며, 모든 사람은 스스로 더 나아지기 위한 능력을 갖추고 있다는 것을 기본 전제로 하는 이론이다(Cowen, 1985).

Dunst와 Trivette는 가족 강화 모델에 근거하여 가족의 기능을 강화하고 가족 단위나 각 가족 성원의 발달과 성장을 촉진하기 위하여 자원과 지원을 계획하는 것을 목적으로 하는 가족 지원 프로그램을 제시하였다. 이는 가족의 요구와 자원에 기초한 실천(needs & resource-based practices)을 기반으로 가족의 능력을 강화하는 데 초점을 둔 실천(strengths-focused practices)이다. 이를 자세히 살펴보면 다음과 같다(김정진, 최민숙, 2003 재인용).

### (1) 가족의 요구에 기초한 실천

모든 가족은 어떤 경제 수준이나 부모의 특성에 상관없이 가족 지원 프로그램이나 개인적인 사회적 관계망을 통해서 지원받아야 한다는 것을 요구하고 있다. 따라서 요구에 기초한 가족 중심 실천은 가족 성원의 요구에 부응하여 가족을 지원하고 가족의 자원을 확대해 가족의 기능을 강화하고자 한다. 이러한 가족의 요구는 예상되는 가족주기의 전환기 변화(예: 자녀 양육, 1세대 부모부양, 노화 등), 갑작스러운 생활 변화(예: 사고, 발병, 실업 등)로 인한 가족 내적 요구, 그리고 사회 상황의 변화, 문화적, 윤리적 그리고 종교적인 가치와 지역사회의 특성 등 가족외적 요인의 변화 때문에 달라질 수 있다.

### (2) 가족의 자원에 기초한 실천

가족의 다양한 요구를 충족시키기 위한 실천으로는 서비스 중심의 실천(service-based practices)과 자원 중심 실천(resource-based practices)이 있다. 서비스 중심 실천은 전문가 위주의 실천으로, 주로 공식적인 지원에 의존하게 되며 전문가의 수준에서 최선이라고 생각하는 서비스를 제공하게 됨으로써 매우 한정적이고 수요자의 요구에 부응하지 못하는 서비스를 제공할 가능성이 크다. 반면, 자원 중심 실천은 지역사회 중심의 실천으로, 공식적·비공식적 지원을 총망라하여 수요자의 요구에 부응하여 지역사회의 자원을 활용하여 실천하는 것을 말한다(김정진, 최민숙, 2003 재인용).

Dunst 등의 가족 지원 모델은 "가족 강화철학(family empowerment philosophy)과 가족 지원 원칙에 근거하여 서비스 대상이 가족임을 전제로 하고, 가족의 필요 및 가족이 활용할 수 있는 자원과 가족의 기능 조사를 토대로 필요 충족과 필요 자원 확장으로 가족의 능력을 강화하여 가족의 기능을 정상화하고 삶의 질을 향상하는 데 관심이 있다."라고 정리할 수 있다. 이러한 모델을 실천에 옮기려면 다음의 몇 가지 원칙이 지켜져야 한다.

- 가족 강화 철학과 가족 지원 원칙에 근거하여 가족 지원 프로그램이 실행되어야 한다.
- 서비스 대상이 가족임을 전제로 해서 가족 필요를 조사한다.
- 가족이 활용할 수 있는 자원 그리고 가족의 기능에 대한 자료를 수집한다.

−이러한 조사 결과에 근거하여 가족 스스로 필요를 충족시키고, 가족이 자원을 확장해서 활용할 수 있도록 한다.
−가족을 강화하고 가족의 능력을 신장시켜서 가족의 기능을 정상화하고 가족의 삶의 질을 향상한다.

## 6. 이야기 치료

이야기 치료는 '개인의 이야기는 사회적으로 구성된 문화적 규범, 문화적 관습, 그리고 거기서 나타나는 권력의 관계에서 형성된다. 인간은 본질적이고 관계 지향적이고, 인간의 정체성은 관계에서 형성된다.'라는 믿음에서 출발한다(White, 2010).

이야기 치료의 주요 초점은 사람들이 맞닥뜨리는 문제 상황에 직면하여 대응하기 위해 자기 삶의 경험을 어떻게 이해하는지, 그리고 '자신의 삶을 스스로 운영한다는 의식(sense of personal agency)'을 가질 수 있도록 주도하고 선택할 수 있도록 초대하는 것에 있다. 이야기 치료의 목표는 주체 의식과 주도성의 회복에 있기 때문이다. 클라이언트의 문제 이야기에서 고통이나 절망에 주목하기보다는 클라이언트의 좌절이나 고통을 통해 엿볼 수 있는 가치, 희망, 꿈 등을 끌어내는 질문을 중시한다. 인간의 경험에는 양면성이 있으며, 거기에 내포된 의미를 끌어내는 것이 중요하다고 본다. 그러므로 클라이언트가 문제 이야기를 할 때도 그때 무엇을 했는지, 왜 그렇게 했는지 삶의 의도와 주도성을 가지도록 질문하면서 선호하는 이야기, 즉 대안적 이야기로 전환하면서 가능한 대안을 스스로 선택하도록 돕는다.

### 1) 기본 가정

내러티브 접근의 기본 가정은 다음과 같다(이지혜, 2005).
첫째, 내러티브 접근의 가장 기본이 되는 전제는 사람을 문제로 보는 것이 아니라 문제를 문제로 보는 것이다. 즉, 문제에 관한 이야기를 문제로 삼는 것이다. 달리 말하면, 문제에 대한 사람들의 믿음을 문제라고 보는 것이다(White et al., 1996: 고미영, 2004 재인용). 그래서 '진짜 문제'를 드러내는 것이 실천가의 본질적 업무라고 여겼던 전통적인 실천과 달리 내러티브 접근에서는 '심리·사회적 문제'는 존재론적 의미에서 실재하지 않으며, 단지 언어와 사고 속에만 존재한다. 문제에 대해 클라이언트가 언어적으로 표현하고 또 생각하는 것들과 관련된 사회문화적 가치, 규범, 정의와 상호작용하는 데 개입의 초점이 되는 것은 바로 이러한 표현과 생각이 지닌 본질이다. 따라서 사회복지사들은 클라이언트가 '자기 자신의 문제를 소유하도록' 만드는 것이 아니라 그 문제를 벗어 버리도록 도와야 한다. 내러티브 접근에서는 그 사람을 문제로부터 분리하는 작업은 필수적인 것으로 간주하는데, 이때 '외현화 기법'이 사용된다(Anderson & Goolishian, 1988).

둘째, 과거와는 다르게 '이론(theory)'보다는 이른바 '접근(approach)'이라는 표현을 사용한다. 왜냐하면 내러티브 접근은 건강과 역기능에 대한 잘 정의된 개념을 고수하기보다는 오히려 가족에 대해 사고하는 어떤 방식을 기술하고 있을 때문이다(Carr, 1998). 또한 이와 같은 맥락에서 치료 과정의 공식적인 틀과 절대시도 지양한다. 내러티브 접근의 발전에 주요한 공헌을 한 White와 Epston은 범주화(categorization)가 지속해서 발전할 수 있는 어떤 것을 저해할 수 있다고 믿어서 자신들의 접근을 명명하는 것에 대해 조심하였다(Monk, 1996). 이러한 철학적 지향은 내러티브라는 용어 아래 다양한 접근을 발전시켰으며, 사회복지사들에게 자유롭고 창의적인 치료적 기법의 개발을 격려해 왔다.

이러한 내러티브 접근의 전제들로 인해 내러티브 접근의 치료 과정과 기법을 간략하게 요약해서 설명하는 것은 쉬운 일이면서도 간단한 일이 아니다. 가족치료 분야에 있어 내러티브 전환은 기술적인 측면의 변화이기 전에 사회복지사가 가지고 있는 인식론의 전환이 요구되기 때문이다. 앞서 언급했던 것과 같이 메타 내러티브의 거부는 클라이언트의 외부 경험에서뿐만 아니라 치료의 장에 사회복지사와의 관계에서도 존재했다. 예를 들어, 사회복지사가 철학적 배경에 대한 선이해 없이 과거 권위 있는 누군가의 치료 과정만을 숙달하여 사용하는 것은 내러티브 접근의 철학에 모순이 되기 때문이다. 즉, 과거와 달리 전문적인 가설과 기술이 아닌 클라이언트의 경험이 치료의 주요 맥락이 되는 치료의 장을 추구한다. White는 사회복지사로서 자신을 뼈대를 구축하는 사람으로 비유하였다. 그래서 집을 짓기 위한 재료와 집의 모양도 전문가의 지식이 아닌 클라이언트의 근거리 경험에서 기인한다고 본다. 이러한 사회복지사의 위치를 그는 탈중심화되어 있으면서도 영향력을 행사하는 위치라고 설명하였다.

## 2) 주요 기법

### (1) 탈중심

이야기 치료는 치료자의 탈중심적 입장을 강조한다. 이야기의 중심에는 클라이언트와 클라이언트가 경험하고 의미를 부여하고 기대하고 선택하는 것, 그리고 이들의 영향에 대한 클라이언트의 해석이 있다. 클라이언트가 삶의 주인이므로 삶의 방향을 주도해 가도록 자신의 행동에서 자신의 영향력을 발견하고 정체성을 구축해 가도록 돕는다. 이를 위해 이야기를 경청할 때는 문제 이야기와 대안적 이야기를 동시에 들으면서 틈새 속에서 선호하는 이야기를 해 나가도록 돕고, 관계를 재구성하면서 클라이언트가 삶의 기반 재구축을 주도하도록 질문을 한다.

### (2) 외재화

외재화 대화는 내러티브 접근의 핵심 개념이자 치료 기법으로, 합류 단계에서 시작되어 치료 과정 내내 지속된다. 이는 문제를 내면화하는, 즉 '내가 문제이다.' '나의 이런 점이 문제이다.'라고 생각하면 무력해지기 때문이다. White는 문제를 클라이언트의 정체성으로부터 분리함으로써 자신의 문제를 정의할 수 있게, 즉 사람을 이제는 문제로 보는 것이 아니라 문제를 문제로 보는 외재화 대화를 치료적 개념으로 처음 사용하였다. 이는 클라이언트 안에 존재하였던 문제를 끄집어내어 사람과 분리하여 다룸으로써 문제를 풀어 헤치는 작업이며, 문제 자체에 초점을 두기보다 사람들의 삶과 주변 관계에서 자신의 문제에 대한 영향력을 조사해 보도록 한다. 예를 들어, 문제로 인하여 당사자들이 겪고 있는 심적·환경적 고통이 무엇이며 그러한 경험은 자신에 관하여 어떤 이야기를 들려 주고 있는가를 자세히 살펴보도록 한다(White & Epston, 1990). 이때 사용되는 질문의 특별한 스타일은 클라이언트가 그들의 문제를 자신에게서 분리된 것으로 볼 수 있도록 "그동안 문제가 당신에게 무슨 일을 했나요?" "당신은 문제와 어떻게 관계를 맺고 싶은가요?" 등과 같이 질문한다(Carr, 1998).

외재화 대화는 다음의 단계로 질문하며 진행된다. 이야기 치료에서는 질문을 가장 중요하게 본다.

－문제 정의하기(문제에 이름 붙이기)

"이러한 문제를 뭐라고 부를 수 있을까요? 그 문제에 대해 생각할 때 어떤 이미지가 떠오르나요?"

－문제의 영향 알아보기

"그 문제가 당신의 삶에, 중요한 관계에, 당신의 꿈에… 어떤 영향을 미쳐 왔나요?"

－문제의 영향 평가하기

"그 문제가 이렇게 영향을 끼쳐도 괜찮은가요? 이러한 영향에 대한 당신의 의견은 무엇입니까? 당신의 삶에 책임을 진 것은 그 문제인가요, 아니면 당신인가요?"

－문제 영향 평가의 근거 말하기

"그 문제가 이렇게 영향을 끼쳐도 괜찮다는 이유가 무엇인가요? 왜 당신이 책임을 지겠다는 건가요? 왜 그런 입장을 가지게 되었나요?"

## (3) 이중 경청

문제의 이야기뿐 아니라 독특한 결과에 주목하여 듣고, 이를 더 확장하여 표현하도록 질문한다. 독특한 결과는 문제가 좋아하지 않는 예외, 극복 경험, 클라이언트가 지향하는 삶을 보여 주는 경험, 문제의 영향에서 조금이라도 벗어났던 경험, 문제와 좀 다른 관계를 준비하거나 시도한 경험 등이다. 즉, 독특한 결과는 클라이언트가 원하는 긍정적인 삶의 모습과 연결된 것으로 일상적인 경험에서 나오는 이야기 속에서 발견할 수 있다. 이것이 문제를 해체하고 대안적 이야기로 가는 통로(틈새)가 된다.

독특한 결과를 통해 대안적 이야기로 가기 위해서는 외재화 대화와 같은 순서를 적용한다. 우선 독특한 결과를 정의하기 위하여 "문제가 조금이라도 약한 적이 있었나요? 당신이 문제에 맞서려고 했던 적이 있나요? 그때 무슨 일이 있었나요? 평소보다 나쁘지 않았던 때가 있나요?" 등의 질문을 한다. 이후 그 독특한 결과가 어떤 영향을 미쳤는지 질문한다. 이런 일이 당신에게 괜찮은 일인가 그 영향력을 평가한다. 왜 괜찮은가 하고 영향 평가의 근거를 묻는다.

## (4) 이야기 다시 쓰기

모든 이야기는 단순하지 않고 다면적이다. 지금은 간과되나 의미 있는 수많은 삶의 사건에 의미를 부여하고 이를 줄거리로 엮어서 자신의 삶에 새로운 결론을 내리는 대안 이야기를 다시 쓰는 것이다. 이를 위하여 과거에 무슨 일이 있었는지, 어떻게 일어났는지, 그때 무엇을 했는지 등 행동 영역의 질문을 하고, 그것이 무슨 의미인지, 무엇을 중시하는 것인지, 왜 중요한지 등 자신의 지향과 주체 의식을 회복하게 돕는 정체성 영역의 질문을 오가면서 문제가 아닌 부수적 이야기들을 찾아내고 발전시키면서 빈약했던 대안적 이야기가 풍부해지고 주제가 분명해지도록 거푸집 짓기(scaffolding) 대화를 한다. 이때 클라이언트의 고유한 지식, 기술은 무엇인가?" "그가 클라이언트의 삶에 어떻게 이바지했나?" "그 사람의 삶에 당신이 어떻게 이바지했나?" 등과 같은 질문을 통해 양 방향적 기여를 강조하면서 클라이언트가 능동적 참여자가 되도록 한다.

### (5) 정의예식

클라이언트가 청중들(외부 증인) 앞에서 자신의 변화된 모습을 다시 드러낼 수 있도록 하여 자신의 이야기 속에서 자신의 정체성을 인정받고 사회적으로 확인시켜 주는 과정이다. 이러한 사회적 인정 과정을 통해 클라이언트는 진정한 자신의 모습에 대해 확신하게 된다. White는 이 정의 예식이 이야기 치료의 중추적인 역할을 한다고 중시하였다.

정의 예식은, 첫째, 외부 증인들 앞에서 대안적 이야기에 대해 사회복지사와 클라이언트의 대화를 한다. 둘째, 외부 증인이 주인공이 표현한 것 중 자신의 관심을 끌었던 것을 표현하면서 주인공의 삶의 목적이나 가치 지향 등에 관해 떠오른 이미지를 표현한다. 셋째, 주인공의 이야기가 자신의 삶과 연결된 것, 떠오른 것을 말한다. 넷째, 이러한 연결이 외부 증인의 삶에 어떤 영향을 끼쳤는지, 새롭게 알게 된 것, 예전과 달라진 점 등 이동을 표현한다. 다섯째, 외부 증인의 다시 말하기에 대한 클라이언트의 다시 말하기와 같은 순서로 표현한다. 이후 참여자들이 모두 경험을 나누며 마무리한다.

## 3) 이야기 치료의 대화 사례

이 사례는 어린아이들에게 정서적 학대를 한 아버지(클라이언트)를 학교 선생님들이 White에게 상담 의뢰한 사례로, 이야기 치료의 독특한 질문 기법을 이해하는 데 도움이 될 것이다(허남순, 양준석, 이정은 역, 2014).

　아버지는 상담에 오기를 꺼렸지만, '어떻게 될지 보자'라는 데 동의하고 일단 왔다. 아버지는 상담실에 와서도 대화에 참여하는 것에 대해서 꺼리는 태도를 보였다. 상담 시작 시 사회복지사는 상담에 대한 서로 다른 입장에 관해서 이야기를 시작했으나, 아버지는 관심을 보이지 않았다. 그러다가 아이들이 장난감을 가지고 싸우자 아버지가 아이들을 심하게 야단쳤다. 사회복지사는 여기서 그의 부모 역할에 대하여 일련의 질문을 하였다.

문: 이러한 어려운 부모역할에 있어서 스트레스를 받거나 때로는 당혹스러웠던 적이 있었나요, 없었나요? (나의 상담경험 중 이 질문에 대해서 없다고 답한 부모는 없었다. 그러나 처음으로 당신이 없었다고 할지도 모른다고 덧붙임).

답: 있었어요.

문: 그렇다면 그렇게 스트레스를 받을 때, 당신의 '부모로서 보다 좋은 판단'에 어긋나는 혹은 당신의 부모로서 지혜에 어긋나는 어떤 것을 말하거나 행동한 적이 있었나요? 혹은 아이들과의 관계에서 당신이 바라는 것과 반대되게 아이들에게 말하거나 행동한 적이 있었나요? (다시 앞의 덧붙임을 말함).

답: 있었어요.

　(있었다는 답은 아이들과의 관계에서 스트레스를 받을 때 그들이 접촉을 잃은 '부모역할의 지혜'에 대한 '보다 좋은 판단'을 인터뷰할 기회를 나에게 열어 주었다. 그래서 이보다 좋은 판단에 대한 그들의 생각을 표현하도록 했다.)

문: 아이들과 상호작용이 효과적일 때, 그때는 부모역할이 어떤 모습인가요? (어떤가요?)

답: …….

　(긍정적인 모습에 답은 있지만, 아버지에게는 그랬던 때가 미약하기 때문에 미래의 발전에 큰 영향을 주지는 못할 것이라고 사회복지사는 생각했다. 그래서 이 '부모역할에서의 지혜로운 판단'의 역사를 물어보았다.)

문: 어떻게 이러한 부모역할의 지혜를 가지게 되었나요? 당신 아이들과의 상호작용에서 무엇이 '보다 더 좋은 판단'인지 분별하는 지혜를 아는 데, 자기의 부모로서의 경험과 내가 자녀로서의 경험이 기여했나요? 만약 그렇다면, 어떤 경험이 기여했나요? 만약 아니라면, 어떤 경험에서 실마리를 취한 것이 있나요? 아이들과의 관계에서 내가 무엇을 원하고, 무엇을 원하지 않는지 구분하는 것에 그 밖에 무엇이 공헌했나요? ('현명한 판단'과의 연결의 역사를 알아보고자 함.)

답: (어머니는 설명했으나, 아버지는 할 말이 별로 없다고 했다. 아버지는 어린 시절이 힘들었으며, 어머니와는 달리 '현명한 판단'에 머무는 데 어려움이 있다고 했다.)

(아버지는 '현명한 판단'의 영역에 어긋나는 부모역할에 반대하는 입장을 밝혔다. 그럼에도 불구하고, '현명한 판단'의 역사에 대해서 별로 할 말이 없다고 하는 것으로 보아서 이러한 입장 선택이 아버지의 실제 변화에 별 영향을 주지 못할 것이라는 우려가 사회복지사에게 들었다. 그래서 사회복지사는 다음과 같이 진행했다.)

문: 내가 이해하는 바로는 부모로서의 '현명한 판단'이 무엇인지에 대한 생각(개념)은 갑자기 생길 수가 없어요. 아무 근거가 없을 수 없다는 것이지요. 아버님의 이 '현명한 판단'의 내력(역사)에 대해서 우리가 함께 좀 알아봐도 괜찮을까요?

답: 좋아요.

(이후 아버지와의 개별상담이 이루어졌다. '부모로서의 현명한 판단'의 역사를 알아보는 대화를 시작했는데, 거기서 두 가지 중요한 것이 밝혀졌다. 아내의 기여를 인식하고 인정하였다. 그리고 개인적인 역사, 즉 친구 부모님에 관련된 이야기를 회상했다.)

문: 왜 이런 이야기를 하게 됐을까요? 이 경험의 어떤 부분이 아버님께 중요했던 것일까요?

답: 어쩌면 이 이야기가 '부모로서의 현명한 판단'의 역사에 관한 사회복지사의 질문에 대한 답을 줄 수도 있을 것 같아서요(어쩌면 이는 부모역할의 다른 방식에 대해 클라이언트가 처음 접하게 된 경험일 것이라고 사회복지사는 생각했다).

문: 그 당시 친구 부모님(그 아저씨와 아줌마)께서 보여 준 부모역할의 모습은 어떤 것이었나요? 왜 그런 모습에 아버님은 끌리셨나요?

답: 모르겠어요.

문: 그 아저씨와 아줌마가 어린 시절의 아버님께, 그리고 자신의 아이들에게 어떻게 대했는지 좀 더 이야기해 주시겠어요? (사회복지사는 클라이언트의 말을 받아 적은 다음 그 내용을 클라이언트와 점검했고, 함께 그 아저씨, 아줌마가 아이들을 어떻게 대했는지, 거기서 나타난 것은 무엇인지에 대한 이름을 찾고자 했다. 클라이언트는 이해, 존중, 인내, 친절, 나눔 등의 이름을 찾았다.)

문: 아버님께서 무엇을 중요하게 여기는지 알게 되어서 좋네요.

답: 저도 제가 무엇을 중요하게 여기는지 알게 되니 좋네요.

문: 부모역할에서 무엇을 중요하게 여기는지 아는 것이 왜 (어떤 점에서) 아버님께 중요할까요? (답을 했다.)

문: 부모역할에서 중요하게 여기는 것들을 향해 보다 더 나아가는 것이 아버님께 유익할까요?

답: 그렇다고 생각해요. (이를 위한 여러 가지 방안을 논의하다가 사회복지사는 다음과 같은 제안을 했다.)

문: 그 친구와 친구 부모님에게 연락을 해 보는 것은 어떨까요? 그러면 아버님께 그렇게 강한 감명을 주었던 부모역할에 관해서 좀 더 직접적으로 배울 기회를 우리가 얻게 될 수도 있으니까요.

# 7. 사례

## 1) 가족 옹호 사례※

이 사례(하준선, 배경의, 2008)는 정신장애인 가족 집단을 대상으로 임파워먼트와 자기옹호 증진을 위하여 개입한 것이다. 매주 1회 8주간, 매회기 2시간 30분씩 운영하였다.

---

※ 하준선, 배경의(2008), 정신장애인가족의 임파워먼트와 자기옹호 증진을 위한 프로그램의 효과, p. 76에서 발췌하였다.

표 14-1 정신장애인 가족의 옹호 개입

| 집단 국면 | 회기 | 목표 | 세부 목표 | 사용된 기술 및 중재 |
|---|---|---|---|---|
| 계획 | 집단 구성 | 집단의 구성 | • 집단의 목적 확인<br>• 집단 구성(모집) | 모집과 구성 |
| | 집단 준비 | 집단의 준비 | • 사전검사 도구 작성<br>• 집단 참여 동기에 대한 평가 및 동기 유발<br>• 프로그램의 소개 | 검사, 평가<br>동기 유발 |
| 시작 | 1 | 소개와 공통 경험 공유 | • 지지적이며 안전한 집단 분위기 조성<br>• 프로그램의 전체적인 개요 이해<br>• 참여자들의 소개<br>• 정신장애인에 대한 같은 경험 공유<br>• 첫 모임 평가와 다음 모임에 대한 기대감 강화 | 집단 규칙 소개<br>지지<br>환기<br>감정이입적 태도 |
| 중간 | 2 | 가족 부양 부담의 공유와 무기력에 대한 사회적 영향에 대한 재명명 | • 가족의 부양 부담에 대한 경험의 공유<br>• 가족의 무기력의 정도와 양상의 확인, 가족의 부양 부담, 무기력에 대한 사회적 영향에 대한 문제의 재정의 | 지지<br>감정이입적 태도<br>토론의 유도 |
| | 3 | 가족의 정체성과 방향성의 인식 | • 정신장애인 가족이 처해 온 시대적 상황과 가족의 대응 상황에 대한 의식화<br>• 정신장애인 가족의 정체성과 방향성의 확인과 의견 수렴 | 비판적 교육<br>토론의 유도 |
| | 4 | 가족의 인권에 대한 인식 | • 인권과 인권 보장을 위한 기본권에 대한 인식<br>• 정신장애인의 인권과 인권의 보장을 위한 「정신보건법」의 내용 인식<br>• 정신장애인의 인권 침해 상황에 대한 가족의 생각 공유<br>• 정신장애인 가족이 주장하고 누려야 할 권리 표출 | 비판적 교육<br>토론의 유도 |

| | | | | |
|---|---|---|---|---|
| 중간 | 5 | 생활상에 존재하는 억압, 차별, 무기력의 영향 인식과 정신장애인 가족의 장점 인식 | • 갈등적 사회 환경 속의 가족의 입장 인식<br>• 사회의 억압, 차별, 소외, 무기력의 영향 등에 대한 인식<br>• 사회의 영향에 대한 정신장애인 가족의 경험 탐색과 무기력의 원인에 대한 재명명<br>• 정신장애인 가족의 강점 확인과 주체적 변화 노력 고무 | 인지적 재구조화<br>토론의 유도<br>환기 |
| | 6 | 사회적 영향에 대처하기 위한 가족의 자기옹호 | • 정신장애인 가족의 자기 옹호에 대한 전반적인 인식 향상과 자기 옹호의식의 고취 | 의식의 전환과 고취 |
| | 7 | 자기옹호 전략 | • 대상에 따른 자기옹호의 표출 고무<br>• 정신장애인 가족의 자기옹호의 방법 탐색 | 의식의 전환과 고취 |
| 종료 | 8 | 집단 종료 | • 자기 옹호 선언과 지속적인 행동의 고취<br>• 지속적인 자조 집단 참여 동기 고취<br>• 집단의 성취 평가<br>• 집단 종료 | 평가<br>매개 |

출처: 하준선, 배경의(2008: 76).

## 2) 이야기 치료 사례[*]

이 사례는 아동학대 재발 방지를 위하여 윤혜미, 장화정, 고미영(2013)이 학대 행위자 및 비가해 부모 등 가족 전체를 대상으로 8회기 가족치료 프로그램을 개발하여 운영한 사례이다. 이 가족치료는 학대와 관련된 가족의 낙인이 가족치료 서비스에 거부감을 줄 것을 고려하여 이야기 치료의 철학에 근거하여 운영되었다. 우선 가족이 선호하는 이야기의 공간을 열어 학대와 관련되지 않은 문제를 표출하여 분노, 양육 문제들을 다루고, 학대가 일어나지 않는 대안 이야기를 구성하면서 의사소통, 양육 태도, 분노 조절을 다루도록 하였다. 회기별 내용은 〈표 14-2〉와 같다.

[*] 윤혜미, 장화정, 고미영(2013), 아동학대 재발 방지를 위한 이야기 치료 기반의 가족치료 접근, pp. 65-66에서 발췌하였다.

**표 14-2** 아동학대 재발 방지를 위한 내러티브 접근의 가족치료 프로그램

| 회기 | 구분 | 주제와 내용 | 참여자 |
|---|---|---|---|
| 1 | 부부 | 문제로부터 분리되기(학대 문제를 가족과 분리시켜서 학대를 외재화시켜 가족의 삶에 어떠한 영향을 미치는지를 탐색) | 학대 부모<br>비가해 부모 |
| 2 | 부부 | 문제와 거리 만들기(가족이 자신의 문제와 삶으로부터 거리를 가지도록 주체적 의식을 고양하는 대화를 시도) | 학대 부모<br>비가해 부모 |
| 3 | 부부 | 문제 해체시키기(학대 문제를 해체시키기 위하여 대상 가족이 경험했던 독특하고 고유한 학대 문제에 관한 지식을 문서로 만들고, 그 문서 안에 담긴 문제의 의도를 파악하여 이것에 대항하도록 한다.) | 학대 부모<br>비가해 부모 |
| 4 | 가족 | 대안적 이야기 만들기(학대 문제의 해체를 진행하면서 문제, 다른 사건이나 다른 경험에 대해 주의를 기울이고 이것을 자세히 기록하여 문제에 대항하는 이야기를 만든다.) | 피해 아동<br>학대 부모<br>비가해 부모 |
| 5 | 집단 | 애니어그램으로 자기 유형 성찰과 분노 조절하기(자신의 집착과 분노 조절에 대한 정보를 얻고, 이것을 학대 상황에 효과적으로 잘 사용할 수 있는 방법을 모색한다.) | 학대 부모<br>비가해 부모 |
| 6 | 집단 | 좋은 부모인 나: 부모교육(부모가 지녀 온 자녀양육에 관한 신념들을 고찰하고 해체하여 자녀양육에서의 성공한 경험을 나누면서 새로운 양육에 대한 대안을 만들어 가도록 한다.) | 학대 부모<br>비가해 부모 |
| 7 | 집단 | 자녀와 대화하는 나: 비폭력적 의사소통 기술 익히기(자기 가족의 성공적인 의사소통 유형을 찾도록 하여 효과적으로 자녀와 대화하는 방법을 터득한다.) | 학대 부모<br>비가해 부모 |
| 8 | 집단 | 새로 나온 이야기 선언하기: 가족캠프(의식과 축하 행사들을 통해 문제 이야기에서 벗어나 삶을 새롭고 보다 선호하는 쪽으로 바꾸는 주요한 출발을 기념하기 위한 것이다.) | 모든 가족 함께 |

출처: 윤혜미, 장화정, 고미영(2013: 65-66).

**워크숍: 토론**          🚩  🌐  🏠  📊  👥

가족치료 모델 중 가장 흥미 있는 모델을 선정하고, 그 이유와 적용에 대한 기대와 두려움을 토론해 보자.

부록 1

# 성찰일지

| 성찰적<br>실천의 단계 | 성찰일지의 핵심 내용 |
|---|---|
| 기술<br>(description) | • 실천 과정에서 어떤 일이 일어났는가?(장소, 관련된 인물, 실천의 내용과 사건의 맥락, 실천의 결과에 대한 상세한 기술) |
| 느낌<br>(feelings) | • 이 사건에 대한 생각과 느낌은 어떠한가?<br>• 무엇이 나로 하여금 이러한 감정들을 느끼게 했는가?(감정들의 목록) |
| 평가<br>(evaluation) | • 무엇을 성취하기 위해 시도하였나?(무엇을 의도하였는가?)<br>• 실천 과정에서 좋은 점과 나쁜 점은 무엇이었나?(의도한 것과 결과의 차이점)<br>• 결과적으로 무엇이 잘 되었으며, 내가 성공적으로 한 일들은 무엇인가? |
| 분석<br>(analysis) | • 주어진 상황에서 어떤 의미를 찾을 수 있는가?<br>• 성공여부에 기여한 점들이 무엇이었는가?<br>• 이번 경험을 통해 무엇을 배웠나?<br>• 의사결정을 내렸을 때 근거는 무엇이었는가?(의사결정의 경우 지식의 근거들) |
| 결론<br>(conclusion) | • 나의 행동은 어떤 결과를 가져왔는가?<br>• 어떤 대안들이 가능했었는가? |
| 계획<br>(action plan) | • 유사한 상황이 벌어지면 어떻게 하겠는가?<br>• 앞으로 나의 실천에 어떻게 영향을 미칠 것 같은가? |

출처: 최옥채, 유영준, 용호중(2014: 235) 재인용.

## 부록 2

# 사회복지사 윤리강령

## ■ 전문

사회복지사는 인본주의·평등주의 사상에 기초하여, 모든 인간의 존엄성과 가치를 존중하고 천부의 자유권과 생존권의 보장 활동에 헌신한다.

특히 사회적·경제적 약자들의 편에 서서 사회정의와 평등·자유와 민주주의 가치를 실현하는 데 앞장선다. 또한, 도움을 필요로 하는 사람들의 사회적 지위와 기능을 향상시키기 위해 저들과 함께 일하며, 사회제도 개선과 관련된 제반 활동에 주도적으로 참여한다. 사회복지사는 개인의 주체성과 자기 결정권을 보장하는 데 최선을 다하고, 어떠한 여건에서도 개인이 부당하게 희생되는 일이 없도록 한다.

이러한 사명을 실천하기 위하여 전문적 지식과 기술을 개발하고, 사회적 가치를 실현하는 전문가로서의 능력과 품위를 유지하기 위해 노력한다. 이에 우리는 클라이언트·동료·기관 그리고, 지역사회 및 전체사회와 관련된 사회복지사의 행위와 활동을 판단·평가하며 인도하는 윤리기준을 다음과 같이 선언하고 이를 준수할 것을 다짐한다.

## ■ 윤리강령의 목적

한국사회복지사 윤리강령은 사회복지 전문직의 가치와 윤리적 실천을 위한 기준을 안내하고, 윤리적 이해가 충돌할 때 고려해야 할 사항을 제시하고자 한다. 한국사회복지사 윤리강령의 목적은 다음과 같다.

1. 윤리강령은 사회복지 전문직의 사명과 사회복지 실천의 기반이 되는 핵심 가치를 제시한다.
2. 윤리강령은 사회복지 전문직의 핵심 가치를 실현하기 위한 윤리적 원칙을 제시하고, 사회복지 실천의 지침으로 사용될 윤리기준을 제시한다.
3. 윤리강령은 사회복지 실천 현장에서 발생하는 윤리적 갈등 상황에서 의사 결정에 필요한 사항을 확인하고 판단하는 데 필요한 윤리 기준을 제시한다.
4. 윤리강령은 사회복지사가 전문가로서 품위와 자질을 유지하고, 자기 관리를 통해 클라이언트를 보호할 수 있도록 안내한다.
5. 윤리강령은 사회복지의 전문성을 확보하고 외부 통제로부터 전문직을 보호할 수 있는 기준을 제공한다.
6. 윤리강령은 시민에게 전문가로서 사회복지사의 역할과 태도를 알리는 수단으로 작용한다.

## ■ 윤리강령의 가치와 원칙

사회복지사는 인간 존엄성과 사회정의라는 사회복지의 핵심 가치에 기반을 두고 사회복지 전문직의 사명을 다하기 위해 노력해야 한다. 이러한 핵심가치와 관련해 사회복지 전문직이 준수해야 할 윤리적 원칙을 제시한다.

### 핵심 가치 1. 인간 존엄성

**윤리적 원칙: 사회복지사는 인간의 존엄성과 가치를 인정하고 존중한다.**

사회복지사는 개인적·사회적·문화적·정치적·종교적 다양성을 고려하며 개인의 인권을 보호하고 존중한다.

사회복지사는 클라이언트의 자율성을 존중하고, 자기 결정을 지원한다.

사회복지사는 클라이언트가 역량을 강화하고, 자신과 환경을 변화시킬 수 있도록 지원한다.

사회복지사는 사회복지 실천 과정에서 클라이언트의 개입과 참여를 보장한다.

핵심 가치 2. 사회정의

<u>윤리적 원칙: 사회복지사는 사회정의 실현을 위해 앞장선다.</u>

사회복지사는 개인적 · 집단적 · 사회적 · 문화적 · 정치적 · 종교적 차별에 도전하여 사회정의를 촉진한다.

사회복지사는 개인, 가족, 집단, 지역사회의 다양성을 존중하는 포용적 지역사회를 만들기 위해 노력한다.

사회복지사는 부적절하고 억압적이며 불공정한 사회제도와 관행을 변화시키기 위해 사회의 다양한 구성원들과 협력한다.

사회복지사는 포용적이고 책임 있는 사회를 만들어 가기 위해 연대 활동을 한다.

# ■ 사회복지사의 윤리기준

## I. 기본적 윤리기준

### 1. 전문가로서의 자세

#### 1) 인간 존엄성 존중

가. 사회복지사는 모든 인간의 존엄, 자유, 평등을 위해 헌신해야 하며, 사회적 약자를 옹호하고 대변하는 일을 주도해야 한다.

나. 사회복지사는 모든 인간의 고유한 존엄성과 가치를 인정하고 존중하며, 이를 기반으로 사회복지를 실천한다.

다. 사회복지사는 클라이언트의 성,연령, 정신 · 신체적 장애, 경제적 지위, 정치적 신념, 종교, 인종, 국적, 결혼상태, 임신 또는 출산, 가족 형태 또는 가족 상황, 성적 지향, 젠더 정체성, 기타 개인적 선호 · 특징 · 조건 · 지위 등을 이유로 차별을 하지 않는다.

라. 사회복지사는 다양한 문화의 강점을 인식하고 존중하며, 문화적 역량을 바탕으로 사회복지를 실천한다.

마. 사회복지사는 문화적으로 민감한 실천을 제공하기 위해, 사회복지 실천 과정에서 자신의 개인적 · 사회적 · 문화적 · 정치적 · 종교적 가치, 신념과 편견이

클라이언트와 동료 사회복지사에게 미칠 수있는 영향을 고려하여 자기 인식을 증진하기 위해 힘쓴다.

**2) 사회정의 실현**

가. 사회복지사는 사회정의 실현과 클라이언트의 복지 증진에 헌신하며, 이를 위한 국가와 사회의 환경 변화를 위해 노력한다.

나. 사회복지사는 사회, 경제, 환경, 정치적 자원에 대한 평등한 접근과 공평한 분배가 이루어지도록 노력한다.

다. 사회복지사는 개인적·집단적·사회적·문화적·정치적·종교적 특성에 근거해 개인이나 집단을 차별·억압하는 것을 인식하고, 이를 해결 또는 예방하기 위해 노력해야 한다.

## 2. 전문성 개발을 위한 노력

**1) 직무 능력 개발**

가. 사회복지사는 클라이언트에게 최상의 서비스를 제공하기 위해, 지식과 기술을 개발하는 데 최선을 다하며 이를 활용하고 공유할 책임이 있다.

나. 사회복지사는 사회적 다양성의 특징(성, 연령, 정신·신체적 장애, 경제적 지위, 정치적 신념, 종교, 인종, 국적, 결혼 상태, 임신 또는 출산, 가족 형태 또는 가족 상황, 성적 지향, 젠더 정체성, 기타 개인적 선호·특징·조건·지위 등), 차별, 억압 등에 대해 교육을 받고 이에 대한 이해를 증진하기 위해 노력한다.

다. 사회복지사는 변화하는 사회복지 관련 쟁점에 대응할 수 있도록 실천 기술을 향상하고, 새로운 실천 기술이나 접근법을 적용하기 위해 적절한 교육, 훈련, 연수, 자문, 수퍼비전 등을 받도록 노력한다.

라. 사회복지사는 사회복지 실천에 필요한 정보통신 관련 지식과 기술을 습득하기 위해 노력하며, 이를 사용하는 과정에서 발생할 수 있는 윤리적 문제를 인식하고 정보통신 관련 지식과 기술을 활용하도록 한다.

**2) 지식기반의 실천 증진**

가. 사회복지사는 사회복지 실천 과정에서 평가와 연구 조사를 함으로써, 사회복지 실천의 지식 기반형성에 기여하고, 궁극적으로 사회복지 실천의 질적 향

상을 위해 노력한다.

나. 사회복지사는 평가나 연구 조사를 할 때, 연구 참여자의 권리를 보장하기 위해, 연구 관련 사항을 충분히 안내하고 자발적인 동의를 얻어야 한다.

다. 사회복지사는 연구 과정에서 얻은 정보를 비밀 보장의 원칙에서 다루며, 비밀 보장의 한계, 비밀 보장을 위한 조치, 조사자료폐기 등을 연구 참여자에게 알려야 한다.

라. 사회복지사는 평가나 연구 조사를 할 때, 연구 참여자의 보호와 이익, 존엄성, 자기 결정권, 자발적 동의, 비밀 보장 등을 고려하며, 「생명윤리 및 안전에 관한 법률」 등 관련 법령과 규정에 따라 연구윤리를 준수한다.

## 3. 전문가로서의 실천

### 1) 품위와 자질 유지

가. 사회복지사는 전문가로서의 품위와 자질을 유지하고, 자신이 맡고 있는 업무에 대해 책임을 진다.

나. 사회복지사는 자신의 이익을 위해 사회복지 전문직의 가치와 권위를 훼손해서는 안 된다.

다. 사회복지사는 전문가로서 성실하고 공정하게 업무를 수행한다.

라. 사회복지사는 부정직한 행위, 범죄행위, 사기, 기만행위, 차별, 학대, 따돌림, 괴롭힘 등 불법적이고 부당한 일을 행하거나 묵인해서는 안 된다.

마. 사회복지사는 자신의 소속, 전문 자격이나 역량 등을 클라이언트에게 정직하고 정확하게 알려야 한다.

바. 사회복지사는 클라이언트, 학생, 훈련생, 실습생, 수퍼바이지, 직장 내 위계적 권력 관계에 있는 동료와 성적 관계를 형성해서는 안 되며, 이들에게 성추행과 성희롱을 포함한 성폭력, 성적·인격적 수치심을 주는 행위를 해서는 안 된다.

사. 사회복지사는 한국사회복지사협회 등 전문가 단체의 활동에 적극적으로 참여하여, 사회정의 실현과 사회복지사의 권익 옹호를 위해 노력한다.

## 2) 자기 관리

가. 사회복지사는 정신적 · 신체적 건강 문제, 법적 문제 등이 사회복지 실천 과정에서의 전문적 판단이나 실천에 부정적 영향을 주거나 클라이언트의 이익을 저해하지 않도록, 동료, 기관과 함께 적절한 조치를 하도록 노력한다.

나. 사회복지사는 클라이언트에게 최상의 사회복지서비스를 제공하기 위해 사회복지사 자신의 정신적 · 신체적 건강, 안전을 유지 · 보호 · 관리하도록 노력한다.

## 3) 이해 충돌에 대한 대처

가. 사회복지사는 클라이언트의 이익을 우선으로 고려하고, 이해 충돌이 있을 때는 아동, 소수자 등 취약한 자의 이해와 권리를 우선시한다.

나. 사회복지사의 개인적 신념과 사회복지사로서 직업적 의무 사이에 이해 충돌이 발생할 때 동료, 수퍼바이저와 논의하고, 부득이한 경우 클라이언트가 적절한 지원을 받을 수 있도록 클라이언트를 다른 사회복지사에게 의뢰하거나 다른 사회복지서비스로 연결한다.

다. 사회복지사는 전문적 가치와 판단에 따라 업무를 수행하는 과정에서, 기관 내외로부터 부당한 간섭이나 압력을 받아서는 안 된다.

## 4) 경제적 이득에 대한 실천

가. 사회복지사는 클라이언트의 지불 능력에 상관없이 복지 서비스를 제공해야 하며, 이를 이유로 차별해서는 안 된다.

나. 사회복지사는 필요한 경우에 제공된 서비스에 대해 공정하고 합리적으로 이용료를 책정할 수 있다.

다. 사회복지사는 업무와 관련해 정당하지 않은 방법으로 경제적 이득을 취해서는 안 된다.

## Ⅱ. 클라이언트에 대한 윤리기준

### 1. 클라이언트의 권익옹호
사회복지사는 클라이언트의 이익을 최우선의 가치로 삼고 이를 실천하며, 클라이언트의 권리를 존중하고 옹호한다.

### 2. 클라이언트의 자기 결정권 존중
1) 사회복지사는 사회복지 실천 과정에서 클라이언트의 자기 결정을 존중하고, 클라이언트를 사회복지 실천의 주체로 인식하여 클라이언트가 자기결정권을 최대한 행사할 수 있도록 돕는다.
2) 사회복지사는 의사 결정이 어려운 클라이언트에 대해서는 클라이언트의 이익과 권리를 보장하기 위한 적절한 조치를 취해야 한다.

### 3. 클라이언트의 사생활 보호 및 비밀 보장
사회복지사는 클라이언트의 사생활을 존중하고 보호하며, 전문적 관계에서 얻은 클라이언트 관련 정보에 대해 비밀을 유지한다. 그러나 클라이언트 자신과 타인에게 해를 입히거나 범죄행위와 관련된 경우에는 예외로 할 수 있다.

### 4. 정보에 입각한 동의
사회복지사는 클라이언트의 알 권리를 인정하고 동의를 얻어야 하며, 클라이언트가 받는 서비스의 목적과 내용, 범위, 합리적 대안, 위험, 서비스의 제한, 동의를 거절 또는 철회할 수 있는 클라이언트의 권리 등에 대해 정확하고 충분한 정보를 제공한다.

### 5. 기록 · 정보 관리
1) 클라이언트에 대한 사회복지 실천 기록은 사회복지사의 윤리적 실천의 근거이자 평가 · 점검의 도구이기 때문에 중립적이고 객관적으로 작성해야 한다.
2) 사회복지사는 클라이언트가 자신과 관련된 기록의 공개를 요구하면 정당한 비공개 사유가 없는 한 정보에 접근할 수 있도록 해야 한다.
3) 사회복지사는 클라이언트에 대한 문서 정보, 전자 정보, 기타 민감한 개인 정보

를 보호해야 한다.

4) 사회복지사가 획득한 클라이언트 관련 정보나 기록을 법적 사유 또는 기타 사유로 제3자에게 공개할 때는 클라이언트에게 안내하고 동의를 얻어야 한다.

## 6. 직업적 경계 유지

1) 사회복지사는 클라이언트와의 전문적 관계를 자신의 개인적 이익을 위해 이용해서는 안 된다.

2) 사회복지사는 업무 외의 목적으로 정보통신 기술을 사용해 클라이언트와 의사소통을 해서는 안 된다.

3) 사회복지사는 어떠한 상황에서도 클라이언트와 사적 금전 거래, 성적 관계 등 부적절한 행동을 해서는 안 된다.

4) 동료의 클라이언트를 의뢰받을 때는 기관 및 수퍼바이저와 논의하는 과정을 거쳐야 하며, 클라이언트에게 설명하고 동의를 얻은 후 서비스를 제공한다.

5) 사회복지사는 정보처리 기술을 이용하는 것이 클라이언트의 권리를 침해할 위험성이 있다는 사실을 인식하고 직업적 범위 안에서 활용한다.

## 7. 서비스의 종결

1) 사회복지사는 클라이언트에게 제공되는 서비스가 더 이상 클라이언트의 이해나 욕구에 부합하지 않으면 업무상 관계와 서비스를 종결한다.

2) 사회복지사는 개인적 또는 직업적 이유로 클라이언트와의 전문적 관계를 중단하거나 종결할 때 사전에 클라이언트에게 충분히 설명하고, 다른 기관 또는 다른 전문가에게 의뢰하는 등 필요한 조치를 취한다.

3) 사회복지사는 클라이언트의 고의적·악의적·상습적 민원 제기에 대해 소속 기관, 수퍼바이저, 전문가 자문 등의 논의 과정을 거쳐 서비스를 중단하거나 거부권을 행사할 수 있다.

## III. 사회복지사의 동료에 대한 윤리기준

### 1. 동료

1) 사회복지사는 존중과 신뢰를 기반으로 동료를 대하며, 전문가로서의 지위와 인격을 훼손하는 언행을 하지 않는다.

2) 사회복지사는 사회복지 전문직의 권익 증진을 위해 동료와 다른 전문직 동료와도 협력하고 협업한다.

3) 사회복지사는 동료의 윤리적이고 전문적인 행위를 촉진해야 하며, 동료가 전문적인 판단과 실천이 미흡하여 문제를 발생시켰을 때 윤리강령과 제반 법령에 따라 대처한다.

4) 사회복지사는 다른 전문직의 동료가 행한 비윤리적 행위에 대한 윤리강령과 제반 법령에 따라 대처한다.

5) 사회복지사는 동료의 직무 가치와 내용을 인정하고 이해하며, 상호 간에 민주적인 직무 관계를 이루도록 노력해야 한다.

6) 사회복지사는 동료들에게 정보통신기술을 사용한 비윤리적 행위를 하지 않는다.

7) 사회복지사는 동료가 적법하게 업무를 수행하는 과정에서 부당한 조치를 당하면 동료를 변호하고 원조해 주어야 한다.

8) 사회복지사는 동료에게 행해지는 어떤 형태의 차별, 학대, 따돌림 또는 괴롭힘과 자신의 전문적 권위를 행사하는 다른 동료와의 부적절한 성적 행동에 가담하거나 이를 용인해서는 안 된다.

9) 사회복지사는 슈퍼바이지, 학생, 훈련생, 실습생, 자신의 전문적 권위를 행사하는 다른 동료와의 성적 행위나 성적 접촉과 성적 관계에 관여해서는 안된다.

### 2. 수퍼바이저

1) 수퍼바이저는 수퍼바이지가 전문적 업무 수행을 할 수 있도록 지원하고 수퍼바이지는 수퍼바이저의 전문적 지도와 조언을 존중해야 한다.

2) 수퍼바이저는 전문적 기준에 따라 수퍼비전을 수행하며, 공정하게 평가하고 평가 결과를 수퍼바이지와 공유한다.

3) 수퍼바이저는 개인적인 이익 추구를 위해 자신의 지위를 이용해서는 안 된다.

4) 수퍼바이저는 사회복지사 수련생과 실습생에게 인격적 · 성적으로 수치심을 주는 행위를 해서는 안 된다.

## Ⅳ. 기관에 대한 윤리기준

1) 사회복지사는 기관의 사명과 비전을 확인하고, 정책과 사업 목표를 달성하기 위해 노력해야 한다.
2) 사회복지사는 소속 기관의 활동에 적극적으로 참여함으로써 기관의 성장과 발전을 위해 노력해야 한다.
3) 사회복지사는 기관의 부당한 정책이나 요구에 대해 전문직의 가치와 지식을 근거로 대응하고, 제반 법령과 규정에 따라 해결하도록 노력해야 한다.

## Ⅴ. 사회에 대한 윤리기준

1) 사회복지사는 자신이 일하는 지역사회를 이해하고, 클라이언트가 지역사회에서 서로 도우며 함께 살아가도록 지원해야 한다.
2) 사회복지사는 정치적 영역이 클라이언트의 권익과 사회복지 실천에 미치는 영향을 인식하여 사회정의 실현을 위한 사회정책의 수립과 법령 제 · 개정을 지원 · 옹호해야 한다.
3) 사회복지사는 사회재난과 국가 위급 상황에서 문제를 해결하기 위해 적극적으로 활동해야 한다.
4) 사회복지사는 지역사회, 국가, 나아가 전 세계와 그 구성원의 복지 증진, 삶의 질 향상을 위해 적극적으로 노력해야 한다.
5) 사회복지사는 인간과 자연이 서로 떨어져 살 수 없음을 깨닫고, 인간과 자연환경, 생명 등 생태에 미칠 영향을 생각하며 실천해야 한다.

부록 3

# 사회복지사 선서문

나는 모든 사람들이 인간다운 삶을 누릴 수 있도록,
인간 존엄성과 사회정의의 신념을 바탕으로,
개인 · 가족 · 집단 · 조직 · 지역사회 · 전체사회와 함께 한다.

나는 언제나 소외되고 고통받는 사람들의 편에 서서, 저들의 인권과 권익을 지키며,
사회의 불의와 부정을 거부하고, 개인이익보다 공공이익을 앞세운다.

나는 사회복지사 윤리강령을 준수함으로써, 도덕성과 책임성을 갖춘
사회복지사로 헌신한다.
나는 나의 자유의지에 따라 명예를 걸고 이를 엄숙하게 선서합니다.

# 참고문헌

가족치료연구모임 역(1995). 해결중심적 단기가족치료. 서울: 하나의학사.

가족치료연구모임 역(1996). 단기가족치료: 해결중심으로 되어가기. 서울: 하나의학사.

고미영(2004). 이야기치료와 이야기치료의 세계. 서울: 청목출판사.

권정혜, 이재우(2001). 우울증의 인지치료. 인지행동치료, 1, 1-22.

권진숙, 신혜령, 김정진, 김성경, 박지영(2006). 가족복지론. 경기: 공동체.

권혁일,김윤택, 김익현, 김정린, 나영희, 박숙미, 박한우, 안상희 역(2008). 사회복지와 인권.
　　　서울: 인간과 복지.

김경동, 김여진(2010). 한국의 사회윤리: 기업윤리, 직업윤리, 사이버 윤리. 서울: 철학과 현실사.

김경호(2005). 사회복지실천기술론. 서울: 청목출판사.

김기덕, 최소연, 권자영(2012). 사회복지윤리와 철학. 경기: 양서원.

김기덕, 최소연, 권자영(2018). 사회복지윤리와 철학. 경기: 양서원.

김기태(1993). 위기개입론. 서울: 대왕사.

김기태, 김수환, 김영호, 박지영(2002). 사회복지실천론. 서울: 양서원.

김기태, 김수환, 김영호, 박지영(2007). 사회복지실천론. 경기: 공동체.

김범수(2003). 사회복지사 자격제도를 통한 정체성 확립. 사회복지학 정체성의 위기와 도전.
　　　2003년 한국사회복지학회 추계공동학술대회 자료집, 127-146.

김상균, 오정수, 유채영(2002). 사회복지윤리와 철학. 서울: 나남출판.

김성천(2005). 지역사회복지관의 가족실천매뉴얼. 서울: 서울복지재단.

김승권(2012). 한국가족의 위기성 및 취약성과 정책과제. 보건복지포럼, 187, 6-19.

김원정, 김순남(2018). 동거가구의 변화와 한국의 결혼·가족제도: 1995-2015 혼인신고자료
　　　분석을 중심으로. 가족과 문화, 30(4), 61-90.

김유숙(2004). 가족치료-이론과 실제. 서울: 학지사.

김유순 역(2005). 해결중심면접도구들. 서울: 시그마프레스.

김융일(2003). 사회복지학 교육을 통한 정체성 확립. 사회복지학 정체성의 위기와 도전.

2003년 한국사회복지학회 추계공동학술대회 자료집, 85-115.

김이선, 황정미, 이진영(2007). 다민족, 다문화사회로의 이행을 위한 정책패러다임구축, 한국 사회의 수용현실과 정책과제. 한국여성정책연구원.

김익균(2003). 가족복지론. 서울: 교문사.

김인수, 송성자, 정문자, 이영분, 김유숙(1998). 무엇이 좋아졌는가. 서울: 동인.

김인숙(2004). 사회복지실천학문의 정체성: 한국 사회복지실천의 정체성. 사회복지학 정체 성의 위기와 도전 II. 2004년 한국사회복지학회 춘계학술대회 자료집, 33-53.

김인숙, 김용석 역(2002). 사회복지실천기술연습. 서울: 나남출판.

김정진(2004). 사회복지실습론. 경기: 서현사.

김정진(2008). 1급 시험대비 사회복지실천기술론. 서울: 와이드프로.

김정진(2022). 정신건강론. 학지사.

김정진, 임무영(2017). 사회복지사 윤리이론과 윤리적 실천연습. 한국사회복지사협회.

김정진, 임은희, 권진숙(2007). 사회복지실천기술론. 경기: 서현사.

김정진, 최민숙(2003). 지역사회 중심의 장애 영·유아 가족지원 실행을 위한 가족의 요구와 자원 실태 분석: 천안-아산 지역을 중심으로. 特殊教育學硏究, 38(2), 85-112.

김정희, 이장호 역(1992). 현대심리치료. 서울: 중앙적성출판사.

김진숙, 장연진(2012). 사회복지사의 윤리적 신념과 경험에 관한 연구-이중관계를 중심으로. 사회복지연구, 43(2), 235-266.

김형태(2003). 집단상담의 이론과 실제. 서울: 동문사.

김혜경(2012). 조손가족 조부모를 위한 상호지지 집단활동 프로그램 개발 및 효과성 연구. 한국노인복지학회 학술발표논문집, 53-57.

김혜란, 홍선미, 공계순(2001). 사회복지실천기술론. 서울: 나남출판.

김혜림(1995). 가출부랑아의 초기적응을 위한 과제중심 모델 적용 연구. 이화여자대학교 대학원 석사학위논문.

김희진, 이현정, 최가영 역(2016). 취약계층을 위한 인지행동개입의 활용. 서울: 학지사.

남세진, 조흥식(1999). 집단지도방법론. 서울: 서울대학교출판부.

류도향(2021). 가족적인 것의 개념: 연결의 정치학을 위한 시론. 가족과 문화, 33(4), 40-57.

민성길(2006). 최신정신의학. 서울: 일조각.

박미은, 서미경, 김영란(2001). 이중관계에 대한 사회복지사들의 신념과 경험에 관한 연구. 사회복지연구, 17(봄), 1-28.

박미진(2000). 정신재활에서의 강점사정. 정신보건사회사업학회 추계학술대회 자료집.

박민선(1995) 다양한 가족생활. 가족과 한국사회. 여성한국사회연구회 편. 서울: 정문사.

박성주, 박재황(2004). 자기성장 집단상담 진행단계에 따른 수료자 집단과 미수료자 집단 간의 비교분석: 집단응집력, 상담회기평가, 상담자평가를 중심으로. 상담학연구, 5(2), 367-382.

박은영(2005). 2005년도 제12회 한국복지재단 직원연구논문 공무 수상작: 지역사회조직화를 통한 방임아동 보호프로그램 개발에 관한 연구. 동광, 101, 100-194.

박정임(2002). 정신장애인을 위한 강점관점 사례관리모델의 효과성에 관한 연구. 서울여자대학교 대학원 박사학위논문.

박정임(2003). 강점관점 사례관리모델의 적용에 관한 연구: 정신장애인을 중심으로. 의료와 사회복지, 2, 11-51.

박종우(1994). 사회사업가의 전문직업적 정체성에 관한 연구. 서울대학교 대학원 박사학위논문.

박태영(2005). 가족치료 이론의 적용과 실천. 서울: 학지사.

박태희(1998). 신특수교육학. 서울: 형설출판사.

배태순, 최영민, 김영미 역(2007). 전문 사회복지실천 기술. Cengage Learning.

변화순, 조은희(2003). 다양한 가족 출현에 따른 쟁점과 가족관련법의 방향 정립에 관한 연구. 서울: 한국여성개발원.

서미경, 김영란, 박미은 역(2000). 사회복지실천윤리. Ethical decision for social work practice. 서울: 양서원.

서울대학교 사회복지실천연구회 역(1998). 사회복지실천 기법과 지침. 서울: 나남출판.

서울시정신건강증진센터(2011). 자살위기개입핸드북. 1-55.

서혜석, 김정은(2010). 자아성장 집단프로그램이 육군병사의 군 생활적응에 미치는 효과. 사회과학연구, 36(3), 30.

석말숙, 김정진(2022). 사회복지현장실습 A to Z. 학지사.

성수진 역(2004). 상담의 필수기술. 서울: 나남출판.

성정현, 여지영, 우국희, 최승희(2005). 가정복지론. 경기: 양서원.

성현주(2016). 학교생활부적응아를 대상으로 한 사회기술훈련에 대한 일 연구. 한국심리치료학회지, 8(1), 81-98.

손봉호(2002). 전문직윤리의 특성과 일반윤리와의 관계. 서울시립대학교 인문과학연구소, 인문과학. 제9집.

송성자(2000). 가족과 가족치료. 서울: 법문사.

신성만, 권정옥, 손명자 역(2006). 동기강화상담: 변화준비시키기. 서울: 시그마프레스.

신재명(2002). 객관식 사회복지학 연습. 서울: 청목출판사.

양옥경, 김정진, 서미경, 김미옥, 김소희(2005). 사회복지실천론(3판). 서울: 나남출판.

양옥경, 김정진, 서미경, 김미옥, 김소희(2010). 사회복지실천론(4판). 서울: 나남출판.

양옥경(2000). 한국 가족개념에 관한 질적 연구. 한국가족복지학, 6, 69-99

양옥경(2001). 공중정신보건을 위한 지역사회 정신건강 모형개발 연구. 정신보건과 사회사업, 9, 79-96.

엄명용(2005). 한국 사회복지실천 현장 내 기본 실천기술의 실증적 확인 및 분류. 한국사회복지학, 57(1), 61-91.

엄명용, 김성천, 오혜경, 윤혜미(2001). 사회복지실천의 이해. 서울: 학지사.

엄명용, 김성천, 오혜경, 윤혜미(2011). 사회복지실천의 이해(3판). 서울: 학지사.

엄명용, 노충래, 김용석(2005). 사회복지실천기술의 이해. 서울: 학지사.

엄명용, 노충래, 김용석(2008). 사회복지실천기술의 이해(2판). 서울: 학지사.

오혜경(2006). 사회복지실천에서 자기결정권과 자기결정권의 제한. 인간연구, 11, 220-249.

왕영선, 김정민(2012). 발달장애아동 비장애형제의 집단인지행동치료 프로그램 개발 및 효과. 아동가족치료연구, 11, 43.

유애정, 박현경(2022) 지역사회 통합돌봄 추진현황과 향후 과제. 대한공공의학회지, 6 , 75-97.

유영권(2000). 가족치료의 이론과 역사. 현대와 신학, 제25권, 제1호, 연세대학교 연합신학 대학원.

윤철수, 김정진(2010). 예비사회복지사를 위한 현장실습길라잡이. 서울: 학지사.

윤현숙, 김연옥, 황숙연(2001). 의료사회사업론. 서울: 나남출판.

윤현숙, 김기환, 김성천, 이영분, 이은주, 최현미, 홍금자(2002). 사회복지실천기술론. 서울: 동인.

윤혜미, 장화정, 고미영(2013). 아동학대 재발방지를 위한 이야기 치료 기반의 가족치료 접근. 한국가족복지학, 41, 55-86.

이기영, 최명민(2006). 사회복지전문직과 인적자원개발. 한국사회복지학회 춘계학술대회 발표자료집.

이명흥(1987). 가족치료: 이론 및 사례연구. 사회사업, 11, 이화여자대학교 사회사업학과.

이석주, 임봉순, 석수룡(1984). Rational Emotive Therapy에 대한 이론적 고찰. 학생생활연구, 3(1), 경남대학교 학생생활연구소.

이선혜, 정슬기, 허남순 역(2010). 이야기치료의 지도. 서울: 학지사.

이영호, 황경란, 김종호(2005). 자녀양육태도변화를 위한 에니어그램 부모교육 집단프로그램에 관한 연구. 교류분석과 심리사회치료연구, 3, 75-103.

이원숙(2004). 가족복지론. 서울: 학지사.

이원숙(2012). 가족복지론(3판). 서울: 학지사.

이윤로 역(2003). 사회사업실천기술론. 경기: 학현사.

이윤로(2007). 사회복지실천기술론(2판). 서울: 학지사.

이윤주, 신동미, 선혜연, 김영빈(2000). 초심상담자를 위한 집단상담기법. 서울: 학지사.

이윤희, 강미경(2019). 세월호 참사 유가족의 사회복지재난지원서비스 이용 경험: 복지관 네트워크 '우리 함께'를 중심으로. Crisisonomy, 15(1), 1–18.

이정숙(1993). 현대가족의 변화와 가족생활주기에서 본 한국가족문제. 호남대학교 논문집, 37, 172–187.

이지혜(2005). 내러티브 접근의 실천적 적용에 대한 연구: 외현화 대화(Externalizing Conversation)를 중심으로. 중앙대학교 대학원 석사학위논문.

이춘희, 홍영준(2013). 다문화부부 가족치료의 사례연구. 한국사회복지질적연구, 7(1), 85–113.

이현주(2000). 사회복지전문직 종사자의 윤리적 갈등에 관한 연구. 중앙대학교 대학원 석사학위논문.

이혜경, 남찬섭(2005). 한국 사회복지학의 고등교육 50년: 사회복지의 제도화와 고등교육의 대중화를 배경으로. 한국사회복지교육, 1(1), 69–95.

이화여자대학교 사회복지학연구회 역(2001). 가족복지실천론. 서울: 나눔의 집.

임한영 역(1981). 사고하는 방법. 서울: 법문사.

전선영(1995). 정신의료사회사업 실천에서의 문제해결모델 적용 가능성에 관한 연구. 서울여자대학교 대학원 석사학위논문.

전선영(2004). 사회복지교육과 사회복지가치 및 옹호의 관계에 관한 연구. 서울여자대학교 대학원 박사학위논문.

전재일, 이종복, 조운희, 이준상, 이애재, 이성희(2001). 사회복지실천론. 서울: 형설출판사.

전재일, 이성희(2002). 사회복지실천기술론. 서울: 형설출판사.

전진호(2000). 사회복지전공학생들의 전문직정체성에 관한 연구. 가톨릭대학교 대학원 석사학위논문.

조추용, 오정옥, 한성심, 이채식(2002). 가족복지론. 서울: 창지사.

조흥식, 오승환, 박현선, 공계순, 신영화, 우국희, 성정현, 오세란, 이상균, 황숙연, 이용표, 유채영, 김혜련, 조성희, 이현주, 김용득(2000). 사회복지실천분야론. 서울: 학지사.

최명민(2005). 정신보건사회복지사의 윤리적 민감성 훈련프로그램 개발 및 평가. 정신보건과 사회사업, 20, 182–215.

최명민, 이기영, 김정진, 최현미(2015). 다문화사회복지론. 서울: 학지사.

최명민, 이기영, 최현미, 김정진(2010). 문화적 다양성과 사회복지. 서울: 학지사.

최민숙(2002). 장애영유아 가족지원을 위한 가족의 자원과 요구진단. 한국유아특수교육학회 발표 자료, 175–186.

최선화, 전영주, 김유숙, 최연실, 박정희, 김수연, 이영후, 박태영, 최선령, 김도애(2002). 가족

    치료: 연구와 임상 사례. 서울: 세종출판사.

최옥채(1999). 사회복지실천론. 서울: 인간과 복지.

최옥채, 유영준, 용호중(2014). 유동적 사회에 대응하는 성찰적 사회복지실천 교육론-성찰 일지를 중심으로. 한국사회복지실천연구학회 정기학술대회 자료집.

최인숙, 김윤주(2005). 해결중심모델 단기가족치료모델 초급과정 워크숍 자료집.

최형종(2004). 사회복지 전공학생들의 전문직 정체성 확립에 영향을 미치는 요인에 관한 연구. 목포대학교 대학원 석사학위논문.

최혜림, 장성숙 역(1993). 집단정신치료의 이론과 실제. 서울: 하나의학사.

통계청(2011). 혼인이혼통계.

하준선, 배경의(2008). 정신장애인가족의 임파워먼트와 자기옹호 증진을 위한 프로그램의 효과. 부모자녀건강학회지, 11(1), 73-83.

한국가족학연구회(1993). 가족학. 서울: 하우.

함인희 (1993). 변화하는 가족과 여성의 지위. 女性硏究, 39, 79-91.

허남순, 노혜련 역(1998). 해결을 위한 면접. 서울: 학문사.

허남순, 양준석, 이정은 역(2014). 우리 삶의 이야기 다시 쓰기. 서울: 학지사.

허남순, 한인영, 김기환, 김용석(2004). 사회복지실천과 기술. 서울: 나남출판.

허대영(2004). 전문직사회화요인이 사회복지사의 전문직 태도에 미치는 영향. 장로회신학대학교 목회전문대학원 석사학위논문.

현명호, 유제민 역(2004). 상담 및 심리치료의 통합적 접근. 서울: 시그마프레스.

홍선미(1999). 임상사회사업의 발전과 과제. 사회복지연구, 제14호(겨울), 191-214.

홍선미(2004). 사회복지 실천의 지식기반과 학문적 특성에 관한 연구. 한국사회복지학, 56(4), 195-214.

홍순혜, 한인영 역(1997). 사회복지기록. 서울: 학문사.

홍지영(2004). 단일체계설계를 활용한 임상실천의 효과성 평가. 정신보건과 사회사업, 18, 165-194.

황성철(1998). 사회사업실천의 효과성에 관한 논쟁과 미국 사회사업의 발전-임상적 실천을 중심으로. 한국사회복지학, 34, 215-245.


Ahrons, C. R., & Miller, R. B. (1993). The effect of the postdivorce relationship on paternal involvement: A longitudinal analysis. *American Journal of Orthopsychiatry, 63*(3), 441-450.

Anderson, H., & Goolishian, H. A. (1988). Human systems as linguistic systems:

Preliminary and evolving ideas about the implications for clinical theory. *Family Process, 27*(4), 371-393.

Balaguer, A., Mary D., & Levitt, M. (2003). Adaptations of the multifaceted genogram in counseling, training, and supervision. *The Family Journal, 11*(1), 45-54,

Bandura, A. (1977). "Self-efficacy: Towardaunifying, theory of behavior change." *Psychological Review, 84*, 191-215.

Beavers, W. R., & Voeller, M. M. (1983). *Family Process.* New York: Guilford Press.

Belkin, G. S. (1981). *Practical counselling in the schools* (2nd ed.). Dubuque, Iowa: William C.

Besharov, D. J., & Besharov, S. H. (1987). Teaching about liability. *Social Work, 32*(6), 517-522.

Bloom, M., Fischer, J., & Orime, J. (1995). *Evaluating practice: Guidelines for the accountable profession* (2nd ed.). Boston, MA: Allyn and Bacon.

Carpenter, J. (2002). Mental health recovery paradigm: Implications for social work. *Health & Social Work, 27*(2), 86-94.

Congress, E. P. (1999). *Social work values and ethics.* CA: Wadworth.

Carr, A. (1998). Micheal White's narrative therapy. *Contemporary Family Therapy, 20*(4), 485-503.

Carter, B., & McGoldrick, M. (1989). *Changing family life cycle* (2nd ed). Boston, MA: Allyn and Bacon.

Carter, B., & McGoldrick, M. (1999). *The expanded family life cycle: Individual family and Social perspectives* (3rd ed). Boston, MA: Allyn and Bacon.

Cartwright, D. (1968). The nature of group cohesion. In D. Cartwright & A. Zander (Eds.), *Group dynamics: Research and theory* (pp. 91-109). London: Tavistock.

Clark, E. J. (2009). *A broader vision for the social work profession.* Washington, DC: NASW.

Compton, B. R., & Galaway, B. (1979). *Social work processes.* Illinois: The Dorsey.

Corey, G. (2003). *Theory and practice of group counseling* (6th ed). Belmont, CA: Wadsworth Publishing.

Corrigan, P. W. (1997). Behavior therapy empowers persons with severe mental illness. *Behavior Modification, 21*, 45-61.

Cowen, E. (1985). Person-centered approaches to primary prevention in mental health:

Situation-focused and competence-enhancement. *American Journal of Community Psychology, 13*(1), 31-48.

Dunst, C., Trivette, C., Davis, M., & Cornwell, J. (1988). Characteristics of effective help-giving practices. *Children's Health Care, 17*(2), 71-81.

Duvall, E. (1977). *Family Development*, 5th ed. Lippincott, Philadelphia.

Ellie, P. (1994). The problem of certainty: Clinical social work in the postmodern era, *Social Work, 39*(4), 396-402.

Ellis, A. (1979). *The rational emotive approach to counseling*. New York: McGrow-Hill.

Ellis, A. (1982). *Rational emotive therapy and cognitive behavior therapy*. New York: Springer.

Epstein, L. (1992). *Brief treatment and a new look at the task-centered approach* (3rd ed.). New York: Macmillian publish Co.

Fraser, M. W. (2004). *Risk and resilience in childhood an ecological perspective* (2nd ed.). Washington, DC: NASW Press.

Gresham, F. M. (1981). Assessment of children's social skills. *Journal of School Psychology. 19*(2), 120-133.

Hahn, L. E. (1980). Dewey's philosophy and philosophic method. In A. Boydston (Ed.), *Guide to the work of John Dewey*. Carbondale and Edwardsvill: Southern Ill. Univ. Press.

Haley, J. (1971). *Changing families: A family therapy reader*. New York: Grune & Stratton.

Hartman, A. (1995). Diagrammatic assessment of family relationships. *Families in Society, 76*(2), 111-122.

Hepworth, D. H., & Larsen, J. A. (1986). *Direct social work practice: Theory and skills* (2nd ed.). Pacific Grove, CA: Brooks/Cole.

Hepworth, D. H., Rooney, R. H., & Larsen, J. A. (1997). *Direct social work practice: Theory and skills* (6th ed). Pacific Grove, CA: Brooks/Cole.

Holden, G. (2002). Outcomes of Social work education: The case for social work self-efficacy. *Journal of Social Work Education, 38*(1), 115-133.

Holman, A. (1983). *Family assessment: Tools for understanding and intervention*. Beverly Hills: SAGE Publications.

Holman, W. D. (1983). *The expanded family life cycle: Individual, family, and social perspectives*. Boston, MA: Allyn and Bacon.

James, R. K., & Guilliand, B. E. (2001). *Crisis intervention strategies* (4th ed.). Belmont, CA: Wadworth Publishing.

Kadushin, A., & Kadushin, G. (1997). *The social work interview: A guide for human service professionals.* New York: Columbia University Press.

Kirst-Ashman, K., & Hull, G. (1993). *Understanding generalist practice.* Chicago: Nelson-Hal.

Levy, C. (1983). *Guide to ethical decisions and actions for social service administrators: A handbook for managerial personnel.* New York: Haworth Press.

Malekoff, A. (2004). *Group work with adolescents: Principles and practice.* New York: The Guilford Press.

Martell, C. R., Safren, S. A., & Prince, S. E. (2004). Cognitive behavioral assessment, In C. R. Martell, S. A. Safren, & S. E. Prince (Eds.), *Cognitive behavioral therapies with LGBT clients* (pp.18-37). New York: Guilford.

Mickelson, J. S. (1995). Advocacy. In R. L. Edwards (Ed.), *Encyclopedia of social work.* Washington, DC: NASW Press.

Miley, K. K., O'Melia, M., & Debois, B. L. (1995). *Generalist social work practice*: An empowering approach. Boston, MA: Allyn and Bacon.

Miller, W. R. (1983). Motivation Interviewing with problems. *Behavioral Psychotherapy, 11*, 147-172.

Minuchin, S. (1974). *Families and family therapy.* Cambridge: Harvard University Press.

Monk, G. (1996). *Narrative therapy in practice.* San Francisco: Jossy-Bass Publishers.

NASW. (1995). *The social work dictionary.* Washington: NASW Press.

Perlman, H. (1957). *Social casework, a problem solving process.* Chicago & London: The University of Chicago Press.

Prochaska J. O, Norcross, J. C., & Diclemente, C. C. (1994). *Changing for good: The revolutionary program that explains the six stages of change and teaches you how to free yourself from bad habits.* Williams Morrow Company.

Proctor, E. K., & Davis, I. E. (1996). The challennges of racial difference: skills for clinical practice. In P. L. Ewalt, E. M. Freeman, S. Kirk, & D. L. Poole (Eds.), *Multicultural issues in social work, A review of the NASW code of ethics* (pp. 97-114). Washington, DC: NASW.

Reamer, F. G. (1999). *Social work values and ethics* (2nd ed.). New York: Columbia

University Press.

Reid, W. J. (1978). *The task centered system*. New York: Columbia University Press.

Reid, W. J. (1992). *Task strategies: An empirical approach to clinical social work*. New York: Columbia University Press.

Reid, W. J. (1994). Defining empirically based practice. *Social Work, 29*(4), 325–331.

Reid, W. J. (1996). Task centered social work. In F. J. Turner (Ed.), *Social Work Treatment*: Interlocking the oretical approached (4th ed). New York: Free Press.

Saleeby, D. (1994). Culture, theory, and narrative: The intersection of meanings in practice. *Social Work, 37*(6), 489–494.

Saleeby, D. (1996). *The strength perspective in social work practice*. New York: Longman Press.

Saleeby, D. (2001). The diagnostic strengths manual. *Social Work, 46*(2), 183–187.

Saleeby, D. (2002). *The strengths perspective in social work practice*. Boston, MA: Allyn and Bacon.

Scanzoni, J. (2001). From the normal family to alternate families to the quest for diversity with interdependence. *Journal of Family Issues, 22*, 688–710.

Sheafor, B. W., Horejsi, C. R., & Horejsi, G. A. (1991). *Tecniques and guidelines for social work practice* (2nd ed). Boston: Allyn & Bacon.

Siporin, M. (1975). *Introduction to Social Work Practice*. NY: Macmillan.

Syltevik, L. J. (2010). Sense and sensibility: cohabitation in cohabitation land. *The Sociological Review, 58*(3), 444–460.

Thyer, B. A., & Myers, L. (2003). An empirical evaluation of the editorial practices of social work journals. *Journal of Social Work Education, 39*(1), 125–140.

Toseland, R. W., & Rivas, R. (1995). *An Introduction to Group Work Practice*. Boston MA: Allyn and Bacon.

U. S. Census Bureau. (2005). *Current population reports, 23-209*. Washington, DC: US Government printing office.

Valentich, M., & Gripton, J. (1992). Dual relationships and certified alcohol and drug counselors: A National study of ethical beliefs and behaviors. *Alcoholism Treatment Quarterly, 14*(2), 29–45.

Walrond-Skinner, S. (1978). Indication and contra-indications for the use of family therapy. *Journal of Child Psychology and Psychiatry, 19*(1), 57–62.

Walsh, F. (1998). Family therapy: Systems approachs to clinical practice. In J. R. Brandell (Ed.), *Theory and practice in clinical social work* (pp. 132–163). New York: Free Press.

Walsh, F. (2003). Family resilience: A framework for clinical practice. *Family Process, 42*(2), 1–19.

Walsh, F., Jacob, L., & Simons, V. (1995). Facilitating healthy divorce processes: Therapy and mediation approaches. In N. S. Jacobson & A. S. Gurman (Eds.), *Clinical handbook of couple therapy* (pp. 340–365). New York: Guilford Press.

Walsh, P. E., & Stolberg, A. L. (1989). Parental and environmental determinants of children's behavioral, affective and cognitive adjustment to divorce. *Journal of Divorce, 12*, 263–282.

White, M., & Epston, D. (1990). *Narrative means to therapeutic ends.* New York: Norton.

Whiteside, M. F. (1998). The parental alliance following divorce: An overview. *Journal of Marital and Family Therapy, 24*(1), 3–24.

Yalom, I. D. (1975). *The theory and practice of group psychotherapy.* New York: Basic Books.

Yalom, I. D. (1995). *Theory and practice of group psychotherapy* (4th ed). New York: Basic Books.

Zastrow, C. (1987). *Social work with groups. Chicago*: Nelson-Hall.

Zastrow, C. (1995). *The practice of social work. Pacific Grove*: Brooks/Cole.

Zastrow, C. (1998). *The practice of social work* (6th ed). *Pacific Grove*: Brooks/Cole.


http://cfs2.blog.daum.net/image/15/blog/2007/06/07/14/44/46679ae7ac0b5&filename=가계도3.jpg.

http://starmethod.tistory.com/85.

http://news.donga.com/3/all/19970519/기사 수정 2009. 09. 26. 〈New & New〉 따로 살고…모여 살고…'대안가족' 등장.

http://kosis.kr/인구주택총조사(수록기간 1925~2010). 2011. 07. 13. (자료 갱신)

# 찾아보기

# 저자 소개

**김정진**(Kim Jungjin)

〈학력〉

이화여자대학교 사회사업학과 졸업

이화여자대학교 대학원 석사 및 박사과정 졸업(임상사회복지학 전공)

〈경력〉

고려대학교의과대학병원 정신의료사회복지사

태화샘솟는집 관장

한국정신보건사회복지학회장

한국사회복지실천연구학회장

천안시중독관리통합지원센터장

나사렛대학교 사회복지학부 교수 역임

**현** 한국정신보건사회복지학회 이사, 태화복지재단 감사

〈저서 및 역서〉

정신건강론(학지사, 2022)

사회복지현장실습 A to Z(공저, 학지사, 2022)

사회복지실천론(공저, 사회평론아카데미, 2022)

사회복지실천론(공저, 나남, 2018)

정신건강사회복지론(공저, 공동체, 2017) 외 다수

# 사회복지실천기술론(3판)

## 사례와 함께하는 사회복지실천기술 연습

### The Social Work Practice Intervention Skills:
### Workbook with Cases (3rd ed.)

2014년 9월 15일 1판 1쇄 발행
2017년 8월 25일 1판 4쇄 발행
2019년 8월 30일 2판 1쇄 발행
2023년 8월 10일 2판 4쇄 발행
2024년 2월 25일 3판 1쇄 발행

지은이 • 김정진
펴낸이 • 김진환
펴낸곳 • ㈜ **학지사**

04031 서울특별시 마포구 양화로 15길 20 마인드월드빌딩
대표전화 • 02-330-5114    팩스 • 02-324-2345
등록번호 • 제313-2006-000265호

홈페이지 • http://www.hakjisa.co.kr
인스타그램 • https://www.instagram.com/hakjisabook

ISBN 978-89-997-3062-7  93330

정가 24,000원

**출판미디어기업 학지사**

간호보건의학출판 **학지사메디컬** www.hakjisamd.co.kr
심리검사연구소 **인싸이트** www.inpsyt.co.kr
학술논문서비스 **뉴논문** www.newnonmun.com
교육연수원 **카운피아** www.counpia.com
대학교재전자책플랫폼 **캠퍼스북** www.campusbook.co.kr